ニュースがわかる
世界各国ハンドブック

世界各国ハンドブック編集委員会編

山川出版社

はじめに

●

　グローバル化が進み、地球は小さくなったといわれます。しかし、私たちは世界の国々とそこに暮らしている人々のことを、どのくらい知っているでしょうか。

　本書では、196の独立国と45の非独立地域およびヨーロッパ連合（EU）の242を網羅し、それぞれの国や地域について、名称・面積・人口はもとより、自然環境や住民の言語・宗教、さらには産業・通貨単位などの基礎データに加え、その国・地域の歴史を紹介します。人々の暮らしと歴史とのかかわりに記述の重点をおきました。コラムで取り上げた世界遺産やその他のトピックとともに、土地や人々への知的関心が広がることでしょう。

　ミニ世界一周が体験できる本書を活用して、日々おこっているできごとの背景を知り、世界への一層の理解を深められることを願っています。

凡例

- 配列は、アジア・アフリカ・ヨーロッパ・アメリカ・オセアニアの各地域ごとに、独立国、非独立地域に分け、原則としておのおのの国名・地域名の50音順に配列した。ただし、G20諸国については見開き扱いとしたため、若干前後している場合がある。
- 国・地域名の表記は、原則として外務省の公式表記に従ったが、bとvについては区別して表記した。
- 英語による名称・面積・人口などのデータは、外務省のホームページに挙げられたデータに基づいて作成した。
- 首都および政庁所在地は、必ずしも法律上によるものではなく、実態に即した。
- 産業については、基幹産業、特産品や主要な輸出品などを具体的に挙げた。
- 国名・国旗については、特記すべき由来がある場合のみ記した。
- 歴史の記述は、2013年3月現在の情勢に基づいている。
- 世界遺産は、2013年3月末までに国ごとに登録された総数を挙げ、具体的には最大8件まで名称と登録内容を示した。その際、世界遺産の名称はユネスコの表記を原則とした。
- 各国・各地域それぞれにコラムを設け、世界遺産あるいは地域の特色を示すトピックを紹介した。
- 巻頭には世界に共通する用語の説明を、各地域の冒頭には当該地域の記述に頻出する用語の説明を付した。

アジア 47カ国・5地域 ———— *4*
アフリカ 54カ国・4地域 ———— *66*
ヨーロッパ EU・45カ国・5地域 ———— *128*
アメリカ 35カ国・16地域 ———— *188*
オセアニア 15カ国・15地域 ———— *246*

国・地域名索引 ———— *280*

用語解説

BRICS 経済発展が著しいブラジル (Brazil)，ロシア (Russia)，インド (India)，中国 (China) の頭文字を合わせた4カ国の総称だったが，2011年4月中国の北京でおこなわれた4カ国首脳会議に南アフリカ共和国 (South Africa) が初参加したことにともない，正式名称がBRICsからBRICSとなった。

EU (European Union)：**ヨーロッパ連合** 130～131ページに掲載。

G20 (Group of Twenty)：**20カ国財務相・中央銀行総裁会議** 主要国首脳会議 (G8) に参加する8カ国（日本，イギリス，イタリア，ドイツ，フランス，ロシア，アメリカ，カナダ），ヨーロッパ連合 (EU)，新興経済国11カ国，計20の国・地域からなるグループ。本書ではこの20を見開きページ扱いとした。

GDP (Gross Domestic Product)：**国内総生産** 国民経済が一定期間に生産した最終生産物の価値を集計したもので，国の生産力の指標。

IMF (International Monetary Fund)：**国際通貨基金** 1946年に29カ国で創設。本部はアメリカ合衆国のワシントンD.C.。通貨と為替相場の安定化を目的とした国連の専門機関。現在の加盟国は187カ国。

LDC (Least Developed Country)：**後発開発途上国** 国連開発計画委員会 (CDP) が認定した基準に基づき，国連経済社会理事会の審議を経て，国連総会の決議により認定されたとくに開発の遅れた国々。3年に1度LDCリストの見直しがおこなわれる。現在49カ国。

NATO (North Atlantic Treaty Organization)：**北大西洋条約機構** 1949年，アメリカ，イギリス，フランス，イタリア，ベネルクス3国など12カ国によって調印された集団防衛機構。冷戦期にソ連邦を盟主とするワルシャワ条約機構 (WTO) に対抗した。冷戦終了後，東欧諸国が加わり，ヨーロッパの安全保障の柱となった。現在28カ国が加盟。

OECD (Organization for Economic Cooperation and Development)：**経済協力開発機構** 1961年設立。本部はパリ。自由貿易の拡大と開発途上国への援助を主な目的とし，現在34カ国が参加。

OPEC (Organization of the Petroleum Exporting Countries)：**石油輸出国機構** 石油産出国の利益を守るため，イラン，イラク，クウェート，サウジアラビア，ベネズエラの5カ国で1960年に設立された産油国の組織。カタール，リビア，アラブ首長国連邦，アルジェリア，ナイジェリア，アンゴラ，エクアドルが加盟し，現在は12カ国で構成。

PKO (United Nations Peacekeeping Operations)：**国際連合平和維持活動** 紛争において平和的解決の基盤を築くことにより，紛争当事者に間接的に紛争解決を促す国際連合の活動。

WTO (World Trade Organization)：**世界貿易機関** 1995年にGATT（関税および貿易に関する一般協定）を発展解消させて成立。事務局はジュネーヴ。自由貿易促進，自由貿易のルールづくりを主たる目的として創設された国際機関で，現在159の国・地域が参加。

華人 移住先の国籍を取得した中国系住民をさし，国籍を取得していない華僑と区別される。

公用語 (Official language) 国，州，国際的集団など，ある集団・共同体内の公の場においてもちいることが定められている言語を指す。その集団が有する公的機関には使用義務が課され，公的情報を発信する際などには公用語をもちいなければならない。

国教 国家が保護し活動を支援する宗教。国家宗教ともいう。

マネーロンダリング (money laundering) 不正な取引で得た資金を，預金口座を移動したり外国の不動産に投資したりして合法的であるかのように偽装すること。不正資金の洗浄。

ムスリム 「神に帰依した者」の意でイスラーム教徒。女性形はムスリマ。

モノカルチャー経済 特定の1次産品に依存する経済構造。

アゼルバイジャン共和国
Republic of Azerbaijan

面積	8万6600km²（北海道程度）。飛び地として，アルメニアをまたいで南西方にナヒチェヴァン自治共和国がある	言語	公用語はアゼルバイジャン語（テュルク諸語）
人口	930万人	宗教	主にシーア派イスラーム教。他にスンナ派
首都	バクー	産業	共にバクー沖のカスピ海西岸で産出される石油と天然ガス。さらにカスピ海油田の開発を進め，日・欧・米のオイルマネーで潤っている。他に綿花
自然	西は森林が深く，東にいくにしたがって低い丘陵となってカスピ海に面す。温暖湿潤気候，ステップ気候		
住民	テュルク系のアゼルバイジャン人（アザリー人）が9割。ロシア人，アルメニア人	通貨	マナト
		国旗	中央にイスラーム教の象徴，新月と星。星は八稜（はちりょう）

 歴史

この地域に国家が登場したのは前9世紀以降のことであり，前7世紀に栄えたメディア王国でゾロアスター教が普及した。前6〜後4世紀にはアルバニア人のカフカース・アルバニア王国があり，3〜4世紀にキリスト教を受容した。地名は一説にはアレクサンドロス3世（大王，位前336〜前323）の侵入時のこの地の武将アトロパテスに由来するともいわれる。7世紀以降アラブ人の支配でイスラーム化が進行，16世紀にサファヴィー朝（イラン）の支配下にはいってシーア派が広まった。ロシア・イラン戦争（1813〜28）の結果，トルコマンチャーイ条約によって1828年に両国に二分され，ロシア領となった現首都バクーは，国際石油資本の進出で20世紀初頭までに世界有数の産油都市となった（バクー油田採掘の記録は9〜10世紀に遡る）。

1917年のロシア革命でロシア帝国が崩壊し，18年5月にアゼルバイジャン人民共和国がイスラーム教徒による世界最初の共和国として誕生した。その後，アゼルバイジャン・ソヴィエト社会主義共和国としてソ連邦に加盟した。1989年，ソ連邦のなかで最も早く主権宣言をおこない，91年12月のソ連邦崩壊で独立して現国名となった。88年，アルメニア人が多く居住するナゴルノ・カラバフ自治州での紛争からアルメニアとの戦争となり，94年に停戦。2003年の大統領選挙で旧共和国共産党第1書記であったアリエフ大統領の長男が当選して世襲政権を批判されたが，08年にも再選され，09年には憲法の3選禁止規定も削除された。

城壁都市バクー，シルヴァンシャー宮殿，および乙女の塔

カスピ海に臨むバクーは古くから水陸交通の要衝として発展し，7世紀以降イスラーム化した。旧市街は12世紀に築かれた城壁で囲まれており，モスクやミナレット（光塔・尖塔）が残る。シルヴァンシャー宮殿（15世紀）は14〜15世紀にこの地を治めたシルヴァン王国のもの。12世紀に建てられた高さ28mの「乙女の塔」には，望まない結婚を迫られた王女がここから身を投じたという伝説が残る。

世界遺産（2件）

城壁都市バクー，シルヴァンシャー宮殿，および乙女の塔 →コラム／ゴブスタンの岩絵と文化的景観（2万〜5000年前の60万点を超える岩絵）

アフガニスタン・イスラーム共和国
Islamic Republic of Afghanistan

面積	65万2200km²（日本の1.7倍）
人口	3440万人
首都	カーブル
自然	ヒンドゥークシュ山脈が東西に走り、山岳・高原地帯が大部分を占める内陸国。砂漠気候，ステップ気候，地中海性気候，冷帯湿潤気候
住民	ペルシア（イラン）系のパシュトゥーン人，タジク人，ハザーラ人が7割強。他にテュルク系のウズベク人，インド系，モンゴル系など多様である
言語	公用語であるダリー語（ペルシア語）とパシュトゥー語の他，ハザーラ語，タジク語
宗教	主にスンナ派イスラーム教。ハザーラ人はシーア派
産業	山麓のオアシスでの農業（主に小麦）と遊牧。古くから東西交易の要衝として栄え，隊商貿易が盛ん
通貨	アフガニー
国旗	中央にモスクのミンバル（説教台）を描く

歴史

前5～前4世紀にはアケメネス朝ペルシア（イラン，前550～前330）に属したが，アレクサンドロス3世（大王，位前336～前323）の遠征でヘレニズム文化が伝わった。のち，ギリシア系のセレウコス朝から独立した同系のバクトリア王国（前3世紀半ば～前2世紀半ば）がこの地を支配。イラン系大月氏国から派生したクシャーナ朝のカニシカ王（位2世紀前半～後半）の治世下でインド北部から中央アジアにまたがる同朝の一部となり，ガンダーラ美術が発達した。7世紀以後のアラブ人の大征服ではヒンドゥー教系在地勢力の抵抗でイスラーム化を阻んだが，10世紀以降，ガズナ朝・ゴール朝がおこってイスラーム化が進んだ。1747年，ドゥッラーニー朝（～1842）の成立でこの国の基礎が築かれた。

1880年にイギリスの保護領となり，1919年に独立したが，70年代に始まる内戦とソ連邦の軍事介入で国土は荒廃し，94年頃からイスラーム法を厳格に適用する国家・社会の建設を標榜するイスラーム原理主義を掲げるターリバーンの勢力が増大して96年には首都カーブルを制圧した。2001年9月にアメリカでおきた「同時多発テロ」（9・11事件）の首謀者とされるサウジアラビア出身のウサーマ・ビン・ラーディン（1957～2011）を匿ったとして米・英の空爆を受けて同年末ターリバーン政権は崩壊，暫定政権を経て2004年10月に初の大統領選挙がおこなわれて現国名となった。

バーミヤン渓谷の文化的景観と古代遺跡群

ヒンドゥークシュ山中にあるバーミヤン渓谷は，古代から東西交易路の中継地点として知られる砂漠のなかのオアシスである。おそらく6～7世紀頃，その岩肌に西大仏・東大仏の2体の大仏立像と4体の大仏座像が彫り込まれた。630年頃ここを訪れた玄奘三蔵（げんじょうさんぞう）も『大唐西域記』に記している。2001年3月，ターリバーン勢力によって西大仏など一部が破壊された。03年，世界遺産に登録され，05年に消滅に瀕した危機遺産として登録された。

世界遺産（2件）

バーミヤン渓谷の文化的景観と古代遺跡群 [危機遺産]→コラム／ジャムのミナレットと考古遺跡群（ゴール朝時代に築かれた高さ65mのミナレット〈光塔・尖塔〉）[危機遺産]

アラブ首長国連邦
United Arab Emirates

面積	8万3600km²（北海道程度）
人口	790万人
首都	アブダビ
自然	国土の大部分は平坦な砂漠地帯で，国民の大多数はペルシア湾とオマーン湾に面した沿海地方に住む。砂漠気候のため，年間通じて雨はほとんど降らない
住民	アラブ人，イラン人，インド人。アラブ人は2割を占めるにすぎない。その他は出稼ぎにきた外国籍の住民で，東南アジアからの人々も少なくない
言語	公用語はアラビア語。外国人が多いので，英語や南アジア系の言葉も広く使われている
宗教	イスラーム教が国教。スンナ派が多数
産業	ナツメヤシを中心とするオアシス農業。石油（産出量世界第8位）と天然ガス。金融と流通。観光の一大拠点となることを目標にしている
通貨	ディルハム

歴史

7つの首長国（Emirate）からなる連邦国家で，UAEと略称される。この地域には前3000年頃から人が集住したと思われるが，政治的統一体は生まれず，イスラーム教が誕生した7世紀以降，イスラーム政権（ウマイヤ朝・アッバース朝）の支配を受けた。その後はオスマン帝国（トルコ），ポルトガル，オランダなどの支配を受け，「海賊海岸」（Pirate Coast）と呼ばれた時期もあるが，7世紀以降，イギリスが進出した。18世紀以降にアラビア半島南部から移住してきたアラブ諸部族が現在の7首長国の基礎をなした。1892年にイギリスの保護領となったが，第二次世界大戦後，イギリスのスエズ以東からの撤退政策を受け，1971年にドバイ首長国などを中心に6首長国によるアラブ首長国連邦を結成，翌72年，アブダビ，ドバイ，シャルジャ，アジュマン，ウンム・アル・カイワイン，ラアス・アル・ハイマ，フジャイラの7首長国からなる現在の連邦国家体制が完成した。

1960年代以降，海底油田や天然ガスの開発が進み，産油国として経済的発展を遂げ，世界金融・流通の拠点として先進国企業の進出も盛んで，なかでもドバイの発展は著しく，中東のハブ（拠点）空港としてのドバイ国際空港はエミレーツ航空の本拠地でもある。2009年11月，ドバイ首長国の持ち株会社とその傘下の不動産開発会社が約600億ドル（6兆円弱）の債務の繰延べを要請して金融不安をもたらした（ドバイ・ショック）。日本にとってサウジアラビア（3割）に次ぐ原油輸入元で2割を占める。

中東屈指の金融センター，ドバイ

アル・アインの文化遺跡群

オマーンとの共同登録，写真19ページ。隣国オマーンとの国境に近いアル・アインは内陸部にあり，アブダビに次ぐ2番目に大きな町である。郊外のハフィート山の近くには前4000年に遡る遺跡が，またヒリ・ガーデンズには前3000年の青銅器時代遺跡が発掘されている。町の名前はアラビア語で「泉」を意味し，古くからオアシスとして重要な役割を果たし，かつ中継貿易の拠点であった。近代的な市庁舎や発電所もあり，砦を転用して20世紀初頭に建設された博物館もある。

世界遺産（共同登録1件）

アル・アインの文化遺跡群→コラム

アルメニア共和国
Republic of Armenia

面積	2万9800km²（日本の13分の1）。旧ソ連邦のなかでは最小の共和国だった。アゼルバイジャンにはアルメニア人が多数住むナゴルノ・カラバフ自治州がおかれ、独立（アルメニア）側ではアルツァフ共和国と称しているが、国際的には未承認
人口	310万人
首都	エレヴァン
自然	カフカース山脈南部に位置し、大部分が山地で冷帯湿潤気候。低地はステップ気候
住民	アルメニア人（自称はハイ）が大多数。他にロシア人、アッシリア人、アゼルバイジャン人、クルド人
言語	公用語はアルメニア語（インド・ヨーロッパ語族）
宗教	主にアルメニア正教会
産業	農業（綿花、果樹）、宝石加工（ダイヤモンド）、機械製作
通貨	ドラム

歴史

前9世紀から前500年頃にかけてこの地にウラルトゥ（『旧約聖書』のアララト）が存在し、旧ソ連邦領で最古の国家とされる。301年、イラン系のパルティア王国アルサケス朝下で世界で初めて国家として公式にキリスト教を受容した。ローマ帝国・東ローマ（ビザンツ）帝国・アラブ国家など外来勢力の配下にはいり、10世紀以降、多くのアルメニア人は故郷を捨てて離散、1639年にオスマン帝国（トルコ）とサファヴィー朝（イラン）の支配下にはいった。サファヴィー朝滅亡後、1828年、カージャール朝（イラン）領アルメニアの大半（東アルメニア）はロシア帝国領となった。一方オスマン領では19世紀後半には民族主義や社会主義思想が広がり、民族主義政党ダシナクが解放運動を展開したが弾圧され、第一次世界大戦（1914～18）中の虐殺・追放では100万人の犠牲者を出したともいわれる。

1917年のロシア革命後、18年5月にアルメニア共和国が成立したが、20年にソ連赤軍の侵攻でソヴィエト化され、22年、グルジアなどとザカフカース社会主義連邦ソヴィエト共和国、36年からはアルメニア・ソヴィエト共和国としてソ連邦を形成した。91年、ソ連邦の崩壊で独立し、現在の国名となった。92～94年、住民の約80％をアルメニア人が占めるアゼルバイジャン領のナゴルノ・カラバフ自治州の帰属をめぐってアゼルバイジャンと戦争状態にまでいたったが、ロシア共和国などの調停で停戦した。

エチミアツィンの大聖堂と教会群およびズヴァルトノツの古代遺跡

首都エレヴァンの西約20kmにあるエチミアツィンは、『旧約聖書』で「ノアの方舟（はこぶね）」が山頂部にいたったとされるアララト山（トルコ領、標高5137m）の北約50kmにある。301年に世界で初めてキリスト教を国教とし、司教座大聖堂が築かれた。20世紀初頭のトルコ人による大量虐殺で世界各地に離散したアルメニア人の精神的支柱であった。近郊のズヴァルトノツにも、7世紀創建の壮大な聖堂遺構が残る。

世界遺産（3件）

ハフパトとサナヒンの修道院群（10～13世紀に建てられた修道院）／ゲハルト修道院とアザート川上流域（アザート川渓谷の岸壁に穿〈うが〉たれた洞窟修道院）／エチミアツィンの大聖堂と教会群およびズヴァルトノツの古代遺跡→コラム

イエメン共和国
Republic of Yemen

面積	55万5000km²（日本の1.5倍）。ソマリア半島の東，インド洋上にあるソコトラ諸島を領有する
人口	2360万人
首都	サナア
自然	沿岸部の狭い平野と内陸部の山地・高原地帯。砂漠気候，ステップ気候。モンスーンによる降雨がある
住民	主にアラブ人
言語	公用語はアラビア語
宗教	イスラーム教。スンナ派とシーア派の一派サイド派がほぼ半々だが，対立はほとんどない
産業	経済の柱は石油。輸出総額の9割，財政収入の7割を占める。モカ・コーヒー，カート栽培。漁業。乳香・没薬の産地で，この交易で栄えた。20世紀半ばに，アデンは寄港船舶数世界第3位の中継港だった
通貨	イエメン・リアル（YR）
国名	自称はアラビア語で「右側」を意味するヤマン

歴史

古くからインド・東南アジアと地中海を結ぶインド洋航路の中継点として経済的に栄え，前8世紀頃にはサヴァ（シヴァ）王国が成立して乳香や没薬などの香料貿易で繁栄した。7世紀にアラビア半島でイスラーム教がおこり，879年以後，シーア派の一派サイド派のイマーム（宗教指導者）に率いられたアラブ諸部族が山岳地帯を中心に割拠した。1174年に海岸地帯をエジプトにおこったアイユーブ朝に征服され，その後1229年にラスール朝が成立，イエメンを中心にメッカなどまで支配した。1538年，オスマン帝国（トルコ）の艦隊がアデン港を攻略し，海岸部を支配したが，これに対してサイド派諸勢力はオスマン帝国との抗争を繰り返した。この紛争にイギリスが加わり，1839年，イギリスはアデンを占領し，1937年に植民地とした。

第一次世界大戦末期の1918年，北部でオスマン帝国からイエメン王国が独立，62年の革命でイエメン・アラブ共和国が成立したが，王政派と共和派の内戦が70年まで続いた。南部イエメンは62年に10首長国が南アラビア連邦を結成，67年に南イエメン人民共和国としてイギリスから独立，69年にアラブ唯一の社会主義政権となって70年にイエメン民主人民共和国と改称した。90年5月，両国が統合されて現在のイエメン共和国が誕生したが，テロ事件の多発や反政府組織との武力衝突も相次いだ。2011年1月，チュニジアに始まる「中東革命」の余波で，同年6月サハレ大統領は亡命，12年2月，副大統領が新大統領に選出された。

シバームは世界最初の摩天楼といわれる

世界遺産（4件）

シバームの旧城壁都市（「砂漠のマンハッタン」とも呼ばれる高層家屋群の都市）→写真／サナアの旧市街→コラム／古都ザビード（13～16世紀前半，インド洋イスラーム諸地域の教育・宗教の中心地）[危機遺産]／ソコトラ諸島（「インド洋のガラパゴス」とも呼ばれる）

サナアの旧市街

首都サナアは『旧約聖書』の「ノアの方舟（はこぶね）」に登場するノアの息子セムがつくったという伝説をもつ。標高2300mの高地にあり，前8世紀頃から乳香の交易で栄えていた。城壁で囲まれた旧市街には1000年ないし数百年前に建てられた高層家屋が6000棟以上も立ち並ぶ。モスクも100を超え，ミナレット（光塔・尖塔）も64を数える。家は土台に日乾し煉瓦を積み，外壁は白の化粧漆喰（しっくい）で装われている。

イスラエル国
State of Israel

- **面積** 2万2000km²（四国程度）。1948年に建国を宣言，4次にわたる中東戦争で領土を拡大
- **人口** 約770万人
- **首都** イェルサレム（国際的に未承認）
- **自然** 西部には地中海沿岸の肥沃な平野がのび，その東側高地からヨルダン川の河谷へ急に低下する。ヨルダン川西岸は肥沃。地中海性気候
- **住民** ユダヤ人が多数，他にアラブ（パレスチナ）人
- **言語** 公用語はヘブライ語とアラビア語。他に英語
- **宗教** 主にユダヤ教。他にイスラーム教，アルメニア正教会などキリスト教諸派
- **産業** 鉱工業（情報通信，ハイテク産業，医療・光学機器），金融・サービス業
- **通貨** 新シェケル（NIS）
- **国旗** 中央はユダヤ人の保護と安全を象徴したダビデの星。ダビデの星は六芒星（ろくぼうせい）ともいう

歴史

起源は前13世紀末頃，地中海東岸パレスチナ地方での遊牧民族ヘブライ人の部族連合に遡る。前11世紀末イスラエル王国が建国され，前10世紀後半にかけてダヴィデ王・ソロモン王の治世下で繁栄したが，やがて南北に分裂し，いずれも前587年までに滅ぼされ，国民は強制移住（捕囚）の憂き目にあった。しかし前13世紀の指導者モーセが受けた神の啓示以来，唯一・万能の神ヤハウェから特別の恩恵を与えられているとの選民思想や，救世主（メシア）出現の待望を特徴とするユダヤ教が次第に確立され，やがてローマ帝国の支配下でのユダヤ戦争（1～2世紀）後は，世界各地にディアスポラ（離散）していった。7世紀，アラビア半島にイスラーム教がおこり，パレスチナの地はアラブ人が抑えた。16世紀以降，オスマン帝国（トルコ）がこの地のアラブ人を支配した。

19世紀後半，離散したユダヤ人国家を「シオンの丘」（パレスチナ）に建国しようとするシオニズム運動がおこり，第二次世界大戦後の1948年，パレスチナの地をアラブ人とユダヤ人のために分割するという国連決議に基づき，イスラエル国が建国された。しかしこれを認めないアラブ諸国との4次にわたる中東戦争が繰り広げられ，大量のパレスチナ難民が生まれた。94年，アラブ人によるパレスチナ暫定自治政府が発足した。

神殿の丘にある嘆きの壁。ユダヤ教徒はこの前で神殿の再生を祈りつづけてきた。うしろは「岩のドーム」

世界遺産（7件）

マサダ→コラム／アッコ旧市街（12～13世紀の十字軍遠征で破壊された古都の上に18～19世紀にオスマン帝国によって建てられた城壁都市）／テル・アヴィヴのホワイト・シティ―近代化運動（20世紀初頭のモダニズム建築群）／香料の道―ネゲヴ砂漠都市（紀元前3世紀～後2世紀頃，アラビア南部と地中海地方を結ぶ香料貿易の中継地）／聖書時代の遺丘群―メギド，ハツォール，ベエル・シェバ（聖書ゆかりの遺跡の丘）／ハイファおよび西ガリラヤ地方のバハイ聖地群（バハイ教の開祖バーブの遺体が眠る聖地）／カルメル山の人類進化遺跡群―ナハル・メアロット，ワディ・エル・ムガラ洞窟（50万年にわたる人類の進化を示す埋蔵物）

> **マサダ**
>
> ユダヤ（ヘブライ）民族は前6世紀前半にユダヤ王国がアッシリアに滅ぼされて以後，亡国の民となった。前63年，共和政ローマの支配下にはいり，紀元後6年からローマ帝国の属州となったが，重い税の賦課などへの不満などから第1次ユダヤ戦争が勃発（66），70年にイェルサレムが陥落して1000人近いユダヤ人は塩分の濃い「死海」のほとりの天然の要塞マサダに籠城，73年に自決して全滅した。

イラク共和国
Republic of Iraq

面積	43万7400km²（日本の1.2倍）
人口	3200万人
首都	バグダード
自然	北西から南東方向に流れる2つの大河周辺にはメソポタミア平原が広がる。他は砂漠、高原。ほぼ全土にわたり砂漠気候。ティグリス川の北側はステップ気候
住民	アラブ人が8割、クルド人が2割弱、テュルク系のトルクメン人、アッシリア人
言語	公用語はアラビア語とクルド語
宗教	シーア派イスラーム教が6割。他にスンナ派が2割、ローマ・カトリック、東方正教会
産業	石油（産出量世界第11位）、天然ガス、小麦
通貨	イラク・ディナール（ID）
国旗	中央にアラビア語で「アッラーは偉大なり」とある
国名	古くから2大河の下流域がIraq（低地地方）と呼ばれていたことに由来

歴史

前3000年頃からメソポタミア南部のウル、ウルクなどに民族系統不明のシュメール人による世界最古の都市文明が築かれた。ガンジス川（インド）・ナイル川（エジプト）・黄河（中国）とならぶ大河文明の出発であるが、7世紀にイスラーム教の勃興でアラブ化・イスラーム化が進んだ。750年にアッバース朝が成立し、766年に新首都バグダードが建設されると、イラク一帯は政治・経済・文化の中心として繁栄の時代を迎えた。だが10世紀以降、地方の反乱や天災が相次いでイラク一帯の衰退が進み、モンゴル軍の侵攻で1258年にはアッバース朝も滅亡した。16世紀以降はオスマン帝国（トルコ）の支配下にはいり、第一次世界大戦（1914〜18）後、イギリスの委任統治領を経て1932年にイラク王国として独立した。

1958年、軍事クーデタで共和制に移行し、79年に2代目大統領兼革命評議会議長となったサダム・フセインによる民族主義政党バース党の一党独裁政治が始まった。80年、イランに出兵（イラン・イラク戦争、〜88）。90年にはクウェートに侵攻したため翌年1月から米・英などが介入して湾岸戦争となり、2月にはクウェートから撤退。2003年3月、大量破壊兵器所有（のち事実ではないと判明）や国際テロ組織支援（のちに決定的証拠はないとされた）にからんで米・英軍が侵攻してフセイン政権は崩壊した（フセインは06年処刑）。06年、新政権が発足したが、宗派間対立などで政情はきわめて不安定である。

サーマッラーの巨大なマルウィヤ・ミナレット（光塔・尖塔）。高さ53m

世界遺産（3件）

ハトラ（円形の城壁に囲まれたアラブ人の都市遺跡）／アッシュール（現カラット・シェルカット）［危機遺産］→コラム／都市遺跡サーマッラー（メソポタミア文明以来の歴史をもち、巨大なモスクがある）［危機遺産］→写真

アッシュール（現カラット・シェルカット）

バグダードの北約240kmのアッシュールは、前14〜前9世紀にアッシリア帝国最初の首都として繁栄した町である。アッシリア人の最高神アッシュール神を祀る宗教上の中心地で、日乾し煉瓦を積んだジッグラート（聖塔）や宮殿跡がみられるものの、ほとんどは地中に埋もれている。近くにダムを建設する計画もあり、危機遺産に指定された。

イラン・イスラーム共和国
Islamic Republic of Iran

面積	164万8200km²（日本の4.4倍）。旧称ペルシア	宗教	シーア派で最大多数の十二イマーム派イスラーム教が国教で主流。他にキリスト教，ユダヤ教，ゾロアスター教
人口	7470万人		
首都	テヘラン		
自然	イラン高原を中心とする。高原と砂漠が卓越。砂漠気候，ステップ気候，地中海性気候，冷帯湿潤気候	産業	石油（産出量世界第5位），天然ガス（産出量世界第4位，埋蔵量はロシアに次いで世界第2位），小麦
住民	ペルシア（イラン）人が半分，他にテュルク系のアゼルバイジャン人，クルド人，アラブ人	通貨	リアル
		国旗	中央に国章である1本の剣と4つの新月
言語	公用語はペルシア語。他にトルコ語，クルド語	国名	「高貴な人々」を意味するアーリヤ人に由来

歴史

前2千年紀にイラン高原にインド・ヨーロッパ語族のイラン人が定住を始め，前550年にアケメネス朝が建国された。同朝は一時オリエント世界を統一する大帝国となったが，前4世紀後半，ギリシアのアレクサンドロス大王の遠征で瓦解した。前247年にはパルティアが，後226年にはササン朝がおこり，同朝はシリア・メソポタミア地方をめぐってローマ帝国や東ローマ（ビザンツ）帝国と激しく争ったが，その後アラブ軍に敗れて651年に滅亡した。やがてシーア派イスラーム教が徐々に広がり，1501年，サファヴィー朝の成立でシーア派イスラーム教が同国の国教となった。

1979年，膨大な石油輸出で急激な近代化を進めていたパフレヴィー朝（1925〜79）に対する宗教界の反発からイラン革命がおこり，宗教指導者ホメイニを首班とするイラン・イスラーム共和国が成立，イスラーム原理主義を唱えて欧米諸国との関係は悪化した。翌80年にはイラク軍の侵攻で「イラン・イラク戦争」が生じ，イランによるイスラーム革命の輸出を警戒する湾岸諸国や欧米はイラクを支持したが，国連の調停で88年に停戦した。

2005年にアフマディネジャド現大統領が就任すると，核技術の平和利用を唱えて核開発計画を推進したため，欧米諸国との関係は最悪となり，経済制裁の事態を招いている。

サファヴィー朝の首都イスファハーンの町づくりは，「イマーム（王）の広場」の建設から始まった

世界遺産（15件）

チョガ・ザンビール（古代エラム王国の守護神の聖地）／ペルセポリス→コラム／イスファハーンのイマーム広場（「世界の半分」と称されたサファヴィー朝の首都）→写真／タハテ・スレマーン（山間の谷間に残るゾロアスター教の聖地）／パサルガダエ（古代ペルシアの都市）／バムとその文化的景観（古代の要塞都市）[危機遺産]／ソルターニーエ（イル・ハン朝の首都）／ビストゥーン（先史時代からイル・ハン朝にいたる遺跡が残る）など

ペルセポリス

イラン南西部，クーフ・アッラフマト山麓に残るアケメネス朝の都市遺跡。同朝全盛期のダレイオス1世（位前522〜前486）の命で約60年を費やして建造された王宮で，総面積は12万5000m²におよぶ。当時，政治の中心はスーサであったので，この宮殿は儀式・祝祭・外国使節との謁見などに使われた。前330年の帝国崩壊で炎上して廃墟となり，礎石・石階段・石柱・石に刻まれたレリーフなどを残すのみである。

インド

India

面積	328万7300km²（日本の9倍）
人口	12億1000万人（世界第2位）
首都	ニューデリー
自然	北インド・中央インドには肥沃なヒンドゥスターン平原が広がり，南インドのほぼ全域をデカン高原が占める。西部には岩と砂のタール砂漠があり，北東部の国境地帯は峻険なヒマラヤ山脈が占める。サバナ気候，ステップ気候，砂漠気候，温暖冬季少雨気候，地中海性気候。南端は熱帯雨林気候，ヒマラヤはツンドラ気候
住民	現在のインド人は，先住民のドラヴィダ人と中央アジア方面からのアーリヤ人との混血であるといわれる
言語	連邦公用語はヒンディー語，準公用語が英語。他に憲法で公認されている州公用語
宗教	ヒンドゥー教が8割，イスラーム教が1割強（1割強とはいえ，日本の人口を上回る），他にカトリック，シク教（ヒンドゥー教のバクティ信仰とイスラーム教を批判的に融合した宗教），上座部仏教，チベット仏教，ジャイナ教。ジャイナ教徒はインド人口の0.5%にすぎないが，経済的に大きな影響力をもっている
産業	IT産業が有名だが，バイオテクノロジー（生物工学）の分野にも力を入れている。1986年にはバイオテクノロジー庁が設立された。米はパンジャーブ地方，ガンジス川中・下流域で盛ん（生産量世界第2位）。小麦は北部で盛ん（世界第2位）。綿花はデカン高原で盛ん（世界第2位）。ジュートは世界の生産量の6割近くを占める。茶はアッサム地方で盛ん（世界第1位）
通貨	ルピー
国旗	中央には，古代インドのアショカ王の記念塔からとった法輪（チャクラ）を描く

歴史

4大河川文明発祥地の1つとして前25～前18世紀にインダス文明が栄え，北方からのアーリヤ人（インド・ヨーロッパ語族）の進出で北インドでは前15～前7世紀にはバラモン教やヴァルナ制（身分階層制）が，前6～前4世紀に古代国家や仏教，ジャイナ教が成立した。仏教はその後，東南アジアや中国・朝鮮・日本などにも伝わって大きく成長し，南インドでは前5世紀頃から巨石文化が栄えた。前4～前3世紀に北インドのマウリヤ朝がインド亜大陸をほぼ統一して中央集権国家を築いた。マウリヤ朝の滅亡（前181頃）後，前2～後4世紀には北西インドとデカン高原中部の諸国家が優勢となった。4～6世紀，グプタ朝（320頃～550頃）が北インドを再統一し，この頃，非アーリヤ系の文化とバラモン文化を融合したヒンドゥー教が成立して拡大し，逆に仏教はインドでは次第に衰えていった。7世紀のハルシャヴァルダナ王の時代を経て8～12世紀にはラージプートと総称されるヒンドゥー諸国家が分立し，南インドでも6世紀以降，3あるいは2王国の勢力拮抗の時代となった。

北インドでは11世紀からアフガニスタン方面からのイスラーム勢力（ガズナ朝・ゴール朝）の侵入が本格化し，13世紀以降のデリー諸王朝を経て16世紀前半にムガル帝国（1526～1858）が成立，17世紀に覇権を築いた。南インドでは14世紀に，ヴィジャヤナガル王国（1336～1649）がおこり，18世紀にはデカン高原にヒンドゥー国家の建設をめざすマラーター諸勢力が展開したが，ムガル帝国

デカン高原の岩盤の下に30におよぶアジャンター石窟群がある

南インド，マドゥライのミーナークシ寺院では，ヒンドゥー教建築の寺院の門ゴープラムが12基林立する。市の中心にあって，多くの観光客や巡礼者が訪れる象徴的存在である

の衰退に乗じた西欧列強の進出も拡大した。19世紀初頭にはイギリス東インド会社（1600年設立）が広大な植民地を築き，インド大反乱（1857～58）で1858年ムガル帝国も滅亡してイギリスが直轄支配し，77年にはイギリスのヴィクトリア女王（位1837～1901）を皇帝とする英領インド帝国（1877～1947）となった。

19世紀末インド国民会議が成立して反英独立運動の端緒となった。第一次世界大戦（1914～18）後，ガンディー（1869～1948）を中心に民族独立運動が高揚，第二次世界大戦後の1947年8月，ヒンドゥー教中心のインド連邦とイスラーム教を奉じるパキスタンの2国に分かれて英連邦自治領として独立した。50年，インド連邦は憲法を制定してインド共和国として英連邦を離脱，ネルー首相（任1947～64）のもとで，米・ソの東西2大陣営に属さず中立を主張する第三世界のリーダー国となった。

60年代以降，中・印国境紛争，カシミールの帰属をめぐる第2次インド・パキスタン戦争，経済危機などで国民会議派の指導力が薄れ，地方の民族主義と中央の強権主義の軋轢（あつれき）に加え，カシミールやパンジャーブなどの地域紛争が顕在化した。90年代以降，政治の多党化・連立化が進むなかでインド人民党などが躍進した。経済では経済成長の著しいBRICSの一角として，国際的存在感は増している。

世界遺産(29件)

アジャンター石窟群(19世紀に発見された1000年前の仏教美術遺跡)→左ページの写真／**エローラ石窟群**(仏教・ヒンドゥー教・ジャイナ教の3つの宗教の聖地)／**アーグラ城塞**(ムガル帝国最盛期を象徴する「赤い砦」)／**タージ・マハル**→コラム／**コナーラクの太陽神寺院**(13世紀以降の太陽神を祀る大寺院)／**マハーバリプラムの建造物群**(世界で最大の浮き彫りを残すヒンドゥー教寺院)／**カジランガ国立公園**(インド東部の極希少動物・インドサイなどの棲む楽園)／**マナス野生動物保護区**(貴重な野生動物が棲むヒマラヤ山麓の保護区)など

タージ・マハル
インド北東部アーグラにあるインド・イスラーム建築を代表する墓廟（ぼびょう）。ムガル皇帝シャー・ジャハーン（位1628～58）が38歳で亡くなった最愛の王妃のために21年をかけて建てたもので，その建築費用が国を傾けたという。敷地は南北約500m，東西約300m。正面入口からペルシア（イラン）式庭園を過ぎると真正面に白大理石の左右対称の建物がそびえる。中央ドームの高さは58m，四隅に42mのミナレット（尖塔・光塔）をもつ。

インドネシア共和国
Republic of Indonesia

面積	189万km²（日本の5倍）		マレー語、英語
人口	2億3800万人（世界第4位）	宗教	イスラーム教が9割近くで，世界で最も多くのムスリムが居住する国。キリスト教が1割弱（プロテスタントとカトリック）。バリ島の住民は大半がヒンドゥー教，他に仏教，儒教
首都	ジャカルタ		
自然	無人島を入れると約1万6000の島がある世界最大の群島国家。熱帯雨林気候，サバナ気候。ジャワ島東部から小スンダ列島にかけては雨季と乾季がある（乾季が4～10月，雨季が10～3月）。環太平洋造山帯とアルプス・ヒマラヤ造山帯の接合部に位置し，スマトラ島からジャワ島，スラウェシ島におよぶ火山帯があり，地震が多い	産業	農業国で米の生産量は世界第3位，コーヒー豆は世界第3位，カカオは世界第2位。天然ゴムは世界第2位。アブラヤシの実から採れるパームオイル（マーガリンや石鹸の原料）は，世界第1位。鉱物資源にも恵まれ，スズは世界第2位。東南アジア最大の産油国。日本は液化天然ガス（LNG）をインドネシアから最も多く輸入
住民	半分近くがジャワ人。スンダ人，マドゥラ人と続く。他にブギス，アチェ，バタクなど。民族集団（言語集団）は300以上ともいわれている。これら「インドネシア人」に含まれない5%の中国系の華人が，インドネシアの富の8割を独占	通貨	ルピア
		国名	19世紀半ば，シンガポール在住のイギリス人によって呼ばれた
言語	公用語はマレー語を母体とするインドネシア語。他に	国旗	デザインはモナコの国旗と全く同一だが，縦横の比率が異なる

歴史

　東南アジア島嶼部は古来より東西海洋交通の要衝，あるいは熱帯産香辛料や農産物の供給地として経済的に繁栄してきた。紀元前後からインド文化の影響がおよんでおり，7世紀頃から仏教やヒンドゥー教を信奉する王国が繁栄した。スマトラ島では7世紀に仏教王国シュリーヴィジャヤ（7～14世紀）がおこり，ジャワ島ではシャイレンドラ朝（8世紀半ば～9世紀前半）が世界最大の大乗仏教遺跡ボロブドゥール寺院を建立した。13世紀にはイスラーム教が伝わり，16世紀にジャワ島でヒンドゥー教のマジャパヒト王国（1293～1520頃）に代わって同島中部にマタラム王国（16世紀末～1755）がおこって本格的なイスラーム化が始まった。

　ほぼ時期を同じくしてヨーロッパ諸国が香辛料を求めてマルク諸島（モルッカ諸島・香料諸島）に進出した。1596年にジャワ島に到達したオランダは1619年，バタヴ

首都のムルデカ広場の中心部にある国家独立記念塔モナス（英語でNationnal Monument）

1955年，バンドンで開催された第1回アジア・アフリカ会議で演説するスカルノ大統領

ボロブドゥール寺院遺跡群

ジャワ島中部ジョクジャカルタの北西約40kmに位置し，8〜9世紀にシャイレンドラ朝が造営したもの。一辺が120mの方形の基壇の上に5層の方形壇，その上に3層の円形壇があって全体として9層のピラミッド状を呈するもので，高さは42m。頂上部には巨大な釣鐘形ストゥーパ（仏塔）がある。同朝の衰退とともに密林と火山から流出した溶岩に埋もれたが，1814年に偶然発見された。近年，切り石の風化・劣化が進行し，1973〜83年にかけて国際的援助によって大規模修復工事がなされた。

ィア（現ジャカルタ）に拠点を構え，70年代にはこの海域世界での優位を確立，マタラム王国の内紛や，18世紀には同王家の後継者争いに介入して内陸部にも支配を広げ，オランダ領東インド植民地を拡大した。19世紀初頭のナポレオン戦争の影響で一時イギリスがこの地域を占領したが，1824年の英蘭協定でマラッカ海峡をはさんでイギリス側とオランダ側の勢力圏が画定され，オランダはスマトラ島の支配権も獲得した。オランダは1830年からは強制栽培制度を導入してジャワ社会を貨幣経済に組み込み，1910年代に外島（ジャワ島以外の島々）にもおよぶオランダ領東インドの版図が完成した。

　第二次世界大戦(1939〜45)中は日本軍政下にあったが，1945年8月に独立を宣言。その後，オランダとのあいだに激しい独立戦争が戦われ，49年12月のハーグ協定で主権を回復した。55年に初の総選挙が実施されたが4大政党の分立で政情は安定せず，59年，初代大統領であったスカルノ（任1945〜67）は軍と共産党の支持を背景に，「指導される民主主義」を唱えて議会を解散して政党の力を弱めた。スカルノは国際政治ではインドのネルー首相やエジプトのナセル大統領とならぶ「第三世界」（米・ソの東西2大陣営に属さず，中立を主張した勢力）のリーダーでもあった。60年代にはいると軍部と共産党の対立が激化，65年の「9・30事件」を機に共産党は大弾圧を受け，スカルノも失脚した。この事件を主導した軍部出身のスハルトが67年から大統領代行・大統領（7期）として30年以上にわたって強権政治を展開したが，97年のアジア金融危機を契機に民衆暴動によって翌98年に辞任した。99年には総選挙が実施され，2004年には初の直接選挙によるユドヨノ大統領の選出など，民主化過程にあるが，04年のスマトラ沖地震の甚大な被害に加え，政治の腐敗やイスラーム急進派の進出もあって社会の不安定要因も残している。しかし近年の経済成長は著しく，G20参加国ともなっている。

世界遺産（8件）

ボロブドゥール寺院遺跡群→コラム／ウジュン・クロン国立公園（火山灰のなかから甦った熱帯雨林の島）／コモド国立公園（世界最大のトカゲ，コモドオオトカゲの棲息する島）／プランバナン寺院遺跡群（古代インドの叙事詩『ラーマーヤナ』の浮き彫りの残る，9世紀建立のヒンドゥー寺院）／サンギラン初期人類遺跡（ジャワ原人誕生の地）／ロレンツ国立公園（万年雪の輝く高山地帯から低湿地帯・熱帯海洋区まで多彩な環境をもつ，東南アジア最大の国立公園）／スマトラの熱帯雨林遺産（東南アジア独特の動植物がある国立公園群）[危機遺産]／バリ州の文化的景観―トリ・ヒタ・カラナの精神を象徴するスバックの水利システム（棚田とその灌漑施設，スバックと不可分の寺院群）

ウズベキスタン共和国
Republic of Uzbekistan

面積	44万7400km²（日本の1.2倍）。西部にテュルク系のカラカルパク人のカラカルパクスタン自治共和国がある
人口	2780万人（中央アジア諸国のなかでは群をぬく）
首都	タシケント
自然	大部分が平原と砂漠。ステップ気候，砂漠気候
住民	テュルク系のウズベク人が8割。他にロシア人，ペルシア（イラン）系タジク人，テュルク系タタール人
言語	公用語のウズベク語（チュルク諸語）の他，ロシア語。キリル文字で書きあらわされていたウズベク語はラテン文字の新正書法に移行したが，旧正書法も使われている
宗教	主にスンナ派イスラーム教，他にロシア正教
産業	綿花（生産量世界第5位），金（世界第4位），ウラン（世界第7位），小麦，石油，天然ガス
通貨	スム
国旗	新月と12の星。12は国を構成する12州を表現

歴史

　砂漠地帯にオアシスが点在するこの地域では古くから農耕が発展し，前1千年紀半ば頃からサマルカンドやブハラの原型となる都市が存在した。東西交通路の要衝でもあり，前6世紀にアケメネス朝ペルシア（イラン，前550〜前330）が支配した。後6世紀以降，北部のステップ地帯のテュルク系遊牧集団（突厥）の流入で次第にトルコ化し，8世紀にはアラブ人の征服でイスラーム化が進んだ。13世紀にモンゴル人が侵入，チンギス・ハン（位1206〜27）の建てたモンゴル帝国の支配下にはいったが，14世紀後半にティムール朝（1370〜1507）が成立すると，その首都サマルカンドは東方イスラーム世界の経済・文化の中心として繁栄した。同帝国の分裂後の1500年，遊牧民ウズベク人がブハラ・ハン国（1500〜1920）を築き，18世紀にはブハラ・ヒヴァ（1512〜1920）・コーカンド（1710頃〜1876）のウズベク系3ハン国が分立した。

　19世紀後半，ロシア帝国が進出してこれらハン国を併合した。1917年のロシア革命後，トルキスタン自治政府が樹立されたが，入植者によるソヴィエト政権に倒され，24年，ウズベク・ソヴィエト社会主義共和国としてソ連邦を形成した。91年，ソ連邦の崩壊で独立して現国名となった。市場経済化と国民統合をめざしているが，イスラーム原理主義運動への抑圧がテロを生む悪循環もみられる。領内のカラカルパクスタン自治共和国は独自の憲法をもつが，立法権・外交権はウズベキスタン共和国にある。

サマルカンド—文化の交差路

　サマルカンドは古来シルクロードの要衝として交易で発展してきた。13世紀，モンゴル軍の侵攻で壊滅したが，1370年，ティムール朝の首都として復興。ティムールはここに世界各地から学者・芸術家・建築家を集め，壮麗なモスクやマドラサ（イスラーム法学を中心とする高等教育機関）を建設させた。これらの建造物はサマルカンド・ブルーと呼ばれる青色タイルを中心に多彩に彩られ，往時の繁栄を今に伝える。

世界遺産（4件）

イチャン・カラ（二重の城壁に囲まれた中央アジア有数のイスラーム建築群）／ブハラ歴史地区（シルクロードの面影を今に伝える古都）／シャフリサブス歴史地区（ティムール朝を樹立したティムールの故郷の建築群）／**サマルカンド—文化の交差路** →コラム

オマーン国
Sultanate of Oman

面積	31万km²（日本の4分の3）。ムサンダム半島が飛び地
人口	290万人（うちインド人，パキスタン人など外国人が90万人）
首都	マスカット
自然	大部分は砂漠，オマーン山脈周辺とバティナ平原に居住が集中。砂漠気候だが，南部はインド洋からのモンスーンの影響で湿潤
住民	アラブ人が8割。ムサンダム半島にシフーフ人（非アラブ系の山岳民）
言語	公用語はアラビア語，英語も広く通用する
宗教	シーア派から分派したイバード派イスラーム教が主流，他にスンナ派
産業	石油，天然ガス。石油輸出量の筆頭国は日本。遊牧，ナツメヤシ栽培。近年は観光業に力を入れている
通貨	オマーン・リアル（RO）
国旗	左上に長剣と短剣を組み合わせた国章

歴史

紀元前から海洋交易の中継地として栄えた。1～2世紀にはアラブ系アズド人が移住，7世紀頃からイスラーム化し，8世紀にはイスラーム教シーア派系ハワーリージュ派の流れをくむイバード派が浸透して主要宗派となり，一時，外来勢力の支配下にあったが，ほぼイバード派系の王朝が支配した。7～15世紀にはインド洋交易で繁栄。1507年，ポルトガルの侵攻でマスカットなど沿岸部が一時占領されたが，1650年にヤーリバ朝がポルトガル人を追放して全国を統一し，同王朝による海上交易や海外遠征が活発化した。1741年成立のブー・サイード朝は，アフリカ東岸のザンジバルやパキスタン南部のマクラーン地方にも進出して一大海洋国家となり，1832年にインド洋交易の中心地ザンジバル（現在はタンザニアに属する）に遷都，56年に国土はオマーン本国とザンジバルに分かたれた。

アル・アインの古代遺跡群

しかし19世紀後半，スエズ運河の完成（1869）による沿岸貿易の退潮などで衰退し，1919年以降，実質的にイギリスの保護国（マスカット・オマーン土侯国）となった。一時イマーム（宗教指導者）支配の内陸部と国王支配の沿岸部の内戦もあったが，国王派が統一。70年にブー・サイード朝王家の皇太子カーブースがイギリスの了承のもと宮廷クーデタで父王を逐って王位について現国名に改称した。71年に独立して国連に加盟，従来の鎖国政策を改めて近代化を図った。96年に国家基本法（憲法）を制定，翌年，諮問議会選挙を実施して初の女性参政権を認めた。

バハラ城塞

バハラはオマーン北部アフダル山脈の南西山麓に位置し，ナツメヤシの繁るオアシス都市である。オマーンでは，海側からはペルシア（イラン）の，陸側からは砂漠の遊牧民の攻撃に常にさらされているため，どの都市も城壁で囲まれている。オマーン最大級といわれるバハラ城塞は，12～15世紀末までこの地方を支配した人々によって築かれたもので，城壁の総延長は12kmに達する。石を土台に日乾し煉瓦を積み上げたもの。

世界遺産（4件，うち共同登録1件）

バハラ城塞→コラム／バット，アル・フトゥム，アル・アインの古代遺跡群（青銅器時代の集落跡。アル・アインはアラブ首長国と共同登録。説明8ページ）→写真／フランキンセンスの国土（オアシスの交易都市シスル遺跡など）／アフラージュ，オマーンの灌漑システム（現在も稼働する高度な土木技術）

カザフスタン共和国
Republic of Kazakhstan

面積	272万4900km²（日本の7倍）。旧ソ連邦ではロシアに次ぐ第2の面積
人口	1600万人
首都	アスタナ（1997年にアルマトゥイより遷都）
自然	東部のカザフ高原，中部のカザフ・ステップ，西部のカスピ海沿岸低地。ステップ気候，砂漠気候
住民	テュルク系の遊牧民カザフ人が6割。他にロシア人，スラヴ系のウクライナ人。テュルク系のウズベク人，ウイグル人，タタール人。スターリン時代の強制移住によるヴォルガ・ドイツ人，朝鮮人
言語	公用語はカザフ語とロシア語
宗教	スンナ派イスラーム教が7割。他にロシア正教
産業	鉄，石炭，燐鉱石，石油，天然ガス。小麦。牧畜と農業振興のため灌漑の整備につとめている
通貨	テンゲ
国旗	中央は太陽，左側はカザフの伝統的なアラベスク文様

歴史

ヴォルガ川下流からバルハシ湖西方にいたるカザフ高原は紀元前から遊牧民が生活し，東西交易路（草原の道）の主要経路でもあった。ウズベク・カザフあるいは単にカザフ（放浪者の意）と呼ばれる遊牧集団がウズベク国家の圧政を逃れてシルダリヤ川（ヤクサルテス川）流域から天山北麓に移動し，15世紀後半にカザフ・ハン国をおこした。18世紀前半，イリ地方のモンゴル系遊牧民ジュンガルからの庇護を求めてロシア帝国に臣従したが，スラヴ系入植者による土地収奪に不満を募らせて反ロシア運動がおこったものの，1860年代に全カザフスタンがロシア帝国領となった。

1917年のロシア革命後，カザフ知識人による自治政府が生まれたが内戦のなかで解体され，20年にキルギス・ソヴィエト社会主義自治共和国（キルギスは当時のカザフの呼称）としてロシア・ソヴィエト連邦社会主義共和国の一部となり，36年，カザフ・ソヴィエト社会主義共和国に昇格してソ連邦に加盟した。20年代末以降の農業集団化と強制的定住化による飢餓と疫病では175万の死者を数えたといわれる。また，セミパラチンスクでのソ連邦による核実験は環境に深刻な打撃を与えた。91年のソ連邦崩壊で独立して現在の国名になった。カザフ人の割合は一時3割に低下したが，現在は過半数を回復した。92年に国連とIMFに加盟。97年に首都をアルマトゥイからアクモラに遷都してアスタナ（首都の意）と改名した。

カザフ高原での羊を中心とした遊牧

世界遺産（3件）

ホンジャ・アフメッド・ヤサウィー廟→コラム／タムガリの考古的景観にある岩絵群（紀元前14世紀から20世紀初頭にかけて描かれ続けた約5000点におよぶ岩絵）／サルヤルカ・カザフスタン北部のステップと湖沼群（絶滅危惧種が棲息。渡り鳥の重要な停留地）

ホンジャ・アフメッド・ヤサウィー廟

カザフスタン南部シムケントに，12世紀に活躍したスーフィー（イスラーム教の神秘主義伝道者）で，ヤサウィー教団を創設してこの地での布教に尽力した聖人ホンジャ・アフメッド・ヤサウィーの墓廟（ぼびょう）がある。彼は晩年，地下に隠居して修行に励んだという（その跡が墓廟の地下モスク）。墓廟は1390年代にティムール朝の創始者ティムールの命で建てられ，高さ44m，ドームの直径22mは中央アジアに残る歴史的建造物のうちで最大級。

カタール国
State of Qatar

面積	1万1400km²（秋田県程度）。66年間にわたり，バーレーンとハワール諸島の領土権をめぐって争ったが，現在，同諸島はバーレーン領
人口	170万人。8割が在留外国人
首都	ドーハ（国民の半分以上が居住）
自然	大半は岩石の露出した平坦な砂漠。砂漠気候
住民	アラブ人が4割。他に，イラン，パキスタン，インド，バングラデシュ，フィリピンからきた人々で構成され，出身別に職種が階層化されている
言語	公用語はアラビア語
宗教	イスラーム教が国教。主にスンナ派のワッハーブ派イスラーム教，先住のアラブ人はシーア派
産業	石油，天然ガス（産出量は世界第6位。埋蔵量はロシア，イランに次ぎ世界第3位）。古来より天然真珠の産地だった。1人あたりGDPは世界のトップクラス
通貨	カタール・リヤル

歴史

　考古学調査の結果，紀元前4世紀頃からカタール半島に多くの人が住んでいたことがわかり，2世紀のギリシア人地理学者プトレマイオスの地図にカタラ（Qatara）の地名を残すが，それは現在のズバラ（Zubara）ともいわれる。カタラは古くから湾岸地域の重要な港であったが，古代にこの地域に国家といえるものが存在したか否かは不明。かつてはバハレーンと呼ばれた地域に属しており，3世紀にササン朝イランの支配下にはいったとされる。7世紀以降，イスラーム勢力がおよんできて9世紀後半にはシーア派のイスマーイール派の分派カルマト派の勢力下にはいった。18世紀頃から現在のクウェートやアラビア半島北部からアラブ諸部族がカタールに移住してきた。1871年，オスマン帝国（トルコ）に征服され，同帝国の衰退で1916年にイギリスの保護国となった。

　18世紀半ば以降に，初期イスラームへの復帰と厳格な禁欲主義を主張するスンナ派のワッハーブ運動を受容して現在にいたっている。イギリスのスエズ運河以東からの軍事撤退政策を受けて1971年カタール国として独立。49年から石油の採掘が始まり，71年には当時世界最大の天然ガス田が発見されたことで石油・天然ガスの輸出に国家歳入の大半を依存している。95年，時の首長の皇太子による無血クーデタが成功，自由化・民主化が進められている。アラブ系の衛星テレビ局アルジャジーラの本社は，首都ドーハにある。

近代化の進むドーハ

中東の湾岸諸国のうち，石油資源に恵まれた国はどこもインフラ（社会的基盤）の整備が進む。かつて「世界で最も退屈な町」といわれたカタールの首都ドーハもその例外ではない。2006年のアジア競技大会開催を機に，ホテル・観光施設などが次々と建設されている。人工島に08年にオープンした「イスラーム芸術博物館」は，中国系アメリカ人の設計による近代的デザインの建物に，7〜19世紀にいたるイスラーム芸術の粋（すい）が集まる。また，ドーハ市街の北にも，人工島「ザ・パール（真珠）」の建設が進んでいる。

首都ドーハでヒトコブラクダに乗る王侯

世界遺産（0件）

カンボジア王国
Kingdom of Cambodia

面積 18万1000㎢（日本の半分）	**住民** カンボジア人（クメール人）が9割。他に華人、ベトナム人、チャンパー王国の末裔といわれるチャム人
人口 1340万人	**言語** 公用語はカンボジア語（クメール語）
首都 プノンペン	**宗教** 上座部仏教が国教。他にシーア派イスラーム教
自然 大平原の国。中央部を貫流するメコン川周辺とトンレサップ湖周辺が平野部。熱帯雨林気候、サバナ気候で、モンスーンの影響により雨季（5～10月）と乾季（11～4月）がある。インドシナ半島で最大のトンレサップ湖は、雨季には乾季の3倍もの面積になる	**産業** 米を中心とする農業、淡水漁業、林業。近年は縫製、観光業が成長
	通貨 リエル
	国旗 中央はアンコール・ワット正面

歴史

9世紀初めにメコン川中流域にアンコール朝（802頃～1432）が開かれ、11世紀にはチャオプラヤー川流域やメコン川河口域に拡大して王都アンコールは海の交易路と結ばれた。14世紀、タイのアユタヤ朝（1351～1767）の侵攻でアンコールが放棄され、2つの政治勢力に分かれた。1863年、フランスの保護国となり87年にフランス領インドシナに編入され、第二次世界大戦中の太平洋戦争末期の1945年3月、日本軍の直接支配が始まり、名目的独立を得たが、同年8月、日本の降伏でフランスの支配に復した。

1953年11月に完全独立を果たしたが、人民社会主義共同体が55年の総選挙で全議席を独占、70年に元国王の国家元首シハヌーク（1922～2012）を解任して親米のクメール共和国（ロン・ノル政権）を樹立した。のちシハヌークと結んだカンプチア共産党（クメール・ルージュ、赤いクメール人の意）による民主カンプチア（ポル・ポト政権）が75年に成立したが、急速な農業集団化・虐殺・飢餓などで170万人が犠牲になった。79年、ベトナム軍の侵攻でプノンペンが陥落、カンプチア人民共和国（ヘン・サムリン政権）が成立した。内戦が続いて多数の難民を生んだが、91年にパリ和平協定が成立して、翌年から国連カンボジア暫定統治機構（UNTAC）が活動を始め、93年には総選挙が実施されて王制に復帰した。99年にASEANに加盟して近隣諸国や欧米・日本との関係強化を図り、2009年にポル・ポト派を裁く特別法廷も開廷した。

アンコール遺跡群

アンコール朝の全盛期の12世紀初頭、王都アンコールに、スールヤヴァルマン2世が30余年の年月を費やして建設したのがアンコール・ワット（寺院のある町の意）。広大な敷地にヴィシュヌ神を祀るヒンドゥー寺院があり、環濠（かんごう）をめぐらせた中央祀堂（しどう）は3重の回廊に囲まれた5つの尖塔がそびえる。また付近のアンコール・トム（大きな町の意）には、12世紀後半ジャヤヴァルマン7世が建てた寺院群があるが、いずれも密林の侵食や長年の内戦で破壊されるなど、崩壊の危機に瀕している遺跡も多い。

世界遺産（2件）

アンコール遺跡群 →コラム／プレア・ヴィヘア寺院（クメール人によって建てられたヒンドゥー寺院）

キプロス（サイプラス）共和国
Republic of Cyprus

- **面積** 9300km²（四国の半分）。1974年のトルコ軍による軍事侵攻以降、北部のトルコ軍実効支配地域と南部のキプロス共和国実効支配地域とにわかれている。他にイギリスの軍事基地がある
- **人口** 南部地域80万人。北部地域は不明
- **首都** ニコシア
- **自然** 中央に平野、その南北は山地。地中海性気候
- **住民** ギリシア人（キプロス共和国支配地域、8割弱）、トルコ人（トルコ軍支配地域、2割弱）、アルメニア人
- **言語** 公用語は現代ギリシア語とトルコ語
- **宗教** ギリシア正教会が8割弱、スンナ派イスラーム教が2割弱。他にマロン派正教会、アルメニア正教会
- **産業** 農業（ジャガイモ、大麦）、観光業、金融、海運
- **通貨** ユーロ
- **国旗** 中央は黄金のキプロス島
- **国名** 英語読みはサイプラス

歴史

紀元前から東地中海航路の要衝にあり、ミケーネ文明が栄えた前1500年以降、ギリシア人が入植した。前58年以降はローマ領となったが、4世紀末から東ローマ（ビザンツ）帝国領。7世紀、アラブ人の侵入でイスラーム化が始まるが、11世紀末の第1回十字軍遠征でイングランド（英）軍が占領、1192〜1489年まではイングランド王から島を購入したフランス出身の貴族が代々支配した。十字軍国家消滅後の13世紀、一時ヨハネ騎士団の本部があった。のちイタリアの都市国家ヴェネツィアが進出したが、1571年オスマン帝国（トルコ）領となった。1878年、イギリスがトルコから行政権を得て1925年に植民地に組み込んだ。

第二次世界大戦後、ギリシア系住民の反英闘争を経て1960年に独立。人口の8割を占め、ギリシアへの帰属を求めるギリシア系住民と、反対するトルコ系住民とのあいだで63年に内戦が生じたが、翌年から国連平和維持軍が駐留。74年のギリシア軍部によるクーデタを機にトルコが軍事介入して北部を支配下におき、83年に北キプロス・トルコ共和国として独立を宣言したが承認した国はトルコのみである。キプロス共和国は2004年、EUに加盟し、国民1人あたりのGDPも北部の2倍以上に達しているが、08年以降の世界経済の悪化で一部の国が債務超過となった欧州の国家債務危機に際し、13年4月、EUとIMFから総額100億ユーロ（1兆2700億円）の支援を受けることが決まった。

トロードス地方の壁画教会群

パフォス

キプロス南西部パフォスに残るギリシア時代の都市遺跡。この都市の近くに「美の女神」として知られるギリシア神話の女神アフロディテ（ローマ神話ではヴィーナス）が海の泡のなかから生まれたとされる海岸があり、前1200年頃のアフロディテ神殿があった。多くの巡礼者が訪れる都市として繁栄したが、神殿も今は柱や壁の一部が残るだけである。前320年頃に新パフォスが築かれ、新パフォスには城塞や劇場跡が残る。

世界遺産（3件）

パフォス→コラム／トロードス地方の壁画教会群（11〜16世紀のギリシア正教会の壁画教会群）→写真／キロキティア（新石器時代の集落跡）

キルギス（クルグズ）共和国
Kyrgyz Republic

面積	19万8500km²（日本の半分）
人口	540万人
首都	ビシュケク
自然	天山山脈の支脈が東西につらなり，9割が海抜1500m以上。ステップ気候，地中海性気候，冷帯湿潤気候
住民	遊牧を基盤とするテュルク系のキルギス人が4分の3。テュルク系のウズベク人，ロシア人
言語	公用語はキルギス語とロシア語
宗教	スンナ派イスラーム教が4分の3，ロシア正教会が2割
産業	綿花，タバコ，小麦の農業，畜産業。金。近年は観光業に力を入れる
通貨	ソム
国旗	中央に描かれているのは，遊牧民の組立式テント（キルギスではユルトと呼ぶ）の頂部の構造
国名	自称はクルグズ。キルギス語のkir（草原）とgis（遊牧）で，「草原で遊牧する人々」

歴史

最初の文字史料は6世紀に中央アジア全域を支配した突厥文献で，キルギス人が主にエニセイ川上流域のミヌシンスク盆地に居住していたことがわかるが，現住地との距離が大きいため両者の関係について諸説が存在する。突厥に次いで8世紀にウイグルの，13世紀にモンゴル帝国の支配下にはいり，16世紀にキルギス人が現住地に移住したと思われる。天山山脈ではテュルク系・モンゴル系・イラン系住民などによってその社会の基盤が形成されてきたが，現在のキルギス共和国南西部のフェルガナ盆地では8世紀以降，アッバース朝支配下で農耕民のイスラーム化が進み，彼らを通じて天山山脈方面の遊牧民もイスラーム化したと思われる。17世紀以降，モンゴル系ジュンガル部族，次いでコーカンド・ハン国に支配され，1876年にロシア帝国領となってスラヴ系農民が入植したため，民族間の反目が強まった。

1917年のロシア革命後，さまざまな過程を経て36年にキルギス・ソヴィエト社会主義共和国としてソ連邦に加入し，農業集団化や遊牧民の強制定住化が断行された。90年に主権宣言がなされ，91年，ソ連邦の崩壊で独立，92年に国連に加盟した。93年にキルギスタン共和国（90年に改称）から現国名に改めた。当初は2000年に3選されたアカエフ大統領の独裁色が強かったが，民衆運動の結果05年，同大統領はロシア国外に逃亡した。10年に中央アジア初の女性大統領が誕生した。

テュルク系遊牧民が使用する組立式住居ユルトの内部

> **キルギスの英雄叙事詩『マナス王』**
> キルギスに伝わる口承文学に建国の英雄マナス王の叙事詩がある。マナス王から息子・孫にいたる民族統一の歴史を物語る。語り手によってさまざまなヴァージョンがあり，それは70にもおよぶという。したがって長さもまちまちで，最大のものは40万行といわれ，ホメロス（古代ギリシア）の『オデュッセイア』1万2000行，古代インドの『ラーマーヤナ』10万行をしのぐ。内容は単なる歴史にとどまらず，日々の暮らしの知恵や道徳・仕来りも含まれる。

世界遺産（1件）

スライマン・トー聖山（預言者スライマーン〈ソロモン〉が逗留したとされる伝説の山）

クウェート国
State of Kuwait

- **面積** 1万7800km²（四国程度）。サウジアラビアとのあいだに中立地帯があったが，2000年に分割された。9の島嶼（とうしょ）があり，最大のブビヤン島は，本土と橋で結ばれている
- **人口** 270万人
- **首都** クウェート
- **自然** ほとんどが砂漠で砂漠気候
- **住民** アラブ人が8割。他に南アジア系（印僑，19世紀以降のインドからの移民）が1割，イラン人など。国民の9割が国家公務員か国営企業職員
- **言語** 公用語はアラビア語
- **宗教** スンナ派イスラーム教
- **産業** 有数の産油国（産出量世界第9位）で歳入の9割以上が石油収入。他に造船（木造），真珠，皮革。1人あたりGDPは，世界的に上位に位置する
- **通貨** クウェート・ディナール（KD）

歴史

古代以来，住民はオリエント・西アジアの強国の支配下にあり，「小さな丘」を意味する「クライン」と呼ばれる小さな港であったが，18世紀初頭以来，「小さな城（砦）」を意味する「クウェート」と呼ばれている。オスマン帝国（トルコ）支配下の18世紀初頭，アラビア半島内陸部からアラブ系遊牧民ベドウィンがこの地方に移住しはじめ，1756年からサバーハ家がトルコの宗主権のもとに一帯を支配し，オスマン帝国バスラ州の一部となった。トルコに対抗するため同家は1899年にイギリスの保護国となることを申し入れて受理され，1914年には自治保護領となって，現在のクウェート国の原型ができあがった。

1938年に大規模油田が発見されて49年から輸出が始まり，この地の近代化が一気に進むことになった。61年にサバーハ家首長を国家元首とする立憲王国として独立を果たした。90年に突如イラク（フセイン政権）の侵攻を受けて一時占領されたが，翌年1月からアメリカなど多国籍軍による解放戦争（いわゆる湾岸戦争）でまもなくイラク軍が撤退し，占領から解放された。2005年には女性参政権を認め，女性閣僚も誕生するなど，民主化・近代化に向けて変化しつつある。欧米先進国や湾岸協力会議（GOC），およびアラブ諸国との連帯などを外交の基本方針とする。近年は豊かなオイル・マネーの海外投資による金融立国をめざしている。

茶店。イスラーム圏でみられる水タバコでくつろぐ人もいる

豊かなオイル・マネー

国の豊かさを誇示するかのように，クウェート中心部には壮大な建物や道路が建設され，バスによる近代的交通網が広がる。移動はマイカーかバス・タクシーという車社会。クウェート湾に面した王宮シーフ・パレスの前には1986年に完成したグランド・モスクがあり，中央のドームは高さ43m，直径26mで，クリスタルのシャンデリアが煌めくホールでは1万人が祈りや礼拝をすることができる。

世界遺産（0件）

グルジア
Georgia

面積	6万9700km²（日本の5分の1）。3つの自治政体（アブハジア共和国，アジャリア共和国，南オセチア自治州）がある
人口	430万人
首都	トビリシ
自然	北に大カフカース山脈，南に小カフカース山脈が東西に走り山岳が多い。温暖湿潤気候
住民	グルジア人が8割。他にテュルク系のアゼルバイジャン人，アルメニア人，ロシア人，イラン系のオセチア人
言語	公用語はグルジア語
宗教	主にグルジア正教会。他にスンナ派イスラーム教
産業	茶，柑橘類，果物，タバコ，ブドウ栽培を中心とする農業および畜産業，紅茶・ワインを中心とする食品加工業，マンガンなどの鉱業。黒海観光
通貨	ラリ

 歴史

　前6世紀から西部にコルキス王国が成立し，黒海東岸のギリシア人植民地の影響のもとで発展した東部でも，前4～前3世紀にイベリア（カルトリ）王国が成立し，4世紀にキリスト教を国教化した。6世紀，東部はササン朝（イラン）に，西部は東ローマ（ビザンツ）帝国に併合された。7世紀後半，東グルジアはアラブ民族の支配下にはいった。11世紀にバグラト朝が成立し，その全盛期の12世紀にはカフカース全域を支配したが，その後，モンゴル帝国・ティムール朝の支配で国土が荒廃し，諸王侯国に分裂した。16世紀以降はサファヴィー朝イランとオスマン帝国（トルコ）に支配された。19世紀初頭，この地にロシア帝国が進出，1878年にカフカース全域が同帝国の支配下にはいって言語・宗教のロシア化が進んだが，グルジアでは労働運動・農民運動が頻発した。

　1917年のロシア革命後，18年に独立を宣言したが，赤軍に占領されて22年，アルメニアなどとともにソ連邦に加盟した。グルジアはスターリンの故郷だが，ソヴィエト政府（モスクワ）による急速な中央集権化に最も強く抵抗し，36年，グルジア・ソヴィエト社会主義共和国としてソ連邦構成共和国の1つとなった。91年のソ連邦の崩壊で独立したが，92～94年，民族紛争による内戦となり，その終結後も2008年，南オセチア自治州とアブハジア自治共和国両地域の問題をめぐってロシアとの軍事衝突がおきた。

バグラティ大聖堂とゲラティ修道院

　11世紀初頭，グルジアを初めて統一したバグラト3世は，グルジア西部にあってシルクロードの要衝であったクタイシに王都を築き，自分の名を冠した大聖堂を創建した。1691年にオスマン帝国軍の攻撃で大聖堂は崩壊したが，動植物のレリーフ（浮彫り）で飾られた外壁が残っている。12世紀初頭，最盛期をもたらしたダヴィド4世は王都の郊外に3つの聖堂と王立学校をともなうゲラティ修道院を建立，学問の殿堂として発展させた。

世界遺産（3件）

ムツヘタの文化財群（グルジア人の信仰の中心としての古都）／**バグラティ大聖堂とゲラティ修道院**　•コラム／アッパー・スヴァネティ（山間に残る防御塔の林立する村）

シリア・アラブ共和国
Syrian Arab Republic

面積	18万5000km² (日本の半分)	言語	公用語はアラビア語
人口	2040万人	宗教	スンナ派イスラーム教が4分の3だが，1割たらずのシーア派のアラウィ派が政権を握る。他にシリア正教会
首都	ダマスクス		
自然	南西から北東にかけては台地で，大部分はシリア砂漠。北西の地中海沿岸と北東のユーフラテス川流域は肥沃な大地。地中海性気候，砂漠気候，ステップ気候	産業	石油，繊維，綿花 (生産量世界第11位)，小麦，オリーヴの農業と牧畜
		通貨	シリア・ポンド
住民	アラブ人が9割。他にクルド人，アルメニア人など多数のエスニック・グループが存在する	国名	前7世紀頃に栄えたアッシリア (日の出，東方) による，といわれている

歴史

前2000年紀から活動したアッシリア (セム系) の故地で，かつては現在のシリア・ヨルダン・レバノン・イスラエルなどを含む広い地域であった。古くから東西交易の要衝で，ユダヤ教・キリスト教の発祥，表音文字アルファベットの発明など文化的にも重要な地域であり，「文明の十字路」とされる。前4世紀末，シリアを本拠地とするギリシア系セレウコス朝の支配ののち，ローマ帝国・東ローマ (ビザンツ) 帝国に支配された。7世紀にアラブ人が進出，661年，ダマスクスを首都とするウマイヤ朝が成立したが，750年に成立のアッバース朝は首都をイラクのバグダードに移した。1516年にはオスマン帝国 (トルコ) 領となった。

第一次世界大戦の結果，1920年にシリアはフランスの委任統治領となり，第二次世界大戦後の46年に独立した。58年にエジプトと合邦してアラブ連合共和国となったが，61年に離脱。71年にクーデタで国防相から大統領となったハフェズ・アサドはバース党 (復興の意で，反イスラエルを党是とする) を基盤に独裁政治を展開，反体制派を弾圧する一方，91年の湾岸戦争では多国籍軍に参加してイラクと戦った。2000年に死去すると次男バッシャール・アサドが大統領に就任し，レバノンからの撤退 (2005) やイラク (06)・レバノン (08) との復交に踏み切るなどしたが，2011年のチュニジアに端を発する中東革命運動 (アラブの春) が波及して，12年前半には反体制派との内戦状態となった。

古都ダマスクス

シリア南西部，バラダ川に沿ったオアシス都市ダマスクスはこの国の首都であるが，4000年の歴史をもつ古都でもある。城壁に囲まれた旧市街は細い路地が迷路のように入り組み，東門からジャビア門まで東西を貫く道の途中のローマ記念門の東側がキリスト教徒地区，西側がイスラーム教徒地区である。後者の中心は8世紀初頭に完成した，世界最古のモスクであるウマイヤ・モスク (写真) である。その北に十字軍を撃退した英雄でエジプト・アイユーブ朝の創始者サラディンの廟がある。

世界遺産 (6件)

古都ダマスクス→コラム／**古代都市ボスラ** (2世紀にローマ帝国の属州の州都として栄えた都市) ／**パルミラの遺跡** (シルクロードの拠点として栄えたオアシス都市) ／**古都アレッポ** (12世紀に築かれた巨大なスーク (市場) のある城塞都市) ／**クラック・デ・シュヴァリエとカル・エッセラーサー・エル・ディン** (十字軍時代に聖ヨハネ騎士団によって築かれた城塞) ／**シリア北部の古代村落群** (ローマ帝国時代の村落)

サウジアラビア王国
Kingdom of Saudi Arabia

- **面積** 215万km²（日本の5.7倍）。アラビア半島の8割を占め，中東地域で最大級の面積を誇る。クウェートとのあいだに中立地帯があったが，2000年までに分割された
- **人口** 2710万人，うち在留外国人が840万人
- **首都** リヤド
- **自然** 中央部は乾燥した高原地帯で，砂漠気候
- **住民** アラブ人
- **言語** 公用語はアラビア語。最も通用するのは英語
- **宗教** スンナ派のワッハーブ派イスラーム教が国教。国王はしばしばおこなわれる雨乞いの儀礼を主導し，年に2度カーバ聖殿の洗浄をおこなう
- **産業** 石油（産出量世界第2位，OPEC第1位），天然ガス（世界第10位）。ナツメヤシ，小麦などの農業。エネルギー大国で，OPECの指導国として国際原油市場に強い影響力をもつ。輸出総額の9割，財政収入の8割を石油に依存する典型的な石油依存型・モノカルチャー経済で，1人あたりGDPは低い。西部にはイスラーム教の2大聖地であるメッカとメディナがあり，世界各地からムスリムの巡礼者が訪れる。2007年からは非ムスリムに対しても観光ビザが発行されるようになったが，団体ツアーに対してのみ発行され，個人には発行されていない
- **通貨** サウジアラビア・リヤル（SR）
- **国名** 「サウード家のアラビア」の意。この国はサウード家を国王に戴く
- **国旗** 中央にイスラームの信仰告白の言葉で，『コーラン』冒頭の聖句「アッラーの他に神はなく，ムハンマドはアッラーの使徒なり」。その下の剣は，聖地メッカを守護する決意を示している。サウジアラビアの国旗は，文字や剣の向きから，旗竿が右側になる

歴史

イスラーム教発祥の地で聖地メッカとメディナを擁する。6世紀にイランのササン朝と地中海方面の東ローマ（ビザンツ）帝国の抗争の影響でアラビア半島西側（紅海沿岸のヒジャーズ地方）を通る通商路が発達してメッカが繁栄した。7世紀前半，メッカの商人ムハンマド（570頃～632）によってイスラーム教が創始されたが，彼はメッカの支配層（旧勢力）から迫害されてメッカ北方の都市ヤスリブに逃れ（ヒジュラ），のち敵対者を破ってメッカに勝利の帰還をした。信者たちはヤスリブをメディナ（預言者の町の意）と改めた。2大聖地とされる所以である。以来，ヒジャーズ地方はアラブ民族の大征服期の政治・経済・宗教の中心となった。その後，正統カリフ朝・ウマイヤ朝・アッバース朝のアラブ人国家，テュルク系のマムルーク朝・オスマン帝国（トルコ）の外部勢力の支配下にはいったが，実際にはムハンマドの血筋をひくシャリーフ家の統治が続いた。

1744年，ディルイーヤの豪族ムハンマド・ブン・サウード（？～1765）がワッハーブ派（イスラーム法〈シャリーア〉の厳格な適用を主張する派）の創始者ムハンマド・アル・ワ

メディナのマドラサ（イスラーム法学を中心とする高等教育機関）で学ぶ，外国人労働者の子どもたち

カーバ聖殿
イスラーム教の開祖ムハンマドの生地メッカには古くからアラブ多神教の神殿があったが、ムハンマドはその偶像のすべてを破壊して大モスクに変え、中央に高さ約16mの、黒い絹織物(キスワ)で覆われた立方体(カーバ)を据えた。信徒(ムスリム)は一生に一度はメッカ巡礼を義務付けられており、聖殿にいたると人々はカーバの回りを反時計回りに7周する行(ぎょう)に励む(写真)。

アジア　サウジアラビア王国

ッハーブ(1703〜92)と結んで第1次サウード朝をおこしたが、エジプトのムハンマド・アリー朝に敗れて滅亡した(1818)。その後、第2次サウード朝(1824〜91)を経て1902年に、サウード家のアブドゥルアジーズ(位1932〜53)によって現王朝が建国され、25年にヒジャーズ地方を征服し、32年に現国名を採用した。ファハド国王(位1982〜2005)の即位後は、政治的にはワッハーブ主義を放棄して普遍的イスラームの立場による統治となった。

　1938年に石油生産を開始、膨大な収入をもとに近代化を進め、アラブ・イスラーム諸国会議や湾岸協力会議(GOC)などの本部を設置してイスラーム諸国のリーダー的役割を果たしている。しかし、国会や成文化された憲法をもたない政教一致体制下で、国王が首相を兼ね、重要ポストも王族が占めており、イラク戦争(2003〜11)の影響や急激な都市化・近代化による歪みも生じ、部族社会の混乱、初期イスラームへの回帰やイスラーム法の厳格な適用を主張するイスラーム原理主義の台頭など不安定要因も多い。90年代以降は国内でもテロ事件が相次ぎ、2001年9月にアメリカでおきた「9・11同時多発テロ」の指導者の1人とされるウサーマ・ビン・ラーディン(1957〜2011)はこの国の富裕層の出身である。2005年、初の全国規模の各州自治評議会選挙(21歳以上の男子に選挙権)が実施された。

世界遺産(2件)

アル・ヒジュル古代遺跡(マダイン・サーレハ)(ヨルダンとの国境に近いアル・ウラ近郊の古代都市遺跡。アル・ヒジュルは「岩だらけの場所」、マダイン・サーレハは「サーリフの町」の意)/**ディルイーヤのトライフ**(サウード王朝の首都)

シンガポール共和国
Republic of Singapore

面積	716km²（ほぼ東京23区）
人口	520万人
首都	シンガポール（都市国家）
自然	シンガポール（主島）と付近の小島からなる。高度差のない低い国土で水源に乏しい。熱帯雨林気候
住民	華人が4分の3。他にマレー人，インド人
言語	公用語として英語，中国語，マレー語，タミル語の4つ
宗教	仏教，スンナ派イスラーム教，キリスト教（プロテスタントが多数），道教，ヒンドゥー教
産業	製造業（エレクトロニクス，化学関連，バイオメディカル，輸送機械，精密器械）。東南アジアの金融センターの役割を果たし，観光業も盛ん。1人あたりGDPは世界的に上位に位置する
通貨	シンガポール・ドル（S$）
国名	サンスクリット語で「ライオンの都」の意味
国旗	新月はイスラーム教の象徴

歴史

　古来より現代にいたるまでヨーロッパと東南アジアの主要航路の中継地点であり，13〜14世紀には交易の中心地として繁栄したが，1377年にジャワ人によって破壊された。1819年，イギリス東インド会社（1600年設立）のラッフルズがシンガポール島に上陸して島の領主から商館建設の許可を得，東南アジア貿易の拠点として再建した。1824年のイギリス・オランダ協定でイギリスとオランダの勢力範囲を定め，シンガポール・ペナン・ムラカ（マラッカ）がイギリス領と確定し，シンガポールは関税を課さない自由貿易港として繁栄した。このため多数の中国人（華人・華僑）が移住しはじめ，明治時代（1868〜1912）には日本人移民も増えた。

　第二次世界大戦中，1941年に太平洋戦争が始まると，日本はイギリス領マラヤへ侵攻，翌42年にシンガポールを占領して昭南島と改称して軍政の中心地とした。この際，激しく抵抗した中国系住民の多くが日本軍によって殺害され，現在も一部に根強い反日感情が残る。戦後の45年，イギリスの支配下に戻ったが，57年，イギリス領マラヤがマラヤ連邦として独立すると，シンガポールも自治政府を組織し，63年，マラヤ連邦にシンガポールなどが加わってマレーシアとなった。しかし65年，シンガポール共和国として分離・独立した。経済開発・輸出力としての工業重視・金融立国に加え，多民族国家の文化的・社会的統合をめざしている。

近代シンガポールの開発者ラッフルズ

イギリス人トーマス・スタンフォード・ラッフルズ（1781〜1826）はジャマイカ沖の船中で商船船長の子として生まれ，長じてイギリス東インド会社に勤務した。東南アジアに派遣され，1811年にジャワ（現インドネシア領）副総督となった。スマトラ副総督として貿易基地の適地を求めてシンガポール島に上陸（1819），港を建設して自由港を宣言した。勤務のかたわら任地の言語・民族・社会・歴史を研究，著書に『博物誌』（2巻）がある。伝統的なコロニアル様式のホテル，ラッフルズ・ホテル（写真）の名称は彼の名にちなむ。

世界遺産（0件）

スリランカ民主社会主義共和国
Democratic Socialist Republic of Sri Lanka

面積	6万5600km²（北海道の8割）
人口	2060万人
首都	スリ・ジャヤワルダナプラ・コッテ（立法・司法府），コロンボ（行政府）
自然	中央部は山地。熱帯雨林気候，サバナ気候
住民	シンハラ人が7割，タミル人が2割。他にマラッカ人，マレー人，バーガー人
言語	公用語はシンハラ語とドラヴィダ系のタミル語。英語が両言語をつなぐ連結語（link language）
宗教	上座部仏教が7割（シンハラ人），ヒンドゥー教（タミル人）15％。他にイスラーム教，カトリック
産業	ゴム，ココナツ，コメなどの農業，繊維業。サファイヤ，キャッツアイなど宝石類の採掘
通貨	ルピー
国旗	剣をもつ獅子（シンハ）はシンハラ朝から国の象徴
国名	シンハラ語で光輝く島の意

歴史

前5世紀前半にインド北部からシンハラ人が移住して王国を築いていたが，前250年頃，インドから上座部仏教が伝来してこれを受容し，北部の平原に大きな水利網を築き上げた。また前2世紀にはタミル人も移住してきており，11世紀前半には北部を南インドのチョーラ朝（タミル人）が支配したものの，シンハラ人との深刻な民族的対立にはならず，「戦争」は王権間の問題であった。同世紀後半にはシンハラ人が勢力を回復してポロンナルワを中心に王国が繁栄した。13世紀に再び外来勢力によってこの王国は急速に弱体化し，北部はいわば放棄されて中部山地や南西部に中心を移した。沿岸部は16世紀にはポルトガル，17世紀にはオランダ，18世紀にはイギリスの手にわたり，南部で独立を保った仏教系キャンディ王国（15世紀〜）も1815年に攻略されて32年には全島がイギリスの直接支配下におかれた。

タンブッラの黄金寺院

第二次世界大戦後の1948年にセイロンの国名で独立し，72年に現国名に改称した。近年はシンハラ人とタミル人のあいだの紛争が絶えず，83年から政府軍とタミル過激派タミル・イーラム解放の虎（LTTE）との内戦が続いた。2002年に停戦合意に達したものの，06年には事実上破綻，09年に政府軍がLTTE支配の北部を制圧し内戦は終結した。内戦では7万人以上が死亡したという。外交では非同盟中立を国是とし，インドとの友好関係維持に努めている。

世界遺産（8件）

聖地アヌラーダプラ（前3世紀のマウリヤ朝時代の仏教遺跡）／古代都市ポロンナルワ（12世紀に最盛期を迎えた，仏教美術の傑作が集まる都市）／古代都市シギリヤ（巨大な岩山に築かれた5世紀後半の城塞都市）／シンハラジャ森林保護区（スリランカに残る最後の熱帯雨林地帯）／聖地キャンディ（16世紀末に開かれたシンハラ朝最後の首都，ブッダの犬歯を祀る仏歯寺の所在地でもある聖都）／ゴール旧市街とその要塞群→コラム／タンブッラの黄金寺院（開窟は前3世紀に遡る極彩色の壁画をもつスリランカ最大の石窟寺院）→写真／スリランカ中央高原（珍しい哺乳動物の棲息地）

ゴール旧市街とその要塞群

スリランカ南西部，コロンボから列車で南へ約2時間30分の港町ゴールは，16世紀末にポルトガルの植民地となり，次いでオランダ，そして1815年からイギリスの支配下にはいった。ここを東方貿易の拠点としたオランダ人は町を整然と区画整理して中世ヨーロッパ風の街並みに変えていった。旧市街は砦に取り囲まれており，オランダ植民地時代の兵舎・倉庫・聖堂などが立ち並び，その維持には政府の保護を受けている。

タイ王国
Kingdom of Thailand

面積	51万4000km²（日本の1.4倍）	言語	公用語はタイ語
人口	6590万人	宗教	上座部仏教を信仰する人々が9割以上。ピーと呼ばれる聖霊を共に信仰する人も多い。他にシーア派イスラム教
首都	バンコク		
自然	北部・東部は高原で，中央部にチャオプラヤー川が流れ米作地帯となっている。マレー半島部は熱帯雨林気候で，他はサバナ気候	産業	米の生産は世界第7位で，輸出は世界第1位。天然ゴムの生産は世界第1位。チーク材。タイに進出している日本企業は製造業を中心に3000社を超える
住民	大多数がタイ人。他に華人，マレー人，チャオ・カオ（山地民）	通貨	バーツ

歴史

旧称はシャム。古くは中国南部からタイ人がインドシナに移動，チャオプラヤー川流域は11世紀からタイのアンコール朝の支配下にはいっていたが，1257年，タイ最初の独立王朝のスコータイ朝が成立した。1351年に成立したアユタヤ朝はスコータイ朝を併合して海洋貿易などで栄えたが，1767年，同朝がビルマ（現ミャンマー）の侵攻で滅びるとタクシンがトンブリー朝を開いた。彼は華僑系の混血児でタイの国難を救ったが，晩年，奇行のため反乱がおこって殺され，82年，将軍チャオプラヤー・チャクリによって，現在に続くラタナコーシン（チャクリ）朝が樹立された。ラーマ5世（チュラロンコーン大王，位1868～1910）が近代化の道を開き，中央集権国家となった。東南アジアでただ1国，帝国主義列強の植民地にならずに独立を維持し，1932年，立憲革命に成功，39年に国名をタイと改めた。

第二次世界大戦後の1957年のクーデタで成立した軍部政権（～73）のもとで「上からの開発」が進んだ。73年以降も軍部クーデタによる文民政府と軍事政権の交替が繰り返されている。97年にはタイで始まった通貨・金融危機はアジア諸国に深刻な影響与えた。2001年，タイ愛国党のタクシンが首相になって経済回復の兆しがみえたが，メディア規制や汚職への批判から06年，軍部クーデタがおきてタクシンは亡命した。その後もタクシン派と反タクシン派の抗争が続き，11年，タイ貢献党代表でタクシンの妹インラックが首相に就任した。

古都アユタヤ

川に囲まれた「水の都」アユタヤは，1351年から400年にわたるアユタヤ朝の首都として繁栄。国際交易都市で，江戸時代の日本とは朱印船貿易がおこなわれた。都の南はずれの日本人町には1000人超の日本人が住んでいたといわれ，最も有名な日本人に，同朝に仕えた駿河国（静岡県）出身の商人山田長政（？～1630）がいる。多くの仏教寺院が建てられたが，1767年のビルマ軍の侵攻で破壊されて廃墟と化した。

世界遺産（5件）

古都スコータイと周辺の古代都市群（タイ最初の独立王朝スコータイ朝の都城遺跡）／古都アユタヤ→コラム／トゥンヤイーファイ・カ・ケン野生生物保護区群（インドシナ半島最大の森林地帯）／バン・チアンの古代遺跡（独自の彩文土器を出土した前1500年頃に繁栄した文化遺跡）／ドン・パヤーイェン－カオ・ヤイ森林群（タイの重要な水源で，生物多様性に富む生物棲息地）

タジキスタン共和国
Republic of Tajikistan

面積	14万3100km²（日本の4割）
人口	700万人
首都	ドゥシャンベ
自然	国土の9割がパミール高原。ステップ気候、地中海性気候、冷帯湿潤気候、ツンドラ気候
住民	ペルシア系のタジク人が8割。他にテュルク系のウズベク人、ロシア人。首都ではロシア人が圧倒的に多い
言語	公用語はタジク語。ロシア語も広く使われている
宗教	タジク人のなかではスンナ派イスラーム教が最も優勢。パミール地方にはシーア派分派のイスマーイール派の信者も多い
産業	旧ソ連邦諸国のなかでは最貧国。独立後の紛争で生活水準全般が低下。綿花などの農業が中心。パミール高原の融雪水で水資源が豊富。アルミニウム、石炭の埋蔵量も豊富
通貨	ソモニ

歴史

タジク人の起源は、前2千年紀末から前1千年紀初めにユーラシアの草原から中央アジアに移動したイラン系諸族に遡る。イラン系遊牧騎馬民族大月氏から派生したクシャーン（クシャーナ）朝（1〜3世紀）がこの地を支配した。6世紀からテュルク系遊牧民が侵入し、8世紀半ば頃にはアラブ人の征服でイスラーム化され、タジクと呼ばれるようになり、9〜10世紀、ブハラを首都とするイラン系サーマーン朝（875〜999）下でイラン文化復興運動がおこり、タジク語が生まれた。しかし9世紀半ば以降のテュルク系遊牧民の定住や16世紀以降のウズベク人の来住でイラン系住民はテュルク化し、イラン系言語を維持したわずかな勢力が現在のウズベキスタン南部からタジキスタン南西部にかけての山岳地帯に残り、1920年代以降、ソ連邦時代に彼らのあいだでタジク人の民族意識が育まれた。

19世紀後半から現タジキスタン領の北部や、南部のブハラ・ハン国はそれぞれロシア帝国の統治下や保護国となった。1924年以降、ソ連邦を形成する自治共和国となったが、91年のソ連邦崩壊で独立、国連に加盟した（92）。92年から97年にかけては内戦に苦しみ、国連の監視団が派遣された（1994〜2006）が、約6万人が死亡した。現在、その痛手からの回復に努めているが、経済・軍事面ではロシアへの依存度が高く、中国・アメリカからも経済支援を受けている。アフガニスタンからの麻薬や武器の密輸問題は深刻である。

サラズムの古代都市遺跡

隣国ウズベキスタンの隊商都市サマルカンドの東約60kmに位置するパンジャケント（ペンジケント）の町の南の台地に、ソグド人（ソグディアナ原住のイラン系商業民）の都市遺跡がある。地中に埋もれていたが、1933年に偶然発見され、8世紀にアラブ人が来襲した際、放棄されたまま残されていることがわかり、「中央アジアのポンペイ」と称される。貴重な壁画も発見されており、さらに下層にも遺跡があるとされる。

世界遺産（1件）

サラズムの古代都市遺跡→コラム

大韓民国
Republic of Korea

面積	10万200km²（朝鮮半島全体の半分弱，日本の4分の1）。北緯38度線付近の軍事境界線を境に朝鮮民主主義人民共和国（北朝鮮）と接する
人口	5000万人
首都	ソウル
自然	黄海に面した西側は平野が多く，農地が広がる。日本海に面した東側は太白（テペク）山脈をはじめ多くの山地がそびえていて平地は少ない。温暖で湿潤な温帯で，夏は蒸し暑く，冬は緯度としては寒い。温暖冬季少雨気候，冷帯冬季少雨気候
住民	朝鮮民族（韓国では韓民族という）。モンゴル系の民族で，日本人や満州人に近く，漢人には類似していない。在日韓国・朝鮮人は59万人
言語	公用語は韓国語
宗教	儒教の影響が色濃い。宗教人口は5割強とされ，そのうち仏教が4割強，プロテスタント3割強，カトリック2割
産業	米を中心とした農業。天然資源に乏しく，資材を輸入し製品を輸出する貿易立国である。電気・電子機器，自動車，鉄鋼，石油化学，造船。経済はそのほとんどをサムスングループ（三星財閥），LGグループ，SKグループなど財閥の系列企業で占められている。なかでも三星財閥に依存する割合が高く，韓国のGDP・輸出の2割を占めている
通貨	ウォン
国名	「韓」は，古代朝鮮半島の南部にあった「三韓」と呼ばれる馬韓（ばかん），辰韓（しんかん），弁韓（べんかん）の国々の名称に由来する朝鮮民族の別名
国旗	通称「太極旗」（たいきょくき）。白地の中央にある円で「太極」をあらわし，そのなかに赤と青の2色からなる「陰陽」があり，その周囲四隅に「卦」（け）が配置されている

歴史

朝鮮半島最古の王朝は箕氏（きし）朝鮮という伝説的王朝とされるが，実証されているのは中国北部からきた亡命武将・衛満が建てた衛氏朝鮮（前190頃〜前108）である。前漢の武帝は衛氏朝鮮を滅ぼして（前108）楽浪郡など4郡を設置した。4郡の衰亡ののち，後3世紀終わり頃までに氏族国家が成立，4世紀以降の高句麗（こうくり）・百済（くだら）・新羅（しらぎ）の3国時代を経て668年に新羅が朝鮮半島を統一し，中国から律令制度を導入した。9世紀からは内乱・分裂が続いたが，936年に高麗が再統一した。国名の英語表記Koreaはこの高麗に由来する。高麗は13世紀にはモンゴル軍の侵攻でこれに服属した。1368年，中国でモンゴル人の元朝が滅んで明朝が成立すると親明派の将軍李成桂（イソンギェ）によって朝鮮王朝が建てられた（1392）。1443年，世宗（せそう）（位1435〜49）の主導で国字として表音文字のハングル（訓民正音（くんみんせいおん））が制定されたが，中国に対しては朝貢国として接し，エリートとして「両班」（ヤンバン）と呼ばれる知識人層が形成されて政治・経済・社会の実権を握った。16世紀後半，貴族・官僚が東党・西党の党派に分かれて権力争いをする「党争」が表面化，加えて同世紀末の2次にわたる日本の豊臣秀吉による侵攻（壬辰（じん）・丁酉倭乱（ていゆうわらん））があり，明軍の援助のもとこれを撃退したが大きな被害を受けた。

17世紀後半，明を滅ぼした清朝の侵攻もあって清にも朝貢。日本の江戸幕府とはのちに修好して朝鮮からの通信使の往還があった（1607〜1811）。19世紀，開国・通商を求める欧米列強の圧力に対して鎖国・抗戦政策で臨んだが，江華島事件を経

新羅の時代，慶州に建立された仏国寺（ぶっこくじ）の多宝塔（たほうとう）は石造で，精巧な手法でつくられている

て日朝修好条規を締結(1876)して開国，以後，諸外国とも条約を結んだ。圧力を強める日本に対して清と結んだが，甲午農民戦争を契機に日清両国が出兵して日清戦争(1894〜95)となり，日本の勝利で日本の侵略が強化された。97年，国名を大韓帝国と改称したが，1910年の韓国併合で日本の植民地となった。19年3月には史上最大の反日独立運動(三・一独立運動)がおきた。

第二次世界大戦の終結にともない45年，北緯38度線付近を軍事境界線として，ソ連邦の影響下にはいった北半分に対し南半分はアメリカの管轄となり，国連監視下で総選挙がおこなわれて48年に大韓民国が成立した。これに対し同年，北半分に朝鮮民主主義人民共和国(北朝鮮)が成立し，現在まで南北分断が続いている。50年，北朝鮮軍の南下で朝鮮戦争となり，韓国は一時ソウルも奪われたが，米軍中心の国連軍が反撃に成功し，53年に休戦協定が結ばれた。当初，準戦時体制として李承晩・朴正煕・全斗煥の各大統領時代(48〜87)に軍事的独裁がしかれる一方，朴大統領時代には「開発独裁」形式で，当初は北朝鮮に劣るといわれた工業力の開発に成功した。87年には民主的な選挙で大統領が交替し，金泳三大統領の93年以降は文民大統領が続く。91年，南北同時に国連に加盟し，日本(65)・中国(92)とも国交を正常化した。97年のアジア通貨危機でIMFの管理下にはいったが回復し，経済の好調が続いている。

キムヂャン(キムチづくり)の季節になると，各地から白菜を積んだトラックが市場に集まり，その場で取引がおこなわれる

八萬大蔵経(はちまんだいぞうきょう)の納められた伽倻山海印寺(かやさんかいいんじ)

慶尚南道の伽倻山南麓にある海印寺は韓国3大名刹(めいさつ)の1つ(創建は802年)。『大蔵経』とは仏教の経典・戒律の解説書・理論書を集大成したもので，この寺の蔵する版木は8万1258枚にのぼり『八萬大蔵経』という。13世紀初頭，モンゴル軍の侵攻に苦しむ高麗が国難克服のために版木彫造を発願，初彫版木はモンゴル軍襲撃で焼失したが，1251年に復刻完成した。経版1枚は縦約24cm，横約69cm，厚さ3.8cm，14字詰め23行の経文を両面に彫る。

世界遺産(10件)

石窟庵と仏国寺(慶州近郊の新羅仏教芸術の至宝)→左ページの写真／八萬大蔵経の納められた伽倻山海印寺→コラム／宗廟(朝鮮王朝歴代の王と王妃の霊廟)／昌徳宮(朝鮮王朝の政務の場となった離宮)／華城(ソウル南方40kmの水原市にある軍事的機能も兼ねた朝鮮王朝の華麗な城郭)／慶州歴史地域(新羅時代の建造物群で「屋根のない博物館」とも)／高敞・和順・江華の支石墓群跡(コチャン，ファスン，カンファのしせきぼぐん，先史時代の巨石文化であわせて約1620基)／済州火山島と溶岩洞窟群(朝鮮海峡に浮かぶ火山島の奇観)など

中華人民共和国
People's Republic of China

面積 960万km²（世界陸地総面積の約15分の1）。国土の経度の差は60度（時間にして4時間）以上あるが，時差を設けずに東端の時間帯で統一
人口 13億人（世界第1位）
首都 北京
自然 14カ国と国境を接する。西高東低の地形で西部のチベット（青蔵・西海）高原は世界最大の高原地帯で，国内の黄河・長江をはじめ，国外に流れるメコン・サルウィン・イラワディ・ガンジス・インダスの各大河川の源流をなす。華北は冷帯冬季少雨気候，華中・華南は温暖湿潤気候，温暖冬季少雨気候，西部は砂漠気候，ステップ気候，ツンドラ気候，南部は熱帯雨林気候
住民 漢人が92%，55の少数民族。少数民族は北方の森林で狩猟をいとなむツングース系諸民族，ステップで遊牧をいとなむモンゴル系諸民族，オアシス世界に生きるテュルク系諸民族，高原で牧畜・農耕をいとなむチベット系諸民族，南西山地で農耕をいとなむミャオ・ヤオ系およびモン・クメール系諸民族，南部で水稲耕作をいとなむタイ系諸民族のグループにわかれる
言語 漢語の標準語は普通話。他に方言と少数民族言語
宗教 仏教，道教，儒教，イスラーム教（大半はスンナ派），キリスト教，チベット仏教など
産業 華北は小麦，綿花，大豆，コーリャン，トウモロコシ。華中・華南は米，茶，柑橘類。金，鉄，スズ，タングステンの産出量は世界第1位。石油，銀も世界上位。沿岸部では製鉄・自動車・鉄鋼など重工業の躍進が著しく，軽工業や自動車産業には日本など外国企業の進出も盛んで，現代の「世界の工場」とも。米，小麦，綿花の生産量はいずれも世界第1位
通貨 人民元
国旗 通称「五星紅旗」（ごせいこうき），赤い地色は共産主義革命，黄色は黄色人種を象徴。大きな星は中国共産党と人民の団結を，4つの小さな星は労働者・農民・小資産階級・民族資本家をあらわす

歴史

東アジア文明の中心地としてその歴史の始まりは，前6000年頃までに黄河・長江流域に発生した古代文明に遡る。現在確認される最古の王朝は前16世紀頃に始まる黄河流域の殷（商）で，前11世紀頃には周が殷を滅ぼした。周の衰亡後，群雄割拠の春秋・戦国時代（前8世紀〜前3世紀）を経て，前221年に秦の始皇帝によって初めて中国は統一された。以来，秦・漢（前漢・後漢）帝国（前221〜後220），魏晋南北朝の分裂時代（220〜589），隋・唐帝国（隋〈581〜618〉・唐〈618〜907〉），五代十国の分裂（907〜960），宋王朝（北宋・南宋：960〜1279），元王朝（1271〜1368），明・清帝国（明〈1368〜1644〉・清〈1616〜1912〉）というように，統一と分裂を繰り返しながらも王朝（皇帝）政治が展開された。元はモンゴル人，清は満州（女真）人という異民族の支配する王朝であった。現在も最大の漢族と55の少数民族からなる多民族国家で，清朝中期（18世紀半ば）に現在の人民共和国にほぼ受け継がれる領域が確定した。

19世紀にはいるとアヘン戦争（1840〜42）など西欧列強の侵略と太平天国の農民運動（1851〜64）など内憂外患で清朝は弱体化し，19世紀末以来の列強による分割で「半植民地・半封建」状態となった。1911年の辛亥革命を機に翌年，中華民国が成立して2100余年間にわたる王朝政治の幕は閉じた。両次の世界大戦にはさまれた大戦間期（1919〜39）に日本の侵略は激化し，32年に東北地方に日本の傀儡政権である満洲国が成立して，37年からは日中戦争となり，欧米と日本のあいだの太平洋戦争（1941〜45）と平行して戦われた。戦後，抗日戦争を共に戦った中国共産党と国民党の内戦に勝利した共産党に

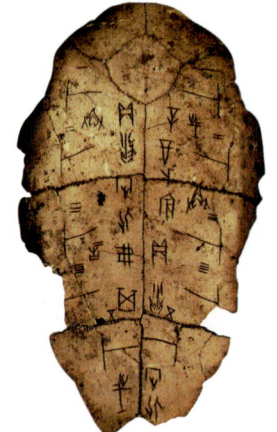

殷墟（いんきょ）で発見された甲骨（こうこつ）文字。甲骨は亀の腹甲（ふっこう）や牛の肩甲骨（けんこうこつ）を火で焼き，できたひびの形から神の意向を占った。現在の漢字のもと

2010年5月1日から10月31日まで上海国際博覧会が開催された。建設,運営費用などの総事業費は4000億元(約5兆5千億円)が投入され,7000万人以上の入場者があった。左が中国館,右はネパール館

よって49年10月,中華人民共和国(国家主席・毛沢東(もうたくとう)。首都・北京)が成立し,敗れた国民党(中華民国)は同年12月,台湾に移った。

　1957年に始まる反右派闘争を経て実施された大躍進政策や五カ年計画も失敗し,66年からの毛沢東の主導するプロレタリア文化大革命で国内は混乱に陥った。この間,60年代には中ソ対立もあったが,71年に中華民国に代わって国連に加盟して安全保障理事会常任理事国となり,72年に日本と,79年にアメリカと国交正常化を実現した。76年に周恩来首相・毛沢東の死で文化大革命も終息,鄧小平(とうしょうへい)を中心とした改革・開放経済により経済発展の道が開かれた。97年,ホンコンが155年ぶりにイギリスから返還された(63ページ)。21世紀の中国経済は発展が著しく,2010年には輸出額で世界首位,輸入額で第2位,GDPで第2位を占めてアメリカに次ぐ世界第2の経済大国となり,G20の一角を占めるが,少数民族への弾圧と人権抑圧が内外の批判をあび,都市部と農村部,あるいは沿岸部と内陸部に広がる経済格差の是正も容易ではない。軍事力も東アジアで突出し,南シナ海や台湾東方の黄海方面への進出は島嶼(とうしょ)の領土問題ともからんでASEANの一部や日本と対立を深めている。

世界遺産(41件,マカオ歴史地区〈64ページ〉を含む)

泰山(秦の始皇帝が不老不死を願った中国随一の道教の聖地)／**万里の長城**(北方民族の侵入に備えた6000kmにおよぶ世界最長の城壁)／**北京と瀋陽の明・清王朝の皇宮群**→コラム／**莫高窟**(ばっこうくつ。中国の西の玄関口ともいわれる敦煌(とんこう)の南東17kmの鳴沙山斜面に開かれた仏教石窟─4世紀末から造営)／**秦の始皇陵**(内外二重の城壁に囲まれた始皇陵〈未発掘〉と偶然発見され今なお発掘中の「兵馬俑坑」(へいばようこう)の大軍団)／**周口店の北京原人遺跡**(北京の南西約50kmで発見された旧石器時代の原人人骨発見地)／**九寨溝**(きゅうさいこう)**の渓谷の景観と歴史地域**(カルスト台地に大小の湖沼と瀑布の織りなす神秘の世界)／**武陵源の自然景観と歴史地域**(広大な森林公園に屹立(きつりつ)する高さ100mの3000余本の石柱・奇岩)など

北京と瀋陽(しんよう)の明・清王朝の皇宮群

　北京の故宮(こきゅう)博物院は,1406年,明朝第3代永楽帝が1406年から十数年をかけて造営し,明・清朝の政治の中心となった紫禁城(しきんじょう)である。清朝の滅亡(1912)で,500年にわたる政治の中枢としての役割を終えた。東西753m,南北961m,面積72万km²の広大な敷地に建築総面積15万km²という宮殿群が甍(いらか)を連ね,殷代～清代の各時代の逸品を誇る。瀋陽(遼寧省)の皇宮群は1644年に北京に遷都する以前の清朝草創期3代の皇帝の皇宮。

朝鮮民主主義人民共和国
Democratic People's Republic of Korea

面積	12万余km²（朝鮮半島の55%、日本の3割）。日本にとって国連加盟国のうちで唯一国交のない国
人口	2410万人
首都	ピョンヤン
自然	国土の多くは山地。大陸性気候で冬の寒さはきびしい。冷帯冬季少雨気候
住民	朝鮮人。在日朝鮮人数は59万人（在日韓国人を含む）
言語	公用語は朝鮮語
宗教	仏教徒連盟、キリスト教徒連盟などの団体があるとされるが、事実上、宗教の自由はなく、信者数などの実態は不明
産業	豊富な地下資源と水力発電に適する山岳地帯が多い。しかし、近年、慢性的な肥料不足と伐採に加え、天候不順により穀物総生産量は低い水準を推移していると考えられている
通貨	ウォン

歴史

7世紀には新羅、10世紀には高麗が朝鮮半島を統一。14世紀末には朝鮮王朝が成立したが、19世紀になると外圧を受け、1910年の日韓併合条約で朝鮮半島は日本の植民地となった（詳しくは大韓民国の項を参照）。第二次世界大戦の終結で45年に独立を回復したが、北緯38度付近の軍事境界線で南北に分断され、北部はソ連邦の影響下にあった。48年8月、アメリカの影響下にあった南部のみで国連監視下の総選挙が実施されて大韓民国（韓国）が成立すると、9月に北部では大戦中に抗日ゲリラを組織して戦ったとされる金日成を首相とする朝鮮民主主義人民共和国（北朝鮮）が成立。50年6月に北朝鮮軍が一気に南下して朝鮮戦争が始まったが、米軍を中心とする国連軍の介入で戦局は膠着状態となって53年に休戦協定が結ばれ、現在まで休戦状態が続いている。

1972年に新憲法が制定され、金日成が国家主席に就任して独裁体制を確立し、91年に韓国と同時に国連に加盟した。94年、金日成が死去すると長男の金正日が後継者となって97年から朝鮮労働党総書記に就任、独自の「先軍政治」で軍事力強化を第一とする強権体制をしいたが、相次ぐ水害・干害など自然災害も加わって国民経済は窮乏化した。2006年の核実験以降、中国・ロシアを除き、西側諸国との外交も行き詰まっている。金正日政権下での日本人拉致事件は、一部を認めたが未解決である。11年12月、金正日総書記は病死し、3男とされる金正恩が労働党第1書記などとして父の権力を継承し、「金王朝」の第3代となった。

高句麗（こうくり）古墳群

高句麗古墳群は4～7世紀に朝鮮半島北部から中国東北部にかけて築造されたもので、鴨緑江（おうりょくこう）や大同江流域に分布し、うち墓室内部に壁画のあるものはおよそ100基。日常生活や狩猟・遊戯・行列などの場面が活写される。とくに7世紀以降の高句麗古墳は四神図（青龍・白虎〈びゃっこ〉・朱雀〈すざく〉・玄武〈げんぶ〉）が特徴で、日本の高松塚古墳・キトラ古墳（いずれも奈良県）の壁画に描かれる四神図や天文図に影響を与えているともいわれる。

世界遺産（1件）

高句麗古墳群 +コラム

トルクメニスタン
Turkmenistan

- 面積 48万8000km²（日本の1.3倍）
- 人口 510万人
- 首都 アシガバート
- 自然 大部分はカラクム砂漠で砂漠気候。中央アジアで最も水が不足しており，アムダリア川からのカラクム運河で灌漑をしている
- 住民 テュルク系のトルクメン人が8割，テュルク系のウズベク人が1割。他にロシア人，テュルク系のカザフ人
- 言語 公用語はトルクメン語。ロシア語も広く通用
- 宗教 主にスンナ派イスラーム教，ロシア正教
- 産業 石油，天然ガス，綿花，牧畜
- 通貨 マナト
- 国旗 新月と星はイスラーム教の象徴。赤色の帯に描かれた5つの絨毯（じゅうたん）紋様は，トルクメン人の5つの代表的民族をあらわす
- 国名 トルクメン人の土地（国）

歴史

トルクメン人の起源は明らかではなく，10世紀後半に中央アジアでイスラーム教に改宗して西アジアにも進出したテュルク系遊牧集団との直接的関連も明確ではない。前6世紀頃はアケメネス朝ペルシア（イラン，前550〜前330）が支配し，8世紀頃，オグズと呼ばれる部族がカスピ海沿岸の，現在のトルクメン地域に移住，アラブ人からイスラーム教を受容した。サーマーン朝・セルジューク朝・モンゴル帝国・ティムール朝などの支配を経て，15世紀以降，トルクメン人の民族形成がなされた。ヒヴァ・ハン国やカージャール朝（イラン）に対して時に臣従，時に激しく抵抗した。19世紀半ば過ぎ，トルクメン諸部族はヒヴァ・ハン国やカージャール朝から事実上の独立を果たし，農耕定住生活に移行した。1869年，ロシア帝国はカスピ海東岸に上陸して砦を築き，一部のトルクメン人の抵抗を打破して85年までにトルクメン地方の併合が完了した。80年にカスピ海沿岸から東に向かう鉄道建設がロシアによって始まり，この地域のロシア向け綿花栽培が盛んになった。

1917年のロシア革命後，24年に中央アジアの民族別国境画定によりトルクメン・ソヴィエト社会主義共和国としてソ連邦に加盟した。天然ガス開発やカラクム運河建設が進められたが，一方で，大規模開発は環境破壊ももたらした。91年のソ連邦崩壊で独立，92年に国連に加盟し，95年に永世中立国となった。政治・経済面ではロシアとの関係が深いが，周辺諸国とのバランス外交を指向している。

国立歴史文化公園「古代メルヴ」

カラクム砂漠南端に位置するオアシス都市メルヴはシルクロードの要衝として6世紀からモンゴル軍に滅ぼされる1221年まで繁栄していた。支配者が交替するたびに以前の町を放棄して新しい町を建設したから，各時代の遺跡を同時にみることができる珍しい歴史遺跡である。「イスラーム教徒の仲間」を意味する「アッシャブ墓廟（ぼびょう）」などイスラーム教，ゾロアスター教など多様な宗教遺跡も残る。仏教遺跡の残る最西端の地でもある。

世界遺産（3件）

国立歴史文化公園「古代メルヴ」→コラム／クニヤ・ウルゲンチ（シルクロードの歴史的都市）／ニッサのパルティア要塞群（パルティア王国の都市遺跡）

トルコ共和国
Republic of Turkey

面積	78万600km²（日本の2倍）
人口	7470万人
首都	アンカラ
自然	ヨーロッパ側はトラキア，アジア側はアナトリアと呼ばれる。平均標高は1132m，エーゲ海・地中海沿岸部は地中海性気候，内陸部はステップ気候・冷帯湿潤気候
住民	トルコ人が大多数，南東部にクルド人。他にザザ人，アルメニア人，ギリシア人，アルバニア人
言語	公用語はトルコ語
宗教	スンナ派イスラーム教が7割弱，シーア派分派のアレヴィー派イスラーム教が3割。世俗主義を基本理念とするが，近年は論議を呼んでいる。他にコンスタンティノープル総主教教会，アルメニア正教会，ユダヤ教
産業	農業人口が国民の4割を占める。小麦，大麦，てんさい。野菜・果実の生産量が多く，アプリコット，ヘーゼルナッツ，チェリー，イチジクの生産量は世界第1位。他にイチゴ，スイカ，リンゴ，キュウリ。クロマグロの畜養漁業が盛んで，1万2000 t のクロマグロが日本に輸出されている。トルコはもともとヨーロッパ向けに輸出される羊毛と綿花の産地であったことから，伝統的に繊維産業が盛んで，現在でも輸出額の3分の1を占める主要産業である。近年では国内財閥と外国資本の合弁による自動車生産が重工業の中心。鉱物資源に恵まれ，石油，天然ガス，石炭などを産出
通貨	トルコ・リラ
国名	力強い人を意味する
国旗	赤地に白の新月と五芒星（ごぼうせい）を配し，「新月旗」あるいは「月星章旗」と呼ばれる。新月と星のシンボルは，オスマン帝国の旧領土，イスラーム教やトルコに関連する国の国旗などで多くみられ，アラブ・イスラーム諸国に大きな影響を与えた

歴史

前7千年紀頃，この地域を含む西アジアで人類史上初めて，麦の栽培とヤギ・羊・牛などの飼育という初期農耕・牧畜村落が登場した。これは人類が獲得経済から生産経済に移行した画期的変革であった。前3千年紀末には印欧系のヒッタイト人が侵入し，エジプトやメソポタミア地方（ティグリス・ユーフラテス両河地域）の主にセム語族系諸勢力と覇権を争った。のちリディア王国が栄えたが前6世紀半ばにはアケメネス朝ペルシア（イラン）の支配下にはいり，さらにアレクサンドロスの帝国とその後継勢力，ローマ帝国，東ローマ（ビザンツ）帝国と，支配者はたびたび交替した。7世紀にアラビア半島に興ったアラブ人の大征服時代にはビザンツ帝国領で，アラブの侵攻を抑えてイスラーム世界のヨーロッパ進出に対する防波堤であった。

だが11世紀にセルジューク朝，13世紀末にオスマン帝国と，いずれもトルコ人が進出してアナトリアを支配し，トルコ化・イスラーム化が進んだ。オスマン帝国は1453年にはビザンツ帝国の首都コンスタンティノープル（現イスタンブル）を陥落させた。16世紀，全盛期のオスマン帝国はバルカン半島を西進してヨーロッパに進出するとともに，シリア・エジプト・イラクへと勢力を拡大した。18世紀末頃か

スレイマン1世の命で，16世紀半ばにイスタンブルに建造されたスレイマン・モスクは，オスマン帝国を代表するモスクである

オスマン帝国の常備軍団イェニチェリ。ティフリス（トリビシ）攻略（1578年）後に、城壁前を行進するイェニチェリ

らバルカン半島の非ムスリム諸民族のあいだに民族主義思想が浸透し，オスマン帝国の衰退・ヨーロッパ列強の進出とあいまってオスマン帝国の領土は次々と削減された。20世紀にはいり第一次世界大戦（1914～18）に敗北したのち，ギリシアの侵略を撃退したムスタファ・ケマル（ケマル・アタテュルク，1881～1938）らによって1923年にトルコ共和国が樹立されて首都はアンカラに移された。

　初代大統領になったケマルは，アラビア文字からローマ字への文字改革など近代化政策を進めたほか，政教分離の世俗主義を掲げて親欧米の外交政策をとり，1952年，NATOに加盟して西欧諸国との連携を強めた。さらに近年ではEUへの加盟も申請しているが，EU側の反対で実現していない。なお，60年のクーデタ以降，軍部のクーデタや圧力下での政権交替がしばしばおきているが，1983年に民政に復帰。2007年の総選挙と大統領選挙でイスラーム主義を唱える公正発展党が勝利し，初のイスラーム系大統領が就任した。イラン・イラク・トルコ・シリア国境地帯に住んでイラン系言語を使用し，民族国家樹立をめざす領内クルド人のゲリラ活動やテロに苦しんでおり，1984年からの死者は3万人以上にのぼる。また，隣国ギリシアとはキプロス島の領有（23ページ）をめぐって緊張関係が続く。

世界遺産（10件）

イスタンブルの歴史地区→コラム・左ページの写真／**ギョレメ国立公園とカッパドキアの岩窟群**（奇岩の林立する岩石地帯の地下には聖堂や地下都市が広がる）／**ディヴリーイの大モスクと病院**（12～13世紀に栄えた都市に残る，病院併設の大モスク）／**ハットゥシャ―ヒッタイトの首都**（鉄器を初めて使用したヒッタイト王国（前2000頃～前1200頃）の首都遺跡）／**ネムルット・ダー**（ヘレニズム時代の前1世紀の王の墳墓。ヘレニズム文化の象徴）／**クサントスとレトーン**（前14世紀に名前の残る古代リュキア王国の都市遺跡とギリシア神話の3神を祀る神殿や劇場の遺跡）／**ヒエラポリスとパムッカレ**（丘の上に広がる古代ローマ遺跡と何層にも重なる白い石灰棚の広がる斜面の景観）／**サフランボル市街**（土壁と木造の伝統的トルコ式家屋の家並みが残る町）など

イスタンブルの歴史地区

　1453年オスマン帝国の首都となったイスタンブルは，330年からコンスタンティノープルの名でローマ帝国・東ローマ（ビザンツ）帝国の首都であり，出発点は前7世紀に始まるギリシア人の植民都市ビザンティウムである。黒海とエーゲ海・地中海をつなぐ幅0.8～4.5kmのボスポラス海峡を隔ててアナトリア半島と接するヨーロッパとアジアの接点であり，「文明の十字路」として政治・経済・軍事・文化の中心地であり続けた。1923年に首都をアンカラに譲った今もトルコ最大の都市。さまざまな時代と民族文化の「博物館」ともいえよう。

日本国
Japan

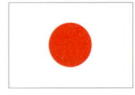

面積	37万7900km²
人口	1億2810万人
首都	東京
自然	6852の島（本土5島と離島6847島）からなる弓形状の島国で7割が山岳地帯。本州・四国・九州は温暖冬季少雨気候。沖縄諸島・宮古列島・大東諸島以北の大半が温暖湿潤気候、多良間島・八重山列島（石垣島・西表島・与那国島・波照間島）・沖大東島が熱帯雨林気候に属する一方、北海道は冷帯湿潤気候
住民	日本人（語族不明）が大多数、他にアイヌ人、在日韓国人・朝鮮人など
言語	日本語。公文書は日本語で書かれる
宗教	長く神仏習合（シンクレティズムの1種）で、神棚と仏壇が同居、仏教寺院の檀家で神社の氏子）がおこなわれたため、神道系が約1億700万人、仏教系が約9800万人、キリスト教系が約300万人、その他が約1000万人、合計2億900万人となり、日本の総人口の2倍弱となる
産業	GDPはアメリカ、中国に次いで世界第3位。国内市場が大きく、第三次産業が発達している。製造業も強く、加工貿易が盛ん。とくに工業技術は世界最高水準である。なかでも自動車、エレクトロニクス、造船、鉄鋼、素材関連の産業は第二次世界大戦後大きく成長し、世界的企業を多数擁している。農業は戦後直後までは最も盛んな産業であった。米の生産量は世界第11位。しかし、味噌、豆腐、納豆、醤油の原料となる大豆の自給率は5%にすぎない。また、水産業の衰退により、1984年に100%だった魚介類の自給率は、近年では半分以下に減少している
通貨	円
国名	「にっぽん」「にほん」の両方がもちいられており、日本政府は、どちらの読みでもよいとしている
国旗	「日の丸」ともいわれ、1854年に日本総船印とされた

歴史

日本はかつてユーラシア大陸と陸続きであったが、約1万年前に最終的に大陸から切り離されてほぼ現在に近い日本列島が成立した。日本での新人類の痕跡は約3万5000年前以降の後期旧石器時代のもので、約1万2000年前から前4世紀にいたる縄文時代、その後の水稲耕作を基盤とする弥生時代を経て、後1世紀には小国が分立していたと中国の史書に記されることから、大陸との関係は継続していた。やがて古墳時代を経て5世紀後半から6世紀にかけて大王を中心とするヤマト政権が成立。7世紀後半、畿内（現在の京都・大阪・奈良）を中心に、中国の律令制度になら

1989（明治22）年、大日本国憲法の発布式を描いた錦絵（にしきえ）。天皇の権力が大きかった

原爆ドーム
(Hiroshima Peace Memorial)

1914年、チェコの建築家ヤン・レツルの設計でドームをもつエキゾティックな建物として建設されたもの。第二次世界大戦で日本が降伏する(1945年8月14日)直前の8月6日、米軍によって世界で最初の原子爆弾が広島市に投下された。当時、広島県産業奨励館であったこの建物は爆心地から約160mという至近距離にあって屋根などが破壊され、骨組みだけが残された。大量殺戮(さつりく)兵器の惨禍(さんか)を後世に伝える「負の遺産」として登録。

った国家制度がとられ、対外的に「日本」と自称した。天皇中心の貴族政治が展開するなか、10世紀以降は国風(こくふう)文化が隆盛となったが、武士の台頭もあり、12世紀末には鎌倉幕府(1192～1333)が成立して武士に実権が移った。14世紀の一時的政情不安(南北朝の内乱)を克服して京都に室町幕府(1338～1573)が成立したが、15世紀後半から群雄割拠(ぐんゆうかっきょ)の戦国時代となった。1590年、豊臣秀吉(とよとみひでよし)により全国が統一されたのち、1603年、徳川家康が江戸(東京)に幕府を開いた。260年余の江戸時代には鎖国体制がしかれてオランダ・清国とのみ貿易をおこなった。

幕末、アメリカを先頭にヨーロッパ列強が開国を迫り、開国とほぼ時期を同じくして幕府も倒されて天皇中心の明治政府となった(1868)。明治政府は富国強兵を第一とし、西欧の制度・文化を導入して近代化に成功、日清(1894～95)・日露(1904～05)の両戦争を経て台湾・朝鮮を植民地とし、20世紀初頭には列強の一角を占めた。1930年代初頭には中国東北地方を占領し傀儡(かいらい)政権である満洲国を樹立したが国際的には認められず、折から軍国主義・全体主義が台頭して、日中戦争が開始された(1937)。米・英とも対立して第二次世界大戦中の41年12月に連合国との太平洋戦争に突入して45年8月に敗戦、アメリカの占領下におかれた。

1947年には国民主権(象徴天皇制)・基本的人権の尊重・平和主義を原則とする新憲法を施行、51年にソ連邦など(東側陣営)を除く欧米諸国(西側陣営)と講和して独立を回復した。米・ソ両陣営の東西冷戦下で日米安全保障体制を強化して経済的復興に成功、60年代以降は高度経済成長を経験してアメリカに次ぐ経済大国となった。だが90年代にはいっていわゆるバブル経済が崩壊、2007年以降のアメリカ経済の変調、08年以降の世界金融危機などによる経済の沈滞、少子高齢化、産業基盤の海外移転による産業の空洞化など苦況が続き、10年には中国にGDP第2位の地位を譲った。11年3月、東日本大震災で東北から関東の太平洋沿岸は津波などによる未曾有の被害を受け、加えて東京電力福島第1原子力発電所の原発事故で原子炉から放射性物質が漏れ、近隣住民の避難生活が続いている。この事故は、チェルノブイリ(旧ソ連邦、現ウクライナ)原発事故(1986)に相当する最大級の過酷事故である。

世界遺産(16件)

法隆寺地域の仏教建造物(世界最古の木造建築物・法隆寺と聖徳太子ゆかりの地)／**姫路城**(最も完全に保存されるといわれる近世城郭の典雅な姿)／**屋久島**(日本の南海上に浮かぶ、1936mの最高峰を頂く円形の島。日本列島の自然が凝縮された島)／**白神山地**(豊かな生態系の命を育む、世界最大級のブナ原生林)／**古都京都の文化財**(京都市・宇治市・大津市にある寺社などから構成される)／**白川郷・五箇山の合掌造り集落**(日本有数の豪雪の山間地域に残る独特の家造りと景観)／**原爆ドーム**→コラム／**厳島神社**(12世紀後半、平氏政権の栄華を今に伝えて海上にせりだす朱塗りの神殿)など

ネパール連邦民主共和国
Federal Democratic Republic of Nepal

面積	14万7000km²（北海道の1.8倍）
人口	2660万人
首都	カトマンズ
自然	北部は4000m以上のヒマラヤ山脈の南斜面，中央が山地および盆地で，南部はヒンドゥスターン平野に続く平原地域タライ。ツンドラ気候，温暖冬季少雨気候
住民	ヒマラヤ地域はチベット系，シェルパ人など。中間山地はネパール語を母語とするネワール人，タカリー人，グルカ兵を輩出したマガル人など。タライ地方はタルー人など
言語	インド・ヨーロッパ語系が8割で，なかでもネパール語が人口の過半数を占めて公用語
宗教	ヒンドゥー教が8割，チベット仏教などが2割
産業	農業（米，小麦，トウモロコシ，ジュート），観光業。経済状況はきびしく，インドに多く依存している
通貨	ネパール・ルピー

歴史

古代・中世の歴史はネパール盆地のネワールの人々を中心に展開され，4〜9世紀後半のリッチャヴィ朝はインド・チベットとの関係を保ちつつも独立性を維持した。9世紀末にタークリ朝，11世紀中葉には西部にマッラ朝（〜14世紀末），11世紀末には東部にティルフィット王国（〜14世紀初頭）が成立した。しかし15世紀末にはネパール盆地内で3王国に分裂，地方政権も生まれて16世紀以降は群雄割拠の時代を迎えた。18世紀にネパール中部山地の政治・軍事勢力グルカ勢力が盆地を支配して統一王国を形成し，一時は西部ヒマラヤからチベット，シッキムにおよんだ。対英戦争（1814〜16）に敗れて領土の割譲と駐在官を受け入れたが，1846年，バハドゥル・ラナによる世襲宰相体制の樹立とともに親英政策に転じた。

1951年，反ラナ勢力によって王権が復活，政党政治が始まったが安定せず，国王親政などを経て90年の民主化運動で政党政治は復活したが，96年以降，山岳部を中心とする共産党毛沢東主義派（毛派）が拡大して武装闘争を展開（7年間で死者は7000人超），政局は混迷した。2005年の緊急事態令による国王親政を機に再び民主化運動が高揚し，07年には暫定憲法と暫定議会が発足して08年の制憲選挙で毛派が第一党となり，王制は廃止されて連邦民主共和制に移行した。外交は非同盟政策を基本としつつ，インド・中国とは親密・良好な関係にある。

ネパールの秋の大祭ダサイン。ネパール随一の国家祭礼だが，地域によってちがいがあり，多様で複雑な祭りである

世界遺産（4件）

サガルマータ国立公園（ネパール語で〈世界の頂上〉を意味するサガルマータの別名をもつ世界最高峰のエヴェレストなどが連なるヒマラヤ山脈の公園）／**カトマンズの谷**（ヒンドゥー教と仏教が併存する都市）／**ロイヤル・チトワン国立公園**（ヒマラヤの麓に広がる野生動物の楽園）／**仏陀の生誕地ルンビニ**
→コラム

仏陀の生誕地ルンビニ

仏教の開祖ガウタマ・シッダールタ（前563頃〜前483頃，異説あり）は，インドとの国境沿いのカピラヴァストゥの王族・釈迦（しゃか）族の王妃マーヤー夫人（母）が出産のため故郷に向かう途中のルンビニで生まれた。王子は長じて29歳の時に現世（げんせ）を捨て（出家〈しゅっけ〉）修行を重ね，インドのブッダガヤで悟りを開き（成道〈じょうどう〉），サルナートで5人の修行者に最初に説法（初転法輪〈しょてんぼうりん〉）し，80歳でクシナガラ郊外の沙羅双樹（さらそうじゅ）のあいだに横たわって涅槃（ねはん）にはいった（入滅〈にゅうめつ〉）。ルンビニ，ブッダガヤ，サルナート，クシナガラは仏教の4大聖地。

パキスタン・イスラーム共和国
Islamic Republic of Pakistan

面積	79万6000km²（日本の2倍）
人口	1億7710万人（世界第6位）
首都	イスラマバード
自然	インダス川流域の平野と周辺の山地・台地からなる。砂漠気候，ステップ気候
住民	6割がパンジャーブ人。他にパシュトゥーン人（アフガニスタンの主要構成民族），シンド人
言語	公用語はウルドゥー語と英語
宗教	イスラーム教が国教で，スンナ派が多数。他にヒンドゥー教，キリスト教，ゾロアスター教
産業	小麦（生産量世界第7位），綿花，米，コメ，サトウキビ，トウモロコシなどの農業が主。灌漑に依存している。他に繊維，製糖
通貨	パキスタン・ルピー
国旗	新月と星はイスラーム教の象徴。緑色はイスラーム教の聖なる色

歴史

国土中央に広がるインダス川流域平野では前25〜前18世紀にインダス文明，前15〜前11世紀にその上流域のパンジャーブでアーリヤ文化が繁栄した。前6世紀からアケメネス朝ペルシア，マケドニア，パルティア，ササン朝など西方勢力が，次いで北インドのマウリア朝，クシャーナ朝，グプタ朝などが支配した（〜5世紀）。10世紀以降，アラブ人の大征服もあり，11世紀にテュルク系ガズナ朝，12世紀後半にイラン系ゴール朝の支配とともにイスラーム化（スンナ派）が進んだ。16世紀前半，ムガル朝が勢力を拡大して一時はラホールを首都としたが，ムガル朝も18世紀には弱体化した。

19世紀半ば，インダス川下流域のシンドと上流域のパンジャーブは英領インド帝国の一部となり，カシミールなどは藩王国となった。1885年，インドで国民会議派が成立して反英運動を展開すると1905年にはムスリム連盟が成立して次第に国民会議派とは対立，ムスリム単一国家を構想するようになり，第二次世界大戦後の47年，インドとは分離して東・西パキスタンとして独立した。独立後，カシミールの帰属などをめぐる3回にわたるインドとの戦争や，バングラデシュ（旧東パキスタン）の独立（71），アフガニスタン内戦（78〜）などを経験したうえ，4度のクーデタで軍政と民政のあいだを揺れ動き，民族問題・民主化などをめぐっても対立があって国内政治は不安定である。

モエンジョ・ダーロの遺跡群

インダス文明はメソポタミア・エジプト・中国（黄河流域）とならぶ世界4大文明の1つであるが，1921年にハラッパー遺跡が発見されたのを機に，現在まで400近い遺跡が発見された。モエンジョ・ダーロはなかでも最大規模の遺跡で，22年にインド人考古学者によって発見され，詳しい調査の結果，高度に発達した都市文明と判明。市街地区は碁盤目状に整然と区切られ，通りには排水溝も設けられていた。モエンジョ・ダーロとは「死者の丘」の意味。

世界遺産（6件）

モエンジョ・ダーロの遺跡群 →コラム／**タキシラ**（インドと西方を結ぶ交通の要衝に残る東西文化融合の都市遺跡）／**タフティ・バヒーの仏教遺跡とサライ・バロールの近隣都市遺跡群**（「東西文明の十字路」ガンダーラの遺跡群）／**タッターの文化財**（ムガル朝の盛時を偲ばせる14〜18世紀の港湾都市）／**ラホールの城塞とシャーリマール庭園**（ムガル朝の華麗な宮廷建築物群と庭園）／**ロータス城塞**（ムガル朝に深刻な打撃を与えたスール朝の砦）

バーレーン王国
Kingdom of Bahrain

面積	760km²（ほぼ奄美大島）
人口	120万人
首都	マナーマ
自然	首都のあるバーレーン島を含め，33の島々からなる島国で，主要な島はサウジアラビア東岸と橋で結ばれている。砂漠気候で砂嵐が多い
住民	アラブ人（バーレーン人）が5割，インド人，パキスタン人，イラン人など在留外国人が5割
言語	公用語はアラビア語
宗教	シーア派イスラーム教が7割，スンナ派が3割
産業	石油，天然ガス，アルミニウム，湾岸地域の金融・貿易センター，観光業
通貨	バーレーン・ディナール（BD）
国名	アラビア語で「2つの海」を意味する。島に出る真水と，島を囲む海水を示している
国旗	5つの頂点はイスラーム教の五行をあらわす

歴史

　前2500年から前700年頃までの記録に「ディルムン」という古代メソポタミアのペルシア湾貿易の中継地がみえるが，これが現在のバーレーン島とされる。9世紀末，イスラーム教シーア派の一分派の拠点となり，中継貿易やナツメヤシの栽培，真珠採取，漁業などで賑わい，とくに前3世紀〜15世紀末までは真珠の一大産地として有名であった。11世紀以降，サファヴィー朝（イラン），オスマン帝国（トルコ），ポルトガルの支配下にはいり，1782年，アラビア半島からスンナ派信仰のハリーファ家がバーレーン島を征服・支配するようになって現在にいたっている。少数派のスンナ派支配層が多数派のシーア派住民を統治してきた。

　1867年にイギリスの保護下にはいり，1971年に独立。73年の新憲法制定で総選挙がおこなわれたが，まもなく議会停止で首長による独裁政治が続いた。2002年，改正憲法の公布で現国名を採用して首長制から王制に変わり2院制議会（立法権をもつ）が発足した。06年の下院選挙では初の女性議員が当選し，少数派のスンナ派勢力が過半数を獲得した。1920年代にペルシア湾岸で最初に石油埋蔵が確認され，32年から採掘が始まったが，産油量は多くはない（年産900万t強）。外交ではサウジアラビアと関係を深め，湾岸戦争（91）後は米・英とも関係強化をはかっている。

カルアト・アル・バフレーン—古代の港とディルムンの首都

前2500年に遡る史料によると，ここにはディルムンと呼ばれた文明の中心都市があって，メソポタミアからペルシア湾を経てインド西岸を結ぶ海上貿易の中継点として栄えていたという。その後いくつもの時代に次々と都市が築かれたとされるが，現存の遺構は1512〜1622年にここを支配したポルトガル人の城塞跡が残るのみである。

世界遺産（1件）

カルアト・アル・バフレーン—古代の港とディルムンの首都→コラム

バングラデシュ人民共和国
People's Republic of Bangladesh

面積 14万4000km²（日本の4割）
人口 1億4230万人（世界第7位）
首都 ダッカ
自然 ベンガル湾沿いに形成されたデルタ地帯で熱帯雨林気候、サバナ気候。6月〜10月が強いモンスーンの季節。毎年のようにサイクロンが襲う。土壌は肥沃で水に恵まれ水田耕作に適しているが、洪水と旱魃には脆弱
住民 ベンガル人が大部分を占める
言語 公用語はベンガル語。国土はベンガル語文化圏の東半分にあたる
宗教 イスラム教が国教。スンナ派イスラム教が9割、ヒンドゥー教が1割
産業 米、ジュート、紅茶。米の生産量は世界第4位だが、人口が多いため消費量も多く、米輸入国
通貨 タカ
国名 ベンガル語で「ベンガル人の国」

歴史

北インドを中心に栄えたマウリヤ朝（前317頃〜後130頃）、グプタ朝（330頃〜550頃）の一部となり、小国分立や短期間の統一時代を経て9〜12世紀は仏教王国パーラ朝が栄えた。13世紀初頭からイスラーム勢力が進出し、東ベンガル地方南部におよんだ。1576年、大半の地域がムガル朝に征服されたが、ムガル朝の弱体化でイギリス東インド会社が進出、18世紀後半ベンガル地方はイギリス植民地に組み込まれた。1905年、イギリスはベンガル西部にヒンドゥー教徒、東部にイスラーム教徒が多く住んでいることを利用してベンガルを東西に分割する「ベンガル分割令」を発布し、住民の分断を図ったことから、反英運動の先鋭化とともに両教徒の対立も激化した。

第二次世界大戦後、1947年のインドとパキスタンの分離独立に際して多くの難民と流血の事態を生み、パキスタンの領土はインドをはさんで東西に分断され、東ベンガルは東パキスタンに、西ベンガルはインドに組み込まれた。しかし政治・経済で西パキスタンに主導権を奪われたことから東の住民の不満が爆発し、ベンガル国語化運動・州自治権拡大運動などを経て71年に独立戦争となり、インドの介入もあって同年バングラデシュとして独立した。独立後も政治は議院内閣制、大統領制、軍部独裁、軍人大統領と変動し、この間、クーデタによる現職大統領暗殺が2回、政権転覆が3回おこっている。90年の民主化運動で議院内閣制に戻ったが、なお政情は不安定である。外交では非同盟政策。

バゲルハットのモスク都市

15世紀、トルコ系の1人の聖者がガンジス川とブラマプトラ川の河口付近の鬱蒼（うっそう）とした湿地帯のハリファターバード（当時）を開拓してイスラーム都市を築いた。伝説によれば、360のモスク、360の聖者廟（びょう）、360の池をつくったという。うち約50のモスクが現存するが、その1つ、サイト・グンバド・モスクは煉瓦造りのモスクとしてはバングラデシュ最大の規模を誇る。

世界遺産（3件）

バゲルハットのモスク都市→コラム／パハルプールの仏教寺院遺跡群（インド亜大陸に残る最大の仏教遺跡）／シュンドルボン（大河のデルタ地帯に広がる世界最大級のマングローブ林）

東ティモール民主共和国
The Democratic Republic of Timor-Leste

面積	1万4900km²（岩手県程度）。西のインドネシア領に飛び地
人口	110万人
首都	ディリ
自然	3分の2が山岳地帯、サバナ気候
住民	テトゥン人など大半がメラネシア系。他にマレー系、中国系、ポルトガル系を主体とするヨーロッパ系とその混血
言語	公用語はテトゥン語およびポルトガル語。他にインドネシア語、英語、多数の部族語
宗教	大半がカトリック
産業	零細農業で米、トウモロコシ、イモ類、ココナッツ。輸出用作物としてコーヒー豆の栽培に力を注ぐ。石油と天然ガスの開発が貴重な国家財源として進められているが、オーストラリアとのあいだで海底油田をめぐる領海線未確定問題をかかえる
通貨	米ドル

歴史

ティモール島は小王国分立であったが、16世紀初頭にポルトガル人が来航してアジア貿易の拠点を築いた。17世紀後半にはオランダ人が西ティモールに貿易拠点を築いた。1701年、ポルトガルが全島を領有したが、1859年に両国で分割協定が成立し、同島が東西に分割される状況が固定した。第二次世界大戦中は1942年に島を占領した日本の軍政下におかれたが、戦後、東半は再びポルトガル領に、西半はオランダ領となり49年のインドネシア独立にともないインドネシア領となった。

1974年、本国ポルトガルで成立した民主ポルトガル政府は植民地の自決権を認めたため、75年、インドネシアとの統合を主張する派との内戦となったが、東ティモール独立革命戦線（フレティリン）が勝利して独立を宣言した。しかし共産主義を容認する国家の登場を認めないインドネシアが武力で76年に東ティモールを併合すると、独立派はゲリラ戦で対抗。98年にインドネシアで成立したハビビ政権は東ティモールの独立容認に傾き、その後、住民投票で独立派が勝利した。しかし同時に治安は悪化、99年から多国籍軍が派遣され、国連東ティモール暫定統治機構の活動などを経て2001年に制憲議会選挙で独立派が圧勝して、02年、東ティモール民主共和国として独立した。しかしなおインドネシア統合派との対立はやまず、新興国家の安定は容易にはみえてこない。1996年、独立派指導者ラモス・ホルタとベロ司教がノーベル平和賞を受賞。

ティモール島の自然環境

小スンダ列島最大の島、ティモール島は全島険しい山地で、最高峰タタマイラウ山（2960m）やムティス山（2427m）など高峻な峰々がそびえる。北西季節風の時期には降水量が大となる。注目すべきことは、動物地理学上で生物相の境界線といわれるウェーバー線がこの島とオーストラリア大陸のあいだを通っており、これによって東洋区とオーストラリア区とに分かれることである。

東ティモール独立運動

世界遺産（0件）

フィリピン共和国
Republic of the Philippines

面積	29万9400km²（日本の8割）。7109の島々がある
人口	9400万人
首都	マニラ
自然	熱帯雨林気候。環太平洋火山帯に属し，しばしば自然災害にみまわれる。森林破壊の進行が深刻
住民	タガログ人などマレー系が主体。他に中国系，スペイン系およびこれらとの混血，少数民族
言語	公用語はフィリピーノ語（タガログ語）と英語。80前後の言語がある
宗教	国民の8割強がカトリック，その他のキリスト教が1割，イスラーム教が5％
産業	米の生産量は世界第8位だが，世界最大の米輸入国。亜熱帯作物を栽培。漁業が盛ん
通貨	ペソ
国名	16世紀のスペイン王子フェリペ（フェリペ2世）にちなんだイスラス・フェリペナス（フェリペの島々）に由来

歴史

前500年〜後13世紀にマレー系民族が移住し，中国や東南アジアとの交易で繁栄した。スペイン人が1571年にマニラを陥落させて植民地化する以前のフィリピン諸島には，南部のホロ島を中心とするスールー王国以外には王朝国家は存在しなかった。約300年にわたるスペイン支配下でキリスト教の影響を強く受けたが，早くからイスラーム教も広がっており，イスラーム勢力とスペインとの戦争が続いた。

1896年，秘密結社カティプーナンの蜂起でフィリピン革命が始まり，アメリカが介入して，アメリカ・スペイン戦争（1898）の結果1901年にアメリカ領となり，徐々に自治権を得たものの，経済・軍事面では再植民地化が進んだ。第二次世界大戦中に日本の軍政（1942〜45）が敷かれたため，抗日ゲリラ闘争が活発化した。戦後46年に独立。65年に大統領に就任したマルコスの開発独裁は長期にわたったが，86年の「ピープルパワー革命」で同政権は倒れ，コラソン・アキノが同国で初の女性大統領（任1986〜92）となった。だが政情は不安定で，その後の大統領も汚職疑惑や選挙不正疑惑などにより弾劾・解任されるなど，反政府勢力との武力衝突など内政の課題は山積している。

フィリピンのバロック様式教会群

スペインによる植民地化ののちキリスト教宣教師が送り込まれ，各地に聖堂が建設された。堅固な石造りのため地震や台風にも強く，現存最古のラ・インマクラーダ・コンセプシオン・サン・アグスティン聖堂（マニラ）は加工サンゴと煉瓦でつくられており，16世紀後半から約20年の歳月で完成した。数多くの地震や第二次世界大戦にも耐えたため「地震のバロック」とも呼ばれる。他にサン・アグスティン聖堂（ルソン島パオアイ）など。

世界遺産（5件）

トゥバタハ岩礁自然公園（パラワン島の東，スールー海のサンゴ礁が広がる海洋生物の楽園）／**フィリピンのバロック様式教会群** →コラム／**フィリピン・コルディリェーラの棚田群**（ルソン島北部で「天への階段」を築いてきた山の民の農耕文化）／**古都ビガン**（ルソン島北西部の16〜19世紀に建てられたスペイン風街並み）／**プエルト・プリンセサ地下河川国立公園**（パラワン島の石灰岩のカルスト台地に流れる世界最長の地下河川）

ブータン王国
Kingdom of Bhutan

面積	3万8400km²(九州程度)。中国と領土問題がある
人口	71万人
首都	ティンプー
自然	山岳地帯で、渓谷と平地をもち、水量が豊か。温暖冬季少雨気候、ツンドラ気候
住民	モンゴル系の先住ブータン人、チベット系、ネパール系
言語	公用語はゾンカ語。他に英語、ネパール語
宗教	チベット仏教が国教。他にヒンドゥー教
産業	農業、水力発電。発電量の大部分がインドに輸出され、貴重な外貨獲得手段となっている
通貨	ニュルタム(NU)
国名	ブータンはサンスクリット語に由来する「チベットの端」を意味するといわれ、正称のドルック・ユルは「雷龍の国」の意
国旗	中央に雷龍を描く

歴史

8世紀中期にインドから仏教が広まったとされるがそれ以前の歴史は不明。9世紀以降、チベット軍の征服でその影響下に国家が形成されはじめ、1616年にチベットの高僧ガワン・ナムギュルが群雄を抑えて初代法王に即位し、法王が聖俗両権を掌握する政教一致体制となったが、同法王の死(1652)後、約2世紀にわたって内戦状態となった。18世紀、チベットを征服した清朝が影響力をおよぼす一方、同世紀後半からはインド北東部でベンガルの支配を進めるイギリスと衝突した(1772)。1864年のイギリスとのブータン戦争後、和解金を受け取って不可侵を約束して南部のドゥアール地方をイギリスに割譲、同地方は英領インドに編入された。1907年、現ワンチュック朝が創始されて外交・軍事面でインドとの結びつきを強化したが、10年にイギリスの保護領となった。

1949年にインドと友好条約を結び、外交・軍事面での指導を条件に独立を果たした。59年のチベット動乱に際しては大国の中国とインドのあいだで微妙な立場となったが、インドとの友好を維持し、その後の外交自主権拡大につながった。60年代の第3代国王、70年代の第4代国王によって民主化・近代化が進められたが、80年代の文化のブータン化強化政策にネパール系住民が反発し、90年代には騒乱も生じた。2006年、現第5代国王が26歳で即位、本格的な議院内閣制や、新憲法(08)も施行された。敬虔なチベット仏教国で、近年、GDPより、国民の幸福度(GNH)を重視する政策が注目を集めている。

ツェチュ(10日という意味)祭は、ブータン中の寺院で毎年おこなわれ、聖者グル・リンポチェを再び目の前に拝み、法要がいとなまれる

若い国王の新婚旅行

2006年12月に第5代国王に即位したジグミ・ケサル・ナムゲル・ワンチャク国王は1980年生まれで、インド・アメリカ・イギリスで学んだ開明的な若い国王である。ブータン国民の対日感情は極めて良く、2011年10月に結婚したばかりの国王が新婚旅行先に選んだのは同年3月の東日本大震災で甚大な被害を受けた日本であり、11月、王妃とともに震災後初の国賓として訪れ、福島県の被災地も訪れて義捐金を贈り、被災者を慰めた。

世界遺産(0件)

ブルネイ・ダルサラーム国

Brunei Darussalam

面積	5800km²（三重県程度）
人口	42万人
首都	バンダルスリブガワン
自然	マレーシアのサラワク州に囲まれ、7割が森林地帯。国民の大半は二分された西側に居住。熱帯雨林気候
住民	マレー人が7割弱、華人が1割
言語	公用語はマレー語。英語が広く通用し、華人のあいだでは中国語も通用する
宗教	スンナ派イスラーム教が国教で7割近く。他に上座部仏教、キリスト教
産業	石油、天然ガス、木材。天然ガスの85％を日本に輸出する。1人あたりのGDPは高い
通貨	ブルネイ・ドル
国旗	中央に国章を描く。台座にはイスラーム教を象徴する新月で、「神の加護のもと善良なる者は栄えん。平穏なる町ブルネイ」と記されている

歴史

ブルネイ王国の名は10世紀頃から歴史記録に登場し、南シナ海における交易の有力な拠点であったことが知られている。13世紀にはブルネイ王朝がボルネオ島とスールー諸島からルソン島付近まで支配したが、14世紀にジャワのマジャパヒト王国（1293～1520頃）に従属した。16世紀以降、イスラーム教への改宗が進み、東南アジアにおける布教の拠点ともなった。19世紀半ばにはほぼ現在の王国の領域が確定している。1888年、イギリスとの保護協定で外交権をイギリスが掌握し、1906年にイギリスの保護領となった。

バンダルスリブガワンの巨大な水上集落では、そこかしこからランドマーク、オマル・アリ・サイフッディン・モスクの黄金ドームが顔をだす

第二次世界大戦中は日本の軍政下におかれが、戦後の1945年に、再びイギリスの保護領となった。一時、マレーシアとの連邦構想も浮上したが、32年から輸出が始まった石油の権益などをめぐって交渉が決裂し、67年にはイギリスとのあいだに独立をめぐる交渉がおこなわれた。71年、イギリスが外交権・防衛権を保持したまま内政自治権をブルネイに与えることで合意したが、79年の友好協力条約の結果、84年1月に完全独立を果たし、同年、ASEANと国連に加盟した。以後、国王（スルタン）が国政を掌握し、王族が政府の要職を独占してきたが、2004年には1984年以来停止されていた立法議会が開催されるなど近代化も進んだ。石油や天然ガスの輸出で得た利益は国民にも還元されるため、国民のあいだに反王族感情がもたらされる可能性は少なく、内政は安定している。

アジアへのイスラーム教伝播

8世紀半ばにアッバース朝が成立すると、首都バグダードを中心にムスリム商人はインド・東南アジアなどへ進出しはじめ、「海の道」による交易は飛躍的に増大するとともに、イスラーム教が広くこれらの地域に広まった。また、スーフィーといわれる神秘主義者の教団員もムスリム商人のあとを追うように進出し、当該地域の都市・農村の底辺層にまでイスラーム信仰を広めることに貢献したのである。

世界遺産（0件）

ベトナム社会主義共和国
Socialist Republic of Viet Nam

面積	32万92000km²(日本の9割)
人口	8780万人(東南アジアではインドネシアに次ぐ)
首都	ハノイ
自然	南北1650kmにも伸び,国土の4分の3が山地。代表的な農業地帯として北部の紅河(ホンハ)デルタと南部のメコンデルタがある。人口の4分の3が農村に住む。北部は冬が雨季,夏が乾季の温暖冬季少雨気候,南部は熱帯雨林気候,サバナ気候
住民	キン人(別名ベト人。漢字表記では京人)が9割近く,他に53の少数民族
言語	公用語はベトナム語
宗教	上座部仏教,カトリック,カオダイ教
産業	農業と水産業が主。米の生産量は世界第5位,輸出量はタイに次いで世界第2位。養殖エビの輸出も盛ん
通貨	ドン
国名	中国の歴史書では越南。「越の南方の国」の意味

歴史

ベトナム北部の紅河デルタは,前2世紀頃から秦以来の中国の歴代王朝の支配下にあったが,10世紀に独立し,1054年から大越(だいえつ)の国号をもちいた。15世紀初めの黎朝がベトナム中部・南部のチャンパー(占城)王国(2世紀～1835)を占領,17世紀初頭の広南阮氏(グェンフックアイン)がチャンパーを滅ぼし,カンボジアにも影響力をおよぼしてメコン・デルタの支配を確立した。1802年,阮福暎が西山阮氏(タイソン)(1771～)を倒してベトナム全土を平定して阮朝(越南国(えつなん),1802～1945)を開いた。1862年,フランスがメコン・デルタを奪ってフランス領コーチシナを成立させ,その後3度にわたる条約締結を経て84年,ベトナム全土を植民地化した。

フエの建造物群 →コラム

フエはベトナム最後の王朝阮朝の首都として繁栄した。今も旧市街に残る王宮は王朝の創始者・阮福暎(のちの嘉隆〈チアロン〉帝,位1802～20)が中国・北京の紫禁城(しきんじょう)を模して造営させたもので,1辺が2.2kmの敷地には厚い壁と濠がめぐらされる。中国様式を基礎としながらもベトナムの伝統建築や,フランス人によって伝えられた西欧のバロック様式を取り入れた独特の雰囲気をもつ。フエ郊外に点在する歴代皇帝の墓陵(ぼりょう)や寺院建築も含む。

第二次世界大戦中の1940年に日本軍が進駐して日・仏二重支配となったが,ベトナム共産党を中心に抵抗運動が開始された。日本の敗戦で45年9月,ホー・チ・ミン(1890～1969)がベトナム民主共和国の独立を宣言して共和国初代大統領(任1945～69)となったが,翌年からフランスとのインドシナ戦争が始まった。フランスは敗北し,54年のジュネーヴ協定により北緯17度線以北が民主共和国,以南がベトナム国(49～55)として南北が分断された。結局,民主共和国は,フランスに替わったアメリカが直接派兵(ベトナム戦争)までして支援した南のベトナム共和国(55～75)を倒し,76年に南北を統一してベトナム社会主義共和国となった。

世界遺産(7件)

フエの建造物群→コラム／**ハロン湾**(「海の桂林」と呼ばれる景勝地,「ハロン」とは「龍が下りる」の意)／**古都ホイアン**(17世紀に朱印船貿易で栄えた,中国風家並みの残る港町)／**ミーソン聖域**(チャンパー王国の聖域で,チャムの塔などの遺構が残る)／**フォニャ・ケバン国立公園**(広大な森林地帯に美しい石灰岩洞窟の残るカルスト地帯)／**ハノイ・タンロン王城遺跡中心地区**(7～19世紀のハノイの行政中心地の重層遺跡)／**ホー王朝の城塞**(風水の原理によって建てられた14世紀胡(ホー)王朝時代の城塞)

マレーシア
Malaysia

- **面積** 33万km²（日本の9割）。国土はマレー半島部とボルネオ島北部（サバ，サラワク）から構成される
- **人口** 2840万人
- **首都** クアラルンプール
- **自然** 中央に平野，その南北は山地。熱帯雨林気候
- **住民** ムラユ（マレー）人が7割弱，華人が2.5割，インド人が1割弱
- **言語** 公用語はムラユ（マレー）語。他に中国語，タミール語
- **宗教** イスラーム教が国教，他に仏教，儒教，ヒンドゥー教，キリスト教，伝統信仰
- **産業** 天然ゴムの生産量は世界第4位。スズは世界第4位。日本は液化天然ガスの多くをマレーシアから輸入している。アブラヤシの実から採れるパームオイル（マーガリンや石鹸の原料）は，世界第2位。工業化が進み，現在では機械類の輸出も多い
- **通貨** リンギ

歴史

7世紀にシュリーヴィジャヤ王国，13世紀末にはジャワのマジャパヒト王国の支配下にあった。14世紀末にムラカ（マラッカ）王国（14世紀末〜1511）が成立し，のち交易の中継地として栄えたが，1511年にポルトガルによって占領された。ムラカの王族は王国南部のジョホールに藩王国を築いたが，18世紀には小国分立となった。1786年にイギリス東インド会社がペナン島とムラカを領有，19世紀後半，イギリスはマレー半島の藩王国を糾合してマレー連合州を成立させた。19世紀末から20世紀初頭にかけてジョホールやボルネオ島の一部がイギリスの保護領となった。この頃からマレー半島ではスズ鉱山の開発が進み，中国人・インド人の労働者が多数移住した。

第二次世界大戦中の日本の占領を経てイギリスとの交渉の結果，1948年にムラユ（マレー）人を優遇するマラヤ連邦が成立したが，中国系住民がマラヤ共産党と合流して反発，ゲリラ戦を展開した。これにインド系も加わった連盟党が55年の総選挙で勝利し，57年に独立した。63年にシンガポール・北ボルネオ（サバ）・サラワクを加えたマレーシア連邦が成立したが，65年にシンガポールが脱退した。81年に首相となったマハティールは「ルック・イースト」（日本・韓国に学ぶ政策）を展開して急速な経済発展をもたらし，97年の「アジア金融危機」に際しても強力な指導力を発揮したが，2003年に退陣した。

マレー半島のゴム林。樹皮をそいだ切り口を伝わって容器に流れてきたゴム液を，早朝に出かけて収穫する

キナバル自然公園

ボルネオ島北部サバ州のキナバル公園には東南アジア最高峰のキナバル山（標高4101m）がそびえたつ。現在も毎年5mmずつ隆起しているといわれるが，この山は植物の宝庫でもあって，ランなどに固有種が多く，珍しい食虫植物ウツボカズラなどもみられる。

世界遺産（3件）

キナバル自然公園→コラム／グヌン・ムル国立公園（熱帯雨林のなかに存する世界有数の洞窟群。グヌンは山，ヌルは洞窟の意味）／マラッカとジョージタウン，マラッカ海峡の歴代都市群（ヨーロッパとアジアを結ぶ貿易の中継地として栄えた2つの都市）

ミャンマー連邦（ビルマ）
Union of Myanmar (Burma)

面積	68万km²（日本の1.8倍）
人口	6240万人
首都	ネーピードー。2006年にヤンゴンより遷都
自然	中央をイラワジ川が縦断していて，河口付近は広大なデルタ地帯を形成している。南部は熱帯雨林気候，サバナ気候で，5月中旬から10月中旬までが雨季，10月中旬から5月中旬が乾季。北部は温暖冬季少雨気候
住民	ビルマ人が7割，他にキリスト教徒のカレン人，シャン人，カチン人など135の少数民族
言語	公用語はビルマ語
宗教	上座部仏教が9割，他にキリスト教，イスラーム教。固有の精霊信仰ナッ
産業	米（生産量世界第5位）。ルビー，サファイア。天然ガス
通貨	チャット
国名	歴史的にはビルマが使われてきたが，この地の主要民族の名に由来する国名に変更

歴史

11世紀にビルマ人による最初の統一王朝パガン朝（1044〜1299）が成立したが，その滅亡後は分裂状態となった。その後18世紀に至って，タウングー（トゥングー）朝（1551〜1752）に続くコンバウン朝（1752〜1885）が各地を征服したが，19世紀の3回にわたる対英戦争の結果，1885年，ビルマ全域がイギリス領となった。1930年に結成されたタキン党は，第二次世界大戦中の40年，日本軍の肝煎りでビルマ独立義勇軍を組織し，43年に名目的に独立したが，反ファシスト人民自由連盟（パサパラ）は抗日運動を展開した。

1948年1月，英連邦から離脱してビルマ連邦として独立。だが反政府運動も激しく，62年に軍政となり，一時民政となったが88年から反政府運動が激化，タキン党の創始者の1人アウン・サンの娘アウン・サン・スー・チーを指導者とする民主化運動が支持を広げた。同年，軍部は政権を奪取し，翌年，国名をミャンマーと改称，首都ラングーンをヤンゴンと改めた。スー・チー率いる国民民主連盟（NLD）は90年の総選挙に圧勝したが，軍事政権は政権委譲に応じず，89年からスー・チーの自宅軟禁を繰り返した。2005年，軍事政権は首都機能をネーピードーに移転，10年にはNLDを解党処分にしたまま総選挙を強行したのちスー・チーを自宅軟禁から解放した。11年3月，民政に移管し，12年4月の下院補欠選挙にはNLDも参加して大勝，スー・チーも当選して政治活動を再開した。国民経済は低迷しているが，近年，民主化にともないアジア最後の未開拓市場として注目を集めている。

ヤンゴンの象徴であるシェダゴン・パゴダに礼拝のため訪れる人々

アウン・サン・スー・チー

「ビルマ建国の父」アウン・サン（1915〜47）の長女として1945年に生まれ，2歳の時，父が暗殺され，駐インド大使の母とともに10代後半をニューデリーで過ごし，ガンディーの非暴力・不服従の運動理念に共感。オクスフォード大学に学び，英人学者と結婚（1972），一時，京都大学でも研究（1985〜86）。帰国後，NLD書記長など民主化運動の指導者となったが軍事政権によって迫害され続けた。91年，ノーベル平和賞を受賞したが，軍事政権が出国を拒否，民政移管後の2012年，下院補欠選挙で当選し，改めて受賞式典に赴いた。

世界遺産（0件）

モルディヴ共和国
Republic of Maldives

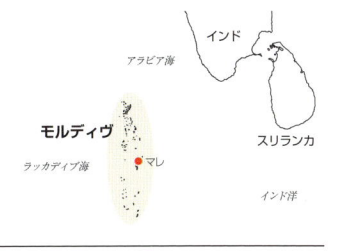

面積	300km²（淡路島の半分）
人口	32万人
首都	マレ
自然	海抜の最高は2.4m。海面が1m上昇すると国土の8割が失われる。熱帯雨林気候
住民	モルディヴ人。南インド，スリランカ，マレー半島，インドネシア，アラブ諸国，東アフリカ，マダガスカルなどインド洋交易で移住した人々が長年の混血で融合
言語	公用語はディベヒ語
宗教	スンナ派イスラーム教が国教
産業	ココナッツ。約5000隻の漁船を擁し，マグロ，カツオが最大の輸出品目。モルディヴ・フィッシュといわれるカツオ節は，スリランカに輸出している。観光業も盛ん
通貨	ルフィア
国旗	新月と緑はイスラーム教のシンボル

歴史

古くから南西インドやスリランカから人々が移住してインド洋貿易の拠点の1つとなり，前3世紀には仏教が伝わった。6～7世紀にはササン朝（224～651）の勢力拡大を背景にイラン人が，8～10世紀にはイスラーム勢力のアッバース朝（750～1258）を中心に活発化したインド洋貿易でアラブ人やイスラーム世界の商人が到来した。12世紀には国王（スルタン）がイスラーム教に改宗しており，歴代国王も住民のメッカ巡礼を励行した。15世紀末から西欧列強の進出の影響を受け，一時はポルトガルに占領され，いったん駆逐したものの，17世紀には隣国セイロン（現スリランカ）を支配したオランダ，次いで18世紀末，セイロン支配を引き継いだイギリスの保護国となった（正式な協定成立は1887年）。1932年にスルタン世襲制から選挙制になった。

第二次世界大戦後のセイロン独立（1948）に際しては，改めてイギリスと保護条約を締結したが，イギリス空軍基地をめぐって紆余曲折の末，65年に完全独立を果たし，同時に国連に加盟した。75年にはイギリス空軍も完全に撤退した。53年にスルタン制が廃止されたものの翌年復活，68年に共和制に移行したが，10年間ほどは独裁体制がしかれた。ようやく2004年以降，民主化が進み，08年に新憲法が制定された。非同盟中立政策であるが，インドとの関係は深く，日本は最大の援助国である。

モルディヴの男は漁師になり，カツオの1本釣りに従事する。これに使われる漁船はときに，諸島間の交易船にもなる

マリンスポーツ

マリンスポーツとはヨット，自動呼吸器（scuba）を装着して潜水するスキューバダイビング，サーフボード（surfboard）を操って波に乗るサーフィンなど，海を舞台にしておこなわれるスポーツで，近年，若者を中心に広がっている。日本では平均気温の高い沖縄県近海が年間を通してマリンスポーツの場であるが，それに飽き足らない愛好者はハワイなど海外にも出かける。最近ではとくにサンゴ礁が連なり，透明度も高いモルディヴ近海はスキューバダイビングの「聖地」として人気を集めている。

世界遺産（0件）

モンゴル国
Mongolia

面積	156万4100km²（日本の4倍）	宗教	チベット仏教が大多数。他にイスラーム教。モンゴル国となった1992年以降，信仰の自由を保障
人口	280万人。世界で最も人口密度が低い国	産業	永年採草・放牧地が国土の7割強を占め，遊牧が産業の中心となっている。カシミヤ，羊毛，皮革製品を輸出
首都	ウランバートル		
自然	北西部は高い山地で，多数の内陸湖や川。中央から東部はステップ，南部の大部分はゴビ砂漠。平均標高は1500m。ステップ気候，砂漠気候，冷帯冬季少雨気候	通貨	トグログ（MNT）
		国旗	左の紋章はソヨンボと呼ばれ，自由や独立の象徴
住民	大部分がモンゴル人。他にテュルク系のカザフ人	国名	モン（勇敢な）ゴル（人）
言語	公用語はモンゴル語。他にカザフ語		

歴史

モンゴル高原には紀元前以来，匈奴・突厥などの騎馬遊牧民族が活躍して中国の古代国家と和戦両様の交渉をもち，中国文化を導入していた。8世紀頃から9世紀半ばに栄えたテュルク系ウイグル人の部族国家が滅んだのちは，国家を統一する勢力は現われなかった。12世紀末，モンゴル部族のテムジンが諸部族を統一，1206年にハンに推戴されて（チンギス・ハン，位1206〜27）モンゴル帝国が成立した。同帝国はユーラシアの広域を支配したが，チンギス・ハンの死後に分裂，彼の孫で第5代のハンになったフビライ・ハン（位1260〜94）は中国を征服して大都（現・北京）を首都とする元朝を建てた（1271）。1368年，元朝は漢人王朝の明に滅ぼされ，中国を追われた人々がモンゴル高原に戻った（北元，〜1391）。17世紀半ばまでに，かつて明朝に侵攻したモンゴル高原北東部のモンゴル系遊牧民オイラートやタタールは清朝に制圧され，18世紀半ば，ジュンガルの滅亡（1757）で，モンゴル諸部族はすべて清朝の支配下にはいった。

1911年の辛亥革命で翌年清朝が滅亡すると，帝政ロシアの援助で外モンゴルの独立を宣言した。ロシア革命後の24年には社会主義を掲げるモンゴル人民共和国となった。80年代末以降，民主化が進み，複数政党制・大統領制を採用，87年にはアメリカとも国交を樹立した。91年のソ連邦の崩壊で92年に新憲法を施行して社会主義を放棄し，国名をモンゴル国と改めた。

モンゴル高原では，水と草を求めて，夏営地（かえいち）と冬営地（とうえいち）のあいだを移動する遊牧生活が営まれている

世界遺産（3件，うち共同登録1件）

オルホン渓谷文化的景観（遊牧の最適地で，オルホン碑文など遊牧生活の遺跡が残る）／**モンゴル・アルタイ山系の岩絵群**（モンゴル文化の様相を伝える壁画や墓石）／**ウヴス・ヌール盆地**→コラム

ウヴス・ヌール盆地

ロシア連邦との共同登録。モンゴルの首都ウランバートルから西北西約1000kmの，ロシア連邦との国境地域にある盆地にあって，周囲を3000m級の山々に囲まれたウヴス湖は塩湖であり，またモンゴル最大の湖でもある。同湖を中心にタイガ（冷帯の針葉樹林帯）・ツンドラ（寒帯で植生に高木を欠き，地下に永久凍土層を含む）・砂漠・半砂漠・ステップ（半乾燥気候で樹木のない草原）などすべての生態系の動物が棲息し，かつ貴重な野鳥の楽園が広がる。

ヨルダン・ハシーム王国
Hashemite Kingdom of Jordan

面積	8万9000km²（日本の4分の1）
人口	600万人
首都	アンマン
自然	国土の8割が砂漠。西部には大地溝帯の北端となるヨルダン渓谷，死海がある。その東側がヨルダン高原。地中海性気候，砂漠気候，ステップ気候
住民	アラブ人が大多数で（うちパレスチナ系が半数），他にベドウィン出身のヨルダン人
言語	公用語はアラビア語。英語も通用
宗教	スンナ派イスラーム教が9割強。他にキリスト教
産業	燐鉱石，天然ガス，果実を中心とした農業，畜産
通貨	ヨルダン・ディナール（JOD）
国旗	3本の水平の帯（黒，白，緑）は，それぞれ，アッバース朝，ウマイヤ朝，ファーティマ朝をあらわす
国名	イギリスの委任統治領トランスヨルダン（ヨルダン川の向こうの意）が前身で，ヨルダン川に由来

歴史

前1万年頃にはヨルダン渓谷ですでに初期農耕が展開されたと思われる。前2世紀後半，ペトラを都とするアラブ系の隊商国家ナバテア王国が成立したが，後106年にローマ帝国の属州となり，ローマ帝国・東ローマ（ビザンツ）帝国の支配下におかれた。この時期にキリスト教が広まるが，7世紀以降のアラブの大征服でイスラーム教が浸透し，ウマイヤ朝（661〜750）・アッバース朝（750〜1258）に支配された。11世紀末以降，十字軍時代にはキリスト教国の支配を受けたが，16世紀以降オスマン帝国（トルコ）の支配を受け，イスラームに復した。第一次世界大戦後の1919年にイギリスの委任統治領となった。

1921年，ハーシム家を首班にトランスヨルダン首長国が誕生，第二次世界大戦後の46年にトランスヨルダン王国として独立した。48年の第1次中東戦争（パレスチナ戦争，48〜49）でヨルダン川西岸を占領，49年に現国名に改称された。67年，第3次中東戦争でヨルダン川西岸・東イェルサレムをイスラエルに占領された。その後パレスチナ解放勢力が国内で台頭し，70年，フセイン国王はゲリラ勢力に大弾圧を加え，同勢力を国内から追放し（71），88年にはヨルダン川西岸の統治権を放棄したが，現在国内には約200万人弱のパレスチナ難民が居住する。94年，アラブ諸国ではエジプトに続いて2番目にイスラエルとの和平条約に調印したが，近隣のアラブ諸国との協調関係維持を外交政策の基本とする。

ペトラ

死海の南120kmの盆地にペトラは位置する。これは前2世紀に建国されたナバテア王国の岩窟都市遺跡で，彼らは巨大な砂岩を彫って壮麗な建物を築き，高度な水利技術を駆使して砂漠都市に水を供給した。交易路の要衝にあたり，岩山に守られた自然の要塞でもあったが，ローマ帝国の属州となったのち交易路の変化で徐々に衰退，およそ900km²におよぶ地域に約800の建物が残っていると推定されるが，その多くは砂に埋もれている。

世界遺産（4件）

ペトラ→コラム／**アムラ城**（内部にフレスコ画が描かれたシリア砂漠にある宮殿）／**ウム・エル・ラサス**（3〜9世紀の都市遺構，ウマイヤ朝時代の地名キャストロ・メファ）／**ワディ・ラム保護地区**（先住の遊牧民ベドウィンが居住する砂漠地帯）

ラオス人民民主共和国
Lao People's Democratic Republic

面積	24万km²（ほぼ本州）
人口	630万人
首都	ヴィエンチャン
自然	内陸国であり，国土の多くが山岳で，森林に恵まれている。サバナ気候，温暖冬季少雨気候。モンスーンの影響で明瞭な雨季と乾季があり，5月から11月にかけてが雨季，乾期がその後4月まで続く
住民	ラオスの国民は総称としてラオ（ラオス人）と呼ばれ，50以上の民族集団から構成される
言語	公用語はラオ語
宗教	上座部仏教
産業	主力は米を中心とする農業。水力発電により，近隣諸国への電力の輸出をめざしている。石炭，天然ガス，鉄鉱石，金，スズ，ボーキサイトなど豊富な地下資源が眠っている
通貨	キープ（Kip）

歴史

ラオ人による国家建設の歴史は14世紀半ばのランサン朝（ランサンは「百万頭の象」の意）に始まる。18世紀には3つの王国に分裂してシャム（現タイ）の属国となった。19世紀後半からフランス人の踏査が始まり，1893年のシャム・フランス条約でメコン川以東がフランス領ラオスとなり，99年にフランス領インドシナ連邦を構成する1国となった。ラオスという国名はフランス領植民地支配に由来する。

早朝に托鉢してまわるラオスの僧侶たち

第二次世界大戦末期の1945年3月から日本軍はフランス領インドシナを直接支配して傀儡の王族を立てて名目的な独立宣言をおこなわせた。45年10月，「自由ラオス臨時政府」が樹立されたが，フランスが復帰したため臨時政府はタイに逃れた。49年，フランス連合内の協同国として独立したが，その可否をめぐって「自由ラオス」が分裂。左派は「パテト・ラオ（ラオス愛国戦線）臨時抗戦政府」を樹立して内戦となった。紆余曲折ののち，62年からはアメリカ軍の空爆などもおこなわれたが，75年4月，南ベトナムのサイゴン（現ホー・チ・ミン）陥落でベトナム戦争が終結に向かったため，ラオス国内の右派勢力は亡命。同年8月，パテト・ラオ軍が首都ヴィエンチャンを制圧して12月にラオス人民民主共和国が成立した。91年の新憲法では人民革命党の一党独裁と社会主義堅持を明記したが，97年のアジア金融危機の打撃は大きく，不安定要因を残しつつ社会主義市場経済の道を歩む。全方位外交を旨とするが，ベトナムとは友好協力の関係にある。

ルアン・パバンの町

メコン川とカーン川の合流地点にあるルアン・パバンは東西2km，南北1kmほどの小さな町であるが，ラオス最初の統一国家ランサン朝の王都であった。仏教国として繁栄したため，多くの寺院がここに建造された。1560年に創建されたワット・シェントーン寺院は切妻屋根が段違いに葺かれているラオスの典型的様式で，20世紀末まで王家の保護下にあった。戒律のきびしい上座部仏教は今も盛んで，大勢の僧侶たちが毎朝托鉢（たくはつ）に出かける。

世界遺産（2件）

ルアン・パバンの町 →コラム／チャンパサック県の文化的景観にあるワット・プーと関連古代遺跡群（メコン川沿いに5～15世紀に栄えた古代都市遺跡とヒンドゥー教寺院）

レバノン共和国
Republic of Lebanon

面積	1万500km²（岐阜県程度）
人口	420万人
首都	ベイルート
自然	中東で唯一砂漠のない国で，山脈が並走する。大半は地中海性気候
住民	アラブ人が大多数。他にアルメニア人
言語	公用語はアラビア語。フランス語，英語が通用
宗教	18宗派あり，キリスト教徒が過半数。その最大宗派はマロン派。他にカトリック，レバノン正教会。イスラーム教徒もシーア派，スンナ派，ドルーズ派など
産業	内戦以前のベイルートは「中東のパリ」と呼ばれ，中東のビジネス・金融センターとして繁栄していたが，内戦でシステムが崩壊。債務解消が課題
通貨	レバノン・ポンド（LBP）
国旗	中央はこの国のシンボルで，高潔さと不滅をあらわすレバノン杉

歴史

古代から地中海貿易の要衝として繁栄し，シドン・テュロスなどのフェニキア人の都市国家が形成された。良質なレバノン杉の産地として造船に優れてフェニキア人の地中海貿易を活発化させた。アッシリア人の侵攻ののち前6世紀にバビロニアに滅ぼされた。その後はローマ帝国・東ローマ（ビザンツ）帝国の支配を受け，7世紀にはアラブ人に征服されてイスラーム化した。だが峻険な山々のレバノン山地は宗教的な少数者の避難場所でもあり，山岳地域を発祥地とするマロン派キリスト教徒や，イスラーム教シーア派から派生したドルーズ派の活動拠点となった。のち西欧十字軍の侵略を受け，1109年には現在のシリア地中海岸とレバノンにまたがるトリポリ伯領が設置された。その後，エジプトのアイユーブ朝（1169～1250）・マムルーク朝（1250～1517）と，イスラーム国家の支配下にはいり，16世紀以降オスマン帝国（トルコ）領となったが，19世紀に西欧列強の進出で周辺から切り離された。

第一次世界大戦後の1920年にフランスの委任統治領となり，43年に完全独立した。75年に内戦が始まったが，90年に終結。96年，イスラエル国内での自爆テロをレバノン国内の強硬派ヒズボラによるものとして，イスラエル軍が同国南部を空爆した。2005年には大統領が暗殺され，08年にイスラエルとの国交正常化に同意したシリアとの関係をめぐって親シリア派と反シリア派の対立が表面化し，根深い宗教的対立もあって，内戦の危機をはらんでいる。

レバノン杉は西アジア原産の針葉樹で，樹形は端正な円錐形。伐採でごく一部に残るだけである

世界遺産（5件）

アンジャル（レバノンに唯一残るウマイヤ朝の8世紀の都市遺跡）／**バールベック**→コラム／**ビブロス**（古代フェニキア人の古都でさまざまな遺跡の複合遺跡）／**ティール**（古代フェニキアの港湾都市に残るローマ遺跡）／**カディーシャ渓谷（聖なる谷）と神の杉の森（ホルシュ・アルツ・エル・ラーブ）**（古代から珍重されたレバノン杉の産地）

バールベック

ヘレニズム時代（前334頃～前30頃）には「ヘリオポリス」（太陽神の都市）と呼ばれ，ローマ帝国時代最大の「聖地」であった。共和政ローマ最大の政治家カエサル（前100～前44）の命令で前60年頃から神殿建設が始まり，200年余の歳月をかけて諸施設が3世紀半ばにようやく完成した。帝国のキリスト教化で神殿から聖堂に変わり，イスラーム時代には要塞となったが，18世紀の地震や20世紀の内戦でひどく損壊された。

カシミール
Kashmir

面積 22万2000km²（本州程度）。高地はツンドラ気候で，低地は冷帯温潤気候。産業はカシミア。2005年に大地震に見舞われ，死者は5万人以上にのぼった

中国領 アクサイチン（ラダックの一部），4万3000km²。無人の高山地帯。良質な雲母や各種レアメタルの埋蔵が確認されている

インド領 ジャンムー・カシミール州，10万1000km² 770万人。州都はスリーナガル（夏），ジャンムー（冬）。カシミール人，カシミール語，イスラーム教徒が圧倒的だが，ヒンドゥー教徒が州を支配してきた。ラダック地方はチベット仏教で，チベット文化を色濃く残している

パキスタン領 アーザード・ジャンムー・カシミールと北方地域，7万9000km²，300万人。州都はムザッファラバード。カシミール人。カシミール語，イスラーム教。他にバルティスターンにはチベット仏教からイスラーム教に改宗したチベット系民族が住む

歴史

古来，交通の要衝であった。前3世紀，インドのマウリヤ朝アショーカ王（位前268頃～前232頃）のときに仏教が伝わり，クシャーナ朝（1～3世紀）時代には仏教の中心の1つであった。7世紀以来ヒンドゥー教が優勢となったが，14世紀にイスラーム勢力が侵入，住民の改宗も進んだ。16世紀後半から18世紀半ばまでムガル朝（1526～1858）の属州であったが，その後，アフガニスタンの支配を経て1819年，インド北西部のシク王国（1799～1849）に征服された。のちイギリスからカシミール地方を得てジャンムー・カシミール藩王国が成立，北西部のギルギット地方はイギリス領となり，さらにドグラート朝が北方地域を併合してイギリスに徴税権を貸与した。

1947年，インド・パキスタンの分離独立の際，多数派のイスラーム教徒はパキスタンへの帰属を求めたが，ヒンドゥー教徒の藩王はインドに軍事支援を求めてパキスタンの侵攻に抵抗し，第1次インド・パキスタン戦争に発展したが，国連の調停で停戦した。62年の中・印国境紛争で中国はインド側のアクサイチン地方を占領，63年にパキスタンとギルギット地方の国境協定を結んだ。66年と71年の第2次・第3次のインド・パキスタン戦争ののち，72年のシムラ協定で71年12月の停戦ラインを両国間の実効支配の境界線とすることに合意したものの，その後もインド側でのイスラーム・ゲリラの活動や印・パ両軍の衝突などもあり，対立が続いた。2003年以降，ようやく緊張緩和に向けての動きが印・パ両国間にみられる。

カシミヤ

チベットおよびカシミール地方を原産地とするカシミヤ種の毛用山羊（カシミヤ山羊とも）から取れる毛またはその毛を原料とする毛織物をカシミヤという。山羊の毛色は白色または灰白色で，秋に生えてくる下毛は柔らかく，かつ絹のような光沢を帯びている。その毛をもちいた毛織物は軽くて柔らかな風合いが好まれ，高級なショールやオーバーコート・セーター・マフラーに加工され，とくに17～18世紀頃，ヨーロッパで珍重された。

標高8611メートルのK2。カラコルム山脈中の最高峰で，世界第2の高峰。Kはカラコルム，2は測量番号

世界遺産（0件）

パレスティナ自治政府
Palestinian Authority

- **面積** 6020km²。ヨルダン川西岸地区5655km²（三重県程度），ガザ地区365km²（東京23区の半分）
- **人口** 410万人で西岸地区に250万，ガザ地区に160万
- **本部** ラマッラ（西岸地区）
- **自然** 地中海性気候
- **住民** アラブ人
- **言語** 公用語はアラビア語
- **宗教** イスラーム教が9割強。他にキリスト教
- **産業** イスラエルの経済封鎖のなかで，農業とアラブ諸国とムスリム同胞団を母体とするハマスの援助に支えられている。紫染料が古来から有名
- **通貨** 新シェケル
- **国名** 『旧約聖書』にも登場するペリシテ人（びと）の国を意味するギリシア語・ラテン語に由来。ペリシテは，古代カナンの南部の地中海沿岸地域に入植した民族だが，パレスティナ人と直接の関係はない

歴史

パレスティナ（アラビア語ではフィラスティーン）とは，現在のイスラエルも含む地中海東岸一帯の地域で，「ペリシテ人の土地」を意味する。前1200年頃，モーセに率いられたヘブライ（ユダヤ）人がエジプトからシナイ半島を経て移住。彼らの子孫はのちローマ帝国時代のユダヤ戦争（66～70・132～135）で各地に「離散」（ディアスポラ）し，7世紀以来，この地

1980年代になると，イスラエル軍に対してパレスティナの人々は，石を投げて抵抗の意志を示すインティファーダをおこした

はアラブ人の地となった。オスマン帝国（トルコ）の支配を経て第一次世界大戦（1914～18）後，イギリスの委任統治領となった（1921年にヨルダン川以西に限定）。

以来，イギリスの支援による「ユダヤ人の民族的郷土建設」（シオニズム）でこの地にユダヤ人の入植が進んだ。第二次世界大戦後の1948年にイスラエルが建国されると，アラブ諸国がパレスティナに侵攻して，第1次中東戦争（48）がおこり，イスラエル・エジプト・ヨルダンによる分割にあってパレスティナは消滅し，大量のパレスティナ難民を生んだ。64年にパレスティナ解放機構（PLO）が組織されて武装闘争による反イスラエル運動を展開するとともに，中東和平に向けてイスラエルとの交渉にあたった。94年に暫定自治政府が発足し，自治区の範囲も次第に広がった。しかしイスラエルとの軍事衝突も絶えず，自治政府内の穏健派（ファタハ）と強硬派（ハマースなど）との対立もあって内紛状態にある。2011年，国連ユネスコ委員会への加盟申請が承認されたが，国連加盟申請は安全保障理事会で否決された。

PLOの不屈の闘士アラファト

アラファト（1929～2004）はイェルサレムに生まれ，カイロ大学工学部を卒業した。卒業後，クウェートで働きながら対イスラエルの抵抗組織「ファタハ」のメンバーとなり，1969年にパレスティナ解放機構（PLO）執行委員会議長に就任。ねばり強い交渉力でPLOの存在感を高め，現実主義の観点からアラブ人の要求である「イスラエルの消滅」は不可能とみて「ミニ・パレスティナ国家構想」を掲げ，93年，イスラエルとの和平を成立させた。

世界遺産（0件）

台湾（中華民国）
Taiwan (Republic of China)

面積	3600㎢（九州程度）。中国の福建省の東方に位置し，台湾島と付属島嶼（とうしょ）からなる
人口	2320万人
首都	台北（タイペイ）
自然	国のほぼ中央を北回帰線が通る。温暖湿潤気候
住民	台湾出身者の本省人が85％で，うち福佬（ホクロー）人70％，客家（ハッカ）15％，第二次世界大戦後に中国大陸から移住した外省人が13％。他にアタイヤル人などオーストロネシア系先住民
言語	中国の普通話が国語。他に閩南（ミンナン）語，客家語
宗教	仏教，道教，キリスト教
産業	日本からの輸出相手国としては中国，アメリカ，韓国に次いで4番目
通貨	新台湾ドル
国旗	通称「青天白日旗」（せいてんはくじつき）
国名	先住民が渡来した漢人をターヤン（外来者）と呼んだ

歴史

　もともとはマレー系・ポリネシア系などの住民が居住していたが，17世紀からオランダ人・スペイン人・中国人の入植が始まり，東アジア貿易の要衝として発展した。1661年，滅亡した明朝（1368〜1644）の復興を旗印とする鄭成功（ていせいこう）が台湾南部のオランダ人を駆逐してここを反清朝（反清復明（はんしんふくみん））運動の基地としたが，鄭氏政権が清朝に降伏した1683年以降は福建省の管轄下となった。清朝は台湾への渡航を禁止したが中国人の密航は絶えず，先住民は山間部に追いやられた。1894〜95年の日清戦争の結果，台湾・澎湖諸島（ほう）は日本に割譲された。1945年，第二次世界大戦での日本の敗戦で台湾は中華民国に復帰したが，47年には権力をもつ大陸出身の外省人に不満をもつ台湾生まれの本省人の蜂起（二・二八事件）もおきた。

　1949年，中国共産党との内戦に敗れた国民党は台北に遷都して同年に成立した中華人民共和国に対抗した。当初，国連安全保障理事会常任理事国であったが，71年に中国が国連の代表権を回復すると国連を脱退，次第に正式の外交関係を結ぶ国も少なくなった。75年まで続いた蔣介石（しょうかいせき）政権は独裁的であったが，87年に戒厳令が解除されて以後は民主化・自由化が進んだ。2000年の総統選挙では台湾独立を訴える民進党候補が当選し，半世紀におよぶ国民党支配は終わったが，08年には再び国民党候補が当選した。中華人民共和国は中華民国の主権を認めていないが，経済では中・台の関係はきわめて緊密である。

台湾と日本

　日清戦争（1894〜95）で台湾を清国から割譲（かつじょう）させた日本は，台湾を植民地として「飴と鞭」政策で近代化を進めたが，第二次世界大戦の敗北で日本はすべての植民地を失った。中国の国共内戦を経て1949年，中華民国が大陸から台北に遷都した。52年，日華平和条約が結ばれて台湾政府との国交は回復したが，72年の日中国交正常化で日本は台湾と断交し，互いの「交流協会」を通じて経済・文化交流を進めている。両国の観光客も増大し，日本のアニメ・映画などの人気も高い。

日本の領有当時，台湾を管轄するため1895（明治28）年に台北におかれた台湾総督府

世界遺産（0件）

ホンコン 中華人民共和国香港特別行政区
Hong Kong

面積	1100km²（東京都の半分）。高度の自治権をもつ
人口	700万人
自然	温暖冬季少雨気候
住民	ほとんどが漢人。蛋民（たんみん）と呼ばれる、生活設備いっさいを備えた家船（えぶね）に住む船上生活者が知られているが、陸上への定住化が進んでいる
言語	公用語は中国語（普通話）と英語だが、多く話されているのは広東語（中国の南方方言の1つ）
宗教	仏教、道教が主。他にカトリック、プロテスタント、イスラーム教、ヒンドゥー教、シク教、ユダヤ教
産業	東南アジアの金融センターとなっている。金融業、不動産業、観光業
通貨	香港ドル
呼称	珠江デルタの東莞（とうかん）周辺から集められた香木（こうぼく）の集積地となっていた、湾および沿岸の村の名前に由来

歴史

清朝時代には広東（カントン）省に属したが、1842年、アヘン戦争（1840〜42）後の南京条約で香港島と九龍半島先端部がイギリスに割譲され、残りの部分も98年にイギリスが99カ年間の期限で租借をした。20世紀初頭、イギリスの資本投下を受けて自由貿易港として発展を遂げ、次第にアジアにおける一大金融センターとなった。第二次世界大戦後の中国本土における国共内戦期（1946〜49）、さらに文化大革命期（1966〜77）には本土から多くの難民を受け入れた。

1970年代末から本土の「改革・開放路線」により、香港および香港と本土の境界にある深圳（しんせん）が経済特区に指定され、そのため高度経済成長期にはいった。82年から中・英間に返還交渉が始まり、84年の共同宣言で97年1月1日をもって中国政府が155年ぶりに香港の主権を回復することが決まった。同時に「1国2制度」（1国両制）の原則で特別行政区として、中央政府の直轄下で50年間は資本主義制度と社会制度を維持することが確認され、98年には第1回立法議会選挙が実施された。本土での天安門事件（1989）の影響もあって、民主化を要求する動きが活発となり、2003年には国家安全条例（香港基本法）制定に反対する50万人デモもおきている。08年、親中派とさらなる民主化を求める民主派が争う初めての行政長官選挙がおこなわれて親中派の現職が再選されたが、民主化問題をめぐって、経済的結びつきとは裏腹に中国政府との相互不信は消えない。

天后廟（媽祖廟）

海と漁師の守護神である媽祖（天后・女神）を祀る道教寺院で、香港で最も庶民の信仰を集めている。内部は極彩色で飾られ、人々は渦巻き状の線香に火をつけて天井につるす。この線香は1週間かけて燃えつづけることで人々の願いが叶うといわれる。マカオにも海の天后を祀る媽閣（マーコック）廟があって、信仰を集めているが、香港もマカオも海上貿易の拠点として栄えてきた歴史があるだけに、庶民の信仰にも共通点がある。

世界遺産（0件）

マカオ 中華人民共和国澳門特別行政区

Macau

面積	29km²(東京都の8分の1)。高度の自治権をもつマカオ特別行政区
人口	55万人。マカオを1つの「地域」とみれば，世界で最も人口密度が高い国・地域で，1km²あたりに1万8000人が住む
自然	温暖冬季少雨気候
住民	大多数は漢人だが，マカイエンサと呼ばれるポルトガル人との混血も
言語	公用語は中国語(普通話)，ポルトガル語。市中の看板など，多くが2言語併記がなされている。日常会話はほとんどが広東語(中国の南方方言の1つ)
宗教	仏教，カトリック
産業	歴史的建造物を中心とする観光業。「東洋のラスベガス」といわれるカジノ産業がGDPの半分
通貨	マカオ・パタカ(MOP)，ただ，流通貨幣の相当部分は香港ドル

歴史

16世紀初頭から海路中国に到来していたポルトガル人が，1557年にこの方面の海賊(倭寇)討伐で明軍に協力した見返りに租借料を支払って居留権を得たとされ，73年に中国側の関門が設けられた。中国へのキリスト教布教の拠点およびポルトガルの東アジア貿易の基地として機能していたが，17世紀にはいると，オランダの台頭でマカオの独占的地位は失われた。17世紀以降，清朝時代には広東省香山県の管理下におかれたが，ヨーロッパ諸国と清朝の貿易窓口が広州に限られたうえ，広州には外国人が居住できなかったため，ヨーロッパからの船はマカオに停泊したまま，商人は広州と往復して商取引をおこなった。

清・英間のアヘン戦争(1840～42)を契機にポルトガルはマカオの領有化を図り，1849年に清朝官吏を追放，88年に「友好通商条約」を結んで永久占有を認められた。1951年にポルトガル本国の海外県となったが，74年にポルトガルは海外植民地の放棄を決めてマカオの自治権を拡大した。中国との返還交渉が84年からおこなわれ，香港の中国への返還(97年1月)の約2年後の99年12月をもって中国に返還され，香港と同様に「1国2制度」(1国両制)のもとで，50年間は現行の社会制度・生活様式を継続することが定められた。半島南西端の媽閣廟がマカオの語源とされる(媽は女性を意味する)。観光客の多くは，カジノでの遊びを目的としているといわれる。

マカオ歴史地区

22の歴史的建造物と8カ所の広場(マカオ歴史地区)が中国の世界遺産として一括登録された。モンテの砦は1617～28年の建造で，1万km²の敷地を誇り，かつては総督官邸や気象台もあった。聖ポール天主堂跡はマカオのシンボルともいうべきもので，1602～40年の建造だが1831年に火災で本体は焼失，正面ファサードだけが遺っている(写真)。聖ドミニコ教会はマカオ随一の美しさ。聖ヨゼフ修道院の付属聖堂には日本への布教で知られる聖フランシス・ザビエルの遺骨が眠る。

世界遺産(1件)

マカオ歴史地区 →コラム

アフリカ

54カ国・4地域

地名（抜粋）:
- ジブラルタル海峡
- マディラ諸島
- ラバト
- アトラス山脈
- モロッコ p.118
- カナリア諸島
- アルジェリア p.68
- 西サハラ p.124
- サハラ
- モーリタニア p.117
- マリ p.111
- ヌアクショット
- カーボヴェルデ p.75
- プライア
- ダカール
- セネガル p.95
- バンジュル
- ブルキナファソ p.105
- バマコ
- ワガドゥグー
- ガンビア p.78
- ビサウ
- ギニア p.79
- ギニア・ビサウ p.80
- コナクリ
- ガーナ p.74
- フリータウン
- ヤムスクロ
- アクラ
- ロメ
- シエラレオネ p.88
- モンロヴィア
- トーゴ p.101
- リベリア p.120
- コートジヴォワール p.82
- ベナン p.107
- 大西洋
- セント・ヘレナ島 p.123

用語解説

AU（African Union）：**アフリカ連合** 1963年に創設されたアフリカ統一機構（OAU）を改組して2002年に設立。本部はアディス・アベバ。アフリカ54カ国・地域が加盟する世界最大級の地域機関。

CFAフラン Communauté Financére Africaineの略。西アフリカ，中部アフリカ地域の旧フランス植民地を中心とする多くの国でもちいられる共同通貨。西アフリカ諸国中央銀行発行のもの，中部アフリカ諸国銀行発行のものの2種類がある。両者は通貨としての価値は同一であるが，相互に流通することはできない。

HIV（Human Immunodeficiency Virus）：**ヒト免疫不全ウイルス** 人の免疫細胞に感染して免疫細胞を破壊し，最終的に後天性免疫不全症候群（AIDS）を発症させるウイルス。

クレオール 当初は中南米やカリブ海の植民地生まれのヨーロッパ人，とくにスペイン人を指す言葉だったが，次第に植民地生まれの人々全般も指すようになった。

大地溝帯（だいちこうたい，Great Rift Valley） アフリカ大陸を南北に縦断するプレート境界の1つ。落差100mを超える急な崖が随所にあり，幅35～100km，総延長は7000km。今後，数十万～数百万年後には大地溝帯でアフリカ大陸が分裂すると予想されている。106ページの写真参照。

ムラート ヨーロッパ系と，アフリカ系のとくに黒人との混血。

チュニジア	チュニス	p.100
	トリポリ	
リビア		p.119
エジプト	カイロ	p.71
		大地溝帯
ニジェール		p.104
チャド		p.98
スーダン	ハルトゥーム	p.91
エリトリア	アスマラ	p.73
ナイジェリア	ンジャメナ	p.102
	アブジャ	
		ジブチ p.89
		ジブチ
カメルーン	ヤウンデ	p.77
	マラボ	
赤道ギニア		
	サントメ	
	リーブルヴィル	
中央アフリカ	バンギ	p.99
南スーダン	ジュバ	p.114
エチオピア	アディス・アベバ	p.72
ソマリア	モガディシオ	p.96
ガボン		p.76
	ブラザヴィル	
コンゴ共和国		p.84
コンゴ民主共和国	キンシャサ	p.85
ウガンダ	カンパラ	p.70
ケニア	ナイロビ	p.81
		赤道
ルワンダ	キガリ	p.121
ブルンジ	ブジュンブラ	p.106
タンザニア	ダルエスサラーム	p.97
セイシェル	ヴィクトリア	p.93
	ルアンダ	
		マラウィ p.110
		リロングウェ
		コモロ p.83
		モロニ
		マイヨット島 p.125
アンゴラ		p.69
ザンビア	ルサカ	p.87
	ハラレ	
ジンバブウェ		p.90
モーリシャス	ポートルイス	p.116
ナミビア	ウィントフック	p.103
ボツワナ	ハボローネ	p.108
	プレトリア	
モザンビーク	マプト	p.115
	ムババーネ	
レユニオン島		p.126
マダガスカル	アンタナナリヴ	p.109
	マセル	
スワジランド		p.92
南アフリカ		p.112
レソト		p.122

アルジェリア民主人民共和国
People's Democratic Republic of Algeria

面積	238万km²（日本の6倍強，アフリカ第1位）
人口	3540万人
首都	アルジェ
自然	大半が南部に広がるサハラ砂漠で200万km²を占め，砂漠気候。アトラス山脈が海に迫る北部に人口が集中。ステップ気候，地中海性気候
住民	アラビア語を母語とするアラブ人が8割。ベルベル語を母語とするベルベル人が2割
言語	公用語はアラビア語。他にベルベル語，フランス語も広くもちいられている
宗教	スンナ派イスラーム教
産業	天然ガス（産出量世界9位），石油。小麦，大麦，オート麦，ナツメヤシ，ブドウ，オリーヴ，イチジクなどの農業。ワイン。漁業
通貨	アルジェリアン・ディナール（D. A.）
国旗	中央にイスラーム教の象徴，新月と星

歴史

先住民はベルベル人だが，前8世紀末，今のチュニジアで興隆したフェニキア人の植民都市カルタゴの支配を受け，カルタゴが前2世紀半ばに共和政ローマに滅ぼされたのちはローマの支配下にはいった。5世紀にはゲルマン民族のヴァンダル王国，6世紀には東ローマ（ビザンツ）帝国に征服された。7世紀末，アラブ人の征服で先住民ベルベル人のアラブ化・イスラーム化が進んだ。11～13世紀に興亡したイスラーム政権のムラービト朝（1056～1147）・ムワッヒド朝（1136～1269）のベルベル系王朝の領域となったが，16世紀にオスマン帝国（トルコ）のマグリブ地方（北アフリカ西部）支配の拠点としてアルジェ州がおかれ，ほぼ現在の領域が確定した。オスマン帝国の弱体化で1830年，フランスの植民地となり，キリスト教が布教された。フランス植民地化の初期には対仏抵抗運動もあったが，失敗に終わった。

第二次世界大戦後の1954年，民族解放戦争が始まり，58年，カイロに自由アルジェリア政府が樹立され，62年に独立を達成した。国民解放戦線（FNL）主導のもとで社会主義体制をとったが，権力の腐敗と経済政策の失敗でイスラーム主義勢力が台頭し，92年には軍事クーデタもおきた。現在も民主化と，92年頃から台頭してきたイスラーム原理主義勢力が展開するテロ活動への対策を含めた対応が喫緊の課題といえよう。

アルジェのカスバ

アルジェは古来，地中海の代表的港湾都市であったが，16世紀～19世紀初頭までトルコ人海賊の拠点として城塞（アラビア語でカスバ）化された。フランス植民地化以来，城塞のある旧市街全体をカスバと呼ぶようになった。城壁など一部は取り壊されたが，イスラーム社会独特の迷路のような住宅密集地は残され，その街並みは1937年の映画『ペペ・ル・モコ』（邦題，望郷）に描かれて一躍有名になった。11世紀創建のアルジェ最大のエルクビール・モスクも健在である。

世界遺産（7件）

ベニ・ハンマド要塞（11世紀初頭，交易中継地として繁栄したハンマド朝の首都）／タッシリ・ナジェール（先史時代の生活様式を伝える1万5000点以上の岩絵群）／ムザブの谷（サハラ砂漠を彩る美しい住宅群，11世紀）／ジェミラ（山間に残る古代ローマの植民都市遺跡）／ティパサ（前7世紀，地中海貿易で栄えたフェニキア人の都市遺跡）／ティムガッド（「アフリカのポンペイ」ともいわれるローマ人の入植地）／アルジェのカスバ→コラム

アンゴラ共和国
Republic of Angola

面積	124万7000km²（日本の3倍強）。北に本土から切り離された飛び地カビンダがある
人口	1850万人
首都	ルアンダ
自然	3分の2は標高1500m。北部の沿岸部はステップ気候、内陸はサバナ気候、南部は温暖冬季少雨気候
住民	バントゥー系の100以上の民族。オヴィンブンドゥ人が40％、ムブンドゥ人が25％、コンゴ人が20％
言語	公用語はポルトガル語
宗教	半分近くが伝統信仰、カトリックが4割弱。他にプロテスタント
産業	トウモロコシ、砂糖、コーヒー豆、サイザル麻などの農業。石油、ダイヤモンド
通貨	クワンザ（KZ）
国旗	星のついた歯車と鉈（なた）は、労働者の象徴。ソ連邦の国旗の鎌と槌の意匠に似せた共産主義の象徴

歴史

1483年にポルトガル人が到達し、1741～48年にかけて一時的にオランダ領となったほかは事実上ポルトガル植民地であったが、1884～85年のベルリン会議で正式にポルトガル領となって、強制労働や同化政策を主とする植民地政策が展開された。第二次世界大戦後の1951年にポルトガルの海外州となったが、56年、アンゴラ解放人民運動（MPLA）が、66年にはアンゴラ国民解放戦線（FNLA）が結成された。

1975年、マルクス・レーニン主義を掲げてソ連邦・キューバが支援するMPLAが独立を宣言したが、南アフリカ共和国とアメリカが支援するアンゴラ全面独立同盟（UNITA）と、MPLN政権との内戦状態になった。国連も介入したが内戦は続き、ソ連邦の軍事援助とキューバの直接派兵でMPLAが内戦に勝利したものの、南アフリカの援助を受けたUNITAのゲリラ戦も続いた。88年に南ア軍が撤退し、キューバ軍も91年に撤退を完了、同年、内戦停止合意に成功したMPLA政権は新憲法でマルクス・レーニン主義を放棄し、翌年、国名をアンゴラ人民共和国から現国名に改めた。しかし91年の大統領・議会選挙を機に内戦が再発、結局、2002年に当時のUNITAの議長の死亡で27年間続いた内戦も終結した。2008年、16年ぶりの国会議員選挙で政権与党が圧勝し、10年に新憲法を公布して大統領の国会での間接選挙制が導入された。内戦では50万人以上が死亡し、多くの難民を出した。

アンゴラ（繊維）
トルコのアンゴラ（現アンカラ）地方を原産地とし、英・仏で毛用種として改良されたアンゴラウサギから採取した毛からつくられる糸・織物の総称。毛質は軽くて保温性に富むが強度が低いため羊毛や化繊との混紡が普通。やはりアンゴラ産山羊からの織物はモヘヤと呼ぶ冬毛からつくられ、絹のような光沢をもつので高級織物の原料となる。

27年間内戦が続いたアンゴラでは、いまだ約700万個の地雷が埋存しており、撤去作業がおこなわれている

世界遺産（0件）

ウガンダ共和国
Republic of Uganda

面積	24万1000km²（ほぼ本州と同じ）
人口	3270万人
首都	カンパラ
自然	大部分が標高1200m前後の高原。多くの湖があり、国土の2割が水面。ヴィクトリア湖の水源に恵まれている。ナイル川の源流が国土を縦断し、サバナ気候
住民	ガンダ人、ソガ人、アンコーレ人などバントゥー系が6割。他にランゴ人、アチョリ人などナイル系
言語	公用語は英語。他に軍隊・警察で使われるスワヒリ語、ガンダ語
宗教	キリスト教各派が6割、伝統信仰が3割、イスラーム教が1割
産業	7割以上が可耕地で肥沃。農業の中心はコーヒー豆。他に綿花、茶、タバコ。石油。淡水漁業も盛ん
通貨	ウガンダ・シリング (U.shs)
国旗	中央は国鳥であるカンムリヅル

歴史

　14世紀頃からブニョロ・キタラ王国が、17世紀頃からブガンダ王国などが栄えた。19世紀にはアラブ商人（イスラーム教徒）が奴隷と象牙を求めて侵入したが、19世紀後半からキリスト教宣教師が多く派遣されてきた。1890年にイギリスの勢力範囲とされ、イギリス東アフリカ会社の統治を受けた。94年にはブガンダ王国がイギリス保護領となり、次第にその範囲が現在のウガンダ全体に広がった。

　第二次世界大戦直後から、民族運動が勃興したが、ブガンダ王国とその他の地域の関係から政党の分裂と融合を繰り返し、1962年、部族国家4国の連邦体制で独立した。66年、連邦の初代元首のブガンダ国王は、オボテ首相によるクーデタで追放され共和制に移行した。71年の軍部クーデタで成立したアミン政権はアジア人追放・資産接収・人権侵害などで対外関係を悪化させた。79年からは反アミン勢力を結集したウガンダ民族解放戦線がアミンを国外に追放したが、その後も内戦が続き、86年以降、ようやく安定に向かった。90年代にはいって経済も活性化し、アフリカに発したとされる深刻なHIV対策も奏効した国として注目を集めた。2006年には複数政党制による総選挙がおこなわれたが、ムセベニ大統領率いる国民抵抗運動（NRM）が圧勝し、11年、同大統領も4選を果たした。09年から原油産出が始まった。

ルウェンゾリ山地国立公園
コンゴ民主共和国との国境付近にそびえるルウェンゾリ山塊はナイル川の水源をなす聖なる山として古来から信仰を集めており、2世紀のギリシア人地理学者プトレマイオスの地理書にも「月の山」と記された。赤道直下にありながら山頂(5109m)は万年雪と氷河に覆われているが、山麓は熱帯雨林でゴリラなど野生動物が棲息する。

世界遺産（3件）
ブウィンディ原生国立公園（マウンテン・ゴリラが棲む森林）／ルウェンゾリ山地国立公園→コラム／カスビのブガンダ王国歴代国王の墓（王国歴代の王のうち、19世紀以降の王が眠る墓地）

エジプト・アラブ共和国
Arab Republic of Egypt

面積	100万km²（日本の2.6倍）
人口	8110万人
首都	カイロ
自然	ナイル川の渓谷と沖積デルタに人口が集中。大半が砂漠気候
住民	大多数がアラブ人。他に少数だがヌビア人、アルメニア人、ギリシア人
言語	公用語はアラビア語
宗教	8割以上がイスラーム教で大部分がスンナ派。他にコプト正教会
産業	米、小麦、綿花などの農業。燐鉱石（産出量世界第7位）、石油、天然ガスなどの地下資源。他に観光業、スエズ運河通航料
通貨	エジプト・ポンド（E£）とピアストル（Pt）。1E£=100Pt
国旗	中央は「サラディンの鷲（わし）」と呼ばれる金色の鷲
国名	アラビア語の名称ミスルは、この地を指す言葉

歴史

前3000年頃の第1王朝から、前525年にアケメネス朝ペルシア（イラン）の支配下にはいるまで26の王朝が興亡。前305年成立のギリシア系プトレマイオス朝は前30年、共和政ローマに征服され、ローマ帝国・東ローマ（ビザンツ）帝国の支配をうけたのち、7世紀にイスラーム化した。10世紀後半に成立したファーティマ朝が首都カイロを建設した。アイユーブ朝（1169〜1250）を経て、1250年にマムルーク朝が成立し、次第にイスラーム世界の中心となったが、1517年、オスマン帝国（トルコ）に征服された。1805年に同帝国のエジプト総督となったムハンマド・アリーは事実上の王朝を形成して近代化政策を進めたが、経済が破綻（はたん）し、英・仏が進出した。1880年代初頭、「エジプト人のためのエジプト」を掲げるウラービー運動（反英独立運動）を武力鎮圧したイギリスの事実上の保護下となったが、1922年に独立した。

1952年にナセル（のちの大統領、任1956〜70）らの率いる自由将校団のクーデタで共和制となり、第4次中東戦争ののち79年にサダト大統領（任1970〜81）が単独でイスラエルと和平条約を結んだため一時アラブ諸国が離反し、サダトも暗殺された（81）。後任のムバラク大統領は自由化路線を受け継いで5選されたが、長期支配で独裁政権化し、2011年1月にチュニジアで始まった民主化革命の波及で翌月に辞任、2012年6月、ムスリム同胞団を基盤とする初の民選大統領が選出された。

ナイル川の西岸ギーザにある王の巨大な葬祭（そうさい）施設ピラミッド

世界遺産（7件）

メンフィスとその墓地遺跡—ギーザからダハシュールまでのピラミッド地帯（「エジプトはナイルの賜物」という言葉を象徴するピラミッド群）→写真／**古代都市テーベと墓地遺跡** →コラム／**アブ・シンベルからフィラエまでのヌビア遺跡群**（ダム建設による水没から救われた大神殿）／**カイロ歴史地区**（アフリカ最大のイスラーム都市）／**アブ・メナ**（エジプトに独特なコプト正教会の巡礼都市）／**聖カトリーナ修道院地域**（シナイ山麓にある東方正教会最古の修道院）／**ワディ・エル・ヒータン（クジラの谷）**（クジラの祖先の化石が多数出土する自然遺産）

古代都市テーベと墓地遺跡

前21世紀頃から約1000年間、首都として繁栄したナイル川中流域東岸のテーベ（現ルクソール）では、前2000年頃カルナック神殿が築かれ、前1520年頃からナイル西岸の砂漠に王（ファラオ）の地下墓などが建設され、歴代王墓が集まった「王家の谷」が形成される。ここを一躍有名にしたのは1922年にほとんど未盗掘で発見された第18王朝ツタンカーメン王の墓で、18歳で若死にした王のミイラは黄金のマスクをつけ、数々の副葬品に囲まれていた。

エチオピア連邦民主共和国
Federal Democratic Republic of Ethiopia

面積	109万7000km²（日本の3倍）
人口	8300万人
首都	アディス・アベバ
自然	大部分はエチオピア高原で平均標高2300m，南北にアフリカ大地溝帯が走る。温暖冬季少雨気候，ステップ気候，サバナ気候
住民	古来から支配民族であったセム系のアムハラ人，ティグレ人。クシ系のオロモ人，ソマリ人。他にオモ系，ナイル系など80以上の民族
言語	公用語はアムハラ語。他に英語
宗教	高地を中心としたエチオピア正教会が6割，イスラーム教が3割。他に伝統信仰
産業	農業国で主産物はコーヒー豆（生産量世界第6位），他にトウモロコシなど。家畜の頭数はアフリカ最多
通貨	ブル
国旗	中央はエチオピアの国章

歴史

　3000年の歴史を誇るアフリカ最古の独立国。『旧約聖書』の「詩篇」や，前5世紀の古代ギリシアの歴史家ヘロドトスの『歴史』にも地名として登場し，伝承では前1000年頃，シバの女王と古代イスラエルのソロモン王の子メネリク1世がエチオピア帝国を築いたとされる。のち，アクスム王国（紀元前後頃～12世紀）の存在が知られ，4世紀にはキリスト教（キリスト単性説を唱えるコプト派）がエジプトから伝わり国教となった。7世紀以降，イスラーム勢力が進出して紅海沿岸を占領。19世紀末，メネリク2世のもとで近代国家体制（狭義のエチオピア帝国）が整備され，2度のイタリアの侵入を阻止したが，1932年に3たびイタリアが侵攻して36～41年まで占領され，41年独立を回復した。

　1962年，19世紀後半にイタリア植民地となったエリトリア（紅海沿岸）を併合したため内戦となった。その過程で74年，大規模な飢饉が発生するなか軍部がクーデタをおこし，75年に帝政が廃止された。軍政政権は社会主義化を宣言して土地改革など急進的な政策を推進した。77～78年にはソマリア軍と衝突してソマリア軍を撃退した。その後，エリトリアや国内の反軍事政権派の反政府闘争で91年に軍事政権は崩壊，エチオピア人民革命民主戦線（EPRDF）を中心とする暫定政府が樹立されて内戦に終止符をうった。93年にエリトリアが分離独立し，95年に新憲法を制定して現国名に変更，98年にエリトリアとの国境紛争が生じたが，2000年に停戦した。

ラリベラの11の岩窟聖堂は，竪穴式工法によって岩盤を垂直に掘り，えぐりだされた岩塊を横穴式に削岩（さくがん）してつくられている

世界遺産（9件）

シミエン国立公園（エチオピアの最高峰〈4620m〉を含む山岳地帯。1日の寒暖差が激しいため限られた動植物のみ順応）／**ラリベラの岩窟教会群**（一枚岩を掘り下げて築かれた聖堂など12～13世紀の聖堂が残る）→写真／ファジル・ゲビ，ゴンダール地域（エチオピア帝国首都〈廃都〉の王宮と聖堂群）／アワッシュ川下流域（人類最古の化石骨の発掘地）／ティヤ（草原に点在する石碑群）／**アクスム**→コラム／オモ川下流域（人類の進化を物語る化石骨の発掘地）／ハラール・ジャゴル要塞歴史都市（高原に建てられた城壁が囲むイスラーム都市）など

アクスム

　紀元前後頃に成立したアクスム王国の首都で，現存ではエチオピア最古の都である。紅海に近いことから交易の中心地として繁栄し，4世紀に最盛期を迎えた。この地には，伝説の王メネリクが神から授かって運んだとされる「アーク」（モーセの十戒を刻んだ石板を納めた聖櫃〈せいひつ〉）が安置されていると信じられており，今でもエチオピア人の「聖都」である。

エリトリア国
State of Eritrea

面積	11万7600km²（北海道と九州を合わせた広さ）。紅海にダフラク諸島を領有。エチオピア・ジブチと領土問題で対立が続く
人口	530万人
首都	アスマラ
自然	高原と断崖下の海岸平野。砂漠気候，ステップ気候
住民	セム系キリスト教徒ティグレ人が半分近く，他にイスラーム教徒のアファール人，サホ人など9民族
言語	公用語はティグリニャ語とアラビア語
宗教	キリスト教コプト教会とイスラム教がほぼ半数
産業	農業が主で小麦，綿花，コーヒー豆，タバコなど。金・大理石などの鉱業
通貨	ナクファ
国名	古代ギリシア語で赤，紅海一帯をあらわすエリトゥライアの語に由来
国旗	中央は円形のオリーヴの枝

歴史

かつてはエチオピアの一部であったが，15～19世紀にはオスマン帝国（トルコ）の支配下にあり，1846年からエジプトの一部となった。1890年にイタリアの植民地となってエリトリアと呼ばれるようになった。1936年にイタリアがエチオピアを占領したため，エリトリアはイタリアのアフリカ侵略基地となった。第二次世界大戦中の41年にイギリス軍が占領し（～49），42年にイギリスの保護領となったが，52年，国連がエチオピアとの連邦化を決定した。しかし62年，エチオピアが一方的に併合したため，エリトリア独立をめざす内戦となり，エリトリア解放戦線（ELP）が独立闘争を展開した。

やがてELPから分離したエリトリア人民解放戦線（EPLF）がエチオピア国内の反政府勢力と連動してエチオピアの政権を打倒し，1993年，国連監視下の住民投票に圧倒的支持をを受けて独立を果たした。94年，EPLFは「民主主義と正義のための人民戦線」（PFDJ）と改称。30年間にわたる独立闘争で兵士・市民20万人が死亡し，75万人の難民が流出した。97年に新憲法を制定，使用通貨をエチオピアの通貨ブルからナクファに変更した。98年，国境問題からエチオピアとの戦争となり，アフリカ統一機構（OAU）の調停で2000年6月に和平協定が成立して，国境での国連平和維持軍による停戦監視に同意した。現在もエチオピア・ジブチと紛争が続き，国土の荒廃，飢饉の発生，外貨不足などにより，経済では後発開発途上国（LDC）の1つ。

標高2300mにある首都アスマラは，イタリアの植民地時代に建設された

紅海

アラビア半島とアフリカ大陸のあいだにあり，北はスエズ運河で地中海と，南はアラビア海のアデン湾につながる。全長2300km。アフリカ大地溝帯の一部で大断層の陥没で生まれた。名前の由来は海中のラン細菌の死滅で赤褐色を呈することから。古くからアジアとヨーロッパを結ぶ海上交通に利用され，1世紀，エジプトのギリシア人が『エリュトラ海案内記』を著している。

世界遺産（0件）

ガーナ共和国
Republic of Ghana

面積	23万8500km²（日本の3分の2）
人口	2420万人
首都	アクラ
自然	ヴォルタ川流域の低地が国土の大半を占める。北部はステップ気候、南部はサバナ気候
住民	北部はダゴンバ人、マンプルシ人、南部はアカン（アシャンティ）人、エウェ人、ガ人
言語	公用語は英語。他にアシャンティ語など
宗教	半数がキリスト教、イスラーム教15%。他に伝統信仰
産業	日本でよく知られているようにカカオの産地で、生産量は世界第3位。他に木材、金。2010年から沖合油田で原油産出が始まり、注目されている
通貨	ガーナセディ
国名	黄金海岸と呼ばれていたが、独立時、かつて西アフリカに栄えたガーナ王国（7世紀頃～13世紀半ば頃）から新国名を採用

歴史

　12～17世紀には交易都市ベゴーがサハラ砂漠の交易で繁栄した。1481年にポルトガル人が渡来し、ギニア湾岸を「黄金海岸」と名付けた。以来、ヨーロッパ各国が侵略し、アフリカ産の金と象牙の貿易を始めた。中央部では17世紀後半からアシャンティ王国が栄え、同国はイギリス・オランダなどからの武器と、アフリカ産の金および奴隷との交易で繁栄した。19世紀にはアシャンティ王国とイギリスがしばしば交戦し、1874年に海岸部がイギリスの植民地となった。その後もアシャンティ王国の領有をめぐってヨーロッパ諸国の争奪戦が続いたが、1902年、現在のガーナ国全域がイギリスの植民地・保護領となった。

　第二次世界大戦後、民族運動が盛んとなり、1947年、ゴールドコースト会議（UGCC）が、次いで会議人民党（CPP）が組織されてエンクルマ（1909～72）が書記長となった。57年3月、旧イギリス信託統治領トーゴランドとともにイギリス連邦内自治領としてイギリス植民地内で最初の独立を達成し、60年に共和国となった。66年のクーデタでエンクルマは退陣し、民政期も短期間挟まれたが、92年までほぼ軍部支配が続き、93年に民政に移行した。非同盟・中立政策を基本とするが、近年、西アフリカ諸国平和維持軍（PKO）に派兵して西アフリカ地域の安定に貢献し、リベリア和平を仲介した。しかしカカオの輸出に依存するモノカルチャー経済から脱出できず、2001年、IMFから重債務貧困国に認定され、対外債務の帳消しを申請した。

アシャンティはかつて金の交易で栄えた王国である。現在も市は盛んで、日用品などさまざまな商品が取引されている

アシャンティの伝統的建築物群

　首都アクラに次ぐ第2の都市クマシは海岸部と内陸部を結ぶ交易の要衝で、17世紀後半、アシャンティ王国はここに都を築いて建国された。クマシ近郊には動植物の紋様などを施したアシャンティ独自の建造物が残る。その多くは19世紀にイギリス人によって破壊されたが、20世紀になって一部が修復・復元されて残っている。

世界遺産（2件）

ヴォルタ州・グレーター・アクラ州、セントラル州、ウェスタン州の城塞群（かつてヨーロッパ商人が奴隷・金を運び出したベナン湾沿いの城塞群）／アシャンティの伝統的建築物群 ●コラム

カーボヴェルデ共和国
Republic of Cape Verde

面積	4000km²（滋賀県程度）。大西洋上の小群島国家
人口	53万人
首都	プライア
自然	熱帯雨林気候。11～3月にはサハラ砂漠から吹きつける砂嵐（ハルマッタン）により，さらに乾燥する
住民	ポルトガル人とアフリカ人の混血（ムラート）が6割。ただ主島のサンチャゴはアフリカ人のウォロフ人が多数を占める
言語	公用語はポルトガル語。最も広く使われているのはカーボヴェルデ・クレオール語
宗教	カトリックが大多数。他にイスラーム教
産業	バナナ，サトウキビの農業，マグロ，ロブスターの漁業。観光開発に積極的
通貨	カーボヴェルデ・エスクード
国名	アフリカ大陸西端の岬カーボヴェルデ（ヴェルデの岬）に由来

歴史

カーボヴェルデ諸島は1460年にポルトガル人によって発見されて，まもなく植民が始まり，1587年にポルトガル領となった。ヨーロッパとアメリカを結ぶ大西洋航路の要衝として重要であった。サトウキビのプランテーションも営まれ，奴隷貿易も盛んにおこなわれた。

第二次世界大戦後の1956年にギニア・カーボヴェルデ独立アフリカ党（PAIGC）が結成されて独立運動が進められた。63年にポルトガルの海外州となったが，74年にPAIGCからなる暫定政府が成立して翌75年7月に共和国として独立した。しかし73年に独立したギニア・ビサウ共和国との統合計画は80年のギニア・ビサウのクーデタで挫折し，PAIGCは80年にカーボヴェルデ独立党（PAICV）と改称した。非同盟協調主義を掲げ，欧米諸国との関係を深めている。91年に初の複数政党制の総選挙がおこなわれ，92年に新憲法を制定，99年に修正された。この国の歳入は観光収入，および国内人口を上回る海外居住者（アメリカが中心）の本国への送金に依存しており，欧米諸国や日本からの援助に頼っていた。しかし観光収入の増大や政治の安定による経済成長は2006年以降は5～6％に達し，対外債務は残っているものの，07年末，後発開発途上国（LDC）から抜けだし，08年7月，WTO加盟を果たした。

シダーデ・ヴェリヤ，リベイラ・グランデの歴史都市

カーボヴェルデのサンチャゴ島にある都市で，都市名は「古い都市」の意。首都から約15km西に位置し，この国の最古の居住地であり，奴隷貿易の重要な拠点として，かつてはリベイラ・グランデ（ポルトガル語で「大河」の意）とも呼ばれた。熱帯地域に初めて建設されたヨーロッパ人入植地の姿を今に伝える。大広場には1520年に建てられた罪人を晒（さら）す「晒し台」がある。この地にはヴァスコ・ダ・ガマとコロンブスが訪れている。

世界遺産（1件）

シダーデ・ヴェリヤ，リベイラ・グランデの歴史都市→コラム

ガボン共和国
Gabonese Republic

面積	26万7700km²（日本の3分の2）
人口	150万人
首都	リーブルヴィル
自然	野生動物の楽園ともいわれ，北部はジャングルに覆われた熱帯雨林気候，南部はサバナ気候
住民	ファン人，エシラ人，アドゥマ人，オカンデ人などバントゥー系諸民族
言語	公用語はフランス語。他にバントゥー系諸語
宗教	キリスト教（主にカトリック）。他にイスラーム教，伝統信仰
産業	1996年にOPECを脱退したが，サハラ以南のアフリカにおける有数の産油国。マンガン，鉄。木材は8割を中国に輸出。1人あたりGDPはアフリカ第1位
通貨	CFAフラン
国名	ポルトガル語のガボン（水夫用外套）に由来する。先住民の服装がガボンに似ていたことからとされる

歴史

　15世紀後半以降ポルトガルが進出して奴隷貿易などをおこない，のちイギリス・オランダも加わった。19世紀になって奴隷貿易が衰退するとフランスが進出，1890年にフランス領コンゴの一部となった。1903年に別個の独立した植民地となり，10年には中央コンゴ，チャドなどとともにフランス領赤道アフリカを形成してその1州となった。第二次世界大戦後の58年にフランス共同体内の自治共和国となり，60年に完全に独立して共和国となった。

　複数政党制のもと，一時政情不安もあったが，石油・ウランなどの開発が進んだうえ，フランスの梃入れもあって政情も安定し，1968年にはガボン民主ブロック（BDG）の後継であるコンゴ民主党（PDG）の一党体制が憲法上も確立した。しかし冷戦終結後の90年代には労働者・学生のデモが頻発し，90年の憲法改正で複数政党制に移行したものの，PDG以外の政党の進出で再び政情は不安定となっている。ボンゴ大統領は2005年に7選されるなど1967年に就任以来40年以上にわたって政権の座にあったが，2009年に没したため，長男のアリ・ボンゴが選出された。1人あたりGDPはサハラ以南の諸国では際立って高いが，所得格差も著しく，05年の失業率は25％と高率である。石油依存体質からの脱却と対外債務の返済も緊急の課題といえよう。

ロペ・オカンダの生態系と残存する文化的景観

　熱帯雨林が多くを占めるが，公園北部にはサバナが残っている。1946年に野生動物保護区に指定されており，ゴリラ，マンドリル，チンパンジーなどが多く棲息するほか，絶滅危惧種に指定されている哺乳類も棲息する。また狩猟採集民ピグミーが描いた鉄器時代以前の遺跡・岩絵が保存されている。

世界遺産（1件）

ロペ・オカンダの生態系と残存する文化的景観　→コラム

カメルーン共和国
Republic of Cameroon

面積	47万5400km²（日本の1.25倍）
人口	1950万人
首都	ヤウンデ
自然	アフリカの生態系のほとんどがみられ，「アフリカの縮図」。熱帯雨林気候，サバナ気候，ステップ気候
住民	北部はイスラーム化したフルベ人，ハウサ人，ブーム人，ドゥル人。南部はキリスト教化したドゥアラ人，エウォンド人，ブールー人。中部はイスラーム教徒のバムン人，キリスト教徒のバミレケ人
言語	公用語はフランス語と英語
宗教	カトリック，イスラーム教，伝統信仰
産業	コーヒー豆，カカオ（生産量世界第5位），綿花などの農業，木材，石油
通貨	CFAフラン
国名	ポルトガル語のリオ・ドス・カメーロス（エビの川）に由来。ウーリ川河口に大量のエビが繁殖していた

歴史

15世紀末にポルトガル人が進出して奴隷貿易などに従事し，次いでイギリス・オランダが進出した。1884年にドイツの保護領となったが，第一次世界大戦でドイツが敗れたため，1922年，東部はフランスの，西部はイギリスの委任統治領となった。第二次世界大戦後の1960年に東カメルーンが独立し，西カメルーンも61年の住民投票で北部はナイジェリアと合併，南部は独立すると同時に東カメルーンと合体して連邦国家となった。

連邦体制下では面積・人口・国民議会の議席配分のいずれも東部優位であったため，連邦体制は次第に形骸化し，1972年に連邦制を廃止して単一国家のカメルーン連合共和国となり，84年，現国名に改めた。しかし民族構成も複雑で宗教的対立があり，フランス語系住民の権力独占体制に対する不満から英語圏（西部）の独立をめざす南カメルーン国民会議が99年に南カメルーンの主権回復と独立を宣言するなど，政情は不安定である。2000年代にはいって，一部地域で暴動がおきるなどしている。非同盟主義ではあるが，旧宗主国の英・仏との関係は深い。産油地帯のバカシ半島の領有をめぐってナイジェリアとの紛争があり，2002年，国際司法裁判所はカメルーンの領有権を認め，ナイジェリアも08年に半島から撤退した。一次産品（原油，木材，農作物など）に依存する経済で，2000～06年，重債務貧困国への債務救済イニシアティヴの適用を受けた。

ジャー動物保護区

三方をザイール川に合流するジャー川に囲まれた5260km²におよぶ国立公園内の約90％は人の手のはいっていない熱帯雨林で，西ローランド・ゴリラ，チンパンジー，コビトグエノン（世界最小のサル）などさまざまな霊長類が，人間社会とは隔絶された環境で棲息している。禁猟区でもあるが，先住のピグミーだけは弓矢や槍をもちいる伝統的狩猟生活を認められている。

中部アフリカのサバナでは，ヒョウタン製品が物質文化を象徴している。
国立民族学博物館蔵

世界遺産（1件）

ジャー動物保護区 →コラム

ガンビア共和国
Republic of The Gambia

面積	1万1300km²（ほぼ岐阜県）。アフリカ大陸最小の国。不自然な国境となったのは植民地支配の影響で，中央を流れるガンビア川河口から東西400kmにわたって細長く伸びる流域をイギリス領，それ以外をフランス領と取り決め，ガンビアとセネガルとして独立したためである。最大幅は48km。
人口	180万人
首都	バンジュル（セント・メアリー島に位置する）
自然	国土の大部分がサバナ地帯でサバナ気候
住民	マンディンゴ系の人々が主
言語	イギリスの最も古い植民地の1つで，公用語は英語
宗教	イスラーム教が8割。他にキリスト教が1割，伝統信仰が1割
産業	ガンビア川流域で落花生，米などの農業。近年は観光業が盛ん。落花生が主要な輸出品だが，農民は貧しい
通貨	ダラシ

歴史

10世紀～13世紀はガーナ王国（7世紀頃～13世紀半ば頃），15世紀まではマリ王国（1240～1473）の一部であったが，15世紀にポルトガル人が，16世紀後半にイギリス人がそれぞれ交易のために訪れ，次いでフランスも進出した。17～18世紀はイギリス・フランスが支配権を争ったが，1783年にイギリスの優位が確立された。1843年にセント・メアリー島がイギリス領となり，89年に現在のガンビア全域がイギリスの保護領となった。第二次世界大戦後，マンディンゴ人を中心とする人民進歩党（PPP）と，ウォロフ人の統一党（UP）などによって独立運動が進められ，1965年2月に独立を達成し，70年に共和制に移行した。

1981年のクーデタの際に防衛協定でセネガル軍が介入したことから合邦計画が進んで82年に「セネガンビア国家連合」が成立したが，89年に解体し，91年，両国は友好協力協定を締結した。外交では近隣諸国やイスラーム諸国との友好を重要視している。だが，産業化が遅れていることもあって90年代以降クーデタが頻発し，政情は不安定。94年の無血クーデタで軍のジャメが統治評議会議長に就任したが，これを契機にアメリカ，EU，日本などが援助を一時停止した（～96）。96年に新憲法を国民投票で承認し，ジャメ議長が大統領に当選，2006年には3選された。ただし，同大統領の言動には奇異な点もみられる。なお，数世代にわたる黒人奴隷史を描いたアレックス・ヘイリー（米）の自伝的小説『ルーツ』（1976）の舞台として欧米ではよく知られている。

セネガンビアのストーン・サークル群

セネガルと共同登録。ガンビア中央部，ガンビア川北岸からサルム川（セネガル）流域にかけてストーン・サークル（環状列石）が分布している。ガンビアには100件以上が存在するが，世界遺産として登録されたのはワスとカーバッチの2カ所で，この2カ所には博物館も建てられた。鉄器時代の前3世紀頃から後13世紀頃にかけてつくられたと思われる。二重の環状で，中央部には土を盛り上げた墓があり，各種出土物が発見された。

世界遺産（2件，うち1件は共同登録）

クンタ・キンテ島と関連遺跡群（ゴレ島〈95ページ〉とともに西アフリカにおける奴隷貿易の中心地）／セネガンビアのストーン・サークル群
→コラム

ギニア共和国
Republic of Guinea

面積	24万5900km²（本州とほぼ同じ）
人口	1020万人
首都	コナクリ
自然	海岸部は熱帯雨林の平野が広がっており，森林ギニアと呼ばれる。内陸にはフータ・ジャロン山地があり，草原状。フータ・ジャロンを越えるとサバナが広がる上（かみ）ギニア（ニジェール川源流地方）になる。熱帯雨林気候，サバナ気候
住民	マリンケ人，スス人，フルベ人，キシ人など
言語	公用語はフランス語。他に民族集団の言語
宗教	イスラーム教が大多数。他にキリスト教，伝統信仰
産業	労働人口の8割が農業に従事する。バナナ，パイナップル，コーヒー豆など。現在の主要産業は世界の4分の1の埋蔵量があるボーキサイトと，ダイヤモンド，金などの鉱業
通貨	ギニア・フラン

歴史

　14〜15世紀はマリ王国（1240〜1473）の支配下にあったが，16世紀初頭からヨーロッパ人が奴隷貿易のために訪れるようになった。19世紀にはフランスが進出し，1890年にフランス植民地となった。19世紀後半から民族運動指導者サモリ・トゥーレ（1830頃〜1900）を中心に激しい反仏運動が展開されたが，一部はフランスの保護領となり，1895年，ギニアとしてフランス領西アフリカの一部に組み込まれた。民族独立運動はサモリの曾孫（ひまご）セクー・トゥーレ（1922〜84）のギニア民主党（PDG）によって進められ，第二次世界大戦後の1958年，フランス本国のドゴール首相（のち大統領）の主導する「第五共和政憲法」（58）に反対して独立を達成し，初代大統領にはセクー・トゥーレ（任1958〜84）が就任した。

　一時，ソ連邦や東欧諸国・キューバ・中国に接近して「社会主義化」をめざし，1978年にギニア人民共和国を称したが，84年，セクー・トゥーレの死後に軍部クーデタがおこってギニア共和国に改称し，ランサナ・コンテが大統領になった。96年以降，待遇改善を求める軍の兵士による反乱が周期的に生じるなどしている。またランサナ大統領は93年の最初の複数政党による大統領選挙に勝利し，1998年・2003年と3選されたが長期政権の弊害も大きく，2008年に彼が死去するとクーデタがおこるなど政情・治安，共にいまだ不安定である。

ニンバ山厳正自然保護区

　コートジヴォワールとの共同登録。両国境にまたがるニンバ山（1752m）一帯の，350km²におよぶ範囲が自然保護区に指定されている。サハラ砂漠から吹く熱風（ハルマッタン）と砂嵐，および大西洋から吹きつける湿った季節風のため，年間をとおして高温多湿。山頂付近は常に厚い雲に覆われているが，麓の近くには熱帯雨林が生い茂り，2000種以上の植物，500種を超す動物が棲息する。近年，鉱山開発によって環境破壊が進行し，1992年に危機遺産に指定された。

世界遺産（共同登録1件）

ニンバ山厳正自然保護区［危機遺産］→コラム

ギニア・ビサウ共和国
Republic of Guinea-Bissau

面積	3万6100km²（ほぼ九州）
人口	150万人
首都	ビサウ
自然	島嶼（とうしょ）部はマングローブ。国内最高地点は310m。6〜11月の雨季と、サハラ砂漠から吹きつける砂嵐（ハルマッタン）による暑く乾燥した乾季がある。サバナ気候
住民	バランテ人、フラニ人、マンディヤコ人
言語	公用語はポルトガル語。他にポルトガル語と民族語が混淆したクレオール語
宗教	南北に隣接するギニア、セネガル両国ではイスラーム教徒が多数派であるのに対し、半数以上が伝統信仰。他にイスラーム教、キリスト教
産業	米、落花生などの農業だが自給中心。貧困と薬物取引（島が多い地形が有利とされる）が国をむしばむ
通貨	CFAフラン

歴史

　15世紀半ばにポルトガル人が来航し、17〜18世紀には奴隷貿易の中継地として経済的に潤い、1879年にポルトガルの植民地となった。86年にはフランスとの協定で国境線が確定した。第二次世界大戦後の1950年代後半からポルトガル支配に反対する運動がおこり、63年にギニア・カーボヴェルデ独立アフリカ党（PAIGC）による武装闘争が始まり、73年9月に独立を宣言し、翌年にはポルトガルもこれを承認した。

　PAIGCはカーボヴェルデとの統合をめざしたが、1980年のクーデタで政権が倒れて挫折した。その背景には少数のカーボヴェルデ系による支配への国内の不満があったとされる。当初、PAIGCの単一政党制であったが、91年に複数政党制を導入して94年には初の大統領選挙を実施した。97年、西アフリカ経済通貨同盟に加盟して通貨をギニア・ビサウ・ペソからCFAフランに切り替えた。しかし99年に軍の一部の反乱で当時の大統領が国外追放になるなどし、その後も軍部クーデタや反乱が相次ぎ、長引く政情不安と治安の悪化で経済も崩壊した。南米コロンビアからの麻薬ルートの中継地になるなど、最貧国として破綻国家に近い状況にあり、多額の対外債務を負っている。クーデタや内乱で道路・電力などのインフラ整備が大きな課題とされる。外交では非同盟政策、近隣諸国との協調を旨としている。

ポルトガル人の来航

　この地域へのポルトガル人の来航は大航海時代初期の1446年であった。ポルトガル商人は象牙や奴隷の貿易基地として利用したが、内陸部の制圧はなかなか難しく、1879年にポルトガルの植民地とはしたものの、内陸部の制圧には20世紀初頭までかかった。象牙はきめ細やかで艶があり、細工に適しているので彫像・浮彫り板・器などの材料として珍重されたのである。

首都ビサウは大西洋に通ずるジェバ川の河口に位置し、町の周囲にはマングローブ林が発達している

世界遺産（0件）

ケニア共和国
Republic of Kenya

面積	58万3000km²（日本の1.5倍）
人口	3980万人
首都	ナイロビ
自然	中央のケニア山（アフリカ第2の高山，5199m）が主峰。サバナ気候，ステップ気候，砂漠気候。内陸の高地は温暖冬季少雨気候
住民	キクユ人，ルイア人，ルオ人，カレンジン人，カンバ人，マサイ人。他に白人，アラブ人
言語	公用語はスワヒリ語と英語
宗教	キリスト教が9割。他にキリスト教，伝統信仰
産業	観光業。茶（生産量世界第3位）。園芸産業も盛んでパイナップル，マンゴー，パパイヤなどの果実，インゲンマメ，サヤインゲンなどの野菜，切り花を輸出
通貨	ケニア・シリング（K.shs）
国旗	中央の紋章は，ケニア南部からタンザニア北部一帯の先住民で牧畜を生計とするマサイ人の盾と槍

歴史

ケニアとはスワヒリ語でダチョウの意味で，ケニア山の黒い岩壁と白い氷河・万年雪がダチョウのようにみえることからくるともいわれる。内陸地域には古くから狩猟民・農耕民の小規模社会組織が存在していたが，7世紀以降，アラブ人が来航してモンバサなどの港町が交易で繁栄した。15世紀末には大航海時代のポルトガルの航海家でインド航路を発見したヴァスコ・ダ・ガマも探検の途次に訪れている。16世紀からポルトガル人が進出し，17世紀頃から牧畜民も勢力を拡大したが，ほぼこの頃からオマーンのアラブ勢力が沿岸部を支配した。1886年にドイツとの協定でイギリスの勢力範囲となり，95年にイギリスの東アフリカ保護領となり，20世紀にはいると鉄道も開通して白人入植者やインド人移民が増えた。

第二次世界大戦後の1952年，キクユ人の秘密結社「マウマウ」の反乱が始まり，イギリスの武力で抑えられたが，ヨーロッパ人入植者の政治勢力は大きく後退し，63年に独立を達成した。その後，政府主導のもとで市場経済に基づく工業化が推進され，92年には複数政党制も導入された。21世紀にはいってからは汚職などで経済状況は悪化，IMFや世界銀行の援助が凍結されるなど，経済・政治ともに混迷している。また2007年の大統領選挙での暴動で約50万人の国内避難民が生じた。外交では欧米諸国や東アフリカ諸国との連携を重視している。

ラム旧市街

モンバサの北東約250km，ソマリア寄りの海岸近くの小島がラムであるが，ここに12～19世紀にかけて渡航してきたイスラーム商人のもたらす宗教と，土着の東アフリカ文化が融合した独自のスワヒリ文化の華が開いた。旧市街はサンゴ礁石灰岩やマングローブ材など島の周辺で入手できる素材をもちいた家屋が立ち並び，そのなかに20を超すモスクが点在する景観がみられる。

世界遺産（6件）

ケニア山国立公園（アフリカ第2の高峰を中心に，面積710km²の公園の山麓にアフリカゾウ・水牛が棲息）／トゥルカナ湖国立公園（グレイト・リフト・ヴァレー〈アフリカ大地溝帯〉の湖にはナイルワニが棲息。面積1600km²）／ラム旧市街→コラム／ミジケンダの聖なるカヤの森林（ミジケンダ人の信仰の対象である，インド洋沿岸地帯に点在する森林）／モンバサのジーザス要塞（16世紀末にポルトガル人がモンバサ港の防衛のために建設した要塞）／ケニア・グレート・リフト・ヴァレーの湖群の生態系（大地溝帯にあるケニアの湖沼群。面積3万km²）

コートジヴォワール共和国
Republic of Cote d'Ivoire

面積	32万2400km²（日本の9割）
人口	2060万人
首都	1983年にアビジャンからヤムスクロに遷都されたが，現在も実質的首都機能はアビジャン
自然	海岸部は熱帯雨林気候，内陸部はサバナ気候
住民	バウレ人，ベテ人，セヌフォ人など5グループ60の民族．他にアフリカ系外国人居住者
言語	公用語はフランス語
宗教	主に北部がイスラーム教，南部がキリスト教．他に伝統信仰
産業	コーヒー豆，カカオ（生産量世界第1位），天然ゴム（世界第7位）を中心とする農業．他に石油，ダイヤモンド，木材，食品加工，石油製品
通貨	CFAフラン
国名	沿岸一帯は象牙が特産品だったことから象牙海岸と呼ばれており，そのフランス語表記が国名となった

歴史

14世紀まではいろいろな部族国家的王国が混在していたが，15世紀末にポルトガル人が進出して以来，ポルトガル・イギリス・オランダなどのヨーロッパ人が来航して象牙・奴隷を売買したので，象牙海岸と呼ばれるようになった．17世紀半ばからフランスが西アフリカ経営に着手し，1842年に海岸地域が，93年までに全域がフランス植民地となった．第二次世界大戦後，コートジヴォワール民主党（PDC）によって独立運動が進められ，1960年8月に独立を達成した．

独立後はPDCIの一党独裁が続き，1990年の総選挙で複数政党制となったが，それでも初代大統領ウフェ＝ボワニが7選される状況であった．93年に初代大統領が没したのちも利益誘導型のバラマキ政治を脱することができず，97年にはクーデタがあって軍の元総参謀長が政権を握ったが，2000年に失脚した．その後は政情不安が続き，04年には国連の平和維持機構軍（PKO）が派遣されるなどした．07年以来，ようやく持続的和平への道が開かれたとされるが，和平プロセスは必ずしも順調に進展しておらず，大統領選も延期が続いている．経済的には一次産品（コーヒー豆・カカオなど）の輸出に依存するが，近年は原油・石油製品の輸出も増えた．とはいえ，失業率も高く，かつ対外債務が重く，経済状態は深刻である．

コモエ国立公園

ギニア湾に注ぐコモエ川上流の，面積1万1500km²（東京都の5倍）の国立公園は，西アフリカ地域最大の面積を誇る．森林に隣接するサバナとコモエ河畔の湿地帯という条件に恵まれて多くの動物が棲息するが，全面狩猟禁止にもかかわらず密猟が絶えず，2003年に危機遺産に指定された．

象牙はヨーロッパでは，工芸品の原材料として，またピアノの鍵盤などにももちいられていた

世界遺産（3件，うち1件は共同登録）

ニンバ山厳正自然保護区（ギニア共和国との共同登録．写真，説明79ページ）[危機遺産] ／**タイ国立公園**（霊長類の多く棲息する熱帯原生林）／**コモエ国立公園** [危機遺産] →コラム

コモロ連合
Union of Comoros

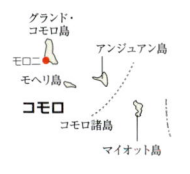

面積	コロモ諸島4島（2240km²で東京都程度）のうちフランスの海外県マイオット島を除く3島（1860km²）からなる。マイオット島の領有を主張
人口	80万人。グランド・コモロ島に集中
首都	モロニ
自然	熱帯雨林気候
住民	バントゥー系アフリカ人が主流。他にアラブ人，マレー人，マダガスカル人
言語	公用語はフランス語とアラビア語。他にスワヒリ語に近いコモロ語
宗教	スンナ派イスラーム教が大多数。他にキリスト教
産業	バニラ，イラン・イラン（この花から香水用精油を抽出），クローブなどの香辛料生産と，農業，漁業
通貨	コモロ・フラン
国旗	新月と緑地はイスラーム教の象徴。4本の帯，4つの星は4島を意味している

歴史

古くからインド洋航海者には知られていたが，16世紀以降，ヨーロッパの地図に表記されるようになった。1843年にマイオット（マイヨット）島（125ページ）が，86年にそのほかの3島がフランスの保護領となり，1912年，フランス植民地マダガスカルの行政区に編入された。第二次世界大戦中にイギリスが海軍基地として占領したが，戦後，フランスに返還された。1947年，マダガスカルの一部からフランスの海外領土として分離したが，58年に住民投票でフランス共同体内の自治領となった。74年，マイオット島を除く，イスラーム教徒の多い3島が住民投票で独立に賛成，翌75年，3島で独立を達成した。76年，キリスト教徒の多いマイオット島は住民投票でフランス領に残った。78年には再び住民投票でマイオット島を含む4島からなるコモロ・イスラーム連邦共和国を称したが，マイオット島の帰属は係争中である。

コモロ点描
主島グランド・コモロは活火山カルトラ山（2361m）があり，山がちで原生林が繁っているが，川がまったくなく，住民は井戸を掘って真水を確保する。モヘリ島は3島のうち最小であるが，水には恵まれている。アンジュアン島は「コモロの真珠」ともいわれ，景観美を誇っている。島の中央にはンティングイ山（1595m）がある。

しばしばクーデタや大統領暗殺事件があり，政情は不安定であるうえ，アンジュアン島・モヘリ島の分離運動もあり，2島はフランスへの復帰を要求したがフランスが復帰を拒否，解決をアフリカ統一機構（OAU）に委ねたものの，97年，2島は一方的に独立を宣言した。OAUの調停もあって2001年に国民和解協定が調印されて新憲法が採択され，現国名に変更。3島に自治政府があり，連合政府の大統領は3島から交代で選出される。天然資源に乏しく産業基盤も脆弱なため，後発開発途上国（LDC）の1つである。

約70年前，コモロ諸島で発見されたシーラカンスは約5億5000万年前に始まる古生代から棲息して「生きた化石」と呼ばれ，世界中に衝撃を与えた

世界遺産（0件）

コンゴ共和国

Republic of Congo

面積	34万2000km²（日本の9割）
人口	410万人
首都	ブラザヴィル
自然	赤道直下で北部はコンゴ盆地。国土の半分以上が熱帯雨林で，熱帯雨林気候，サバナ気候
住民	北部のンボシ人，中部のテケ人，南部のラリ人，ベンベ人，ヴィリ人。南部の諸民族はコンゴ人と称されることがある
言語	公用語はフランス語。北部のリンガラ語と南部のモノクトゥバ語が準公用語
宗教	9割がキリスト教。他にイスラーム教，伝統信仰
産業	農業は自給自足的で，主食のキャッサバの栽培が盛ん。天然資源の開発は進んでいない。木材資源は豊富にある
通貨	CFAフラン
国名	バントゥー語で山（国）の意

歴史

14世紀頃から，マニ・コンゴと呼ばれる神聖王が治める王国が存在したが，15世紀末にポルトガル人，17世紀にはフランス人が進出して象牙や奴隷の貿易に従事するようになった。ポルトガル人によって王はキリスト教（カトリック）に改宗して西欧技術の導入などに努めた。しかし16世紀末以降の奴隷貿易の活発化で国内が混乱し，王位継承争いや外国の介入などで衰退していった。19世紀末，フランス政府がガボンのオゴウェ川流域とコンゴ地方を支配下に収め，1884～85年のベルリン会議でこの地域へのフランスの領有権が認められ，1910年，フランス領赤道アフリカの成立でその1州となった。

第二次世界大戦後の1958年にフランス共同体内の自治共和国となり，60年にコンゴ共和国として完全独立を達成した。69年にコンゴ労働党（PCT）の1党体制が成立して70年にコンゴ人民共和国と改称したが，冷戦終結後の90年代に民主化が始まり，90年，PCTは一党制を放棄して91年に現国名に復帰した。しかしその後も内戦などがあって政情は混沌としていたが，2002年に新憲法が制定されて約10年ぶりに大統領選挙がおこなわれた。07年の総選挙ではPCTなどの与党が圧勝したことから，政局安定の兆しがみえてきた。外交・経済ではフランス・アメリカなどに依存する現実主義路線を採用している。

ブラザヴィル

コンゴの首都で河港都市。フランス人探検家ド・ブラザが1833年に内陸進出の基地として建設したのでこの名がある。コンゴ川下流部スタンリープールの右岸に位置し，ここより下流は急流で航行不能のため，海岸部のポワント・ノワールへの鉄道の起点となっている。政治・経済・交通の中心地で，2009年の人口は136万人の大都市である。北にマイ・マイ国際空港がある。

世界遺産（0件）

コンゴ民主共和国
Democratic Republic of the Congo

面積	234万5000km²（日本の6倍強，アフリカ第2位）
人口	6780万人
首都	キンシャサ。アフリカ音楽の中心地で，リンガラ語によるポップミュージック・リンガラ音楽の生誕地
自然	熱帯雨林気候，サバナ気候，温暖冬季少雨気候
住民	バントゥー系，スーダン系，ナイル系などの黒人が大半を占め，コンゴ人，ルバ人，モンゴ人，ルンダ人など多数の民族集団がある
言語	公用語はフランス語。スワヒリ語，コンゴ語，リンガラ語，ルバ語の4つが国語
宗教	カトリックを中心としたキリスト教が8割強，イスラーム教が1割。他に伝統信仰
産業	鉱物資源を豊富に産出し，輸出の9割を占める。コバルトは世界の半分以上を生産，ダイヤモンド（産出量世界第3位），スズ（世界第7位）
通貨	コンゴ・フラン（FC）

歴史

古来，コンゴ川河口周辺部にコンゴ王国（14〜19世紀）が栄えたが，15世紀末にポルトガル人が進出して奴隷貿易に従事して同王国は衰亡に向かった。19世紀末，イギリスの探検家スタンリーがベルギー国王レオポルド2世の命を受けてこの地域の首長たちと一連の保護条約を結び，1884〜85年のベルリン会議で同国王の私有植民地「コンゴ自由国」となった。しかしその苛斂誅求のあまりの激しさで国際的非難をあび，1908年，国に移管されてベルギー領コンゴとなった。

第二次世界大戦後の1960年に独立したが，その直後から2度の内戦（コンゴ動乱）を経験した。65年の軍部クーデタ後の71年，国名をザイール共和国として革命人民運動（MPR）の一党独裁体制を樹立し，政治・経済・文化などで独特の社会変革運動（真正ザイール化）を宣言して独裁政治を展開したが，第1次石油ショック（1973）や主要産品である銅の国際価格下落で挫折した。民主化も，65年のクーデタ以来大統領職にとどまるモブツ（1930〜97）の存在で遅々として進まず結局，97年，コンゴ・ザイール解放民主連合（AFDL）が首都を制圧して国名をコンゴ民主共和国とした。しかし再び政権の独裁色が強まって98年に内戦化し，周辺諸国も介入する「アフリカ大戦」となった。2002年に和平が成立し，06年には初の民主選挙も実施されたが，なお政情不安の要因は尽きない。

長年にわたってザイールに君臨したモブツ大統領。政権崩壊後はモロッコに亡命，現在はモロッコの外人墓地に眠る

世界遺産（5件）

ヴィルンガ国立公園（1925年にベルギーによって国立公園に指定されたマウンテンゴリラとカバの聖地）［危機遺産］／**ガランバ国立公園**（絶滅危惧種シロサイ〈白犀〉の禁猟区）［危機遺産］／**カフジ・ビエガ国立公園**（2つの死火山を有する東ローランドゴリラの王国）［危機遺産］／**サロンガ国立公園**［危機遺産］→コラム／**オカピ野生生物保護区**（20世紀初頭に知られるようになった珍獣オカピの棲息地）［危機遺産］

サロンガ国立公園

コンゴ川の支流が細かく入り組む地域にあって，面積3万6000km²（四国の2倍）の広さはアフリカの国立公園で第2位である。鬱蒼（うっそう）とした熱帯雨林はボノボ（ピグミー・チンパンジー）の棲息地・研究地として知られている。公園に接近するには船によるしかないが，珍獣を狙う密猟者が絶えず，1999年に危機遺産に指定された。

サントメ・プリンシペ民主共和国
Democratic Republic of Sao Tome and Principe

面積 1001km²（東京都の半分）。赤道直下に浮かぶ，火山島のサントメ島，プリンシペ島を中心とする群島国家
人口 17万人
首都 サントメ。人口の9割が居住。サントメが唯一の港
自然 熱帯雨林気候
住民 バントゥー系，およびポルトガル人などヨーロッパ人との混血（ムラート）
言語 公用語はポルトガル語。クレオール語も使われている

宗教 大半がキリスト教。うちカトリックが7割強
産業 主としてカカオに依存する農業国家。20世紀初頭まではカカオの世界最大の産地だった
通貨 ドブラ
国名 サントメは，ポルトガル人エスコバルが聖トマスの日（7月3日）に発見したため。プリンシペは王子を意味し，航海王子エンリケに捧げられた
国旗 2つの星はサントメ島とプリンシペ島をあらわす

歴史

1471年ポルトガル人が上陸してこれらの島々を調査。ポルトガル人はアフリカ人のコンゴ王国（14～19世紀）などと交易する一方，ガボンなどギニア湾沿岸諸地域から強制移住させたアフリカ人を使役してサトウキビの栽培をおこなった。16世紀以降，サントメ島は奴隷貿易の一大中継地となったが，19世紀以降，奴隷貿易が衰退すると砂糖・カカオ・コプラなどの生産に力をそそいだ。1641～1740年までオランダ領，1740年以降ポルトガル植民地であった。

第二次世界大戦後の1951年に同国の海外州。大戦後，アフリカ諸国で独立の気運が高まると，1960年にサントメ・プリンシペ解放委員会（CLSTP。のちサントメ・プリンシペ解放運動〈MLSTP〉と改称）が成立し，74年に宗主国ポルトガルでファシズム政権が倒れたのを機に75年に独立を達成して，MLSTPの1党体制による国造りが始まった。だが経済の悪化で体制維持が困難となり，78年以降はアンゴラ軍の駐留で政権を維持した。その後，西側諸国に接近し，冷戦終結後の90年から複数政党制や新憲法の採択など民主化が進行した。しかし複数政党による政権交替もあり，政情は必ずしも安定していない。カカオが輸出の9割を占め，海外援助への依存度が高かったが，2010年以降，ギニア湾での石油生産が見込まれ（ナイジェリアに6割の取り分がある），07年に重債務貧困国から脱した。

ポルトガルのエンリケ航海王子は，みずからは航海しなかったが，大航海時代の初期に探検事業を推進した

ココアとチョコレート

この国の主農産物はカカオ。ココアは，カカオの種子を煎って粉砕し，脂肪分であるカカオバターを取り除いて乾燥させ粉末状にしたもの（カカオパウダー）で，熱湯や牛乳などに溶き甘味料を加えて飲む。チョコレートは，カカオパウダーに砂糖・カカオバター・ホットミルク・香料などを加えて型にいれ，冷やして固形化したもの。カフェでホットチョコレートを注文するとココア飲料が供される。

世界遺産（0件）

ザンビア共和国
Republic of Zambia

面積	75万2600km²（日本の2倍）。8カ国と国境を接する
人口	1350万人
首都	ルサカ
自然	ザンベジ川の河谷以外は高原状のサバナ地帯。サバナ気候、ステップ気候、西岸海洋性気候、温暖冬季少雨気候
住民	ルバレ人、ルンダ人、カオンデ人、チェワ人、ベンバ人、ロジ人、トンガ人などバントゥー系が大多数
言語	73の言語があるとされる。公用語は英語と7言語
宗教	キリスト教が8割。他に伝統信仰
産業	植民地時代から銅の生産に依存するモノカルチャー経済。その生産量は世界第8位で、アフリカでは第1位。野生動物が棲息する国立公園や保護区も多く、政府は観光立国への道を模索
通貨	ザンビア・クワチャ（ZMK）
国名	ザンベジ川の名に由来。バントゥー語で「巨大な水路」

歴史

19世紀半ば、イギリス人宣教師で探検家のリヴィングストンがザンベジ川中流域を探検。1889年に発足した特許会社のイギリス南アフリカ会社がロジ王国から銅鉱山採掘権を得て植民活動が始まり、1911年にザンベジ川以北の西北・東北ローデシアが合体して北ローデシアとなり、24年にイギリス直轄植民地に移行した。25年に豊富な銅鉱脈が発見され、英連邦内自治領南アフリカ資本とアメリカ資本がその開発にあたった。第二次世界大戦後の1953年、この銅資源を目的に南ローデシアは北ローデシアとニヤサランドを併せてローデシア・ニヤサランド連邦を結成したが、63年末に連邦は解体し、64年、北ローデシアがザンビア共和国として独立した。

共和国ではヒューマニズム社会主義を標榜して銅鉱業を含む主要産業の国有化を実施し、1973年には統一民族独立党（UNIP）の一党体制とした。しかし75年の銅価格暴落で経済危機に陥り、85年、IMFと世界銀行の構造調整計画を受け入れ、2004年に重債務貧困国を脱した。91年の議会選挙と大統領選挙で反政府勢力が勝利して複数政党制に移行したが、その後もクーデタ未遂事件や政党間の対立から政情は安定しているとはいえない状況にある。またHIV蔓延への対策が喫緊の課題でもある。

モシ・オ・トゥニャ／ヴィクトリアの滝

ジンバブウェと共同登録。アフリカ南部アンゴラの奥地に源を発し、インド洋に注ぐ全長2736kmのザンベジ川の中流のザンビアとジンバブウェの国境にまたがる滝が、イグアス滝（南米）・ナイアガラ滝（北米）とならんで「世界三大瀑布（ばくふ）」と称されるヴィクトリア滝。モシ・オ・トゥニャとは現地語で「雷鳴の轟（とどろ）く水煙」の意味。1855年、リヴィングストン（1813〜73）がヨーロッパ人として初めて到達、母国イギリスの当時の女王にちなみ、ヴィクトリア滝と命名した。

世界遺産（共同登録1件）

モシ・オ・トゥニャ／ヴィクトリアの滝→コラム

シエラレオネ共和国
Republic of Sierra Leone

面積	7万1700km²（北海道よりやや狭い）
人口	600万人
首都	フリータウン
自然	熱帯雨林気候，サバナ気候
住民	北東部に居住するテムネ人，南部に居住するメンデ人が共に3割。他にリンバ人，コノ人，シェルブロ人など約20の民族と，クレオール
言語	公用語は英語。他にクレオール語
宗教	イスラーム教が半数，伝統信仰が4割，キリスト教が1割
産業	主要産業は鉱業で，ほとんどがダイヤモンド。武器購入の資金調達のために取引きされる「紛争ダイヤモンド」を題材にした，2003年のアメリカ映画「ブラック・ダイヤモンド」の舞台となった
通貨	レオン
国名	ポルトガル人がライオン山脈と命名したのが由来

歴史

かつて海岸地方は「胡椒海岸」もしくは「穀物海岸」と呼ばれた。15世紀にポルトガル人が上陸し，16世紀後半にはイギリスの奴隷商人が渡来して，17世紀には奴隷貿易が盛んであった。1787年，アメリカからイギリスに逃亡して解放された奴隷約400人が移住してフリータウンを建設，1808年に海岸地帯（現在の西部地域）がイギリスの植民地となった。イギリスは奴隷貿易阻止のためにここに海軍基地を建設し，96年には内陸部（現在の東部・南部・北部地域）を保護領とした。

第二次世界大戦後の1961年に英連邦内の自治国として独立，71年に共和国となった。78年には全人民会議（APC）が支配する一党体制に移行した。91年に複数政党制を含む憲法改正案が採択されるなどしたが，軍事クーデタが相次ぎ，反政府ゲリラの革命統一戦線（RUF）が活動して内戦状態となった。97年のクーデタで翌年，ナイジェリア軍主体の西アフリカ諸国経済共同体（ECOWAS）の監視団が軍事介入して首都を制圧し，軍事政権は崩壊した。最大の産業であるダイヤモンド密輸が各権力集団の資金源になっており，10年以上の内戦で約5万人が死亡したとされる。2001年に和平合意が実現したが，内戦下で戦争犯罪による人権侵害が多く生じ，07年に戦争犯罪を裁くシエラレオネ国際戦犯特別法廷がオランダのハーグに設置された。

ダイヤモンド

ダイヤモンドの主産地はロシアとオーストラリアを除けばアフリカ諸国が中心である。ダイヤモンドは炭素だけからなる鉱物の1つで，主に八面体または十二面体の結晶。その多くが無色透明で光の屈折率が高いためよく輝き，宝石として珍重される。鉱物中でも最も硬度が高いので工具にも使われ，日本では「金剛石」とも呼ばれる。研磨（カット）で58面体とするブリリアントカットが一般的。

シエラレオネから輸出されるダイヤモンド，チタンなどの豊富な鉱物資源は，その大半が首都フリータウン港から輸出される

世界遺産（0件）

ジブチ共和国
Republic of Djibouti

- 面積 2万3200km²（四国の1.3倍）
- 人口 82万人
- 首都 ジブチ
- 自然 大半が不毛地帯で，砂漠気候。ジブチでは5〜10月の乾季の日中気温は日あたりで52〜53度になり，世界一暑い
- 住民 ソマリア系イッサ人が5割，エチオピア系アファール人が4割。他にフランス人，アラブ人
- 言語 公用語はフランス語。他にアラビア語
- 宗教 白人以外はイスラーム教
- 産業 運輸サービスが中心。首都ジブチとエチオピアの首都アディス・アベバを結ぶ全長781kmのジブチ・エチオピア鉄道，ジブチ港湾。ジブチ港は海賊対策の拠点
- 通貨 ジブチ・フラン（Dfr）
- 国名 イッサ語のdji et bout「ダウ船の停泊地」がアラビア語に転訛（てんか）したといわれる

歴史

　古来，紅海とインド洋を結ぶ交通の要衝で，ヨーロッパ・アジア・アフリカの中継点であった。1862年，フランスがタジュラ湾のオボク港を租借し，周辺に勢力を拡大して96年にフランス領ソマリランドとなった。20世紀初頭，首都の港町ジブチからエチオピアの首都アディス・アベバを結ぶ鉄道が建設されてから，ジブチはエチオピアの外港としての重要性を増した。第二次世界大戦後，1967年の住民投票の結果，フランス植民地としてとどまることが決まり，フランス領アファール・イッサと名を改めた。

　1975年になって本国との会談で独立が決まり，77年，ジブチ共和国として独立したが，フランス軍に加えてアメリカ軍も駐留している。91年にアファール人勢力に基盤をもつ統一民主回復戦線（FRUD）が反政府の武力闘争を開始して内戦が勃発，北部を中心に政府軍と攻防を繰り広げた。92年，複数政党制による総選挙で与党の進歩人民連合（RPP）が議席を独占，94年に政府とFRUDの穏健派が和平協定に調印し，97年の総選挙でRPPと連立内閣を組織し，2001年に政府とFRUDのあいだに和解が成立した。2000年代には隣国エリトリアとの国境紛争で軍事衝突がたびたび発生している。2大陸の重要中継地点として中継貿易や燃料補給センターの役割を担うが，経済的にはアラブ産油国の援助と借款に頼っている。1995年にWTOに加盟した。

遠洋航海の帆船

3000年近く前から，手こぎ船や帆船は重要な運輸・交通機関であったが，19世紀以降はエンジン船に取って替わられた。今でもジブチ沖などにみられるのがダウ船（写真）。大きな三角帆を装備した木造船で，時に200トン以上に達するものもある。かつてはアフリカ東岸からインド西岸まで季節風（モンスーン）を利用して航海し，紀元前後以来，西アジア海上文化圏形成に果たした役割は大きい。

世界遺産（0件）

ジンバブウェ共和国
Republic of Zimbabwe

面積	39万km²（日本よりやや広い）
人口	1260万人
首都	ハラレ
自然	1200～1500mの高原でステップ気候，温暖冬季少雨気候
住民	バントゥー系のショナ人が8割。他にンデベレ人，白人入植者
言語	公用語は英語。他にショナ語，ンデベレ語
宗教	キリスト教，伝統信仰
産業	タバコ，綿花などの農業。かつては「アフリカの穀物庫」と呼ばれるほどの豊かな農業国だった。プラチナ，クローム，アスベスト，ニッケル，金などの鉱業
通貨	2009年に複数外貨制を導入し，主に米ドル，南アフリカ・ランドを使用。ジンバブウェ・ドルの流通は停止
国旗	左に描かれている黄色の鳥は，グレート・ジンバブウェ遺跡にある石彫で，ジンバブウェのシンボル

歴史

かつて巨大石造建築（大ジンバブウェ，コラム参照）を生んだムニョンタパ（モノモタパ）王国（11～15世紀）やンデベレ王国（19世紀）があったが，1889年，イギリスの植民地政治家セシル・ローズのイギリス南アフリカ会社の支配下にはいり，95年からは彼の名にちなんでローデシア（現ジンバブエとザンビア）と呼ばれ，1923年，自治植民地南ローデシアとなった。53年，南・北ローデシアとニヤサランドが合邦してローデシア・ニヤサランド連邦を形成したが，63年に解体。64年に北ローデシアがザンビア共和国として独立すると，65年，南ローデシアの白人入植者政権（スミス政権）は黒人支配を嫌い，イギリスや現地アフリカ人の反対を押し切って一方的に独立を宣言した。

これを機にアフリカ人の民族独立闘争が高揚して1979年に独立を達成し，ショナ人に基盤をおくジンバブウェ・アフリカ民族同盟（ZANU-PF）政権（ムガベ政権）が成立した。同政権は社会主義を標榜して，ンデベレ人が支持するジンバブウェ・アフリカ人民同盟（ZAPU）との内戦に勝利し，87年に両党は統合した。しかしムガベ政権への批判も高まり，90年には一党体制を放棄し，また91年には社会主義的経済から転換してIMF・世界銀行主導の構造調整計画を受け入れた。ムガベは2002年の大統領選挙でも4選を果たしたが，強引な手法に国際社会の批判が高まり，英連邦から脱退した。08年にも5選されて長期腐敗政権が続いている。

大ジンバブウェ国立記念物

ジンバブウェ高原南縁を中心にショナ人が築いた巨石遺跡群。ショナ語で「石の家」を意味するジンバブウェと呼ばれ，これが現在の国名ともなっている。丘の上に建てられた遺跡，谷に築かれた住居遺跡群，平地の長円形の石壁（円周240m，最大高さ11m，最大厚さ6mで，漆喰〈しっくい〉なしに花崗岩を積んだもの）の3部分からなる。1867年にドイツ人が発見した。最盛期は13～14世紀で，石壁遺跡は周辺地域を含めると約200ヵ所にのぼる。

世界遺産（5件，うち共同登録1件）

マナ・プールズ国立公園，サビとチュウォールのサファリ地域（ザンベジ川中流域のアフリカ大地溝帯に広がる草食動物の楽園）／大ジンバブウェ国立記念物→コラム／カミ遺跡群国立記念物（15世紀以降，インド洋交易で栄えた王国の栄華の跡）／マトボの丘群（ジンバブウェ南部に広がる花崗岩の小丘群とムボポマ川の渓谷からなる同国最初の国立公園）／モシ・オ・トゥニャ／ヴィクトリア滝（ザンベジ共和国にまたがり共同登録。写真，説明87ページ）

スーダン共和国
The Republic of the Sudan

面積	188万km²（日本の5倍）
人口	3090万人
首都	ハルトゥーム
自然	ナイル川は首都で青ナイルと白ナイルにわかれる。砂漠か乾燥した200～300mの平原で砂漠気候
住民	アラブ人と非アラブでナイル系のベジャ人，ヌビア人，フール人，ヌバ人
言語	公用語はアラビア語と英語
宗教	大半がイスラーム教。他にキリスト教，伝統信仰
産業	国民の7割以上が綿花，小麦などの農業に従事。ダム建設による耕作地の拡大を進めているものの，1980年代以降は内戦の影響で停滞したままである
通貨	スーダン・ポンド（SDG）
国名	アラビア語の黒の複数形で，「黒い人々（の）国」を意味し，アラブ人はかつてサハラ以南のアフリカ全体をスーダンと呼んでいた

歴史

この地域には古代エジプト時代からヌビア人の王国があり，またナイル中流域にクシュ人が建てたクシュ王国（前10世紀～後4世紀）は，一時エジプトを支配した（第25王朝，前746頃～前655頃）。7世紀にアラブの影響下にはいり，イスラーム政権のマムルーク朝（1250～1517）に征服されてからイスラーム化とアラブ化が進行し，1820年代にエジプト（ムハンマド・アリー朝）の支配下にはいった。85年，ムハンマド・アフマド（マフディー，1844～85）率いる革命集団「マフディー」（救世主）がスーダン全土を統治するにいたったが，98年にイギリス・エジプト連合軍に大敗して以後，この2国の支配が続き，第二次世界大戦後の1956年にようやく独立を達成した。

しかし，1958年から軍政と民政を繰り返し，83年からはアラブ・イスラーム色の強い北部とアフリカ・非イスラーム色が濃い南部とのあいだに内戦が続いた。従来，北部の綿花に依存してきた同国の南部で石油が開発されたことも問題をこじらせた。2005年1月，ようやく包括和平協定が成立したが，西部ダルフール地方で住民虐殺事件があって200万人を超す難民が生まれ，国連安全保障理事会の非難決議やアフリカ連合（AU）軍の介入に発展した。11年1月の住民投票で98％の賛成票を得て南部の独立が承認され，同年7月に南部10州が「南スーダン共和国」（114ページ）として独立した。石油生産の約8割を占める南部油田地帯を失ったスーダンの打撃は大きく，外貨の9割を稼いでいた石油収入の減少は必至とされる。

ゲベル・バルカルとナパタ地域の遺跡群

古来，ヌビアと呼ばれたエジプト南部からスーダン北部にあたる一帯は，エジプトの影響を受けて前1500年頃から植民都市ナパタが築かれた。前10世紀，ここを中心にクシュ人の王国がおこり，一時エジプトを約70年間支配した（第25王朝）。ゲベル・バルカルはナイル川がS字状に屈曲する地点にあり，前10～前3世紀の遺跡が残り，エジプト文化から移入したピラミッドもみられる。

青・白ナイルに囲まれメロウェ（メロイ）島と呼ばれた地のピラミッド。高さは30m前後，傾斜がきつく鋭い四角錐の形をとる

世界遺産（2件）

ゲベル・バルカルとナパタ地域の遺跡群→コラム／メロイ島の古代遺跡群（ヌビアで前8世紀～後4世紀に栄えたクシュ王国の遺跡）→写真

スワジランド王国
Kingdom of Swaziland

面積	1万7000km²（四国よりやや狭い）
人口	117万人
首都	ムババーネ
自然	高原の国でステップ気候、西岸海洋性気候
住民	バントゥー系のスワジ人が9割。他にズールー人、トンガ人、シャンガーン人。少数だが、白人、カラードもいる
言語	公用語はスワジ語と英語
宗教	8割がキリスト教。他に伝統信仰
産業	全体に地味が豊かでトウモロコシ・ジャガイモ・サトウキビなどの農業、牧畜。「アフリカのスイス」と呼ばれ、観光業も盛ん。アパルトヘイト（人種隔離政策）時代には、南アフリカの白人相手のカジノやキャバレーが軒をつらねていた
通貨	リランゲーニ（複数形はエマランゲーニ）
国旗	中央に楯と槍2本がデザインされている

歴史

19世紀前半にスワジ人がブール人（南アフリカのオランダ系混血）とアフリカ系ズールー人の衝突を逃れて現在の地に移住し、スワジ王国を建設した。19世紀末からはイギリスの支配が本格化し、1907年にイギリス保護領となったが、イギリスはスワジ人の王国を通じて間接統治した。第二次世界大戦後の1960年代のアフリカ諸国の独立の影響を受けて67年に自治権を獲得し、翌68年に立憲君主国として独立を達成した。

その後、1973年には国王による非常事態宣言や憲法の廃止・議会解散などが強行され、国王独裁が続いた。反政府活動の活発化に対応するため93年には20年ぶりの議会選挙が実施されたが、依然として政党活動が禁止されるなど民主化にはほど遠く、毎年のようにストライキなどがおこっている。2005年国王が署名し、07年に施行された新憲法では基本的人権を認めているものの、国王には内閣や議会の解散権など、広範かつ強大な権限を与えており、また政党の結成を禁止しているため、市民団体や労働組合の反対が続いている。外交では親西欧の穏健路線であるが、南側で国境を接する南アフリカ共和国との関係を最も重視している。また、HIVが蔓延し、15～49歳の感染率は、07年で26％と、世界で最も高いとされる。

英連邦（Commonwealth of Nations）
イギリスの旧植民地や自治領のゆるやかな結合体。1931年のウェストミンスター憲章で「イギリス国王への共通の忠誠心で結ばれた、相互に対等な独立国の自由な連合体」とされた。第二次世界大戦後、旧植民地の相次ぐ独立で49年、名称からBritish(英)が省かれて現在の呼称となった。大きな国にはカナダ・オーストラリアがあるが、イギリスのEU加盟などで連邦の意義は薄れている。

王の前で踊る少女のグループをリードする2人の王女。髪の赤い羽根が王女であることを示している

世界遺産（0件）

セイシェル共和国
Republic of Seychelles

面積	460km²(ほぼ種子島)。100ほどの島からなるアフリカの最小国
人口	8万8000人(アフリカで最少)
首都	ヴィクトリア
自然	インド洋上にあるが,熱帯低気圧サイクロンの襲来がほとんどなく,「インド洋の真珠」といわれて観光客でにぎわう。マヘ島が最大。熱帯雨林気候
住民	クレオール(各民族集団同士の混血)が9割
言語	憲法上の公用語はクレオール語だが,英語とフランス語が実質的な公用語
宗教	キリスト教が9割。他にヒンドゥー教,イスラム教
産業	高い経済水準をもち,平均寿命も高い。観光業が最大の産業だが,近年は観光業だけに依存する経済からの脱却をはかり,豊富な資源をいかしたマグロ缶詰,冷凍魚など水産加工業が順調に成長している
通貨	セイシェル・ルピー(SCR)

歴史

7世紀にアラブ人が来航したのち,1502年にポルトガル人が訪れ,17世紀には海賊の基地となった。18世紀半ば,モーリシャスの総督の命令で探検隊が派遣され,島嶼全体を当時のフランスの財務長官(蔵相)の名をとってセイシェルと命名し,1756年に正式にフランス領となった。ナポレオン戦争期(1796〜1815)にイギリス海軍が占領,1815年のウィーン会議の議定書でイギリス植民地となり,モーリシャスの属領として統治された。1903年にモーリシャスから分離してイギリスの直轄植民地となった。第二次世界大戦後,1970年の制憲議会を経て自治政府となったが,選挙を経ない任命に国連が反対し,76年に新憲法が制定され,英連邦の一員として独立を果たした。

1977年にクーデタがおこり,セイシェル人民連合党(SPUD)のルネが政権を掌握して翌年から社会主義路線をとり,セイシェル人民進歩戦線(SPPF,旧SPUD)の1党制をとった。冷戦終結後の民主化の動きで91年に複数政党制となり,憲法も改正された。77年以来大統領職にあったルネは93年以降,従来の社会主義路線を放棄したが,長期政権への国民の不満や野党の議席増もあって,2004年ルネ大統領(3選)は引退を表明し,副大統領が後継となった。同年のインド洋大津波で大きな打撃を受けた。07年の選挙では与党SPPFが野党連合を破り,政治的には安定している。

アルダブラ環礁

セイシェル諸島のうち最も西に位置する環礁で,総面積350km²のうち海部分140km²を除く陸地にマングローブの林と砂浜が広がる。アフリカ大陸から750km,マヘ島から500kmも離れ,長く無人島であったため,ガラパゴスゾウガメとならぶ世界最大級のアルダブラゾウガメがおよそ15万頭棲息するなど独自の生態系を保存しており,「インド洋のガラパゴス」とも呼ばれる。観光目的の上陸は厳しく制限されている。

世界遺産 (2件)

アルダブラ環礁 →コラム／メ渓谷自然保護区(プララン〈プラスリン〉島の「巨人の谷」といわれる渓谷には実の直径約50cmの「ヤシの女王」フタゴヤシが育つ)

赤道ギニア共和国
Republic of Equatorial Guinea

面積	2万8100km²（四国の1.5倍）。大陸部のンビニ地区と，ギニア湾にあるビオコ島などからなる
人口	70万人
首都	マラボ（ビオコ島）
自然	熱帯雨林気候
住民	ンビニ地区が人口の4分の3，その8割がファン人。ビオコ島には移住したファン人や先住民のブビ人
言語	公用語はスペイン語。第2公用語はフランス語，第3公用語はポルトガル語。他にファン語など
宗教	大多数がキリスト教。他に伝統信仰
産業	木材，カカオが主要産業であったが，1992年に石油・天然ガスの産出が開始されて以来，石油が主要輸出品。1人あたりのGDPはアフリカ第1位
通貨	CFAフラン
国旗	中央の白い部分には国章があしらわれ，マングローブの木と，6個の星，国是「統一・平和・正義」の文字

歴史

15世紀後半にポルトガル人がビオコ島に来航，やがて島々はポルトガルの支配下にはいったが，1778年に大陸部分のンビニ地区とともにスペインに割譲され，奴隷貿易の中継地ともなった。スペインはプランテーション方式による農業開発を進め，とくにビオコ島でカカオの栽培を展開し，必要な労働力確保のため強制労働政策も導入された。1823～43年にはビオコ島はイギリスの租借地となったが，1843～1959年にンビニ地区とともにスペイン領ギニアとなった。スペインは1920年代からンビニ地区の開発も進め，植民地としての実質を形成していった。

首都マラボにある大聖堂の中庭は，市民の憩いの場となっている

第二次世界大戦後の1964年に自治政府が組織され，68年に独立したが，79年まで恐怖政治が続き，この間，全人口の3分の1が国外に逃れる事態となった。79年の軍事クーデタで独裁政権が打倒されて軍政による国家再建が始まった。87年に赤道ギニア民主党（PDGE）が唯一の政党として認められ，91年には複数政党制の導入など形式上は民主化がおこなわれたが，軍部出身のヌゲマ・ムバソコ大統領が2002年に3選され長期政権化した。03年には野党を含む挙国一致内閣が組織されたものの，最大野党の社会民主主義連合（CPDS）が参加せず，野党指導者の一部はスペインで亡命政府を樹立した。04年にはクーデタ未遂事件がおきるなど，政情は不安定で，09年にムバソコ大統領は4選されたが，人権抑圧に国際的批判もおきている。

熱帯雨林気候

赤道を中心に緯度5～10の範囲に分布し，年中高温多湿な気候。ドイツ人ケッペン（1846～1940）の気候区分ではAf。最寒月の平均気温が18℃以上，月平均気温25～27℃。気温の年較差が小さく，日較差が大きい。強い日射による積乱雲の発達で毎日午後には降雨（スコール）があり，年降水量も2000mmを超える，世界の最多雨地域。常緑広葉樹林が繁茂して密林（ジャングル）を形成する。

世界遺産（0件）

セネガル共和国
Republic of Senegal

面積	19万7200km²（日本の半分）
人口	1240万人
首都	ダカール。ヴェルデ岬（植生に恵まれ、緑の岬の意）の先端にあり、パリ・ダカールラリー（世界一過酷な自動車レース）のゴール地点。1445年、この岬にポルトガルのエンリケ航海王子が派遣した航海船団が到達した
自然	北部はステップ気候、南部は熱帯雨林気候
住民	ウォロフ人、フルベ人、セレール人、ジョーラ人など15以上の民族
言語	公用語はフランス語。民族間の共通語としてウォロフ語が機能している
宗教	イスラーム教が9割以上。他にキリスト教、伝統信仰
産業	ピーナッツ、トウジンビエ、綿花、米などの農業。漁業は、マグロ、タコ、イカ、カツオ、エビが中心で、日本にも輸出している。燐鉱石、金などの鉱業
通貨	CFAフラン

歴史

9世紀にテクルール王国が、14〜16世紀にはジョロフ王国があり、マリ王国（1240〜1473）の一部であったこともあるが、15世紀にポルトガル人が渡来し、1659年にフランス人がセネガル川河口にサン・ルイを建設、1783年にフランスが領有した。19世紀には内陸部のイスラーム教徒がジハード（聖戦）をおこしてフランスの侵攻に抵抗したが、1895年に現在のセネガル全域がフランス植民地となってフランス領西アフリカの総督府がダカールにおかれた。

第二次世界大戦後の1959年にマリと「マリ連邦」を形成したが、60年に分離独立した。著名な詩人でもあったサンゴール大統領（任1960〜80）のもとでセネガル進歩同盟（UPS）による穏健な国家建設を進め、フランス圏アフリカの「優等生」と目されたが、同大統領の退任後は南部カザマンス地域（ギニア・ビサウ共和国と国境を接する）の分離運動や、隣国モーリタニア・イスラーム共和国との外交関係の悪化などもあり、90年代には経済の停滞も長期化した。2000年に大統領に当選したセネガル民主党（PDS）のワドは左翼政党を含む連立政権を樹立し、独立以来の社会党政権は終わった。しかし、07年の選挙で再選されたワド大統領の終身大統領への野心が懸念されている。なお、カザマンス民主勢力運動（MFDC）の分離独立運動については、2004年に和平協定が調印された。

ゴレ島

首都ダカールの南東沖に浮かぶ小島。無人島であったこの島にポルトガル人が来航したのは1444年で、アフリカ内陸部で入手した蜜蝋と奴隷の集散地とした。16世紀にはオランダの支配下にはいってゴレ島と呼ばれるようになり、18世紀後半にフランス領となり、奴隷制度が廃止される1815年まで奴隷をアメリカに送り出す最終積出港として機能した。島には奴隷を一時的に収容した「奴隷の家」や要塞、旧フランス総督府も残る。

世界遺産（6件）

ゴレ島→コラム／**ニコロ・コバ国立公園**（ギニア国境のガンビア川沿いの豊かな自然）／**ジュッジ国立鳥類保護区**（300万羽の渡り鳥の楽園）／**サン・ルイ島**（フランス植民地時代の首都）／**サムール・デルタ**（広大なデルタ地帯で、漁業が人々の生活を支えた痕跡が残る）／**セネガンビアのストーン・サークル群**（ガンビアと共同登録、写真、説明78ページ）

ソマリア連邦共和国
Federal Republic of Somaria

面積	63万8000km²（日本の1.8倍）
人口	895万人
首都	モガディシオ
自然	「アフリカの角」に位置する。砂漠気候，ステップ気候
住民	東クシ系のソマリ人が8割。他にアファール人，オロモ人，アラブ人
言語	公用語はソマリ語とアラビア語。第2公用語は英語とイタリア語
宗教	イスラーム教が国教
産業	国民の6割が牧畜民で，ラクダ，羊，山羊，牛。ソルガム，米，豆，ゴマなどの農業。かつては漁業が主産業の1つだったが，漁師の多くが海賊になっている。内戦で大量の難民が出ており，各国からの援助が頼りの状態である
通貨	ソマリア・シリング（SOS）
国名	「ソマリ（黒い）人の国」という意味

歴史

　古来，先住民は牧畜民であるが，紅海貿易では香料の産地として知られ，9～10世紀にアラビア半島から渡来したアラブ人が南部沿岸に都市を建設していった。やがて南部は18世紀にオマーンやザンジバルのアラブ人の支配下にはいった。19世紀後半，イタリアがオマーンのスルタン（君主）から租借権を得て，1889年からイタリアの保護領となった。アデン湾に面した北部は86年にイギリスの保護領となり，南部は1908年にイタリア領ソマリランドとなった。第二次世界大戦中にイギリスがイタリア領ソマリランドを占領して50年まで統治し，50年からイタリアが南部を10年間の期限付きで信託統治領とした。

　1960年，イギリス領ソマリランドとイタリア信託統治領が合邦して単一の独立国となり（ソマリア共和国），69年に無血クーデタで軍部が政権を得て現国名に改めた。独立後，大ソマリ主義を掲げてエチオピアのオガデン地方に侵攻した（77～78）が敗北，88年から北部の解放運動がおこって政府軍と激しく対立，91年にはソマリア内戦に発展した。92年から武力行使を含む初の国連平和維持軍（PKO）が派遣されたが失敗，95年までに全外国軍が撤退した。2003年，国民融和会議で暫定連邦憲章を採択したが，イスラム原理主義集団との関連を疑うアメリカ軍の空爆や，06年12月のエチオピア軍による首都侵攻など無政府状態が続く一方，アデン湾ではソマリアを拠点とする海賊活動が活発化している。05年に暫定連邦政府（TFG）が樹立されたが，ソマリア全土を統治できておらず，日本政府は承認していない。

アフリカの角

　アフリカ大陸北東部，インド洋に「犀（さい）の角」状に突き出した地域で，エチオピア・エリトリア・ジブチ・ソマリアの4カ国からなる。19世紀以降，英・仏・伊諸国に植民地化された。第二次世界大戦後に独立したが，1970年代半ば以降，ソ連邦の影響が強まって米・ソの東西冷戦に巻き込まれた。民族構成が複雑であり，貧困地帯でもあるので飢餓・内戦が絶えない。

ソマリア沖の海賊は，1990年代初期にソマリア内戦が始まった頃から目立つようになり，スエズ運河・紅海を経由し地中海とインド洋を往来する年間約2万隻の商船にとって大きな脅威となっている

世界遺産（0件）

タンザニア連合共和国
United Republic of Tanzania

面積	94万5000km²（日本の2.5倍）。大陸のタンガニーカとインド洋上のザンジバルからなる
人口	4480万人
首都	ドドマが法律上の首都であり、国会議事堂があるが、依然としてダルエスサラームが政府官庁が存在するなど実上の首都機能を有し、経済面でも中心
自然	熱帯雨林気候、ステップ気候、温暖冬季少雨気候
住民	スクマ人、マコンデ人、チャガ人、ハヤ人などバントゥー系が多数。他にナイロート系、クシ系コイサン系。アジア人、アラブ人、ヨーロッパ人もいる
言語	公用語はスワヒリ語と英語
宗教	イスラーム教とキリスト教が4割ずつ。他に伝統信仰
産業	コーヒー豆、綿花、サイザル麻、サトウキビなどの農業。金。アフリカの最高峰キリマンジャロ登山など観光業は、金の輸出に次いで第2の外貨獲得産業
通貨	タンザニア・シリング（T.shs）

歴史

東海岸部ザンジバル（ザンジ）とはペルシア語で「黒人の海岸」を意味する。島嶼部の中心ザンジバル島は肥沃なサンゴ礁島で、古来、インド洋・紅海・ペルシア湾方面との交易の中心であり、この地域のアフリカ固有文化とインド・アラブなど外来文化が混淆したスワヒリ文化の中心の1つであった。15世紀末にポルトガルが、17世紀末にはアラブ人が進出して海岸部やザンジバル島を奴隷貿易の基地とした。18世紀末、アラビア半島オマーンのスルタンがザンジバルに移住して沿岸一帯を支配した。ドイツの進出で1890年にドイツ領東アフリカが成立する一方、ザンジバルはイギリスの保護領となった。第一次世界大戦の結果、ドイツ領東アフリカはタンガニーカとなってイギリスの委任統治領（のち信託統治領）となった。

1961年にタンガニーカが、63年にザンジバルが独立。64年にザンジバルでクーデタがおこり、両国が合邦してタンザニアとなった。67年、唯一の政党タンガニーカ・アフリカ人民族同盟（TANU）は社会主義路線を採択したが、85年からは経済自由化を骨子とする政策に転換して市場経済の導入などが始まった。92年当時、唯一の政党であった革命党（CCM）は複数政党制を導入して憲法を改正し、95年に新憲法下での初の総選挙が実施された。2005年の総選挙ではCCMが圧勝し、野党の市民統一戦線（CUF）は本土での議席を失った。

キルワ島はかつて、インド洋交易の一大中心地として栄えた

世界遺産（7件）

ンゴロンゴロ保全地域→コラム／キルワ・キシワニとソンゴ・ムナラの遺跡群（インド洋交易の栄華の跡）［危機遺産］→写真／セレンゲティ国立公園（野生動物の王国）／セルー・ゲーム・リザーブ（アフリカ最大の生物保護区）／キリマンジャロ国立公園（万年雪を戴くアフリカの最高峰）／ザンジバル島のストーン・タウン（スワヒリ文化の旧市街、サンゴ礁石灰岩の家並み）／コンドア・ロック・アート群（150以上の岩窟住居に描かれた岩絵）

ンゴロンゴロ保全地域

ンゴロンゴロとは現地語で「大きな穴」の意で、タンザニア北部セレンゲティ高原の東に隣接する標高1500～3600mの高地にある巨大なクレーター（火山の噴火口）は直径16～19km、面積約250km²におよび、広さ世界一の日本の阿蘇山（350km²）に次ぐ。噴火口を中心に8094km²の保全地域内は湖沼・川・草原・森林など多彩な自然環境が備わる野生動物の楽園。この北西、オルドヴァイ渓谷から100万年以上前の化石人骨が発掘された。

チャド共和国
Republic of Chad

面積	128万4000km²（日本の3.4倍）
人口	1150万人
首都	ンジャメナ
自然	内陸国で，北半分がサハラ砂漠で砂漠気候。サハラ砂漠の最高峰の火山エミクシ山（3415m）がある。西部はチャド湖を中心とする湿原。南部はステップ気候
住民	スーダン系黒人が大半で，南部のサラ人など200以上の民族。北部にはアラブ系
言語	公用語はフランス語とアラビア語
宗教	北部はイスラーム教，南部はキリスト教。他に伝統信仰
産業	北部は牛，ラクダの牧畜。南部は綿花を中心とした農業。近年になって石油資源の開発がおこなわれている
通貨	CFAフラン
国名	チャド湖に由来。チャドは湖の意
国旗	ルーマニアの国旗（179ページ）とまったく同じ

歴史

　北部地域は9世紀頃からチャド湖を中心としたカヌリ人のカネム王国がおこり，16世紀にはボルヌ王国が繁栄していた。19世紀以降，南部地域にフランス勢力が進出，20世紀にはいってフランスの軍政下になり，1910年，ガボン・中央コンゴなどとともにフランス領赤道アフリカを形成した。第二次世界大戦後の58年，フランス共同体内の自治共和国となり，60年に完全独立を果たした。

　しかし直後から政治の主導権を握った南部のキリスト教勢力に反発する北部のイスラーム勢力との民族紛争が多発し，イスラーム勢力はチャド民族解放戦線（FROLINAT）を結成して内戦状態となった。1979年に一応の和平が実現してFROLINAT系軍人を大統領とする民族統一暫定政府が発足した。しかし80年代・90年代と再発した内戦が続き，FROLINATをリビアが支援するなど，混乱を極めた。96年に新憲法が施行されて初の複数政党制による大統領選挙，翌年の国民議会選挙などが実施されたが，救済人民運動（MPS）や発展民主主義運動（MDD），連邦共和国武装勢力（SARF），国民抵抗同盟（ANR）など諸勢力の角逐が続いた。2003年にスーダンでダルフール紛争がおきるとスーダンとチャドは互いに，相手が反政府勢力を支援していると非難しあった。04年と06年にMDD・SARF・ANRなど反政府勢力との和平が実現し，06年にはスーダンを拠点とする反政府勢力とも和平に合意した。

縮小するチャド湖

　アフリカ中部，サハラ砂漠南縁のチャド湖は砂漠化の進行で，消失さえ危惧されるほど急速に縮小が進んでいる。湖水面積は雨季・乾季の季節変動が大きく，約9800～25000km²とされるが，1960年代前半の15分の1ともいわれる。西側からの流入河川はあるが流出河川はなく，湖岸は沼沢化して水辺植物が繁茂しており，水は伏流水（地下水）となって砂漠のオアシスを潤す。湖では漁業と天然ソーダの採取がなされる。

世界遺産（0件）

中央アフリカ共和国
Central African Republic

面積	62万3000km²（日本の1.7倍）
人口	450万人
首都	バンギ
自然	内陸国で，北部が砂漠で砂漠気候。中部はサバナ，南部は熱帯雨林で構成され，熱帯雨林気候
住民	バンダ人，バヤ人，サラ人，ヤコマ人，サンゴ人，バカ人，ピグミー
言語	公用語はサンゴ語とフランス語。サンゴ語は植民地時代にフランス語と現地の言葉のンバンディ語が混淆（こんこう）して形成された
宗教	キリスト教が半分以上。カトリックとプロテスタントが半分ずつ。他にイスラーム教，伝統信仰
産業	コーヒー豆，綿花の農業。木材，ダイヤモンド
通貨	CFAフラン
国旗	青・白・赤は旧宗主国のフランスをあらわし，赤・黄・緑はパン・アフリカ色

歴史

1890年代にフランス勢力が進出して94年にフランス領ウバンギ・シャリとなり，1910年にガボン・コンゴとともにフランス領赤道アフリカの一部となった。第二次世界大戦後の58年，フランス共同体内の自治共和国となり，60年に完全独立を果たした。65年にクーデタで政権を得た軍部出身のボカサ大統領（1921～96）は，72年に終身大統領，76年12月に共和制を廃して帝制を宣言，みずからボカサ1世を称したが，79年の無血クーデタで失脚して共和制に復帰した。

1981年の軍事クーデタでコリンバ参謀総長が政権を握り，86年に中央アフリカ民主会議（RDC）の一党体制を敷いた。冷戦終結後の92年，民主化のための憲法改正がなって93年の大統領選挙で中央アフリカ人民解放運動（MLPC）のパタッセが当選した。96年，軍の反乱を契機に内戦となったが，翌年に和平が実現し，アフリカ6カ国の平和維持部隊（MISAB）が派遣された。2003年またもクーデタでパタッセが失脚，国家暫定評議会による政権運営が始まり，04年の新憲法公布，05年の大統領選挙で暫定政権のボジゼが当選し，国民議会選挙も与党クワナクワが第一党となった。05年以降，スーダンのダルフールと隣接する北部で反政府武装勢力の民主統一戦線連合（UFDR）との戦闘が激化したが，07年に和平がなった。外交は非同盟主義で旧宗主国フランスとの関係が深いが，政情不安から経済的困難が続いている。

マノヴォ・グンダ・サン・フローリス国立公園

北部の1万7400km²におよぶ国立公園で，北部は広大な氾濫原（はんらんげん），南部はボンゴ山塊の砂岩，そして中間はサバナからなっている。肉食動物と草食動物や鳥類など異なる動物相と植物相が共生しているが，近年，密猟などで動物が激減，1997年に危機遺産に指定された。

世界遺産（1件）

マノヴォ・グンダ・サン・フローリス国立公園 [危機遺産] →コラム

チュニジア共和国
Republic of Tunisia

面積	16万3600km²（日本の5分の2）
人口	1100万人
首都	チュニス
自然	北部は「ローマの穀倉」と呼ばれた肥沃な地で地中海性気候，中部は草原でステップ気候，南部にはサハラ砂漠が広がり砂漠気候
住民	アラブ人がほとんど。他にベルベル人，ユダヤ人
言語	公用語はアラビア語。フランス語も広く使用される
宗教	イスラーム教が国教。大半がスンナ派
産業	オリーヴ，グレープフルーツ，ナツメヤシ，トマト，小麦，大麦の集約農業で食料自給率は100％。燐鉱石。観光業。政治・経済的にも安定した豊かな国
通貨	チュニジア・ディナール（TND）
国旗	歴史的に関わりの深いトルコの国旗を参考にしてデザインされたもの。新月は古代都市国家カルタゴを建設した，フェニキア人の美の女神タニスを象徴する

歴史

　前9世紀後半，地中海東岸のフェニキア人の都市国家テュロスの植民都市として建設されたカルタゴは，チュニジア一帯を中心に北アフリカ・イベリア半島・シチリア島西部にまで勢力をおよぼした。しかし3次にわたるローマとのポエニ（ローマ人がフェニキアを訛ったもの）戦争（前264～前146）でカルタゴは滅亡し，共和政ローマおよびローマ帝国の支配を経て，5世紀前半，東ゲルマン系ヴァンダル人に征服された。チュニジアを中心に栄えたヴァンダル王国は534年に東ローマ（ビザンツ）帝国に滅ぼされた。7世紀半ばのアラブ人の侵攻で次第にイスラーム化し，800年，イフリーキア（現チュニス）にアッバース朝（750～1258）の総督が建てたアグラブ朝（800～909）の首都がおかれた。その後エジプトを中心とするファーティマ朝（909～1171）の支配下にはいって一層アラブ化が進んだが，1574年にオスマン帝国（トルコ）に征服された。だが，オスマン帝国から自治権を得てムラード朝（1613～1705）が成立した。
　1705年にオスマン帝国から事実上独立したフサイン朝（1705～1957）がしばらく支配したが，1883年にフランスの保護領となり，1956年に独立，宗教教育の縮小など近代化が推進された。57年以降ブルギーバ大統領（任1957～87）・ベン・アリー大統領（任1987～2011）のもとでアラブ穏健派と目された。2011年1月，民主化を求める民衆運動がおこり，アリー大統領は亡命，中東革命（ジャスミン革命）の発端となった。

カルタゴ遺跡

　チュニスの北西約12kmにある遺跡は，前9世紀～前2世紀頃，地中海最大の貿易都市として繁栄したフェニキア人の都市国家カルタゴの拠点。カルタゴとはフェニキア語で「新しい町」の意味。前264年に始まる3次にわたるローマとのポエニ戦争に敗れて前146年，カルタゴは廃墟と化したが，前29年，町は再建の第一歩を歩みだし，前1世紀から後2世紀に建造されたものが遺跡として残る。しかし7世紀のアラブ人の侵攻で再び廃墟と化した。

世界遺産（8件）

チュニス旧市街（前5世紀のフェニキア人の都市建設に始まり，13世紀にハフス朝の首都としてほぼ現在の形が整ったイスラーム伝統の街並み）／**カルタゴ遺跡** →コラム／**エル・ジェムの円形闘技場**（ローマ市に匹敵する規模のコロッセオ）／**イシュケル国立公園**（渡り鳥が多くみられる野生動物の楽園）／**ケルクアンの古代カルタゴの町とその墓地遺跡**（紀元前のフェニキア人の生活を今に伝える遺跡）／**スース旧市街**（前9世紀にさかのぼる城砦の町）／**カイルアン**（メッカ・メディナ・イェルサレムに次ぐイスラーム教第4の聖地で50のモスクが並び立つ）／**ドゥッガまたはトゥッガ**（チュニジア最大のローマ都市）

トーゴ共和国

Republic of Togo

面積	5万6800km²（四国の3倍）
人口	660万人
首都	ロメ
自然	海岸線が55kmしかなく，南北に500km以上伸びる。大部分は熱帯雨林気候，一部ステップ気候
住民	北部はカブレ人（2割），南部はエウェ人（3割強）をはじめ40ほどの民族からなる
言語	公用語はフランス語だが，エウェ語，カブレ語も広く使われている
宗教	アニミズムが7割。他にキリスト教（カトリック，プロテスタント），イスラーム教
産業	綿花，カカオ（生産量世界第8位），コーヒー豆などの農業。燐鉱石の産地として知られていたが，枯渇（こかつ）気味で，近年はセメントの輸出に力を入れている。海外援助の依存度が高い
通貨	CFAフラン

歴史

15世紀にポルトガルが進出し，16世紀以降，「奴隷海岸」の一部として知られた。のちドイツが進出して1884年に保護領トーゴランドとした。第一次世界大戦の結果，東部はフランス領，西部はイギリス領となり，それぞれ国際連盟による両国の委任統治領となり，第二次世界大戦後は，国際連合による英・仏の信託統治領となった。1957年にイギリスの信託統治領はガーナの一部として独立した。フランスの信託統治領における第二次世界大戦後の独立運動は，エウェ人の統一を主張する派と親仏派に分かれ，58年4月の国連監視下の選挙で統一派が勝利，60年4月に独立したが，67年に軍部クーデタが発生して陸軍参謀長エヤデマが大統領となって軍政をしいた。

1979年，民政に移管して国会議員の選挙がおこなわれ，エヤデマが大統領に選出された。しかし90年代以降，政権の汚職や人権侵害への内外の批判が高まり，91年に複数政党制の導入などがおこなわれたが，67年以来，国家元首や大統領の座にあったエヤデマの暴政はやまなかった。98年の大統領選挙では野党がボイコットしたが，エヤデマが選出された。2005年，エヤデマは急死したが，議会で過半数を占める与党は憲法を修正して息子のニャシンベが大統領となり，内外の批判で一時辞任したが，再び選出されて政情は不安定であった。06年，与野党和解で一応の平和を回復した。

バタマリバ人の土地クタマク

トーゴ北東部カラ州近辺にバタマリバ人の居住地が広がる。ここで特徴的なのはタキヤンタと呼ばれる泥造りの複数層の住居群で，これらが整然と立ち並ぶことで独特の縞模様が生まれている。この住居群はバタマリバ人独自の社会構造や宗教観と結びつくものとされ，それはキリスト教やイスラーム教とは別の文化的景観となっていることが評価された。タキヤンタ造営がいつ頃から始まったかは不明である。

世界遺産（1件）

バタマリバ人の土地クタマク →コラム

ナイジェリア連邦共和国
Federal Republic of Nigeria

面積	92万3800km²（日本の2.5倍）
人口	1億5830万人（アフリカで最大）
首都	アブジャ
自然	中央部にニジェール川とベヌエ川が流れ、西南部にニジェールデルタを形成。北部はサバナ、南部は森林。大部分は熱帯雨林気候、一部ステップ気候
住民	北部のハウサ人、西部のヨルバ人、東部のイボ人。他にフラニ人など250以上の民族
言語	公用語は英語。他にハウサ語、ヨルバ語、イボ語
宗教	北部ではイスラーム教、南東部ではキリスト教、他に全域で伝統信仰
産業	アフリカでGDPは南アフリカに次いで第2位。デルタ地帯で採掘する石油産出量はアフリカで第1位、世界第12位。粟、サトウキビ、カカオ、落花生、キャッサバ、ヤムイモ、タロイモの生産量はどれも世界有数
通貨	ナイラ

歴史

かつて北部ではイスラーム諸王朝が、南部ではベナン王国、西部ではヨルバ人の諸王朝が栄えた。15世紀末にポルトガル人が進出し、南部のニジェール川デルタ地帯は奴隷貿易の拠点であり、「奴隷海岸」と呼ばれた。1861年、イギリスはラゴスを直轄植民地にし、1901年に北部と南部に分けて保護領とし、14年に南北を併せて保護領とした。民族運動は1920年代から始まったが、第二次世界大戦後、北部・南部・西部の地域的性格を強固に保ちながら発展し、1960年、英連邦内の自治国として独立を果たし、61年にはイギリス信託統治領カメルーン北部を併合して63年、連邦制に移行した。

しかしアフリカ最大の人口をもつものの民族と宗教の分裂が災いして国民的統合は困難を極め、1967年、東部州がビアフラ共和国として分離独立を宣言したため内戦に突入（〜70。ビアフラ内戦）、双方で100万人を超す死傷者を出して反乱軍が敗れた。クーデタで成立した軍事政権の人権侵害や汚職も絶えず、アフリカ随一の産出量を誇る石油の富も国民各層に行き渡らない状況が続き、周期的に暴動や武力対立が生じている。大統領は南北の出身者が2期ごとに交代するしきたりであるが、2010年に北部系の大統領が1期目の途中で病死したことから南部系が後継となり、11年4月の大統領選挙でも再選されたため、不満をもつ北部系を中心に、11年年初からテロや暴動がやまない状況が続いた。

スクルの文化的景観

ナイジェリア北東部でニジェールと接するアダマワ高原に集落を形成する小部族がスクル。一帯は古くから鉄器の生産地として栄え、20世紀初頭まで独自の文化を展開してきた。石壁に囲まれた面積およそ7km²の小さな集落には、製鉄関連や祭祀（さいし）関連の施設の遺構が残っていて貴重な歴史の証言となっている。

世界遺産（2件）

スクルの文化的景観 →コラム／オスン・オソボ聖林（オスン州の州都オソボにある、近年再興された聖なる森。豊穣の女神オスンをはじめとする神々を祀る神殿がある）

ナミビア共和国
Republic of Namibia

面積	82万4000km²（日本の2.2倍）
人口	230万人
首都	ウィントフック
自然	西海岸に沿って1530kmにおよぶナミブ砂漠が広がり，東部はカラハリ砂漠の一部。内陸部は1000m以上の高原。砂漠気候，ステップ気候
住民	オバンボ人が半数。他に先住のサン人，ヘレロ人など
言語	公用語は英語。他にアフリカーンス語（ヨーロッパ系，主にオランダ系移民の子孫の使用言語）
宗教	キリスト教，伝統信仰
産業	ウラン（産出量世界第4位），ダイヤモンド（世界第9位）の鉱業。肉牛と毛皮用の羊飼育を主体とする畜産業。エビ，イワシ，アジの漁業
通貨	ナミビア・ドル
国名	ナミブ砂漠に由来。「人のいない何もない土地」の意
国旗	左上は太陽

歴史

元来はサン人が住んでいた地域にヘレロ人，次いでナマ人がやって来たが，ヘレロ人とナマ人は敵対関係にあった。1486年にポルトガル人がヨーロッパ人として初めて上陸し，1652年にオランダがこの地域における植民地経営に乗り出した。1884年にドイツ領南西アフリカとしてドイツの植民地となった。第一次世界大戦後，1920年に国際連盟による南アフリカ連邦（61年から南アフリカ共和国）の委任統治領となり，第二次世界大戦後も国連による信託統治への移行を南アフリカ連邦が拒否し続け，実質的には同国の州として統治し，本国同様に人種隔離政策を展開した。

1960年，北部に住むオバンボ人を中心に南西アフリカ人民機構（SWAPO）が組織されて民族解放闘争が始まった。66年，国連は同地を国連管理下におくことを決議し，68年には国名のナミビアを承認したが南アフリカは認めず，事実上の併合統治を続けた。東西冷戦の終結もあって89年，国連安全保障理事会決議がナミビアに適用されて国連監視下の制憲議会選挙が実施されてSWAPOが勝利し，翌90年にようやく独立を達成した。94年には独立後も南アフリカが統治していたウォルビスバイが返還された。初代大統領ヌジョマは，民族和解・自由経済を旨として94年に再選され，99年の選挙では3選禁止の憲法を改訂して3選されたが批判が強く，2004年に引退を表明した。

トゥウェイフルフォンテーン

ナミビア北西部のクネネ州のトゥウェイフルフォンテーンに2000点以上の岩石線刻画群が残る。前1000年頃から後1000年頃までの約2000年間に形成されたものと思われ，アフリカ南部の採集狩猟民の生活や信仰を知るための貴重な資料となる遺跡である。線刻画は象，犀（さい），ダチョウ，キリンなどが描かれるほか，人・動物の足跡も刻まれている。また遺跡からは石の加工品などの文化的遺物も発見されている。

世界遺産（1件）

トゥウェイフルフォンテーン→コラム

ニジェール共和国
Republic of Niger

面積	126万7000km²（日本の3.3倍）
人口	1530万人
首都	ニアメ
自然	サハラ砂漠南縁のサヘル地帯に位置する内陸国。砂漠気候で，しばしば旱魃がおきる。ナイジェリア，ブルキナファソと国境を接する地域はステップ気候
住民	ハウサ人が半数。他にソンガイ・ジェルマ人，フルベ人，トゥアレグ人
言語	公用語はフランス語。他にハウサ語
宗教	スンナ派イスラーム教が9割。他にキリスト教，伝統信仰
産業	トゥアレグ人は遊牧民。ウラン（産出量世界第6位）。米，粟，落花生，トウモロコシ，綿花，サトウキビ
通貨	CFAフラン
国名	ニジェール（大河の意）川に由来。ニジェール（Niger）とナイジェリア（Nigeria）は，元来は同じ地域

歴史

17～19世紀にかけてはトゥアレグ人・フラニ人が支配していたが，19世紀後半からフランスが進出し，1922年にフランス領西アフリカに編入された。第二次世界大戦後，ニジェール進歩党（PPN）とニジェール民主同盟（UND）によって独立運動が進められ，58年にフランス共同体内の自治国となり，60年に完全に独立を果たした。

PPNが政権を握ったが，1969～74年のサヘル（サハラ砂漠南縁地帯）大旱魃が大きな経済的打撃を与え，援助食糧の配分をめぐる汚職によって政治的不満が増大し，74年～89年まで軍事政権が続いた。89年の大統領選挙では社会と発展のための国民運動（MNSD）が勝利した。90年には民主化要求が激化し，同年末に複数政党制が導入された。しかし96年にはクーデタで軍部が政権を握り，新憲法を採択したが，大統領となった前参謀長は99年に暗殺された。その後も政情は不安定で，とくに北部での遊牧民族のトゥアレグ人武装集団（ニジェリア人正義運動〈MNJ〉）が形成されるなど，内戦も生じている。乾燥化・砂漠化の進行で経済が著しく停滞していることが政治的な不安定要因をさらに増しており，経済的にはフランスへの依存度が高い。

ニジェールのW国立公園

首都ニアメの南約140kmに位置する国立公園であるが，その北端に接して蛇行するニジェール川がW字状になっていることから「W国立公園」という珍しい名で呼ばれる。2200km²の国立公園内は，乾燥気候のサバナと湿潤な熱帯雨林という，異なる環境のもとで70種以上の哺乳類，350種以上の鳥類，450種以上の植物などが生育する豊かな生物相が形成されている。

地中海沿岸諸国と西アフリカのあいだのサハラ交易で，岩塩を運ぶヒトコブラクダのキャラヴァン（隊商）

世界遺産（2件）

アイールとテネレの自然保護区群（アイール山地とテネレ〈砂漠地帯〉。4000年以上前の緑豊かな大地での生活を伝える岩絵も残る砂漠の豊かな自然）／**ニジェールのW国立公園** →コラム

ブルキナファソ
Burkina Faso

面積	27万4200km²（日本の7割）
人口	1530万人
首都	ワガドゥグー
自然	サハラ砂漠南縁のサヘル地帯に位置する内陸国で，ヴォルタ川沿いを除いて，サバナ台地からなる。ステップ気候。砂漠化が少しずつ進行している
住民	中部に居住する農耕民グル系のモシ人が半数，他にマンデ系のジュラ人，牛の牧畜民フルベ系のフルベ人
言語	公用語はフランス語だが，ラジオ放送や教育はモシ語，ジュラ語，フルベ語を中心におこなわれている
宗教	イスラーム教，キリスト教，伝統信仰
産業	大多数が農業に従事している。生産量世界第13位，アフリカ第1位の綿花栽培が盛んで，主要な輸出品。他に米，粟，トウモロコシ，落花生，ゴマ。金を除いて天然資源は乏しい
通貨	CFAフラン

歴史

古くはガーナ王国（7世紀頃～13世紀半ば頃）やマリ王国（1240～1473）の一部であり，15世紀半ばからはモシ人の王国が分裂・興亡を繰り返したが，1897年にフランスの保護領となり，1919年にオートヴォルタ（ヴォルタ川上流域）としてフランス領西アフリカに編入された。一時，近隣所領間に分割されたが，第二次世界大戦後の47年に再びオートヴォルタとして編入された。ヴォルタ民主同盟（UDV）によって独立運動が進められ，58年にオートヴォルタを国名としてフランス共同体内で独立，60年に完全独立を達成し，翌61年にはフランス共同体からも脱退した。

その後，1966～70年，74～78年の軍政期間や80年，82年，83年と相次ぐクーデタがあり，83年に政権に就いた民族革命評議会（NRC）は，84年に現国名（高潔な人々の国の意）に改めた。NRC内部の対立から87年にまたもクーデタで政権が交代し，91年に民政に復帰した。87年に政権の座に就いたコンパオレは91年・98年・2005年と大統領に選出されたが，政情は不安定で，コンパオレ大統領の独裁傾向も強かった1999年には一時ゼネスト指令も出たものの，2002年の総選挙でも与党の人民民主主義労働運動機構（ODPMT）が勝利をした。経済は木綿の輸出を主とするもので，後発開発途上国（LDC）の1つであり，1991年にはIMFの構造調整計画に着手した。フランス・オランダなどが主要援助国である。

ロロペニの遺跡

ブルキナファソ南部ポニ県ロロペニ町の北西約2kmの場所に100以上もの石造遺跡群が残る。うち，ロビ人の土地にある10の砦から最も保存状態の良いものが登録された。1万1320m²の登録範囲は，金の抽出と精錬がおこなわれたと思われるもので，高さ6mの外壁と，仕切りの役割を果たした内側の壁の二重構造で，敷地内には建造物の痕跡がある。少なくとも紀元11世紀以前まで遡ると考えられる。

15世紀中頃にテンゴドゴを都とする地域にモシ王国が勃興し，強力な騎馬軍を編成していた。モシ王国のモスク

世界遺産（1件）

ロロペニの遺跡→コラム

ブルンジ共和国
Republic of Burundi

面積	2万7800km²（福島県の2倍）
人口	850万人
首都	ブジュンブラ
自然	アフリカ大地溝帯に沿う高原国で，サバナ気候だが，高地にあるため比較的涼しい
住民	牛の牧畜を生業とするツチ人が支配層で14％，農耕民のフツ人が85％，先住の狩猟採集民トゥワ人（ピグミー）が1％
言語	公用語はキルンジ語とフランス語だが，スワヒリ語が広く通用
宗教	キリスト教が7割（カトリックが多数）。他にイスラーム教，伝統信仰
産業	主要な輸出産品はコーヒー豆（ほとんどが高品質のアラビカ種）および茶
通貨	ブルンディ・フラン
国旗	星は3つの民族を示す

歴史

14世紀，牧畜民のトゥチ人が先住農耕民のフツ人居住地域に侵入して形成した王国であったが，1890年，ドイツ領東アフリカの一部となり，第一次世界大戦後，アンダ・ウルンディの名称でベルギーの委任統治領となり，第二次世界大戦後は同じくベルギーの信託統治領となった。1959年，民族運動の高まりでブルンジと改名して国連監視下で総選挙を実施し，62年に王国として独立した。

1966年の軍部クーデタで共和制に移行。72年，独立以来のトゥチ人による少数支配に反発するフツ人の反乱で約1万人のトゥチ人が殺されたが，フツ人も約10万人が殺された。76年，78年にも軍部クーデタがおこり，軍部政権は92年に複数政党制をとったが，翌年の総選挙で野党ブルンディ民主戦線（FRODEBU）が勝利し，初めてフツ人の大統領が生まれた。しかしわずか3カ月後にクーデタで暗殺され，次の大統領も94年に暗殺され，次の大統領も「92年憲法」を停止する事態となってFRODEBUは影響力を失った。96年，国連とアフリカ統一機構（OAU）が中心となって周辺国による平和構築に乗り出し，以後，さまざまな経過を経て2004年，国連軍による平和維持活動が始まり，05年に新憲法が制定された。同年の国民議会選挙ではかつてゲリラ闘争を展開した民主主義擁護国民会議（CNDD）とその軍事組織（FDD）の結合であるCNDD-FDDが勝利した。

アフリカの内戦

アフリカ諸国は15世紀からの大航海時代，ヨーロッパ各国の進出で奴隷貿易に苦しみ，19世紀後半から第二次世界大戦後まで帝国主義列強の植民地であって世界の最貧困地域である。大戦後は東西冷戦も影響し，加えて複雑な民族構成・宗教対立があって，各国の独立後も内戦が絶えない。ソマリアやルワンダなどの内戦では数百万人規模の死者や難民を生み，ブルンジでも1993～2006年に約30万人が死亡した。

アフリカ大陸の東部には，マントルの上昇によって形成された大地溝帯がある。東リフトヴァレーと西リフトヴァレーがあり，ブルンジには西リフトヴァレーがとおる

世界遺産（0件）

ベナン共和国
Republic of Benin

面積	11万2600km²（日本の3分の1）
人口	910万人
首都	ポルト・ノヴォ
自然	人口は南の海岸平野地帯に集中しており，北部はサバナと半乾燥の高地。サバナ気候，ステップ気候
住民	中部と南部で多数派を形成しているフォン人が4割，アジャ人が1割。他に東部のヨルバ人が1割，西部の漁撈民ミナ人，北部のソンバ人，中部のバリバ人など多様な民族が共存
言語	公用語はフランス語
宗教	北部を中心にイスラーム教が15%，中部と南部ではアニミズム（70%）とキリスト教（15%）。ブードゥー教の聖地ウィダがある
産業	綿花。内陸の国々から需要の高いコトヌ港での港湾サービス業。最近は観光客の誘致に力を入れている
通貨	CFAフラン

歴史

17世紀にはフォン人がさまざまな王国を形成しており，うちダホメ王国は18世紀～19世紀前半に栄えた。一方，15世紀頃からヨーロッパ人が渡来し，主にフランス人による奴隷貿易の基地となって沿岸部は「奴隷海岸」とも呼ばれた。1894年にフランスはダホメ王国を攻めてフランス植民地とし，1904年には領域を拡大してフランス領西アフリカに編入した。第二次世界大戦後の58年にフランス共同体内の自治共和国となり，60年にダホメ共和国として独立した。

しかし政情不安定で1960年代前半～70年代前半まで5度の軍事クーデタが頻発，軍部政権が74年に社会主義建設をめざすと宣言，75年にベナン人民共和国に改称し，80年には民政移管を果たした。その後，89年にマルクス・レーニン主義を放棄し，90年に民主主義再生勝利同盟（UTRD）が政権を得て国名をベナン共和国に再び改めた。90年には複数政党制・三権分立・大統領直接選挙制を規定する憲法が承認された。旧宗主国フランスなどの西側諸国やアジア諸国および周辺のアフリカ諸国との関係強化に努め，西アフリカ諸国経済共同体（ECOWAS）の創立メンバーである。資源が少ないため商業に依存しており，89年以来，IMFとの協議で構造調整計画に着手している。アフリカでは民主化が進展している国の1つである。

アボメイの王宮群

17世紀前半，ベナン南部にフォン人が建設したアボメイ王国（のちのダホメ王国）は12人の王が統治する専制国家として約250年間続いた。国王は絶対権力を有し，国内では恐怖政治をしき，対外的には軍事力行使を辞さなかった。ヨーロッパ諸国との奴隷貿易で莫大な富を誇り，かつて12の宮殿数を誇った王宮は敷地面積40万km²におよんだが，今，完全な形で残る王宮はわずか2つのみとなり，一時，危機遺産に指定されたが，現在は解除されている。

世界遺産（1件）

アボメイの王宮群 →コラム

ボツワナ共和国
Republic of Botswana

面積	58万2000km²（日本の1.5倍）
人口	203万人
首都	ハボローネ
自然	国土の17％が政府により自然保護区や国立公園とされ、世界各国から観光客や研究者が訪れる。全土がステップ気候。南西部の大半はカラハリ砂漠、北西には湿地帯が広がり、野生生物の楽園
住民	ツワナ人が7割。他に北東部にバカランガ人、カラハリ砂漠に狩猟採集のサン人
言語	公用語はツワナ語と英語
宗教	キリスト教が7割。他に伝統信仰
産業	1967年に発見されたダイヤモンドの産出量は世界第2位で経済の基盤となっている。銅、ニッケル、パラジウム、白金。牛、羊の牧畜。トウモロコシなどの農業
通貨	プラ（Pula）
国名	ツワナ人の国の意。ボは土地、国を示す接頭辞

歴史

先住民はサン人であるが、17～19世紀にツワナ人が定住した結果、現在は多数派を占める。19世紀前半、南からズールー人やボーア人（オランダ系入植者とその子孫）の侵略を受けたため、1885年に当時のカーマ3世の求めでイギリス保護領ベチュアナランドとなった。その後、イギリス領ケープ植民地に編入され、1910年、イギリス領南アフリカ連邦の成立で同連邦駐在のイギリス高等弁務官の管轄下におかれたが、イギリスはツワナ人の伝統制度を残す間接統治方式をとった。

第二次世界大戦後、人種隔離政策（アパルトヘイト）をとる南アフリカ連邦と激しく対立し、1962年にカーマ3世の孫セレツェ・カーマがベチュアナランド民主党（BDP、現ボツワナ民主党）を結成して独立を要求。65年に自治が認められ、同年の総選挙でBDPが圧勝して、66年にボツワナ共和国として独立し、カーマが初代大統領に就任した。80年にカーマの死去の後を引き継いだマシレのもと、84・89年の総選挙でもBDPが圧勝した。しかし、90年代初頭に政治腐敗が発覚して94年の総選挙では野党ボツワナ国民戦線（BNF）が議席の3分の1を獲得して、99年にマシレは引退した。独立40周年の2006年の国民1人あたりのGDPは、独立時の100ドル未満から5000ドルに達し、多数派の黒人と少数派の白人の人種融和政策が成功しているといえる。

ツォディロ

ボツワナの北西部、ナミビア国境に近いツォディロに、狩猟採集のサン人が「神聖な場所」として先祖から語り伝えてきた場所がある。そこに、彼らが10万年以上も前から19世紀頃まで描き続けてきた岩絵群が遺されている。カラハリ砂漠中の約10km²の範囲に、約4500点を超える動物や狩猟をする人々を色鮮やかに描き出した岩絵が集中し、「砂漠のルーヴル」とも呼ばれて質・量ともに高い評価を得ている。

世界遺産（1件）

ツォディロ→コラム

マダガスカル共和国
Republic of Madagascar

面積	58万7000km²（日本の1.6倍）	言語	公用語はオーストロネシア語族のマダガスカル語とフランス語
人口	2130万人	宗教	伝統信仰5割，キリスト教4割，イスラーム教1割
首都	アンタナナリヴ	産業	サトウキビ，コーヒー豆，丁子（ちょうじ），バニラ。昔から稀少な鉱物が産することで知られ，1990年代に，ルビー，サファイアなどの鉱床が発見された
自然	南北に走る山脈の東側は熱帯雨林で熱帯雨林気候。西側は森林とステップが広がりサバナ気候，ステップ気候。南部は砂漠で砂漠気候。樹高20mの高木バオバブがみられる。山岳地帯は温暖冬季少雨気候	通貨	アリアリ
住民	マレー系のメリナ人が最も多く，アラブ系，アフリカ系	国名	マレー語で「山の人々」の意味

歴史

　1世紀頃，マレー系民族が東南アジアのボルネオ島からカヌーでインド洋を横断してマダガスカルに移住してきたという。島の名はイタリア人旅行家マルコ・ポーロ（1254〜1324）がその旅行記『世界の記述』（『東方見聞録』）で，アフリカ大陸東端ソマリアのモガディシオをマダガスカルと誤記したことにちなむともいわれる。

　9世紀頃にはアラブ人が進出して奴隷貿易に従事した。10世紀以降は，マレー系・インドネシア系民族が，15世紀以降はアラブ系のイスラーム教徒が多数移住し，さらにポルトガル・オランダ・イギリス・フランスなど西欧勢力が押し寄せた。18世紀末，メリナ王国が強大となったが，2次にわたるフランス・メリナ戦争の結果，ベルリン会議でフランスの保護領となり（1885），これに反発する数多くの民衆蜂起も鎮圧された。第二次世界大戦中，一時イギリスが占領したが，戦後フランスに返還された。

首都アンタナナリヴとは「1000の村」の意味。マダガスカルの中央に広がるマダガスカル高原に位置し，標高は1200mを超える

　1958年，フランス共同体内の自治共和国となり，60年に共同体内で独立を果たした。75年に社会主義憲法を制定してマダガスカル民主共和国に国名変更をしたが，92年に憲法を廃止してマダガスカル共和国となった。後発開発途上国（LDC）の1つで，国民の大半は1日1ドル未満で生活する。2001年には貧困削減戦略文書を作成して世界銀行やIMFに支援を求め，05年，南部アフリカ開発共同体（SADC）に加盟した。非同盟政策をとって近隣諸国や欧米諸国との関係強化に努めている。

世界遺産（3件）

チンギ・デ・ベマラ厳正自然保護区（石灰岩台地に数万年にわたる風雨の浸食で生まれた奇岩地帯）／アンブヒマンガの丘の王領地→コラム／アツィナナナの雨林群（キツネザルの棲息地として知られる熱帯雨林）

アンブヒマンガの丘の王領地

　島の中部，首都アンタナナリヴの郊外に位置し，15〜16世紀に島を初めて統一したメリナ王国の中心地であった。標高1300〜1400mの丘陵地をなし，地名は「青い丘」の意味。15世紀の西欧勢力の進出で19世紀にはキリスト教（プロテスタント）が国教化されてからも，この地は旧来の「聖地」として保たれ，今なお人々はこの地に崇敬の念を抱いている。木造の王宮や歴代国王の墓所がある。

マラウィ共和国
Republic of Malawi

面積	11万8000km²（北海道と九州を合わせた広さ）
人口	1540万人
首都	リロングウェ
自然	マラウィ湖が国土の5分の1。他は森林とサバナで、サバナ気候
住民	バントゥー系チュワ人とその近縁のニャンジャ人が過半数。ロンウェ人が2割。他に少数の民族集団
言語	公用語はチュワ語と英語
宗教	伝統信仰が5割，キリスト教が4割，イスラーム教が1割
産業	マラウィ湖でおこなわれる漁業。ここで獲れる魚は住民の貴重なタンパク源となっている。他に米，綿花，茶，コーヒー豆，バニラ，サトウキビなどの農業
通貨	クワチャ
国名	チュワ語で「ゆらめく炎」。マラウィ湖に立ち上がる陽炎（かげろう）を形容したとされる

歴史

　西欧勢力の植民地時代，白人が南部シレ高地に入植して茶・タバコを栽培していたが，イギリス人宣教使でアフリカ探検家リヴィングストン（1813〜73）が，彼の第2回探検（1858〜63）の折，ニヤサ（現マラウィ）湖を発見して以来，イギリスの会社や伝道協会が入植・開発に乗り出した。この結果，イギリスの伝道活動の最も盛んな地域となり，1891年，イギリス保護領ニヤサランドとなった。93年に中央アフリカとなったが，1907年に再びニヤサランドに改称した。第一次世界大戦中にはアフリカ人がイギリス軍に徴兵されたことへの不満から反乱もおきている。

　第二次世界大戦後の1953年，南ローデシア・北ローデシアとともにローデシア・ニヤサランドを構成したが63年に解体され，翌64年にマラウィ共和国として独立した。ニヤサランド・アフリカ人会議（NAC）やマラウィ会議党（MCP）が独立運動を担い，66年以降MCPの1党制が続いた。冷戦終結（89）後，民主化が進み，93年の国民投票で1党独裁制から複数政党制に移行したが，これを機に民主同盟（AFORD）や連合民主戦線（UDF）が結成され，94年の大統領選挙ではUDFの候補が当選してAFORDとの連合を形成した。

> ### マラウィ湖国立公園
> 　アフリカ大陸で第3番目の大きさを誇るマラウィ湖の南岸に位置する面積94km²の国立公園。国立公園に指定されているのは，マラウィ領内の湖の南端にあたるごく一部で，全面積のわずか0.3％程度を占めるにすぎない。公園内では網の使用は禁止されている。マラウィ湖の湖面の標高は472m，最大深度は706m。500種以上の魚類の棲息が確認されている。なかでもシクリッドと呼ばれる色彩鮮やかな魚はこの湖の固有種とされる淡水魚で，亜種として400種以上が棲息する。湖名は1964年の独立を機に植民地時代の呼称ニヤサ湖から古来の名前に戻り，現国名の由来ともなった。

マラウィ湖は魚が豊富で，伝統的にマラウィ国民の食料源となってきた

世界遺産（2件）

マラウィ湖国立公園　→コラム／チョンゴニ・ロック・アート地域（農耕民チュワ人の岩絵群）

マリ共和国
Republic of Mali

- 面積 124万km²（日本の3.3倍）
- 人口 1630万人
- 首都 バマコ
- 自然 サハラ砂漠南縁のサヘル地帯に位置する内陸国で，大半は砂漠気候。南西を流れるニジェール（大河の意）川が貴重な水源で，その流域はステップ気候で人口が集中している
- 住民 マンデ系のバンバラ人（3割強），フルベ人，マリンケ人，ドゴン人，ベルベル系の遊牧民トゥアレグ人など
- 言語 公用語はフランス語
- 宗教 イスラーム教が9割。他にアニミズム（ドゴン人）
- 産業 小麦，粟，落花生，トウモロコシ，綿花などの農業。遊牧。古くから金の産地で，燐鉱石，ウランも産出
- 通貨 CFAフラン
- 国名 マリ王国にちなんだもので，マリは「王の居所，生きている王」の意味があるという

歴史

　この地は，7世紀頃〜13世紀半ば頃にはガーナ王国が，次いでマリ王国（1240〜1473）やソンガイ王国（1464〜1591）などが栄えた古代アフリカ王国の中心地であるが，11世紀頃からイスラーム教が浸透し，マリ王国やソンガイ王国の支配階級はイスラーム教に改宗して，イスラーム文化が花開いた。1590〜1870年はモロッコが支配したが，19世紀後半からフランスの侵略が進み，1904年，スーダンとしてフランス領南西アフリカに編入された。第二次世界大戦後，スーダン同盟（US）を中心に民族運動が盛んとなり，59年，隣国セネガルと合邦して「マリ連邦」を結成したがまもなく崩壊，60年，単独で「マリ共和国」として独立した。

　独立当初は社会主義路線をとったが，経済は不安定で，1968年にクーデタで軍事政権が成立した。その後も民政と軍政が繰り返されたが，92年に複数政党制を基盤とする民政への移管が完了し，同年の総選挙と大統領選挙ではマリ民主同盟（ADEMA）が勝利した。ニジェール川流域の農業開発も進み，経済は05年以来，年成長率5％前後を維持している。非同盟外交で，欧米やアラブ諸国との協調を図り，近年アフリカへの援助大国となった中国との関係も良好である。しかし，独立当初からあった遊牧を営む少数民族トゥアレグ人の中央政府への帰属問題がこじれ，2006年以来，反政府武装活動が活発化し，13年1月，フランス軍が介入した。

アフリカ最古のイスラーム交易都市であるマリのジェンネの定期市。大モスクの前で毎日曜日に開かれる

世界遺産（4件）

ジェンネ旧市街（巨大モスク前で今も開かれる月曜市）→写真／トンブクトゥ→コラム／バンディアガラの断崖（ドゴン人の地）（マリ中央部を東西に横たわる山地の断崖周辺に点在するドゴン人の集落）／アスキア墳墓（ソンガイ王国最盛時のアスキア・ムハンマト1世の墓所）

トンブクトゥ

　サハラ砂漠南縁の古都で，12世紀以降，サハラ砂漠の岩塩とセネガル川流域の金の交易の中継地として栄え，13〜14世紀にはマリ王国の首都がおかれ，ヨーロッパ人は「黄金の国」と呼んだ。最盛期の16世紀前半には人口4万人と，西アフリカ最大のイスラーム都市となったが，16世紀末のモロッコ軍の侵攻で破壊され，隊商路の拠点も東に移動して衰退し，今では砂漠化の進行で往時の面影の痕跡をわずかに遺すのみである。

南アフリカ共和国
Republic of Mali

面積	122万km²（日本の3.2倍）。インド洋上，ポートエリザベスの南東1770kmに2つの島からなるプリンスエドワード諸島を領有する。定住者はおらず無人島として扱われるが，南アフリカ政府に任命された研究員が，勤務のため一時的に気象観測所に滞在することがある
人口	5000万人
首都	プレトリア
自然	雨季は11月から3月。南東海岸部は温暖冬季少雨気候，西岸海洋性気候，南西海岸部は地中海性気候。内陸西部はカラハリ砂漠で砂漠気候，内陸東部は温暖冬季少雨気候，内陸中央部はステップ気候
住民	ズールー人，コーサ人，ヴェンダ人，ツワナ人，カングワネ人，レボハ人，ンデベレ人，ガザンクル人などバントゥー系が8割。初期のオランダ人入植者と先住民コイサン人（コイコイ人とサン人2民族の総称），マレーから移入された奴隷との混血の子孫であるカラードが1割。他に白人。白人は大別してオランダ系白人（ブーア人，ボーア人，アフリカーナなどと呼ばれる）とイギリス系白人（イギリス系南アフリカ人）で，その比率は6対4
言語	英語，アフリカーンス語（ヨーロッパ系の主にオランダ系移民の子孫の使用言語），ズールー語，ソト語（レソト王国の公用語）などバントゥー諸語の合計11が公用語
宗教	キリスト教が8割。他にイスラーム教，ヒンドゥー教，伝統信仰
産業	地下資源が豊富で，金（産出量世界第5位），ダイヤモンド（世界第7位），マンガン（世界第3位），石炭（世界第6位），クロムなど。小麦，トウモロコシ，サトウキビ，綿花，ブドウ，柑橘（かんきつ）類などの農業と牧畜
通貨	ランド
国名	アフリカ最南部という地理的位置による

歴史

先住民はコイサン人とバントゥー語を話す人々で，10世紀までにバントゥー系諸民族が南下・定住した。大航海時代（15〜17世紀）のポルトガル人バルトロメオ・ディアス（1450頃〜1500）による喜望峰到達（1488）ののち，17世紀半ばにオランダ東インド会社が現在のケープタウンに補給基地を築き，オランダ人の入植が盛んとなったが，ナポレオン戦争時の1814年にイギリスが占領してイギリス領となったため，オランダ人入植者ボーア人（ブール人，アフリカーナとも呼ばれる）は内陸に移動してトランスヴァール共和国（1852〜1902）とオレンジ自由国（1854〜1902）を建てた。やがて金鉱が発見されるとイギリス・オランダ両植民者の対立が深まり，19世紀末，金鉱をめぐってトランスヴァール・オレンジ両国とイギリスとのあいだで，ボーア戦争（南アフリカ戦争，1899〜1902）が勃発したが，両国は敗れてイギリスに征服されてイギリス領となった。1910年，英連邦内の自治領として，ケープ・オブ・グッドホープ，ナタール，トランスヴァール，オレンジ自由の4州からなる南アフリカ連邦が成立し，まもなく生じた第一次世界大戦後，工業化が進行した。

第二次世界大戦後の1961年に英連

キンバリー鉱山のダイヤモンド採掘跡。廃鉱になるまで露天掘りで採取されたダイヤは，1450万カラット（2.9トン）におよぶという

1990年に長い獄中生活から釈放されたマンデラは、武力闘争から合法活動へ転換して選挙に勝ち、大統領に就任した

邦から離脱して共和国となったが（94年に復帰），政府（白人政権）はアフリカ人を差別・管理する極端な人種隔離政策（アパルトヘイト）をとり，それへのアフリカ民族会議（ANC）などの抵抗も強まった。60年，ヨハネスブルク郊外での，パン・アフリカニスト会議（PAC）の組織したデモに白人警官隊が発砲して多数の死傷者がでたシャープヴィル事件で，政府は非常事態を宣言してANCやPACを非合法化した。しかし76年にはヨハネスブルクのアフリカ人居住区ソウェトで学生中心の蜂起事件がおきるなど，反政府運動が活発化し，それへの政府の弾圧強化で国際的非難をあび，経済制裁を受けた。政府は84年に白人・カラード・インド人系の人種別3院制議会をつくったが，かえって統一民主戦線（UDF）は抵抗を強めた。内外の圧力で政府はようやく90年にANC・PAC・南アフリカ共産党を合法化し，国家反逆罪で終身刑の判決を受けて64年以来収監されていたアフリカ系の指導者マンデラ（1918～）を27年ぶりに釈放，翌91年にはアパルトヘイトに関する法律を廃止した。

その後，紆余曲折を経て1994年，同国史上初の全人種が参加する総選挙がおこなわれ，ANC議長のマンデラが大統領に当選して（任1994～99）連立政権を樹立，新政権は民族和解・復興開発計画（RDP）を掲げて国際社会に復帰した。前大統領でマンデラ政権の副大統領を務めた非アフリカ系（白人）のデクラーク（1936～）とともに93年にノーベル平和賞を受賞したマンデラは99年に引退，アフリカ系副大統領のムベキ（1942～）が後継大統領となった。外資導入で経済成長は続き，G20とBRICSの一角を占めて存在感を増しているが，経済格差の是正・失業対策・HIV対策などは進んでいない。

ロベン島

ケープタウン沖合にある6km²ほどの小島はオランダ植民地時代からの流刑地で，19世紀のイギリス統治下でも監獄として使用されたため「監獄島」と呼ばれた。南アフリカ共和国（白人政権）時代には同国の人種隔離政策に反対するアフリカ人（黒人）を収容した。人種隔離政策が廃止されたのちに初めてアフリカ系出身の大統領となったマンデラも，1964～90年までこの島に収監された。しかし91年にその役目を終え，現在は島全体が博物館となっている。

世界遺産（8件）

イシマンガリソ湿地公園（複雑な地形の湿地はカバ・ワニ・水鳥などの聖地）／スタークフォンテン，スワートクランズ，クロムドライの人類化石遺跡群および周辺地域（人類の起源を探る化石人骨の宝庫）／ロベン島→コラム／ウクハランバおよびドラケンズベアク公園（山間の洞窟に残る4000年以上前の世界最大級の岩絵群）／マプングブエの文化的景観（アラブ人との交易で栄えた王国の跡）／ケープ植物区保護地域群（多様な植物に富む灌木地帯〈フィンボス〉）／フレーデフォート・ドーム（世界最大・最古の隕石衝突の跡）／リフタスフェルトの文化的景観および植生景観（多くの多肉植物が生育し多様な動物と鳥類が生育する乾燥地帯の景観とナマ人の伝統的遊牧生活の様相）

南スーダン共和国
The Republic of South Sudan

- 面積 64万km²（日本の1.7倍）。スーダンとアビエイ地域の帰属問題、ケニアやエチオピアも領有を主張しているイレミ・トライアングル（三角）地域の帰属問題がある
- 人口 830万人
- 首都 ジュバ
- 自然 南北に白ナイルが流れ、ジュバの北から国境にかけては大湿地帯のスッド。南下するほど雨量が増えて、熱帯雨林やサバナの地域もあり、多様な野生動物の宝庫となっている。北部は砂漠気候、中部はサバナ気候、南部は熱帯気候
- 住民 ディンカ人、シルク人、ヌエル人など数十の民族
- 言語 公用語は英語
- 宗教 キリスト教、伝統信仰
- 産業 国家歳入の9割強を占めるのが石油生産。経済危機が危惧されている
- 通貨 南スーダン・ポンド（SSP）

歴史

スーダンは1956年にイギリス・エジプト共同統治から独立したが、北部がイスラーム教徒とアラブ人が中心であるのに対し、南部はアフリカ系住民が多くてキリスト教や伝統信仰が根強く、加えて北部の政治的・経済的支配に不満の南部が反乱をおこし、独立前の55年に第1次内戦となった。72年、制限付き自治権の賦与でいちおう内戦は終結したが、74年に南部で石油が発見されたことから83年に内戦が再び勃発し、スーダン人民解放運動（SPLM）が南部を支配していった。

ようやく2005年1月に「南北包括平和協定」が成立し、それに基づき11年1月、独立の是非を問う住民投票で98％の賛成を得て、11年7月にアフリカ大陸で54番目の独立国となり、国連の193番目の加盟国となった。SPLMが政権を握ったが、問題は山積している。独立以前に南部10州のインフラはほとんど整備されておらず、産油量の8割を占めるとはいえ、精製施設やパイプラインは北のスーダン側がほぼ独占しており、南北でその分配が話し合われているが、予断を許さない。国民1人あたりのGDPは、スーダンの約2300ドルに対して南スーダンは約90ドルという貧しさである。また南北国境に近い産油地帯の非武装地帯アビエイの帰属問題も未解決で、本来なら11年1月の住民投票で南スーダン領となることは確実視されていたが、スーダンの反対で決定が先送りされた。当面、国連の平和維持活動（PKO）が引き続き必要とされる。

分離・独立にちらつく大国の利害

かつてイギリスの植民地政策は「分割・統治」（Divide and Rule）であった。南スーダンの知識人は、「南部スーダンはイギリスとエジプトの共同統治下、徹底的に見捨てられた」という。独立後のスーダンでもこの「棄民（きみん）政策」は維持されたから南部は極端な低開発状態が続いた。南スーダン独立の影の主役は石油利権をにらむ中国。欧米諸国も無関心ではない。

独立を喜ぶ人々

世界遺産（0件）

# モザンビーク共和国
Republic of Mozambique

面積	79万9000km²（日本の2.1倍）
人口	2390万人
首都	マプト
自然	湾岸平野が半分。ザンベジ川で南北にわかれ，北は台地と高原，南は低地。熱帯雨林気候とステップ気候
住民	バントゥー系のマクア・ロンウェ人が4割。他にトンガ人，ショナ人など43民族。ポルトガル人も居住
言語	公用語はポルトガル語
宗教	キリスト教が4割，イスラーム教が2割弱。他に伝統信仰
産業	トウモロコシ，砂糖，カシューナッツ，綿花，タバコ，砂糖。丸太・木材。エビ。チタン，石炭，天然ガス
通貨	メティカル（複数形はメティカイス）
国名	バントゥー語で「集まった船」，すなわち停泊港
国旗	紋章には本と鍬と銃が描かれ，それぞれ勉学・生産・闘争を意味する

歴史

古くからインド洋交易の都市が点在していたが，15世紀末頃までにはショナ人のモノモタパ王国がジンバブウェやモザンビークの海岸地方を支配しいていた。1498年，ヨーロッパ人として初めてインド洋航路を「発見」したポルトガル人ヴァスコ・ダ・ガマが来航し，1505年以降ポルトガルが進出，1629年に同国の植民地となって奴隷貿易が本格化した。1884〜85年のベルリン会議で正式にポルトガル領東アフリカとなった。その頃，隣国のイギリス領南アフリカ連邦との協定でその金鉱山に毎年10万人のモザンビーク人が送り込まれた。1951年にポルトガルの海外州となったが，62年にモザンビーク解放戦線（FRELIMO）が結成され，64年から武装闘争が始まり，75年に独立した。

独立当初は，FRELIMOの一党独裁で社会主義路線をとったが，1981年頃から南アフリカ共和国（旧南ア連邦）の支援を受けた反政府組織モザンビーク民族抵抗（RENAMO）との内戦に発展した。そのためFRELIMOは89年にマルクス・レーニン主義の放棄を宣言し，91年には複数政党制を導入する新憲法が発効された。国名もモザンビーク人民共和国から現国名に変更され，92年にRENAMOとの和平合意が成立した。内戦の死者は約100万人に達するという。国連安全保障理事会の指揮下に国連平和維持軍が派遣され，94年に大統領選挙と議会選挙がおこなわれた。2006年，大洪水と大地震に襲われて大きな被害を出した。

モザンビーク島

アフリカ大陸から3kmほど離れた島で大陸とは橋でつながっており，この島名が国名の由来である。15世紀の航海者ヴァスコ・ダ・ガマがインドをめざす途中この島に上陸して以来ポルトガルはこの島を貿易拠点とした。旧市街にはアラブ，インド，ポルトガルの3つの文化が交差する美しい街並みが残る。1586年，ローマ教皇グレゴリウス13世（位1572〜85）に謁見（えっけん）して帰国途上の日本の「天正遣欧少年使節団」の一行がこの島に寄港した。

世界遺産（1件）

モザンビーク島→コラム

モーリシャス共和国
Republic of Mauritius

ポートルイス
レユニオン
モーリシャス
インド洋

面積	2045km²（ほぼ東京都）
人口	130万人。人口密度はアフリカで最も高い
首都	ポートルイス
自然	主島モーリシャスは，標高1000mに満たない3つの火山からなり，北に平野が広がる。熱帯雨林気候で，11〜4月は熱帯低気圧サイクロンに見舞われる
住民	インド商人の貿易中継地になっていたためインド系住民が過半数を占める。クレオールが3割弱。他にフランス人，華人
言語	公用語は英語
宗教	ヒンドゥー教が半分，キリスト教が3割。他にイスラーム教，仏教
産業	サトウキビと茶のプランテーションに依存していたが，独立後，観光業と繊維産業が発展し，モノカルチャー経済から脱出
通貨	モーリシャス・ルピー

歴史

この群島は10世紀以前からアラブ人航海者にはその存在を知られ，15世紀にはマレー人も訪れた。1510年，ヨーロッパ人としては初めてポルトガル人が寄港したが，最初の植民者はオランダ人で，98年にインド航路の補給基地とするために入植した。島名はオランダ独立戦争の指導者の1人で，当時の皇太子ナッサウ伯マウリッツ（のちネーデルラント総督。1567〜1625）にちなんで命名された。1710年，オランダが放棄したため15年からフランス人が入植するようになってフランス領となった。ナポレオン戦争（1796〜1815）中の1810年にイギリスが占領，15年のウィーン会議でイギリス領となった。同国はサトウキビのプランテーションにアフリカ人奴隷を使用したが，33年の奴隷解放法の成立で，年季契約労働者としてインド人移民を導入し，19世紀後半からは中国人移民も増えた。

第二次世界大戦後，1967年に自治権を獲得し，同年の憲法制定会議の結果，翌68年に独立。独立後は，インド系を基盤とする労働党（LP），クレオールを基盤とする社会民主党（PMSD），イスラーム教徒を中心とするムスリム行動委員会（CAM）など，民族系統を異にする複数政党による連立政権などで離合集散が繰り返されてきた。82年の選挙で野党モーリシャス闘争運動（MMM）がモーリシャス社会党（PSM）の一部と連合して圧勝し，MMM党から首相を出した。なお2004年12月，インド洋大津波で甚大な被害を受けた。

アプラヴァシ・ガート

1834年，イギリスは奴隷制度の廃止によって，アフリカ人奴隷に代わる労働力として多くのインド人移民を年季契約労働者として導入した。1920年までのおよそ90年間に，約50万人のインド人がモーリシャスなど，アフリカやインド洋の島々で働くために移住してきた。こうした移民の検疫所の建物が「負の遺産」として首都ポートルイスの港地区に残されている。建物の保存状態は悪い。

インド洋のマスカレン諸島に位置するモーリシャスは，インド商人の貿易中継地だった

世界遺産（2件）

アプラヴァシ・ガート→コラム／ル・モーンの文化的景観（奴隷の隠れ場所として使われた洞窟が残る南西端の半島）

モーリタニア・イスラーム共和国
Islamic Republic of Mauritania

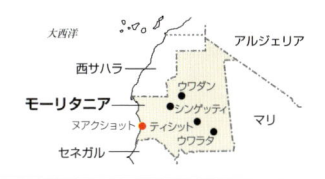

面積 103万km²（日本の2.7倍）
人口 350万人
首都 ヌアクショット
自然 全土がサハラ砂漠に位置し，砂漠気候
住民 アラブ人とベルベル人との混血であるモール人が8割で，牧畜を主とする。セネガル川流域には黒人系のトゥクロール人，ソニンケ人，フルベ人，ウォロフ人などが農業，漁業，商業を営んでいて経済力がある
言語 公用語はアラビア語。実務言語としてフランス語が広く使われている
宗教 イスラーム教が国教
産業 バナナを主とする農業。ラクダの飼育数は世界第1位の160万頭。好漁場をもち，タコ，イカで外貨を獲得
通貨 ウギア（UM）
国名 「モール人の国」の意
国旗 緑色，新月，星はイスラーム教の象徴

歴史

かつて西アフリカにはガーナ王国（7世紀頃〜13世紀半ば頃）が栄えていたが，この国は豊富な金を産出したので，8世紀以降はムスリム商人が岩塩と交換に訪れていた。やがてベルベル人（北アフリカの先住民）のムラービト朝（1056〜1147）・ムワッヒド朝（1130〜1269）の支配下に入り，各地に隊商都市（クスール）が栄えた。15世紀頃にアラブ人が本格的に移住してベルベル系遊牧民と衝突する一方，17〜18世紀にかけてアラブ人の首長国が建国されてアラブ人とベルベル人の混血も進み，「モール（ムーア）人」が形成されるようになった。1903年，フランス領西アフリカに編入され，第二次世界大戦後の60年に独立した。

1978年以来，軍事政権が続き，89年には南の隣国セネガルとの紛争が拡大して91年まで国交を断絶した。冷戦終結後の90年代以降，軍事政権も複数政党制への移行を認めて91年に憲法を改正し，翌92年に軍部出身の大統領が選挙で選出されたが，2005年・08年と軍事クーデタがおきた。イラクのクウェート侵攻を契機におこった湾岸戦争（1991）ではイラクを支持した。2001年のアメリカでの同時多発テロ事件以降，アメリカが反テロ戦争の一環としてこの地域への関与を強化したことが，イスラーム人口が圧倒的に多いこの国の社会的分裂の要因となっている。

ウワダン，シンゲティ，ティシットおよびウワラタの古い集落

11〜12世紀にかけて，北アフリカとサハラ砂漠以南を結ぶ全長3000kmを超える大交易路が営まれたが，その中継都市として内陸部で栄えたのがこれら4都市である。とくにシンゲティはイスラーム世界第7の聖地とされ，大学や図書館も設けられた。これら都市に共通する旧市街はクスールと呼ばれ，モスクを中心に，中庭を備えた家と細い路地からなっていた。各地とも近年，砂漠化が進行している。

世界遺産（2件）

バンダルギン国立公園（越冬する渡り鳥と，希少海洋動物の宝庫）／ウワダン，シンゲティ，ティシットおよびウワラタの古い集落　→コラム

モロッコ王国
Kingdom of Morocco

面積	44万6000km²（日本の1.2倍）。西サハラ併合問題をかかえる。西南に分布するカナリア諸島，国土の北部，地中海沿岸のセウタとメリリャはスペイン領で係争中
人口	3200万人
首都	ラバト
自然	アトラス山脈より北は地中海性気候，一部ステップ気候。南はサハラ砂漠で砂漠気候
住民	アラブ人が6割強，ベルベル人が3割。他にユダヤ人
言語	公用語はアラビア語とベルベル語
宗教	イスラーム教が国教で，ほとんどがスンナ派
産業	小麦，大麦，柑橘（かんきつ）類，オリーヴなどの農業。肥料に欠かせない燐鉱石の埋蔵量は世界の7割。日本へはタコを輸出
通貨	モロッコ・ディルハム（MAD）
国旗	中央の五芒星（ごぼうせい）は「スレイマンの印章」と呼ばれ，国家安泰の象徴

歴史

古代には地中海東岸から植民してきたフェニキア人やローマ帝国の支配を受けた。7世紀以降アラブ人が進出し，11世紀半ばからは先住民のベルベル人もイスラーム化していった。しかしイスラーム勢力で最初の分派といわれ，スンナ派（多数派）やシーア派（少数派）とも異なるハワーリジュ派の進出が著しく，ウマイヤ朝（661～750）やアッバース朝（750～1258）への反乱が頻発，789年，モロッコにイドリース朝（～926）が成立してフェスに都をおいた。同朝が滅んだのち，ベルベル系のムラービト朝（1056～1147）・ムワッヒド朝（1130～1269）・マリーン朝（13世紀初頭～1465）が進出した。モロッコはオスマン帝国（トルコ）の征服を免れて第4代カリフのアリー（600頃～661）の子孫たちの王朝が興亡した。17世紀以来アラウィー朝（1631～）のもとで鎖国体制をとったが，戦略的に重要な位置で鉱物資源にも富むことから1904年にスペインとフランスに分割され，ドイツも進出を図って2次のモロッコ事件（1905・11）をおこしたが失敗し，12年にフランスの保護国となった。

第二次世界大戦後の1956年に立憲王国としてフランスから独立し，75年にはスペイン領西サハラを領有した。治安は比較的平穏であったが，2000年代にはいってやや悪化の傾向がある。アフリカで唯一のアフリカ連合（AU）未加盟国。

フェスの旧市街

モロッコ北部，アトラス山脈に連なる盆地に位置する古くからの交通の要衝で，809年にイドリース朝の王都がおかれた。2万人を収容する北アフリカ最大のカラウィーン・モスクや最高教育機関マドラサが建つ。メディナ（アラビア語で街の意）と呼ばれる旧市街は12世紀の城壁に囲まれ，外敵の侵入を防ぐため，狭い通路が迷路のように走り，土産品や日用品を売る店が軒を連ねるが，観光客はガイドなしには入口に戻れないという。

世界遺産（8件）

フェス旧市街 →コラム／**マラケシ旧市街**（1070年に築かれたモロッコの原点）／**アイット・ベン・ハドゥの集落**（数百年前，ベルベル人が築いた要塞集落）／**古都メクネス**（17世紀，フランスのヴェルサイユ宮殿に憧れたスルタン（君主）が築いた壮麗な都）／**ヴォルビリスの古代遺跡**（前1世紀後半に築かれたモロッコ最大のローマ遺跡）／**テトゥアンの旧市街**（スペインとイスラームの文化が融合した街）／**エッサウィラのメディナ**（フランス風都市計画とイスラームの伝統が融合）／**マサガン（アル・ジャジーダ）のポルトガル都市**（分厚い壁がぐるりと取り囲む堅牢な城塞都市）

リビア
Libya

面積	176万km²（日本の4.6倍）
人口	640万人
首都	トリポリ
自然	地中海沿岸のわずかな部分は地中海性気候とステップ気候。国土の大部分がサハラ砂漠で砂漠気候
住民	大多数がアラブ人，もしくはアラブ人とベルベル人の混血モール人。他に先住のベルベル人，トゥアレグ人
言語	公用語はアラビア語。他にベルベル語
宗教	イスラーム教が国教で，ほとんどがスンナ派。他にコプト正教会
産業	小麦，ナツメヤシなどの農業国だったが，1955年から油田開発が進められ，59年に産油国となった。人口が少なく，1人あたりのGDPはアフリカで第2位
通貨	リビアン・ディナール（LD）
国旗	カダフィ政権以前にリビア連合王国の国旗として使われていたデザインが，2011年の政権交代で復活

歴史

地中海に面したトリポリタニア地方とキレナイカ地方では紀元前にフェニキア人・ギリシア人・ローマ人の植民都市が栄えた。7世紀半ば以降，イスラーム化が進み，エジプトのファーティマ朝（909～1171）が両地域を支配したが，同朝に次ぐアイユーブ朝（1169～1250）・マムルーク朝（1250～1517）はキレナイカを支配するにとどまったため，トリポリタニアはムワッヒド朝（1130～1269）やハフス朝（1228～1574）などベルベル人（北アフリカの先住民）の勢力下にはいった。16世紀初頭から両地域を支配したオスマン帝国（トルコ）の衰退で1912年にイタリアの植民地となった。

19世紀前半にアラビア半島のメッカで結成されたサヌースィー教団が抵抗運動を主導し，1951年，同教団第3代教主ムハンマド・イドリース（1890～1983）を国王とするリビア連合王国として独立した。69年，カダフィー大佐（1942～2011）らのクーデタでリビア・アラブ共和国となり，同大佐はイスラーム教に拠る独自のジャマーヒリーヤ（直接民主制）を打ち出して77年に大リビア・アラブ社会主義人民ジャマーヒリーヤ国に改めた。同政権は世界各地のイスラーム原理運動や暴力革命主義運動を支持したため，国連の経済制裁決議（92）など国際的孤立を深めた。のち方針を転換して2003年の制裁解除決議を受け，国際社会への復帰を進めるさなかの11年2月，チュニジアに始まる民主化運動（中東革命）が波及して内戦化し，8月に首都が陥落，大佐も10月に殺害されて長期独裁政権は崩壊し，国名も現国名に改められた。

レプティス・マグナの古代遺跡

レプティスは前10～前9世紀フェニキア人が建設した植民都市。フェニキア人の都市国家カルタゴとならぶ繁栄を謳歌した。前2世紀半ばカルタゴがローマに滅ぼされたのちはここが北アフリカでの共和政ローマおよびローマ帝国最大の植民都市へと発展し，全盛期の2世紀末～3世紀初頭には，「偉大なるレプティス」（レプティス・マグナ）と称された。7世紀以降アラブ人の侵攻で破壊されサハラ砂漠に埋もれたが，20世紀に発掘され，古代の栄華の跡が甦った。

世界遺産（5件）

レプティス・マグナの古代遺跡 →コラム／**サブラータの古代遺跡**（1～3世紀，地中海貿易の拠点として栄えた都市）／**クーリナの古代遺跡**（古代ギリシア・ヘレニズム文化の埋没遺跡）／**タドラッド・アカクスのロック・アート遺跡群**（前1万2000年から紀元前後にかけて描かれた彩色の岩絵群）／**ガダーミスの旧市街**（「砂漠の真珠」の異称をもつ，サハラ砂漠のオアシスに残る白い街）

リベリア共和国
Republic of Liberia

面積	11万1400km²（日本の3分の1）
人口	410万人
首都	モンロヴィア
自然	3分の2は熱帯雨林で熱帯雨林気候。内陸部はサバナでサバナ気候
住民	クルー系のバッサ人，グレボ人，クルー人，マンデ系のベレ人，マノ人など行政慣習上16を数える。他にアメリコ・ライベリアン（アメリカから移住した解放奴隷の子孫）
言語	公用語は英語
宗教	伝統信仰が9割。他にキリスト教，イスラーム教
産業	ゴム，アブラヤシ，コーヒー豆，米，サトウキビ。鉄鉱石，ダイヤモンド，木材
通貨	リベリア・ドル
国旗	アメリカ合衆国の国旗に似たデザインは，この国がアメリカ解放奴隷により建国されたことを示してる

歴史

13世紀にスペイン人が訪れたといわれるギニア湾西部のリベリアからシエラレオネにかけての海岸地方は，15世紀に植民地化され，「楽園の穀物」と呼ばれたマラゲッタ胡椒（トウガラシ）の積出し地であったため，ヨーロッパ人はここを「穀物海岸」「胡椒海岸」と呼んだ。1822年，アメリカ植民協会がアメリカの解放奴隷を送り込み，アフリカ系アメリカ人（黒人）の移住区を建設し，「自由・解放」という意味でリベリアと命名（1824）した。47年にアフリカで初めての独立宣言をおこない，南米ハイチ（1804年に独立）に次ぎ，世界で2番目の黒人独立国家となった。首都モンロヴィアは当時のアメリカ大統領モンロー（任1817～25）の名にちなむ。

1878～1980年まで，今では人口の3％にすぎないアメリカからの移住黒人の子孫（アメリコ・ライベリアン）がエリートとして支配権を握り続けたが，80年のクーデタでその体制に終止符が打たれた。84年に新憲法が制定されたが，89年にリベリア愛国国民戦線（NPFL）が蜂起して内戦状態となり，紆余曲折のすえ，国際社会の圧力もあって2003年に本格的和平合意が成立した。内線の戦争犯罪容疑者としてシエラレオネ国際戦犯法廷に起訴されたテーラー元大統領はナイジェリアに亡命していたが，06年にハーグ（オランダ）国際司法裁判所に収監された。05年の大統領選挙で女性エコノミストのジョンソン・サーリーフが当選した。船舶に課する税金を優遇していることから，各国の船主による便宜置籍船が多く，船舶保有トン数は世界有数であり，また船舶登録税が重要な外貨獲得手段である。

アフリカで初の女性国家元首

ジョンソン・サーリーフ（1938～）はリベリアに生まれ，アメリカのコロンビア大学・ハーヴァード大学大学院で学び，世界銀行や国連に勤務したこともある経済学者である。2005年10月の大統領選挙では有名な元サッカー選手を破って当選し，アフリカで初の女性国家元首となった。11年にはノーベル平和賞を3人の女性で共同受賞し，また大統領に再選された。

世界遺産（0件）

ルワンダ共和国
Republic of Rwanda

- **面積** 2万6300km²（四国よりやや狭い）
- **人口** 1090万人
- **首都** キガリ
- **自然** 首都以外は草地で，サバナ気候
- **住民** ハム系農耕民フツ人が84％，バントゥー系牧畜民トゥチ人が15％，狩猟民トゥワ人が1％
- **言語** 公用語はルワンダ語，英語，フランス語
- **宗教** カトリック55％強，プロテスタント25％，アドヴェンティスト（キリスト再臨論派）10％，イスラーム教5％
- **産業** 労働人口の約9割が農業に従事。アラビカ種のコーヒー豆が知られ，小麦，サトウキビなども栽培。スズ，タングステン，金，天然ガス。世界中に離散したルワンダ人の国内産業への投資がめざましく成長しており，「アフリカの奇跡」と呼ばれている
- **通貨** ルワンダ・フラン
- **国旗** 右上は太陽

歴史

14世紀頃に北方から移住した牧畜民のトゥチ人が，先住で多数を占める農耕民フツ人を支配して王国を形成し，15～16世紀には中央集権化された官僚機構を整備，19世紀半ばには最盛期を迎えた。

映画「ホテル・ルワンダ」

1994年にルワンダで実際におきた大虐殺を背景に人間愛を描き，2005年のアカデミー賞で主演男優賞など3部門にノミネートされた話題作。この国では長年フツ人とトゥチ人が敵対していたが，大統領暗殺を機にフツ人民兵によるトゥチ人への虐殺が始まった。ある高級ホテルの支配人はフツ人だが，妻はトゥチ人。家族や隣人を助けるべく交渉したが全員がホテルに閉じこめられ，救出の国連軍にも現地人は拒否されるなど，次々と迫る幾多の危機を乗り越え，ようやく安全地帯に到達して家族と再会するまでを描いた。

1899年にドイツ領東アフリカの一部となったが，第一次世界大戦後，ベルギーの委任統治領となり，実質的にはベルギー領コンゴに併合され，第二次世界大戦後，同国の信託統治領となった。1959年，ベルギーの支援を受けた多数派のフツ人エリート層が権力を握り，61年に国民投票で王制を廃止，翌62年に共和国として独立した。

しかしトゥチ人との抗争が激化し，フツ人の政権は暴力的迫害や政治的弾圧をおこなったため，トゥチ人がウガンダ領内に逃れて難民化した。90年，ウガンダに亡命していたトゥチ人を主体とするルワンダ愛国戦線（FPR）が北部に侵攻して内戦となった。94年には政府側の民兵組織がトゥチ人や穏健派を襲って短期間に80万人を虐殺する事態となったが（当時の人口は約700万人），同年，FPRが政府軍を破って政権を奪取した結果，150万人が隣国ザイール（現コンゴ民主共和国）などに流出した。96年，コンゴ民主共和国と断交し，98年，FPR主体の政権はコンゴ内戦にも介入したが2002年に撤退し，03年には新憲法下での総選挙がおこなわれた。08年の下院選挙でFPRが勝利し，世界で初めて女性議員が過半数となった（13年現在も比率は世界第1位）。

内戦では多くの難民が生まれ，約80万人のトゥチ人と穏健派のフツ人が虐殺された

世界遺産（0件）

レソト王国
Kingdom of Lesotho

面積	3万km²（四国の1.6倍）
人口	220万人
首都	マセル
自然	全土の標高が1400mを超える。温暖湿潤気候と西岸海洋性気候。美しい四季に恵まれ，「天空の王国」と呼ばれる
住民	バントゥー系のバソト（ソト）人が8割。他にズールー人，白人，カラード，インド人
言語	公用語は英語とソト語
宗教	キリスト教が9割。他に伝統信仰
産業	周囲をすべて南アフリカ共和国に囲まれ，同国との結びつきが強い。農業と南アフリカ向けの繊維製品を中心とした輸出，南アフリカへの出稼ぎ
通貨	ロチ（複数はマロチ）。南アフリカのランドと等価
国名	ソト人の国
国旗	中央はソト人の帽子

歴史

　先住民はサン人だが，16世紀頃，バソト人が進出。19世紀前半，バソト人の王国が形成されたが，ボーア人（南アフリカのオランダ系入植者とその子孫。ブール人，アフリカーンスとも呼ばれる）とズールー人に挟撃されたバソト人の王がイギリスに保護を求め，1868年に正式にイギリス保護領バストランドとなり，イギリスはバソト人の伝統をいかした間接統治を続けた。第二次世界大戦後の1950年代末，バストランド会議党（BCP）・バストランド国民党（BNP）が結成されて独立を要求し，66年に英連邦内の立憲王国として独立した（政権はBNP）。

　その後，国王と首相が対立して国王はオランダに亡命し，のち政治への不介入を条件に帰国した。BNPの独裁化が進み，南アフリカ共和国の人種隔離政策（アパルトヘイト）への反対姿勢を鮮明にしたため，1985年には国境が閉鎖された。86年のクーデタで国王を国家元首とする軍事政権が樹立されたが，やがて政権は国王と対立，91年に国王はイギリスに亡命し，国王の長男が王位を継いだ。93年に民政に移行して選挙でBCPが圧勝したが，政治は不安定で，94年には国王がクーデタをおこして議会を一時停止した。1998・2002年の選挙ではBCPから分離したレソト民主会議（LDC）が勝利した。後発開発途上国（LDC）の1つで，経済は南アフリカ共和国への出稼ぎ労働に依存している。また2007年のHIV感染率は23%にのぼる。

アフリカのスイス

　国土はドラーケンスベルク山脈の北西麓に位置し，大部分が標高1400m以上の高地からなる。中央部を流れるオレンジ川とその支流が河谷と低地をつくる。高地にあるため最も暑い月でも月平均気温は21℃を超えず，しのぎやすい。人々が羊・山羊・牛を高原に放牧する景観から，貧しいながらも「アフリカのスイス」ともいわれる。

世界遺産（0件）

セント・ヘレナ島 （イギリスの海外領土）
Saint Helena

面積 420km²（安来市程度）。行政区画として北のアセンション島，および南緯40度に位置するトリスタン・ダ・クーニャ諸島を含む
人口 5200人
行政所在地 ジェームズタウン
自然 アフリカ大陸から2800km離れた火山島の孤島で，周囲は断崖が多い。熱帯雨林気候
住民 セント・ヘレナ人（イギリス人と黒人などの混血）が多数を占める
言語 公用語は英語
宗教 ほとんどがイギリス国教会
産業 可耕地は13％しかない。漁業，家畜農園，手工芸品。生活物資は主にロンドンからの移入に依存している。慢性的な雇用不足に悩む。多くの住民はアセンション島での仕事を探している
通貨 セント・ヘレナ・ポンド（SHP）

歴史

1520年にポルトガル人が初めて来航。島名は，ローマ帝国の皇帝コンスタンティヌス1世（大帝。位306～337）の妃ヘレナ（255頃～330頃。のち聖女に列せられたので聖〈Saint〉ヘレナ）の名にちなんで命名された。1645年にオランダ東インド会社の船が来航して占拠したが，68年にイギリス東インド会社の船が来航して砦を築き，同会社の管理下においた。その砦が現在の行政府所在地ジェームズタウンである。名称は当時の国王チャールズ2世（位1660～85）の王弟ヨーク公ジェームズ（のちのジェームズ2世。位1685～88）にちなむ。イギリス東インド会社のアジア貿易の寄港地としての役割を果たした。

1833年からイギリスの直轄植民地となり，70年代半ばまでは大西洋とインド洋を結ぶ帆船交通の要衝となった。19世紀後半，大洋航海の汽船の実用化やスエズ運河の開通（1869）で，島の航海上の役割は終わったが，現在もイギリスの戦略上の要地であることに変わりはない。生活必需品はすべて輸入に頼る。なお，歴史的には1815年，フランスの皇帝であったナポレオンがこの島に流刑となったことで有名である。2009年の憲法改正によってセント・ヘレナ島の属領とされてきたアセンション島とトリスタン・ダ・クーニャ諸島の地位がセント・ヘレナ島と対等なものとなった。

セント・ヘレナ島のナポレオン

フランス希代の英雄ナポレオン（1769～1821）。皇帝ナポレオン1世〈位1804～14・15〉は，1815年，最後の戦いとなったワーテルローの戦いで敗れ，アメリカ亡命を拒否されてイギリスによってこの島に流刑の身となった。島では厳重な監視がついたものの，わずかな側近との暮らしは比較的自由であったという。しかし，生国オーストリアに帰国した2番目の妃マリ・ルイーズ（1791～1847）との再会の希望も空しく病没したが，その死因をめぐってがん死説と砒素（ひそ）中毒による暗殺説がある。

セント・ヘレナ島は南大西洋に浮かぶ火山島である

世界遺産（0件）

西サハラ（サハラ・アラブ民主共和国）
Western Sahara (Sahrawi Arab Democratic Republic)

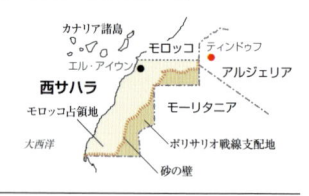

面積 26万6000km²（日本の7割）。亡命政権であるサハラ・アラブ民主共和国とモロッコ王国が領有を主張している。軍事境界線「砂の壁」に国土を分断され，壁の西側はモロッコによる占領地で，東側はポリサリオ戦線（POLISARIO）による「解放区」

人口 27万人

首都 エル・アイウン（モロッコが実効支配する首都）。アルジェリアのティンドゥフ（事実上の首都）

自然 全土がサハラ砂漠で，砂漠気候

住民 住民の大多数は，西サハラの先住民サハラウィー人。他にアラブ人，ベルベル人

言語 アラビア語とスペイン語

宗教 大多数がイスラーム教

産業 オアシスでの農業やベルベル人による遊牧

通貨 モロッコ・ディルハム（MAD）

国旗 中央にイスラーム教の象徴である新月と星

歴史

　1884年にスペイン領西サハラが成立し，モロッコ支配を進めるフランスとの境界線が20世紀初頭に確定した。1946年にスペイン領西アフリカが創設されて，のちスペイン本国の海外県になった。58年にイフニと西サハラの2州に分割。モロッコが西サハラを含む「大モロッコ主義」を掲げて解放軍を発足させたため，66年，国連総会はスペインが西サハラ住民の自治権を認めるよう要請する決議を採択し，69年，イフニ州はモロッコ領となった。

　1975年，モロッコが35万人を動員して「緑の行進」を展開するなか，同年11月に，39年以来スペインで独裁政権を握ってきたフランコが没したため，スペインは住民による独立の可否を決める投票実施を放棄した。西サハラを分割領有したモーリタニアとモロッコに対して，70年から，アルジェリアの支援を受けたポリサリオ戦線（POLISARIO）が独立武装闘争を展開し，大量の難民が生じた（西サハラ紛争）。POLISARIOは76年，サハラ・アラブ民主共和国（SADR）樹立を宣言してアルジェリアに亡命政府を設置した。79年，モーリタニアが西サハラ南部の領有権を放棄したためPOLISARIOとモロッコが対峙する事態となった。住民投票を求める国連安全保障理事会の調停もモロッコの引き伸ばしで実現せず，84年にアフリカ統一機構（OAU）がSADRの加盟を承認したため，モロッコはOAUから離脱した。現在，SADRを承認する国は約50カ国にのぼる。

サハラ砂漠

サハラはアラビア語で「砂漠」を意味し，総面積860万km²，南北約1500～1800km，東西約5600kmで，世界最大の砂漠。アフリカ大陸の面積の25％を占め，11カ国にまたがる。年降水量は100mm以下。地下資源は豊富であり，オアシス周辺や河川流域では農耕も可能であるが，目下の最大の問題は年々砂漠が拡大することで（年6万km²とも），それに追い打ちをかけるのが人間の過伐採・過放牧などによるさらなる砂漠化である。一方，サハラ砂漠南縁の半乾燥地域のサヘル地帯では自然に緑化が進んでいるとの報告もあり，今後の推移が注目される。

世界遺産（0件）

マイオット（マイヨット）島 （フランスの海外県）
Mayotte

面積	374km²（山形市程度）。コモロ諸島に属するフランスの海外県
人口	21万1000人
行政所在地	マムーズ
自然	山が多い火山島で，火山岩のため，土壌は肥沃である。島全体をサンゴ礁が囲む。熱帯雨林気候
住民	クレオール，バントゥー系アフリカ人
言語	公用語はフランス語
宗教	大半はイスラーム教。他にカトリック
産業	肥沃な土壌に恵まれているためバニラ，イラン・イラン（この花から香水用精油を抽出），コーヒー豆，サトウキビなどの農業と漁業。しかし，狭い耕地を輸出用作物に割いてしまっているため自給自足はできず，食料需要の大半をフランスからの輸入に依存している。交通が不便で，観光業は不振
通貨	ユーロ（EUR）

歴史

マイオット島，あるいはマイヨット島とも呼ばれる。19世紀にマダガスカル島からサカラバ人が移住したが，1843年にその首長が海軍基地を求めていたフランスにザウジ島を割譲し，86年にはほかの3島もフランスの保護領となった。その後，レユニオン島のクレオールの農場主たちがマイオット島に移住して，サトウキビの栽培を中心に島を支配するようになった。1912年にマイオット島を含むコモロ諸島（主要4島）はフランス植民地となったが，第二次世界大戦後の1960年代に，コモロ諸島からのマイオット島の分離・独立を主張するマホレ人の運動が始まった。

その結果，1975年にマイオット島を除く3島がフランスから分離・独立して「コモロ連合」（83ページ）が成立した際にも，マイオット島だけは住民の意思としてフランス領として残った。コモロ連合は，現在もこの島の領有権を主張しているが，実現はしていない。74・76年の2回にわたり住民投票が実施されたが，いずれも64〜99％の割合でフランス領に残ることが支持された。76年からフランス特別自治体（海外県と海外領土の中間的形態）となり，2001年に海外県に昇格した。なおこの島はコモロ諸島中，年代的に最も古く，季節風（モンスーン）の猛威から守られた自然の良港をもち，島の周囲はサンゴのリーフ（reef，岩礁）が囲んでいる。

島の交通

フランス領マイオット島はじつは1つの島ではなく，2つの島とさらにいくつかの小島からなる。小さいほうの島がパマンジ島，大きいほうがグラン・テール島である。両者のあいだにザウジという小島があり，パマンジ島とは突堤で結ばれている。1962年まではこのザウジがコモロ諸島全体の政庁所在地であった。ザウジからグラン・テール島最大の街マムーズへはフェリーが頻繁に行き交っていて，空港はパマンジ島にある。

島の街並み。海は穏やかで，待避港として役立っている

世界遺産（0件）

レユニオン島 （フランスの海外県）
Réunion

インド洋
サンドニ
レユニオン島
モーリシャス

面積	2513km²（佐賀県程度）。フランスの海外県
人口	85万6000人
県都	サンドニ
自然	火山島で平地はごく少なく，住民の大半は海岸部に住む。火山学者の在住も多い。絶海の孤島にして高峰という地勢は，時として過酷な集中豪雨をもたらす。サバナ気候と熱帯雨林気候
住民	この地では，さまざまな混血をクレオールと呼び，6割強。次いで印僑（19世紀以降のインドからの移民）が3割弱。他にヨーロッパ人や華人
言語	公用語はフランス語
宗教	カトリックが9割。他にインド・グジャラート州からの移民のイスラーム教，ヒンドゥー教
産業	主要作物はサトウキビで，他にラム酒，キャッサバ，バニラ。観光業にも力が入れられている
通貨	ユーロ（EUR）

歴史

　旧称はマスカレン島ともブルボン島，あるいはボナパルト島ともいった。1513年，無人島であったこの島をポルトガル人ペドロ・マスカレナスが発見し，その後，1638年にフランスが領有してマスカレン島と命名した。17世紀半ば以降，フランス東インド会社がアフリカから奴隷を移入して，1767年に直轄植民地とし，フランス革命（1789〜99）時代の93年にレユニオン（団結・統一の意味）島と改めた。しかしその後も改名を繰り返し，最終的にレユニオンとなったのは1848年のフランス二月革命の時である。

　ナポレオン戦争（1796〜1815）中の1810〜15年のあいだ，イギリスによって一時占領されたが，ウィーン会議（1814〜15）によってフランスに返還された。1815年にサトウキビの栽培が導入されて主産業に成長していったが，48年，第二共和政政府によって奴隷貿易が廃止されたため労働力が不足し，インドからマルバラと呼ばれる年季契約労働者を移入した。第二次世界大戦後の1946年にフランスの海外領となり，74年に行政権が与えられた。直接選挙で5名の代表を下院に，間接選挙で3名を上院に送り込んだ。2002年にEUの単一通貨ユーロが導入され，11年にフランスの海外県に昇格した。

レユニオン島の尖峰，圏谷（けんこく），自然の城壁

　フランスの世界遺産として登録。登録されたのは，島の面積の4割を占める約40万ヘクタールの土地で，遺産名にあるように切り立った峰々と圏谷・原生林の自然境界が，2つの火山を中心に展開する。圏谷は「カール」とも呼ばれ，山地の谷頭部や山稜の直下に，氷河の侵食でつくられた半円形劇場型の凹地を指す。氷河が消失すると半円形の凹地の前面には堆石（たいせき〈モレーン〉）が残され，底部に氷河湖を形成することもある。

世界遺産（1件）

レユニオン島の尖峰，圏谷，自然の城壁 →コラム

ヨーロッパ

EU・45カ国・5地域

- アイスランド p.132
  - レイキャヴィク
- フェロー諸島 p.185
- ノルウェー p.157
  - オスロ
- スウェーデン p.150
  - ストックホルム
- スカンディナヴィア半島
- ノルウェー海
- ボスニア湾
- バルト海
- アイルランド p.133
  - ダブリン
- マン島 p.186
- イギリス p.136
  - ロンドン
- チャネル諸島 p.184
- 北海
- デンマーク p.156
  - コペンハーゲン
- オランダ p.144
  - アムステルダム
- ベルギー p.166
  - ブリュッセル
- ドイツ p.158
  - ベルリン
- リトアニア p.176
- ロシア(飛び地)
- ポーランド p.16
  - ワルシャ
- ルクセンブルク p.178
  - ルクセンブルク
- フランス p.162
  - パリ
- リヒテンシュタイン p.177
  - ファドーツ
- スイス p.149
  - ベルン
- オーストリア p.143
  - ウィーン
- チェコ p.155
  - プラハ
- スロヴァキア p.1
  - ブラティスラヴァ
- ハンガリー p.160
  - ブダペシ
- 大西洋
- ビスケー湾
- イベリア半島
- ピレネー山脈
- アルプス山脈
- イタリア p.138
- スロヴェニア p.153
  - リュブリャナ
- クロアチア p.146
  - ザグレブ
- ボスニア＝ヘルツェゴヴィナ p.167
  - サライェヴォ
- セル p.154
  - ベオグラー
- ポルトガル p.169
  - リスボン
- スペイン p.151
  - マドリード
- アンドラ p.135
  - アンドラ・ラ・ベリャ
- モナコ p.172
  - モナコ
- サン・マリノ p.148
  - サン・マリノ
- ヴァティカン p.140
  - ヴァティカン
  - ローマ
- モンテネグロ p.174
  - ポドゴリツァ
- アルバニア p.134
  - ティラナ
- コソヴォ p.147
  - プリシュティナ
- マケドニア p.170
  - スコピエ
- バルカ
- ブルガリ
- ジブラルタル海峡
- ジブラルタル p.182
- 地中海
- マルタ p.171
  - ヴァレッタ

バレンツ海

ウラル山脈

ロシア p.180

ィンランド
61

シンキ

ン
ストニア
42

トヴィア
p.175

ガ

東ヨーロッパ平原

ルニュス

ミンスク

モスクワ

ベラルーシ p.165

ヴ
ォ
ル
ガ
川

アラル海

キエフ

ド
ニ
エ
プ
ル
川

ウクライナ p.141

ア
山

キシナウ

ルーマニア
p.179

モルドヴァ
p.173

ブカレスト

カスピ海

脈

黒海

カ
フ
カ
ー
ス
山
脈

ナ
ウ
川

ソフィア

ボスフォラス海峡

ブルガリア
p.164

ト ル コ

エ
ー
ゲ
海

アテネ

ギリシア
p.145

キプロス島

パ
レ
ス
テ
ィ
ナ

クレタ島

ヨーロッパ連合
European Union

面積 423.4万km²（日本の11倍強）
人口 5億250万人（日本の4倍）
本部 拠点都市はブリュッセル（ベルギー），ストラスブール（フランス），ルクセンブルク
言語 基本条約であるヨーロッパ連合条約の正文は23言語で作成されており，ヨーロッパ連合の正式名称は23言語で表記される。略称としては，英語などでの表記の頭文字をとったEUがあり，日本語圏でもこの略称を使うことが多い。ただ，フランス語など，形容詞を後置する言語ではUEの略称が使用されることがある
加盟国 フランス，ドイツ，イタリア，ベルギー，オランダ，ルクセンブルク，イギリス，アイルランド，デンマーク，ギリシア，スペイン，ポルトガル，オーストリア，フィンランド，スウェーデン，ポーランド，ハンガリー，チェコ，スロヴァキア，スロヴェニア，エストニア，ラトヴィア，リトアニア，マルタ，キプロス，ブルガリア，ルーマニア（27カ国。2013年3月現在）
加盟候補国 トルコ，クロアティア，マケドニア，旧ユーゴスラヴィア，アイスランド，モンテネグロ，セルビア
通貨 国際的な基軸通貨となった「ユーロ」（€）のデザインには，ヨーロッパ統合に向けたEUの思いが込められている。ユーロ硬貨の場合，金額が記された表面は，ヨーロッパの地図をあしらった共通のデザインになっており，裏面は，オーストリアは「モーツァルト」，イタリアは「レオナルド・ダ・ヴィンチの人体デッサン」など，各国の独自性をあらわすデザインになっている。
　一方で，ユーロ紙幣はデザインが統一されており，描かれた建築物は，どこの国かを限定しないよう，ヨーロッパの特徴をよくあらわした架空の建築物のデザインで表面には「窓」や「門」，裏面には「橋」が描かれている。窓や門で「開かれたEU」という理念を表現，橋が「人と人のつながり」の象徴である
旗 当初，設立会議に出席した15カ国をあらわす15の星をあしらったデザインだったが，1995年に星の数を12に改定。12の星は，キリスト教の12使徒などにみられるような完璧や永遠を象徴するとされる

歴史

ヨーロッパは20世紀にはいって両次の世界大戦の悲劇を味わった。第一次世界大戦（1914～18）後の混迷するヨーロッパで，ドイツの思想家シュペングラー（1880～1936）は，大著『西洋の没落』（1918～22）で，統一的な世界史概念を否定，歴史的相対主義によって各地域の8つの文化を想定，それらは等しく生成・興隆・没落の過程をたどるとした。いわばこの思想と対極的なヨーロッパ統合の思想は19世紀末まで遡れるが，第二次世界大戦（1939～45）後の1950年，当時のフランス外相シューマン（1886～1963）がフランス・西ドイツ（当時）間の石炭と鉄鋼生産の共同管理を提案，これにベルギー・オランダ・ルクセンブルクのいわゆる「ベネルクス3国」とイタリアが参加してヨーロッパ石炭鉄鋼共同体（ECSC）が成立した。

これがヨーロッパ統合の出発点となり，1957年のローマ条約でヨーロッパ経済共同体（EEC）・ヨーロッパ原子力共同体（EUTRATOM）が発足。67年，これら3機関が統合されてヨーロッパ共同体（EC）となった。73年にイギリス・アイルランド・デンマークが，81年にギリシア，86年にスペイン・ポルトガルが加盟した。90年の東西ドイツの統一を契機にヨーロッパ統合は進展し，92年，ローマ条約を改訂したヨーロッパ連合条約（マーストリヒト条約）が締結されて93年にヨーロッパ連合（EU）に移行，EU域内の人・サービス業務・資本・資金の移動が自由となり，当時の加盟12カ国の総

ドイツ，フランクフルト中央駅近くにあるヨーロッパ中央銀行の前にユーロのモニュメントがある。1999年の共通通貨ユーロの創設にちなんでたてられたもので，12の星があしらわれている

ヨーロッパ統合の歩み

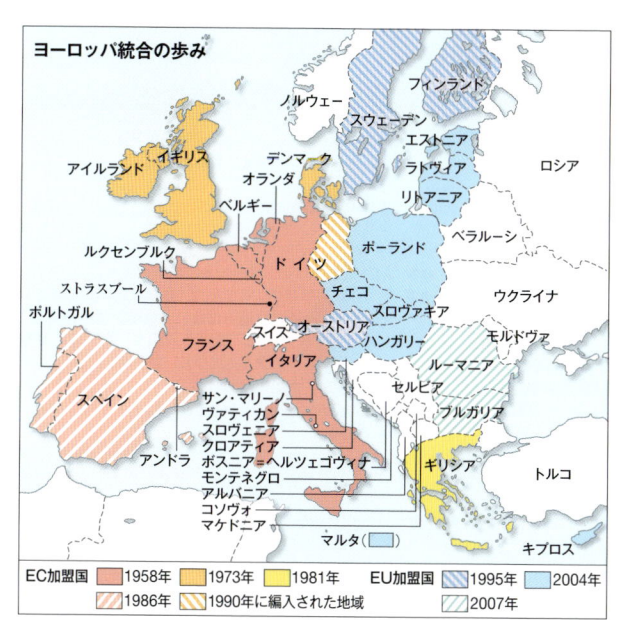

EC加盟国			
■ 1958年	■ 1973年	■ 1981年	
▨ 1986年	▨ 1990年に編入された地域		

EU加盟国	
▨ 1995年	■ 2004年
▨ 2007年	

人口は3億7000万人に達し、アメリカに匹敵する巨大な経済圏が生まれた。EUにはヨーロッパ委員会(ブリュッセル)・ヨーロッパ議会(ストラスブール)・中央銀行(フランクフルト)・司法裁判所(ルクセンブルク)が常設され、加盟国には経済・外交・安全保障・法律・内政などの分野での共同歩調が義務付けられた。

1995年、オーストリアなど3カ国が加盟、99年にはヨーロッパ共通通貨(ユーロ)が銀行間決済で使用されはじめ、2002年1月からは一般市場にも導入された。04年にはポーランドなど東欧10カ国が、07年にも2カ国が加盟して現在、27カ国であるが、単一通貨ユーロの参加国は17カ国で、参加しない国もある(イギリス・デンマークなど)。世界金融危機に起因し、11年に始まったギリシアの国家債務危機の表面化で、財政危機に陥った一部の加盟国にEUの資金援助がなされているが、その問題をめぐって加盟国間の足並みの乱れも表面化している。また、EUの強化を狙う「ヨーロッパ憲法」はフランス・オランダが国民投票で拒否、それに代わるリスボン条約(07年12月締結)は、08年にアイルランドが国民投票で拒否、条約発効も見通せないが、その「和解と統合」による平和構築機能が評価され、12年にノーベル平和賞を受賞した。

また、ユーロを使用せずに独自路線を歩んできたイギリスでは13年1月、キャメロン首相が15年の次期総選挙で政権継続が決まれば「EU離脱」の可否を問う国民投票を17年末までに実施すると言明した。

ヨーロッパ市民の誕生

「ヨーロッパ市民」という言葉は、加盟各国の国民が国境を越えて統合されたヨーロッパの一構成員であるという自覚をもつために生まれた言葉。ヨーロッパ市民としてのアイデンティティ育成のため、旗と歌(歓喜の歌)が制定され、1985年に共通デザインのパスポート、96年には共通形式の運転免許証が導入された。マーストリヒト条約には「EU市民権」(Citizenship of the Union)が明記された。

フランスのストラスブールにあるヨーロッパ議会。議員は加盟国ごとに比例代表制で選出される

ヨーロッパ　ヨーロッパ連合

アイスランド共和国
Republic of Iceland

面積	10万3000km²（北海道よりやや広い）
人口	32万人
首都	レイキャヴィク
自然	火山島で多くの間欠泉や温泉がある。北部はツンドラ気候、南部はメキシコ湾から流れてくる暖流である北大西洋海流の影響を強く受けて、西岸海洋性気候
住民	ノルマン人とケルト系アイスランド人
言語	公用語はアイスランド語
宗教	人口の8割がプロテスタントのルター派
産業	国内の電力供給の8割を水力、残りは地熱から得ており、火力・原子力発電所はない。漁獲資源が豊富で、漁業が古くから盛ん。捕鯨賛成国で、2006年に商業捕鯨を再開した。アルミニウム。観光業
通貨	アイスランドクローナ
国名	自称はIsland（イースラント）。スカンディナヴィア語で「氷の島」

歴史

860年頃、デンマーク・ノルウェー・デンマークなどノルマン人（ヴァイキング）やスコットランドおよびアイルランドのケルト人が渡来し、870年頃から約60年間ノルウェー人が植民した。1000年頃にはキリスト教を受容、1260年代以降、ノルウェー国王に臣従したが、1380年、カルマル連合によってノルウェーとともにデンマークの支配下にはいり、その結果、宗教改革でプロテスタントに改宗した。その後、疫病の流行・火山噴火・凶作などによって人口は激減。1815年のウィーン会議ではアイスランドのみデンマーク支配下にとどまり、1918年、同君連合の形で主権を獲得した。

第二次世界大戦中にデンマーク本国がドイツに占領されるとアイスランドには米・英軍が進駐し、1944年の住民投票で賛成を得て独立宣言をした。第二次世界大戦前に永世中立国宣言をしていたが、49年に国民の反対を押し切ってNATOに加盟した。しかし軍隊を保有せず、51年以降、国防を米軍に依存してきたが、2006年、米軍が完全に撤退して国防政策の見直しを迫られている。近隣諸国との漁業権問題での利害対立からEUには加盟していないが、ヨーロッパ自由貿易連合（EFTA）加盟国としてEU市場と結びついている。2008年9月、アメリカに端を発した世界金融危機にあたって経済危機が表面化し、銀行の国有化、IMFへの金融支援要請をおこなった。

> **タラ戦争**
> イギリスとアイスランドは1958～61・72～73・75～76年の3回にわたって北大西洋の漁業専管水域をめぐって争った。タラの豊富な漁場であることからこう呼ばれる。アイスランドが資源保護のためとして専管水域を拡大したことに対して、イギリス海軍とアイスランドの沿岸警備船の衝突もあって漁民の逮捕者が出る騒ぎとなったが、結果はアイスランドに有利な条件で解決した。

約8400万km²（広島県ほど）あるヨーロッパ最大のヴァトナ氷河。氷河の下には活火山があり、時折噴火して大洪水をひきおこす

世界遺産（2件）

シングヴェトリル国立公園（民主的な議会アルシングの開催地）／スルツエイ（1963年に海底火山の噴火により生まれた新島で、生態系形成の観察地）

アイルランド
Ireland

面積	7万300km²（ほぼ北海道）
人口	460万人
首都	ダブリン
自然	全体に標高600~800mの高原からなり，多数の湖がある。西岸海洋性気候
住民	ケルト系アイルランド人がほとんど。他にアジア系，アフリカ系
言語	公用語はアイルランド語（ケルト語派のゲール語），第2公用語が英語
宗教	ほとんどがカトリック
産業	大麦，小麦，ジャガイモなどの農業。牛を中核とする畜産。鉱業は鉛と亜鉛など
通貨	ユーロ
国名	自称はエールEireで，ゲール語のre（後ろ側，西側）が転訛（てんか）し，landがつけられた
国旗	旗竿側が緑で，コートジヴォワールと左右が逆

歴史

前5世紀頃ケルト人が島に侵入して，前7500年頃からこの地にあった先住民を駆逐し，紀元後5世紀頃，キリスト教を受容した。12世紀，イギリス勢力の侵入で島が支配下におかれ，英王ヘンリ8世（位1509~56）はさらに支配力を固めた。17世紀半ばのイギリス革命に際し，独裁的指導者クロムウェル（1599~1658）が反革命派の拠点であったこの地のカトリック地主の土地を没収して，植民地化した。1801年，イギリスに併合され，19世紀半ばの大飢饉では餓死者と海外移住者によって人口が200万人以上も減少した。1914年成立のアイルランド自治法は同年の第一次世界大戦勃発を理由に実施が延期され，22年に南部26州からなるアイルランド自由国が成立したが，北部6州はイギリスの自治領にとどまった。

1949年，自由国は英連邦から離脱して共和国として独立，73年にはヨーロッパ共同体（現EU）に加盟した。プロテスタントが多数派の北部6州（北アイルランド自治政府）では，アイルランドへの帰属を求めるカトリック系住民と，イギリス本国に留まることを望むプロテスタント系住民の対立が激化し，前者の武装組織「アイルランド共和軍（IRA）」は北アイルランドやイギリス本国でテロを敢行してきたが98年に和平合意に到達し，2003年にはIRAも武装解除した。08年以降の世界金融危機のなかで深刻な財政・金融危機に陥り，10年11月，EUとIMFに経済支援を要請した。

ボイン渓谷の遺跡

首都ダブリンから北へ約50km，ミース州ボイン川流域の丘陵上に約5000年前に，先住民によって造営されたおよそ40基の古墳が残る。なかでも最大のものは1962年に発見されたニューグレンジの石室墓で，直径90m，高さは11mある。入口から細い通路を行くと，十字形の石室があるが，冬至の日の出には入口上部の窓からはいる太陽光線がこの石室内部にまで射し込むように設計されている。

アイルランド島の西に位置するアラン諸島には，ケルト人の末裔の人々が生活する。風よけのために網目のように築かれた石垣は，島民の忍耐強さを象徴している。囲いのなかは畑や牧草地になっている

世界遺産（2件）

ボイン渓谷の遺跡→コラム／スケリッグ・マイケル（アイルランド南西部の孤島の断崖に残る初期キリスト教遺跡）

アルバニア共和国
Republic of Albania

面積	2万8700km²（四国の1.5倍）
人口	320万人
首都	ティラナ
自然	国土の3分の2以上は1000m以上の高地だが，農地面積は25%ある。海岸部は地中海性気候，内陸部は西岸海洋性気候
住民	アルバニア人が大多数。他にギリシア人
言語	公用語はアルバニア語。北部のゲグ方言と南部のトスク方言に分かれるが，標準語はトスク方言に基づいている。他にギリシア語，ロマニ語
宗教	イスラーム教が7割。他にアルバニア正教が2割，カトリックが1割
産業	小麦，トウモロコシ，オリーヴ，ブドウなどの農業
通貨	レク
国旗	中央は双頭の鷲
国名	通称シュチパリア。アルバニア語で「鷲の国」の意味

歴史

　アルバニア人はバルカン半島北部トラキア地方の先住民イリリア人（インド・ヨーロッパ系）の子孫とされ，前3世紀，バルカンを南下して国家を形成した。前167年，共和政ローマに敗れてから一時を除いて他民族に支配され続けた。6世紀後半には南スラヴ人のバルカン進出に追われて現在の地域に定住。5世紀には東ローマ（ビザンツ）帝国の支配下にはいり，14世紀後半，バルカン半島に侵攻したオスマン帝国（トルコ）の支配下にはいった。19世紀後半，オスマン帝国の弱体化で独立運動が刺激され，1912年，第1次バルカン戦争後のロンドン会議で独立が承認され，25年に共和政となったが，28年に世襲王国に変わり，39年，イタリアに併合された。

　第二次世界大戦でドイツ軍の占領を受けたが，1944年に占領から解放されて共産党が政権を握り，46年に人民共和国となった。経済的関係が深かった隣国ユーゴスラヴィア連邦が独自路線を追求すると，関係を断絶（48）し，ソ連邦との対立（61）に加えて78年には中国からの経済・軍事援助も停止されて孤立が深まった。44年から政権にあったホジャ（1908～85）が死去したのちも独裁が続いたが，東欧革命（1989）の余波で90年に共産党の一党独裁を放棄，複数政党による自由選挙と大統領制（91）を導入して現国名となった。90年代から経済は停滞し，EU加盟が喫緊の課題である。

ブトリント

　アルバニア南部のサランダ県に，前6～前5世紀に開かれたギリシアの植民都市を起源とする街の遺跡が残る。20世紀になって発掘が進んだ結果，数々の遺溝が甦り，神殿・公共浴場・円形劇場などを中心に，低地には住居群が広がっていたことがわかる。前2世紀頃，都市の機能も充実し，5世紀にはビザンツ帝国の支配下でキリスト教聖堂も建てられたが，14世紀から500年にわたるオスマン帝国支配のあいだに廃墟と化した。20世紀にはいり，発掘が進んだ。

世界遺産（2件）

ブトリント→コラム／ベラットとギロカストラの歴史地区（オスマン帝国時代の街並み）

アンドラ公国
Principality of Andorra

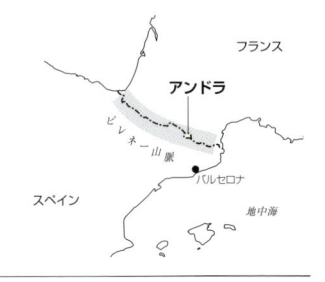

面積	468km²（金沢市程度）
人口	8万5000人
首都	アンドラベラ
自然	ピレネー山脈東部に位置し，スペインとフランスにはさまれた山がちの内陸国で，地中海性気候。フランス側は急峻な斜面で，ふつうはスペイン側から入国する。耕地は4%にすぎない
住民	アンドラ人，スペイン人。他にフランス人，ポルトガル人
言語	公用語はカタルニア語。他にスペイン語，ポルトガル語，フランス語
宗教	大多数がカトリック。他にイスラーム教
産業	観光業，サービス業。タックス・ヘイヴン（租税回避地）の国である
通貨	ユーロ
国旗	中心部に国章を配置

歴史

初めて歴史書にあらわれるのは前1世紀で，アンドシニと記述され，その後は「アンドラ中立渓谷」とも呼ばれた。819年，フランク国王ルイ1世（位814〜840）がウルヘル（現スペインのセオ・デ・ウルヘル市）の司教に主権を譲り，その後，同司教の封臣カブエット家，次いでフランスのフォア伯爵家が諸権利を引き継いだが，紛争が生じたため，1278年，ウルヘル司教とフォア伯爵の共同統治となった。フォア家の権利はフランスのブルボン王家などに移り，のちウルヘル司教とフランスの共同統治として24名の代議員からなる総評議会の立法権のもと，総評議会任命の長官が行政権を握った。近世以降，厳格な中立政策をとってフランス・スペインを除いては外国との接触を拒否してきたため，貧しい地域であったが，20世紀にいたって第二次世界大戦後，観光業を軸に急速な経済発展を遂げた。

1970年に普通選挙制を導入，82年に司法と立法が分離した。90年の選挙で総評議会は改革派が多数を占めて憲法制定を準備し，93年の国民投票で憲法が承認されて，ここに主権国家としてのアンドラ公国が成立した。こうしてウルヘラ司教とフランスの共同統治権は象徴化して主権はアンドラ人に移った。93年には国連にも加盟，EUには未加盟であるものの，ヨーロッパ自由貿易連合（EFTA）・ヨーロッパ経済領域（EEA）には参加しているため，EUの単一通貨ユーロが使用される。

マデリウ・ペラフィタ・クラーロル渓谷

公国南部のこの渓谷には，ピレネー山脈の雪解け水が流れ込み，豊かな自然と人々の暮らしを支えてきた。水は水車を回す動力となり，精錬所では鉄を鍛えるハンマーを24時間動かし続け，大量の鉄の輸出で巨万の富を生んだ。18世紀後半の近代製鉄業の興隆で衰えたが，今は集落・牧草地・山小屋・鉄の精錬所跡など，人々の700年以上にわたる暮らしを偲ぶ文化的景観となっている。

世界遺産（1件）

マデリウ・ペラフィタ・クラーロル渓谷 →コラム

イギリス（グレイト・ブリテンおよび北アイルランド連合王国）

United Kingdom of Great Britain and Northern Ireland

面積	24万3000km²（日本の3分の2）。グレイト（大）・ブリテン島のイングランド，スコットランド，ウェールズ，そしてアイルランド島北部（北アイルランド）の4つの国（カントリー）から構成される
人口	6180万人
首都	ロンドン
自然	メキシコ湾流と偏西風のため，高緯度だが温暖。西岸海洋性気候
住民	ゲルマン系のアングロ・サクソン人，ケルト系（ウェールズとスコットランド），およびアフリカやインド・パキスタンなど旧植民地からの移住者
言語	公用語は英語だが，ウェールズ語，ゲール語などの使用地域がある
宗教	イギリス国教会が7割。他にカトリック，イスラーム教，ヒンドゥー教
産業	小麦，大麦，ジャガイモなどの農業。かつて，毛織物・綿織物など繊維工業が発達していたことから，現在でも羊毛の生産が多く，世界第4位。世界の主要な漁業国の1つでもあり，舌平目からニシンまであらゆる種類の魚を水揚げしている。北海に海底油田があり，イギリスは1990年代に西ヨーロッパではノルウェーに次いで2番目の産油国となった。工業国としては珍しく石油を輸出している（輸入もしている）。8つのグローバルな自動車メーカーが存在する。ロンドンは世界最大級の金融街で，シティとドックランズに集中
通貨	EUに加盟しているが，単一通貨ユーロには加わらず，独自の通貨スターリング・ポンドを使用
国名	「イギリス」の語源については，ポルトガル語のInglezに由来するといわれる
国旗	ユニオンフラッグ（Union Flag）である。ユニオンジャック（Union Jack）とも呼ばれるが，ジャックとは海事用語で「船の国籍を示す旗」を意味する

歴史

　前6世紀頃ケルト人が大陸から侵入して先住民を征服し，前1世紀にはローマ軍が侵攻してイングランド南部を支配した。5世紀にはゲルマン民族のアングロ・サクソン人が侵入してイングランドに小王国群を形成した。11世紀のノルマン系デーン人の侵入に続いて1066年，大陸北西部から侵攻してきたノルマンディー公ウィリアム（ウィリアム1世〈征服王〉）がイングランドを統一した（ノルマン朝）。同朝の断絶でプランタジネット朝（1154～1399）となったが，王権を制限するため貴族が結束して「マグナ・カルタ」（大憲章）を認めさせた（1215）。1284年にはウェールズを併合，95年に身分制議会が形成され，1343年に上下両院制となった。

　16世紀前半，ヘンリ8世（位1509～47）主導の宗教改革でイギリス国教会が成立，国王を首長と定めてローマ教皇の権威から離脱し，絶対王政も進展した。17世紀半ばには宗教的・社会的対立からイギリス革命（1642～49）がおこって一時王政が廃止された（1649～60）。王政復古後も国王との対立はやまず，名誉革命（1688）後の「権利章典」（1689）で議会主権の立憲君主国となり，次第に「国王は君臨すれども統治せず」の原則が生まれた。16世紀後半以降，海外の植民地を拡大，1707年にはスコットランドを併合，1801年，アイルランドを併合して「大ブリテン・アイルランド連合王国」となった。

　18世紀後半から世界に先駆けて木綿工業から始まる産業革命を達成，広大な海外植民地とあわせて「世界の工場」と称され，19世紀前半には選挙法改正など自由主

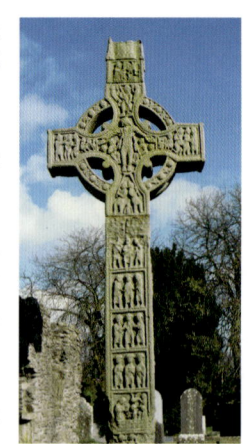

紀元前のヨーロッパに広く分布したケルト人のシンボルは，ラテン十字と十字の交差部分を囲む環からなるケルト十字だった

義的改革も進み，19世紀後半の「帝国主義時代」の開始期にイギリスは絶頂期を迎えた。第一次世界大戦後の1922年，アイルランドの大部分が独立したため，「大ブリテン・北アイルランド連合王国」となり，31年，海外植民地と英連邦を形成した。第二次世界大戦後は労働党政権（1945～51）のもとで基幹産業の国有化や保健サービスの拡大など福祉国家建設の道を歩み始めた。しかし経済の停滞や米・ソ両陣営の「冷戦」で世界政治での発言力は低下し，65年にはポンド危機が深刻化，66年，賃金・物価統制令を発布した。

1830年，港町リヴァプールと産業革命において中心的役割を果たしたマンチェスターを結ぶ，世界最初の鉄道の開通式がおこなわれた

　1979年，保守党のサッチャーがイギリス史上初の女性首相に就任（1979～90），民営化路線を軸とする新自由主義的政策を導入して経済基盤回復を実現した。その後も保守党・労働党の政権交替が生じたが，冷戦終結後，労働党のブレア政権（1997～2007）はアメリカのイラク戦争（2003）に追随して一部に批判された。ブレア引退後のブラウン政権（2007～）は2010年の選挙で敗れ，保守党と自由民主党の連立政権が成立した。NATO原加盟国で国連安全保障理事会常任理事国である。73年，ヨーロッパ共同体（現EU）に加盟したが，単一通貨制度（ユーロ）には参加していない。

ウェストミンスター宮殿は，ロンドンの中心部テムズ河畔にあり，現在はイギリス議会が議事堂として使用している。併設されている時計塔（ビッグ・ベン）とともにロンドンを代表する風景である。手前が下院議場で奥側が上院議場

ヨーロッパ　イギリス（グレイト・ブリテンおよび北アイルランド連合王国）

世界遺産（28件，うち1件は共同登録。ピトケアン諸島を含む）

ダラム城と大聖堂（天然の要害に築かれた城塞とノルマン様式の大聖堂）／**アイアンブリッジ渓谷**（産業革命の成果。世界で最初の鉄橋）／**ファウンティンズ修道院遺跡を含むスタッドリー王立公園**（自然を生かした風景公園に残る中世の修道院遺跡）／**ストーンヘンジ，エーヴベリーと関連する遺跡群**（謎に包まれた先史時代の遺跡）／**グウィネズのエドワード1世の城郭群と市壁群**（13世紀後半にウェールズを征服した王の城郭群）／**ブレナム宮殿**（オクスフォード郊外に残るイギリス屈指のバロック建築）／**ウェストミンスター宮殿，ウェストミンスター大寺院および聖マーガレット教会**（国会議事堂とイギリス国教会の教会）→下の写真／**ロンドン塔**→コラム　など

ロンドン塔

　1066年，イングランドを征服したウィリアム1世が自治都市シティを監視するために居城を兼ねた要塞を建築したのが始まりである。当初は木造であったが11世紀末に石造のものとなり，13世紀後半に現在の姿となった。15世紀後半からは主に政治犯の監獄として使われるようになり，人文主義者トマス・モア（1478～1535）など，歴史上で名高い人たちがここで反逆罪で処刑された。現在は博物館として公開されており，多くの王室財宝も展示されている。

イタリア共和国
Republic of Italy

面積	30万1000km²（日本の5分の4）。大陸部，半島部と点在する70ほどの島々の3つの部分からなる。イタリア半島内にヴァティカン市国，サン・マリーノ共和国がある
人口	6020万人
首都	ローマ
自然	イタリア北部を横断しているポー川はアルプス山脈などに源流をもち，ロンバルディア平原，ポー平原を流れ，アドリア海に注ぐ。その流域はヨーロッパ有数の農産地域で，下流域では，米作が盛んなことで有名。イタリア半島の脊梁（せきりょう）にはアペニン山脈が縦走し，海岸部には平野が少ない。北部は温暖湿潤気候，南部は地中海性気候
住民	ラテン系を中心に，ケルト系，ゲルマン系，ギリシア系などの混成民族であるイタリア人が大多数。北部にドイツ系，ティロル人（ドイツ系イタリア人），フランス系，南部にアフリカ系，アルバニア人
言語	公用語はイタリア語。他にドイツ語，フランス語，サルデーニャ語
宗教	カトリックが8割。他にプロテスタント，ユダヤ教，イスラーム教，仏教
産業	世界有数のワイン生産国。オリーヴとブドウは共に生産量世界第2位。酪農も主要な産業であり，ゴルゴンゾーラ，パルミジャーノ，レッジャーノをはじめ約50種類のチーズが生産される。近代服飾・装飾産業，自動車産業が知られている。北部は工業化が進んでいるが，南部やサルデーニャなどの島嶼（とうしょ）部は農業や観光業・軽工業中心のため，南北格差が大きい
通貨	ユーロ
国名	イタリアは古ラテン語のvitulus（子牛）に由来する。古代，半島南部で多くの牛が放牧されていたことからギリシア人がVitelia（ウィテリア）と名付けたという

歴史

前1000年頃，イタリア半島を古代イタリア人が北方から南下して先住民のエトルリア人を征服，そのなかのラテン人が半島中部，ティベル河畔のローマに都市国家を築いた（前6世紀末から共和政）。前272年，ローマは半島全域を支配下におき，前1世紀末には地中海全域を支配して帝政時代にはいり，後1世紀末～2世紀後半にかけて全盛期を誇った。だが2世紀末からは衰退に向かい，それまで迫害していたキリスト教を4世紀初頭に公認したのち国教化したが（392），まもなく395年に帝国は東西に分裂した。ゲルマン民族の侵入によって476年に西ローマ帝国は滅亡し，半島ではゲルマン民族の移動・建国で混乱と分裂の時代となった。これより先の330年，コンスタンティノープル（分裂後の東ローマ〈ビザンツ〉帝国の首都，現トルコのイスタンブル）に遷都して帝国の重心は東方に移っていた。

8世紀末にはゲルマン民族のフランク王国が西欧の大部分を統一，フランク王カール1世（位768～814）は800年にローマ教皇から帝冠を受けた。だがカールの死後，9世紀半ばに王国は分裂，半島は都市国家・公国・教皇領などが分立する四分五裂の状態になった。南部にノルマン人がはいって1130年に両シチリア王国を建て（首都ナポリ），北部・中部では地中海貿易や遠隔地貿易を背景にミラノ，ヴェネツィア，フィレンツェなどの商業都市国家が繁栄

12世紀半ばに完成したロマネスク様式のピサ大聖堂。右の斜塔で，ガリレイ（1564～1642）が物体落下の実験をおこなったと伝えられる

北イタリアに11世紀頃創設されたヨーロッパ最古のボローニャ大学。10世紀には法学校が存在していたともいわれる

した。16世紀には神聖ローマ帝国（ドイツ）・フランス間で戦われたイタリア戦争（1521～44）によって荒廃してスペインの支配下にはいり，18世紀以降，北部・中部はオーストリアの支配下にはいった。ナポレオン戦争（1796～1815）後の自由主義的改革運動（リソルジメント）や国家統一運動がイタリアでも盛んになったが，19世紀半ばまではオーストリアの介入で阻まれた。だがカヴール（1810～61）やガリバルディ（1807～82）らの活躍で統一運動が進み，1861年，サルデーニャ国王ヴィットーリオ・エマヌエーレ2世が初代イタリア国王（位1861～81）となって統一が完成，70年にはローマを首都とした。

　第一次世界大戦には連合国の一員として参戦したが得たものは少なく，戦後，各地で農民運動や労働運動が活発化し，社会不安から全体主義の進出を許して，1922年，ムッソリーニ（1883～1945）のファシスト政権（1922～43）が成立した。第二次世界大戦ではドイツ・日本と枢軸を形成して連合国と戦ったが，ムッソリーニも43年に失脚して44年に降伏。46年，王政は廃止されて共和国となったが，現在にいたるまで政情は不安定でしばしば政権が交替して，連立政権も多い。また政・財界の汚職などスキャンダルも絶えない。47年成立の共和国憲法では第11条で国際紛争解決の手段としての戦争を放棄しているが，NATOの原加盟国でもある。EUにもヨーロッパ経済共同体（EEC）の段階から加盟した。2008年9月に始まる世界金融危機の高まりで，イタリアの財政も大きく傷ついている。

カヴールの支援を受けたガリバルディは，1860年，赤シャツ隊を率いてシチリアからナポリに入市（にゅうし）し，イタリア統一に貢献した

世界遺産（47件，うち4件は共同登録）

レオナルド・ダ・ヴィンチの「最後の晩餐」があるサンタ・マリア・デッレ・グラツィエ教会とドメニコ会修道院（ミラノに残る華麗な宮廷文化の遺産とルネサンス絵画の代表作の1つ）／フィレンツェ歴史地区（ルネサンス芸術の精華を伝える「花の都」）／ヴェネツィアとその潟（世界の富を集めて「アドリア海の女王」とも呼ばれた「水の都」）／ピサのドゥオモ広場（白亜の建造物群に偲ぶ昔日の栄光）→左ページの写真／サン・ジミニャーノ歴史地区（中世の面影を伝える「美しい塔の町」）／マテーラの洞窟住居と岩窟教会公園（南イタリアの厳しい自然を耐えた特殊な住居）／ヴィチェンツァ市街とヴェネト地方のパッラーディオ様式の邸宅群（ルネサンス時代の大建築家パッラーディオによって装飾された町）／ポンペイ，エルコラーノおよびトッレ・アヌンツィアータの遺跡地域→コラム他

ポンペイ，エルコラーノおよびトッレ・アヌンツィアータの遺跡地域

　ポンペイはイタリア南部ナポリ湾沿岸に前7世紀に建設されたが，後79年8月24日昼過ぎ，突然，町の北側郊外のウェスウィオ山（1277m）が噴火，ポンペイやエルコラーノなどの町を火山灰で埋め尽くした。1748年，ポンペイが地中から発見され，組織的発掘は1963年から現在まで続き，遺跡のほぼ8割が作業を終えた。公共広場・市庁舎・野外劇場・円形闘技場・公共浴場・上下水道などを備えていたことがわかる。

ヴァティカン市国
Vatican

面積	0.44km²（北京・天安門広場と同じ）で世界最小。他に，市国外のイタリア領土内に治外法権の施設がある
人口	793人
自然	地中海性気候
住民	ローマ教皇庁の聖職者と関係者（ほとんどがイタリア人）およびスイス人傭兵
言語	公用語はラテン語。また，一般に外交用語はフランス語，業務用語はイタリア語
宗教	カトリック
産業	信徒からの募金，独自の切手販売などの観光収入
通貨	ユーロ
国名	教皇を国家元首とする独立国家（市国）と，世界のカトリック教会を支配する教皇座（教皇庁）の聖俗の総称
国旗	教皇の冠と金銀の鍵。鍵はペテロの鍵と呼ばれ，イエスが弟子ペテロにいった言葉「あなたに天の国の鍵を授ける」に由来し，霊界と俗界の支配権を象徴

歴史

古代ローマ帝国の後1世紀前半に当時のユダヤの地でキリスト教は生まれた。イエス（前4頃～後30頃）の死後，使徒（弟子）たちは布教に努めたが，ローマ帝国は激しく迫害し，1世紀後半，使徒ペテロ（?～64/65/67）らが現在のヴァティカン市国の地にあった競技場で処刑された。キリスト教は4世紀前半に公認され，4世紀末には国教化されるが，349年，ペテロの墓の上に聖堂が建てられサン・ピエトロ（聖ペテロ）聖堂と名付けられた。フランク王国のピピン3世は756年，ローマ教皇（法王とも。本来はローマ大司教で初代がペテロ）に土地を寄進した。これが教皇領の始まりで，以後，教皇は教会の最高指導者と同時に各地の教皇領を支配する世俗権力者の両方を兼ね，ローマに教皇庁がおかれた。

19世紀後半，統一を成し遂げたイタリア王国はしばしば対立してきた教皇国家を1870年に併合したが，教皇はヴァティカン宮殿にとどまってイタリアを批判し続けたため，両者は敵対関係となった。1922年に政権をとったファシスト（全体主義者）のムッソリーニは29年，教皇とラテラノ協定を結んで主権国家ヴァティカン市国の設立を認めた。国連には加盟していないがほとんどの国と外交関係を結び，世界中で8億～10億人といわれる信徒を統べるカトリックの総本山であり，最小面積国だが，軍事力を別とすれば財力・情報力ともに最強国家に匹敵するといわれる。

ヴァティカン市国全域

主な建物はサン・ピエトロ大聖堂（写真）・ヴァティカン宮殿・システィーナ礼拝堂などである。大聖堂は，旧聖堂が15世紀末まで存在していたが，1502年に新聖堂の建築が始まり，ミケランジェロ，ブラマンテ，ラファエロ，ベルニーニなど錚々（そうそう）たるルネサンス芸術家が参加，着工からおよそ1世紀半ののちに完成したルネサンス様式の雄である。システィーナ礼拝堂ではミケランジェロの壁画「最後の審判」や天井画「天地創造」がとくに有名である。

世界遺産（2件，うち1件は共同登録）

ヴァティカン市国全域 →コラム／ローマ歴史地区，教皇領とサン・パオロ・フォリ・レ・ムーラ聖堂（イタリアとの共同登録。コロッセウムなどの建造物と教皇直轄のサン・パオロ・フォリ・レ・ムーラなど3つの聖堂）

ウクライナ
Ukraine

面積	60万3700km²（日本の1.6倍）
人口	4590万人
首都	キエフ
自然	国土の半分は中央を南流するドニエプル川の肥沃な流域平野。北部は冷帯湿潤気候，南部はステップ気候
住民	8割近くがウクライナ人，2割近くがロシア人。他にベラルーシ人，モルドヴァ人
言語	公用語はウクライナ語。ロシア語も一般に通用
宗教	ウクライナ正教会が8割強。他にカトリック，イスラーム教，ユダヤ教
産業	小麦，大麦（生産量世界第3位），トウモロコシ（世界第9位）などの農業と牧畜。石油，天然ガス，石炭，鉄鉱石（世界第6位），マンガン，チタン，ウランの地下資源も豊富。鉄鋼など工業も発展している
通貨	フリヴニャ
国名	辺境地帯の意。ヨーロッパの東の端にあるため

歴史

ウクライナの南部にあたる黒海北岸には前8～前7世紀にはギリシア人の植民市が築かれ，ステップ地域は騎馬遊牧民族国家の一部となった。9世紀半ば～13世紀半ばにこの一帯はキエフ・ルーシが繁栄してロシア国家の源流となる。1569年にウクライナはポーランドの支配下にはいったが1667年，ロシアとポーランドはウクライナをドニエプル川の左岸と右岸に分割し，のちポーランド領（右岸）もほぼロシア領となった。1917年のロシア革命で帝政ロシアが崩壊すると，18年にウクライナ人民共和国が独立したが，ロシアが内戦期にはいり，幾多の政権が興亡したのちウクライナ・ソヴィエト社会主義共和国が残り，22年にソヴィエト連邦を構成した。

1930年代の民族運動はソ連邦によって弾圧され，農業集団化の際にも大量の犠牲者を生んだため，ウクライナ蜂起軍（UPA）などを中心に50年代半ばまで反ソ闘争が続いた。スターリンの死（1953）で弾圧は緩和され，54年にクリミア半島がソ連邦から移譲されたが，86年に史上最悪ともいわれるチェルノブイリ原発事故がおき，この付近は廃村同然となった。91年，ソ連邦崩壊で独立し，ヨーロッパで最大の面積をもつ国となった。国の西部は西欧を志向し，東部はロシアを志向するという内部対立を含みながら，豊かな鉱物資源と農・工業の発達で経済的潜在力は極めて高い。

キエフ―聖ソフィア大聖堂と関連する修道院建築物群，キエフ・ペチェールスカヤ大修道院

キエフの建設は6世紀に遡る。9世紀にはキエフ大公国が建てられ，ここに都をおいた。ウラディーミル1世（位980～1015）はキリスト教に改宗し，ヤロスラフ賢公（位1016～54）の時代に最盛期を迎えた。聖ソフィア大聖堂（写真）は1037年，ヤロスラフ賢公の命で建立されたキエフを象徴する建物で，ロシアのピョートル大帝（位1682～1725）によってバロック様式に改築されたが，内部は創建当時のビザンツ様式の荘厳さを残している。大修道院は13世紀にタタール人に破壊され，18世紀に再興された。

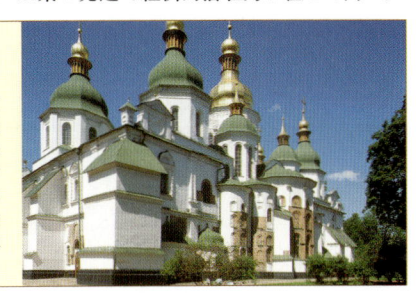

世界遺産（5件，うち2件は共同登録）

キエフ―聖ソフィア大聖堂と関連する修道院建築物群，キエフ・ペチェールスカヤ大修道院→コラム／リヴィフ歴史地区（ウクライナ西部のカトリックの中心地に残るゴシックやバロック様式の聖堂など）／ブコヴィナ・ダルマティアの主教座施設（19世紀にチェコ人建築家の設計によって建てられた宗教施設を含む都市住居群）／シュトゥルーヴェの三角点アーチ観測地点群（説明173ページ）／カルパティア山地のブナ原生林とドイツの古代ブナ林（スロヴァキア，ドイツと3カ国の共同登録。北半球のブナ林拡大プロセスを理解するうえで不可欠の原生ブナ林群）

エストニア共和国
Republic of Estonia

面積	4.5万km²（日本の9分の1）。バルト3国の最北の国
人口	130万人
首都	タリン
自然	全体に平坦だが，多数の湖と島がある。冷帯温潤気候
住民	フィン系のエストニア人が70％，ロシア人が25％。他にウクライナ人，ベラルーシ人，フィン人
言語	公用語はエストニア語。他にロシア語
宗教	プロテスタントのルター派，ロシア正教
産業	石油の代替エネルギーとなりうるオイルシェール（油母頁岩〈ゆぼけつがん〉）を産出，主として発電に利用している。エストニアはバルト3国中で最も経済状況は良好である。IT産業が堅調で，IT技術者が多い。フィンランドから高速船で1時間半という立地と，世界文化遺産に登録されたタリン歴史地区を背景に，近年は観光業が発達，1年間の観光客数は500万人以上
通貨	ユーロ

歴史

十字軍（1096〜1270）に際しシリアのアッコンで創設されたドイツ騎士団が，13世紀初頭に入植活動を開始して，14〜15世紀にはハンザ都市同盟に加盟する商業都市が4つ生まれた。13世紀前半〜14世紀前半にかけて北部はデンマークの支配下にはいり，17世紀前半，全域がデンマークを破ったスウェーデンに編入された。18世紀前半の北方戦争（1700〜21）でスウェーデンが敗れてこの地はロシア帝国領となった。19世紀には農奴解放もおこなわれたが，1917年のロシア革命（二月革命）で自治権が認められたものの，同年の十月革命で初の議会を解散させられたのち非合法活動が続いた。

第一次世界大戦中の1918年にドイツ軍に占領され，戦後の20年に独立した。39年8月の独ソ不可侵条約付属秘密議定書によってソ連邦の勢力範囲とされ，第二次世界大戦中の40年にソ連邦を構成する共和国となった。大戦中，一時ドイツに占領されて傀儡（かいらい）政権が成立したが，ドイツの敗北で44年再びソ連軍の占領下でソヴィエト化が始まった。ソ連邦でペレストロイカ（改革）が進行した87年，大衆運動がおこり，人民戦線・共和国最高会議・市民委員会の主導で88年に主権を宣言し，90年に独立移行を宣言をした。91年，ソ連邦が独立を承認し，92年に新憲法が採択された。2004年，NATOとEUに加盟，11年には，単一通貨ユーロを旧ソ連圏として初めて導入した。

タリン歴史地区（旧市街）

エストニア語で「デンマーク人の城」を意味するタリンは13世紀前半，デンマーク人が占領して要塞都市を築き，のちバルト海の交易都市として繁栄した。旧市街は14世紀初頭に建設された全長2.5kmの市壁で囲まれ，トームペアと呼ばれる丘の上のデンマーク人が建てたエストニア最古の大聖堂を中心とする山の手と，ハンザ商人によってつくられた下町とに分かれる。大聖堂は数度の改築を経て18世紀後半に今の形となった。

世界遺産（2件，うち1件は共同登録）

タリン歴史地区（旧市街）→コラム／シュトゥルーヴェの三角点アーチ観測地点群（説明173ページ）

オーストリア共和国
Republic of Austria

面積	8万4000km²（北海道とほぼ同じ）
人口	840万人
首都	ウィーン
自然	国土の大部分は東アルプス。西岸海洋性気候
住民	大半がドイツ系
言語	公用語はドイツ語
宗教	カトリックが75％，プロテスタントが5％，イスラーム教が5％
産業	経済的に豊かな国である。主要産業としては，自動車産業，鉄鋼業。大企業はないものの，ドイツ企業の下請け的な役割の中小企業がオーストリア経済の中心を担っている。ウィーンやザルツブルク，チロルを中心に観光業も盛ん。近年は日本企業のヨーロッパでの拠点として工場も増加しつつあり，日本は有数の貿易相手国である
通貨	ユーロ

歴史

1世紀頃ローマ帝国の属州となったこの地域は，8世紀末，フランク王国の東方辺境伯領（オストマルク）がおかれ，976年にオストマルクのラテン名「アウストリア」が国名として初めて登場し，12世紀半ばに大公領に昇格した。1273年にハプスブルク家の大公ルドルフ1世が初めて神聖ローマ帝国（ドイツ）皇帝に選ばれ，1438年以来，同家が帝位を世襲し，1918年まで続いた。1526年，ボヘミア（現チェコ）とハンガリーの一部を統合し，29年と1683年にはオスマン帝国（トルコ）軍のウィーン包囲を撃退した。神聖ローマ帝国は，女大公マリア・テレジア（位1740～80）とその子で皇帝ヨーゼフ2世（位1765～90）が絶対主義に基づく中央集権体制化・重商主義政策を推進し，ヨーロッパの大国となった。

ナポレオン戦争中の1806年に同帝国は消滅，当時のフランツ2世（位1792～1806）はオーストリア帝国（1804年成立）皇帝フランツ1世（～35）となり，戦後のウィーン会議で成立したドイツ連邦の主導権を得たが，連邦内の一方の強国プロイセンに普墺戦争（1866～67）で敗れ，67年，「妥協」（アウグスライヒ）によってハンガリーを下位とするオーストリア＝ハンガリー帝国となった。第一次世界大戦に敗れて同帝国は解消され，1918年に共和国となったが，38年にナチス・ドイツが進駐・合邦した。ちなみにヒトラーはオーストリア出身。55年，独立を回復して永世中立国となり，95年にEUに加盟した。

シェーンブルン宮殿と庭園群

ウィーン旧市街の南西約5kmにあるこの宮殿は，16世紀後半から皇帝家の狩猟場であった。17世紀末にバロック様式の離宮造営が始まり，1740年，女大公マリア・テレジアはここを居城と定め，44年から大規模な増改築に着手。ロココ様式も含む全1441室からなる宮殿の壁面は独特の黄色に彩られ，庭園も大改造で幾何学的に配置され，女大公の末娘マリ・アントワネットはフランスの皇太子（のちのルイ16世）に嫁ぐまでをここで過ごした。

世界遺産（9件，うち2件は共同登録）

ザルツブルク市街の歴史地区（「塩の城」を意味する地名の富と歴代大司教が築きあげた華麗なバロック建築群）／シェーンブルン宮殿と庭園群 →コラム／ハルシュタット・ダッハシュタイン，ザルツカンマーグートの文化的景観（塩山（ザルツベルク）の峻厳な山並みを背景に美しい湖畔の町）／ゼメリング鉄道（標高1000mを超える峠道を経てウィーンとトリエステを結ぶ山岳鉄道の景観美）／グラーツ市歴史地区とエッゲンベルク城（9世紀に始まる要塞都市とハプスブルク家の築いた城）／ヴァッハウ渓谷の文化的景観（ドナウ川に沿う36kmの渓谷の斜面に展開する修道院・城塞，そしてブドウ畑の景観）／ウィーン歴史地区（「栄光のウィーン」を象徴するさまざまな様式の建物群のショウインドー）／ノイジードラー（フェルテー）湖の文化的景観（ハンガリーと共同登録，ヨーロッパ最大の塩水湖一帯）など

オランダ王国
Kingdom of the Netherlands

面積	4万1900km²（九州程度，水面を含む）。カリブ海にカリブ・オランダと呼ばれる3つの自治領と3つの特別自治体がある（231，234ページ）
人口	1670万人
首都	アムステルダム。政治の中心は王宮や国会の所在地であるデン・ハーグ（ハーグ）
自然	国土の4分の1は海面下にあり，堤防で囲まれる。干拓地が広がり，運河が発達。西岸海洋性気候
住民	オランダ人が8割。他にヨーロッパ各地や，アジア・アフリカからの移民
言語	公用語はオランダ語
宗教	カトリックが3割弱，プロテスタントが2割弱。他にイスラーム教，ヒンドゥー教，仏教
産業	小麦，ジャガイモなどの農業。チューリップ，クロッカス，バラなどの園芸作物。酪農。石油精製。化学
通貨	ユーロ

歴史

前1世紀にローマのカエサルがネーデルラント（「低い土地」の意）を征服し，3世紀にゲルマン人が定住した。8世紀にフランク王国に編入され，13世紀までにはホラント伯領など聖俗諸侯領が形成されて，16世紀にハプスブルク家領となった。宗教改革ではカルヴァン派が浸透したが，カトリックのスペイン王はプロテスタント貴族を弾圧したため，1568年，独立戦争が勃発した（〜1609）。1648年，北部7州の独立（ネーデルラント連邦共和国）が国際的にも承認され，政治体制の中心となったホラント州からオランダの通称が生まれた。南部諸州はスペイン領にとどまった。

16世紀のネーデルラントの画家ブリューゲルの「農民の踊り」は，民衆の生活をいきいきと描いている

17世紀，東南アジア地域に進出して香辛料貿易を独占し，首都アムステルダムは中継貿易港および金融市場の中心として繁栄したが，17世紀後半の3次にわたる英蘭戦争に敗れて制海権を失った。18世紀末，一時フランスに併合されたが，1815年，南部諸州を併せたオランダ王国として独立した。30年に南部諸州がベルギー王国として分離・独立し，90年，ルクセンブルク大公国との同君連合も解消。第二次世界大戦後，植民地インドネシアも失った。NATOとEUに加盟しているが，2005年のヨーロッパ憲法批准の是非を問う国民投票では反対票が60％を占めた。13年5月，ベアトリクス女王（位1980〜）の退位で123年ぶりに男性国王が誕生。

キンデルダイク・エルスハウトの風車群

国土の4分の1が海面下の標高にあるというこの国は常に水と戦ってきた。堤防を築き，風車で排水し，灌漑をすることで低湿地を農牧地に変えてきた。19世紀半ばの最盛期には約1万基あったという。風車の動力は排水・脱穀・製粉・製材などに応用されて人々の生活に不可欠なものとなったが，やがて蒸気・電気・石油といった新エネルギーの登場で姿を消した。この地の水路沿いには19基の風車群が稼働可能な状態で保存されている。

世界遺産（9件，うち1件は共同登録）

スホクラントとその周辺（半島から海水の浸食で切り離されて水没寸前の島を救って広大な干拓地を生んだ全長30kmの大堤防）／**アムステルダムのディフェンス・ライン**（伝統的な治水技術を用いた都市防衛の軍事施設）／**キンデルダイク・エルスハウトの風車群**→コラム／**港町ヴィレムスタット歴史地域**（キュラソー島に残るオランダ西インド会社の最重要貿易港に残る中世の面影）／**ヴァウダヘマール**（蒸気水揚げポンプ場）（排水用水揚げポンプ技術の集大成）／**ドゥロフマーケライ・デ・ベームステル**（ベームステル干拓地）（オランダで最初に成功した干拓地）／**リートフェルト設計のシュレーテル邸**（造形の純粋性を追求して1924年に完成した個人住宅）／**アムステルダムのシンゲル運河内の17世紀の環状運河**（16世紀末から17世紀初頭に建設された旧市街を囲む同心円状の運河）など

ギリシア共和国

Hellenic Republic

面積	13万km²（日本の3分の1）
人口	1130万人
首都	アテネ
自然	3000ほどの島々からなる。国土の8割が山岳丘陵地帯。地中海性気候
住民	ギリシア人がほとんど。他にマケドニア人，トルコ系，ユダヤ系，アルバニア人など
言語	公用語は現代ギリシア語
宗教	ほとんどがギリシア正教会。他にイスラーム教など
産業	オリーヴ，綿花，葉タバコなどの農業。石炭，マグネシウムなどの鉱業。海運王が多く，輸送業の中心は船舶。国民の2割近くが観光業に従事し，2004年のアテネ・オリンピックに際しては，観光省が新設された
通貨	ユーロ
国名	英名は，民族の祖とされる女神ヘレンの名に由来。ギリシアは神話中の白髪の3女神Graeaeから

歴史

北方から南下したギリシア人がクレタ文明やオリエント文明の影響を受けたミケーネ文明を築き，前8世紀頃からアテネ，スパルタなどの都市国家（ポリス）を形成した。東方のペルシアの侵攻は撃退したが，ポリス間の抗争で衰亡し，前4世紀後半，北方マケドニアのアレクサンドロス大王に屈服。前2世紀半ばにローマの属州となり，395年，ローマ帝国の東西分裂で東ローマ（ビザンツ）帝国の一部となった。1453年の同帝国の滅亡でオスマン帝国（トルコ）の支配を受けたが，1821年に独立戦争をおこし，英・仏・露の支援もあって30年に独立，32年にギリシア王国が成立した。バイエルン（ドイツ）から招いた初代国王が専制的であったため，63年，デンマークから新国王を招いた。

第二次世界大戦ではナチス・ドイツに占領されたが，早くから抵抗運動を展開した。戦後共産党を中心とする民族解放戦線とイギリスが支援する政府軍との内戦は，東西冷戦の出発点となった。1967年の軍事政権成立で王政は廃止された。74年に民政に復帰し，80年，一時脱退していたNATOに再加盟して，81年にEUにも加盟した。2009年，前政権が財政赤字額を過小に発表していたことが発覚して国債が暴落し，10年5月，EUおよびIMFに財政緊縮化を条件に支援を求め，のち認められたが，ヨーロッパ財政危機の引き金となった。

アテネのアクロポリス

首都アテネの市街地にそびえる丘がアクロポリス（「高い丘の上の都市」の意）。前15世紀に砦として築かれ，前5世紀にペルシア戦争の勝利を機に丘全体が町の守護女神アテナイに捧げる聖域として整備された。主な石造建造物はパルテノン神殿，エレクティオン神殿，ディオニュソス野外円形劇場など。建物はオスマン帝国支配下で17世紀には廃墟に近くなり，修復がおこなわれているが，外国による美術品の収奪にもあった。丘の南麓にはディオニュソス劇場や今も使われるヘロデス・アティコス音楽堂がある。

世界遺産（17件）

バッサイのアポロ・エピクリオス神殿（標高1160mの山中に建つ前5世紀の神殿。さまざまな謎に包まれている）／デルフィの古代遺跡（アポロン神の神託をもたらした聖地）／アテネのアクロポリス→コラム／アトス山（俗世から離れ，今なお女人禁制のギリシア正教会の聖地）／メテオラ（切り立つ奇岩群の上に建てられた修道院群）／テッサロニキの初期キリスト教とビザンツ様式の建造物群（イエスの弟子（使徒）ペテロも布教に訪れたギリシア第2の古都）／アスクレピオスの聖地とエピダウロス（神話の医業神アスクレピオスにちなむ療養地）／ロードス島の中世都市（聖ヨハネ騎士団が移住して築いたゴシックの町）など

クロアティア共和国
Republic of Croatia

面積	5万6600km²（九州の1.5倍）。飛び地としてドゥブロヴニクがある
人口	430万人
首都	ザグレブ
自然	西北部はカルスト地形が発達。カルストはこの地方の地名で，岩の多い山という意味。アドリア海沿岸は複雑なリアス式海岸を形成し，1000以上の島が点在。地中海性気候
住民	クロアティア人が9割。他にセルビア人
言語	公用語はクロアティア語
宗教	カトリックが9割。他にクロアティア正教会，イスラーム教，プロテスタント
産業	農業，ワイン。世界遺産をめぐる観光業が盛ん
通貨	クーナ（HRK）
国旗	中央はクロアティア王国のチェックの盾紋で，その上部に，古クロアティアの5地域の紋章が配されている

歴史

6～7世紀頃，南スラヴの一派クロアティア人が移住し，フランク王国・東ローマ（ビザンツ）帝国の影響下にあったが，9世紀末，ローマ教皇の承認を得て王国を樹立した。のちハンガリー王国の保護下で一定の自治権を得たが，1526年，モハッチの戦いでハンガリーがオスマン帝国（トルコ）に敗れたためクロアティア王位はハプスブルク家（オーストリア）が兼ね，国土の大部分はオスマン帝国支配下にはいった。1699年，オスマン帝国が撤退したことで国土を回復したものの，オーストリアによる支配はオーストリア＝ハンガリー帝国（1867～）が崩壊する1918年まで続いた。南部のダルマティア沿海地方は15世紀初頭ヴェネツィアの支配下にはいって内陸部と分断された。ハプスブルク家はクロアティアをオスマン帝国との軍事国境地帯としてオスマン帝国から逃れたセルビア人を入植させて防衛にあたらせた。

20世紀にはいって，第一次世界大戦後，クロアティア人居住地域はすべてユーゴスラヴィア王国に統合されたが，セルビア中心の集権体制への反発は強かった。第二次世界大戦後，社会主義ユーゴスラヴィア連邦内の1共和国となったものの，1980年のティトー大統領の死後，民族運動が激化，91年に独立を宣言した。これを阻止しようとする連邦人民軍との大規模な内戦となり，92年に独立は承認されたが，内戦は98年まで続いた。2003年，EUに加盟を申請し，09年，NATOに加盟した。

ドゥブロヴニク旧市街

「アドリア海の真珠」と讃えられるクロアティア南部ダルマティア地方のこの港町は，7世紀以来，海上交通の重要拠点の1つとして発展し，13世紀には共和政の自治都市となった。四隅に要塞を備える市壁に囲まれた旧市街には，15～16世紀建造のスポンザ宮殿（現・古文書館）など歴史的建造物が多く，20世紀末の内戦で破壊されて一時は危機遺産リストに登録されたが，市民の努力で精力的に修復がなされて回復している。

世界遺産（7件）

ドゥブロヴニク旧市街→コラム／**スプリットの史跡群とディオクレティアヌス宮殿**（ローマ皇帝ディオクレティアヌスの生地に近い町に築かれた皇帝宮殿に始まる町）／**プリトヴィッチェ湖群国立公園**（16の湖と92の滝によって生まれる自然景観）／**ポレッチ歴史地区のエウフラシウス聖堂建築群**（前2世紀に始まる町に残る初期キリスト教複合建築群）／**古都トロギール**（前4世紀のギリシア植民市で中世の建築物が立ち並ぶ城塞都市）／**シベニクの聖ヤコブ大聖堂**（15世紀から約100年かけて完成したゴシックとルネサンスの混淆（こんこう）する聖堂建築）／**スタリー・グラード平原**（アドリア海沿岸のオリーヴ栽培文化）

コソヴォ共和国
Republic of Kosovo

面積	1万900km²(岐阜県に相当)
人口	180万人
首都	プリシュティナ
自然	東部は1000mを超す高地で温暖湿潤気候、西岸海洋性気候、西部は盆地で地中海性気候
住民	アルバニア人が9割、セルビア人が5%。他にトルコ系、ロマ
言語	公用語はアルバニア語とセルビア語
宗教	主にアルバニア人がイスラーム教、セルビア人がセルビア正教会
産業	小麦、トウモロコシ、果樹などの農業、牧畜。経済基盤は脆弱(ぜいじゃく)
通貨	ユーロ
国旗	中央は国の形を描き、その上に6つの星が並ぶ。6つの星は、アルバニア系、セルビア系、トルコ系、ボスニア系、ロマ系、ゴラ系の各民族を表現

歴史

前1000年頃、のちに現代のアルバニア人の一部を構成するイリュリア人がバルカン半島に定着した。紀元後はローマ帝国・東ローマ(ビザンツ)帝国に支配され、12世紀末にセルビア王国(12～15世紀)が領有して、同王国最盛期の14世紀半ば、コソヴォのプリズレンにその首都がおかれたため、セルビア人にはコソヴォこそ自民族揺籃(ようらん)の地という意識が強い。1389年コソヴォの戦いでオスマン帝国(トルコ)に敗れ、以後およそ500年間オスマン帝国の支配下にはいった。17世紀末～18世紀初、セルビア正教会大主教に従った約7万の家族がオスマン帝国の支配を嫌って数度にわたり隣接するオーストリアに移住したため、空白地帯にはイスラーム化したアルバニア人が入植させられた。

19世紀後半コソヴォはアルバニア人の民族運動の中心地の1つとなったが、第1次バルカン戦争(1912～13)後、コソヴォはアルバニアに属するのではなく、セルビアとモンテネグロに分割され、1918年以降セルビアに統治された。第一次世界大戦後はユーゴスラヴィア王国領、第二次世界大戦後はユーゴスラヴィア連邦セルビア共和国コソヴォ・メトヒア自治州となった。しかしアルバニア人の権利拡大要求運動が繰り返され、旧ユーゴスラヴィア解体後の98年にはコソヴォ紛争がおこり、2008年2月に独立を宣言した。しかしセルビアはこれを認めておらず、国連加盟193カ国のうち日本を含めて91カ国が承認している(2012年11月)。

コソヴォの戦い

1389年、ムラート1世(位1360～89)率いるオスマン帝国軍は、セルビア国軍とコソヴォ平原で3度目の戦いに臨んだ。セルビア側はワラキア公などの軍の支援を受けたが敗北。勝利したオスマン帝国はバルカン半島を一気に侵攻したが、セルビア側はこれを悲劇の歴史として神話化し、近代にはいって同国のナショナリズムを鼓舞する源泉とした。ムラート1世はこの戦闘後、セルビア貴族の放った刺客によって暗殺された。

世界遺産(0件)

サン・マリーノ共和国
Republic of San Marino

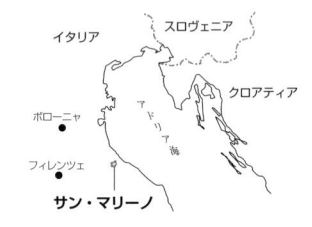

面積	61.2km²（八丈島と同規模）。周囲をイタリアに囲まれた内陸国。標高700mを超える岩山ティターノ山を中心に，東西8km，南北13kmの小国
人口	3万2000人
首都	サン・マリーノ
自然	地中海性気候
住民	イタリア系
言語	公用語はイタリア語
宗教	カトリック
産業	石材，窯業（ようぎょう），ワイン。観光業。切手・コイン販売が主な収入源
通貨	ユーロ
国旗	中央の紋章には，主権を象徴する王冠，盾のなかにティターノ山の3つの丘に建つ3つの塔が描かれており，月桂樹や柏の葉で囲まれている。下にはLIBERTAS（自由）の文字

歴史

　伝説によれば4世紀にローマ帝国ディオクレティアヌス帝（位284〜305）の迫害を受けたキリスト教徒で，アルベ島（現クロアティア）出身の石工マリヌス（のち列聖されてサン・マリーノ）が，ティターノ山で宗教共同体を結成したのが始まりといわれる。9世紀に領土を広げ，1263年に共和政を樹立したが，これは現存する国では最古の共和政国家となった。中世を通じて近隣からの攻撃やノルマン人の侵攻を撃退し，1631年，ローマ教皇によって独立が承認され，西欧諸国にも1815年のウィーン会議で承認された。

　イタリア統一戦争（1859）には義勇軍を派遣し，1862年，イタリアと善隣友好条約を結んで以来，現在まで更新し続けている。同条約で国防・外交・教育・医療の面でイタリアに依存しており，事実上はイタリアの保護国といってよい。政治は国会にあたる大評議会（議員60名）と大評議会が選ぶ任期半年の2人の執政（行政府代表兼国家元首）がおこなう。第二次世界大戦後，左翼連立政権が成立したが，1980年代半ば以降はキリスト教民主党と社会党によって運営された。2006年中道左派の3党連立政権が，08年には中道右派政権が発足した。イタリアに政情不安が生じると，同国の預金が流入して金融・商業が発展する。1992年，国連とIMFに加盟した。EUには未加盟ながら，単一通貨ユーロを採用している。

サン・マリーノ歴史地区とティターノ山

　サン・マリーノはアペニン山脈のアドリア海側にあるティターノ山の山頂と斜面に築かれた町である。この山の標高700mを超える尾根伝いに築かれた3つの砦はこの国のシンボルでもある。すなわちロッカまたはグアイタと呼ばれる砦，チェスタ砦（内部は武器博物館），モンターレ砦で，いずれも11〜13世紀に建造された。市街中心のリベルタ（「自由」の意）広場の政庁舎は14世紀様式を模して19世紀末に建造されたもの。

世界遺産（1件）

サン・マリーノ歴史地区とティターノ山→コラム

スイス連邦
Swiss Confederation

面積	4万1000km²(九州よりやや広い)
人口	790万人
首都	ベルン
自然	ヨーロッパの水源をなす山岳国。西岸海洋性気候，地中海性気候
住民	ドイツ系，フランス系，イタリア系，レト・ロマン系
言語	各地方の地理的・歴史的な理由から使用言語が分かれているため，ドイツ語，フランス語，イタリア語，レト・ロマン語の4つを公用語と定めている。北部と中部では主にドイツ語が使われている(6割強)
宗教	カトリックが40％，プロテスタントが35％。他にイスラーム教，スイス正教会，ヒンドゥー教
産業	近世まで主な産業の1つが傭兵。小麦，酪農，岩塩。時計などの精密機械工業，金融・保険業，観光業
通貨	スイスフラン(CHF)
国旗	スイス国旗の配色を逆転したのが国際赤十字の標章

歴史

先住民は前1世紀頃ローマ人に征服されて移住したケルト系ヘルヴェティア人だが，前15年，ローマ帝国の版図となり，5世紀初頭，ローマ軍が撤退したのちゲルマン系諸部族が侵入してほぼ現在の民族・言語構成の原型が形づくられ，6世紀初めにキリスト教化された。11世紀には神聖ローマ帝国(ドイツ・オーストリア)の一部となり，13世紀にハプスブルク家の支配下にはいり，ヨーロッパの南北をつなぐ交通路の要衝として注目された。なお，ハプスブルクの家名はスイスのアールガウ地方に築いた城ハビヒスブルク(「鷹の城」の意)に由来する。1291年，「原初3邦」が永久同盟を結んで地域の自治と自由を守ることが約されて，現在のスイス連邦の起源となった。16世紀初頭には13邦となり，1499年に神聖ローマ帝国から独立した。

18世紀末，一時ナポレオンに侵入されたが1815年のウィーン会議で永世中立を宣言し，48年制定の憲法で22邦(現在は25邦)からなる連邦国家が誕生した。両次の世界大戦でも中立を守り，第一次世界大戦後はジュネーヴに国際連盟本部がおかれ，第二次世界大戦後も多くの国際機関の本部がスイスにおかれている。スイスの銀行は預金者の秘密を守ることで有名だが，近年，マネーロンダリング(不正資金の洗浄)の温床と国際的に批判されている。2002年，国民投票の結果，僅差の賛成票で国連に加盟したが，EUには加盟していない。

ザンクト・ガレンの修道院

612年，アイルランド出身の修道士ガルス(550頃〜645。列聖)がボーデン湖の南10kmの地に庵(いおり)を築き，8世紀初頭，その跡地に修道院が建てられ，彼の名にちなんでザンクト・ガレン修道院と命名され，のちに地名ともなった。ここはヨーロッパの学問研究の一大センターとなり，図書室は今も8〜12世紀の写本約2000冊を含む10万冊を所蔵する。現在の建物は火災や宗教改革で被害を受けたのち，18世紀にバロック様式で再建されたものである。

世界遺産(11件，うち3件は共同登録)

ベルン旧市街(三方を川に囲まれた首都の町に残る中世の面影)／**ザンクト・ガレンの修道院** →コラム／**ミュスタイルのベネディクト会聖ヨハネ修道院**(フレスコ画で壁面を埋め尽くした8世紀創建の古い修道院)／**ベリンツォーナ旧市街にある3つの城，要塞及び城壁**(古来から軍事・交通の要塞化された古都)／**スイス・アルプス ユングフラウ・アレッチュ**(山々と氷河が織りなす雄大な自然の景観)／**サン・ジョルジオ山**(イタリアと共同登録，三畳紀の貴重な化石群が出土したイタリアとの国境にある小高い山)／**ラヴォー地区のブドウ畑**(レマン湖の丘陵に続くブドウ畑とワイン造りの伝統)／**レーティシュ鉄道アルブラ線・ベルニナ線と周辺の景観**(イタリアと共同登録，イタリアのティラーノとスイスのサン・モリッツを結ぶ山岳鉄道の2つの路線の絶景)など

スウェーデン王国
Kingdom of Sweden

面積	45万km²（日本の1.2倍）
人口	950万人
首都	ストックホルム
自然	国土の大半は冷帯湿潤気候だが，北の内陸部はツンドラ気候，南部は西岸海洋性気候
住民	スウェーデン人が大半。他にサーミ人
言語	公用語はスウェーデン語
宗教	プロテスタントのルター派が7割強。他にイスラーム教など
産業	農地は国土の6.5%であるが，高い生産性によって，小麦，大麦，燕麦など穀類の自給率は100%を超える。スウェーデン鋼が知られている。長年，技術革新とグローバリゼーションを積極的に受け入れる工業国として歩んできた。公務員が3分の1
通貨	クローナ
国旗	左に交点が寄ったスカンディナヴィア十字

歴史

古くはノルマン人が住み，8～9世紀頃，ノルマン系スヴェーア人（スウェーデンの国名は「スヴェーア人の国」の意）が東方に進出して国家を形成，10世紀末以降キリスト教化が進んだ。12世紀，さらに東方に進出してフィンランド地方を併せて強国となったが，1397年，ノルウェーとともにデンマーク王のもとでの同君連合（カルマル同盟）を結んだ。1523年に連合から離脱して再び王国として独立した。17世紀前半にはドイツ三十年戦争（1618～48）に介入し，戦後，バルト海沿岸地域全体を支配下において「北方の獅子」と呼ばれたが，18世紀初頭の北方戦争（1700～21）でロシアなどに敗れてバルト海東岸の地を失った。ナポレオン戦争（1796～1815）ではフィンランドをロシアに割譲。1814年にノルウェーを同君連合のもとにおいた（～1905）。

対外平和外交と国内の民主化に努め，両次の世界大戦でも中立を維持し，1932年から44年間政権にあった社会民主労働党主導で高度の社会福祉国家を建設してきた。NATOには加盟しないものの協力関係にあり，95年にEUに加盟したが，2003年，単一通貨ユーロの導入をめぐっては国民投票で反対票が過半数を占めた。1980年の国民投票で原子力発電所を2010年までに全廃することを決定。02年の選挙では左派連合が過半数を占めたが，06年の選挙で野党4党の中道右派連合が勝利し，10年の選挙でも与党の中道右派が勝利した。

ドロットニングホルムの王領地

国王ヨハン3世（位1568～92）は愛する王妃のための離宮を首都郊外の湖の小島に建てた。ドロットニングホルムとは「王妃の小島」の意味。離宮は1661年に火災で全焼したため，時の王妃はこれを惜しみ，折からヴェルサイユ宮殿（仏）建築の知らせを聞き，これに比肩するバロック様式宮殿の造営に着手し，1700年に完成した。18世紀後半の増改築で内部装飾はロココ様式となった。1983年から国王一家の居城だが，一部は一般公開されている。

世界遺産（14件，うち2件は共同登録）

ドロットニングホルムの王領地 →コラム／ビルカとホーヴゴーデン（ヴァイキングの本拠地）／エンゲルスベリの製鉄所（基幹産業としての製鉄業を支えた産業遺産）／タヌムの線刻画群（360カ所以上にのぼる青銅器時代の岩絵群）／スクーグシュルコゴーデン（近代建築家により設計された森林墓地）／ハンザ同盟都市ヴィスビュー（中世のバルト海交易の繁栄を伝える町）／ラポニアン・エリア（北極圏のトナカイ遊牧民サーミ人の居住区）／ルーレオーのガンメルスタードの教会街（15世紀に築かれた聖堂と旅人の宿泊施設）など

スペイン
Spain

面積	50万6000km²（日本の1.3倍）。本土の他にモロッコにセウタ、メリリャの飛び地、アフリカ大陸北西沿岸にカナリア諸島を領有。ジブラルタルはイギリス領
人口	4720万人
首都	マドリード
自然	北と西は西岸海洋性気候、地中海沿岸は地中海性気候
住民	スペイン人が大半。他にピレネー山脈の西に、イベリア半島最古の住民バスク人
言語	公用語はスペイン語。他にバスク語（系統不明）
宗教	カトリックが多数。他にイスラーム教
産業	小麦、大麦、オリーヴ（生産量世界第1位）、ブドウ（世界第4位）。自動車。食品（オリーヴ油、ワイン）。観光業。石炭、水銀、マグネシウムなどを産出
通貨	ユーロ
国名	自称はエスパーニャ。スペインは英語読み
国旗	旗竿寄りに国章

歴史

　イベリア半島には前8世紀からフェニキア人やギリシア人が来住し、前205年にローマの属州となった。8世紀初、ゲルマン人の西ゴート王国をアフリカから侵攻したアラブ人が滅ぼし、ウマイヤ朝（756〜1031、首都コルドバ）のもとでイスラーム文化が繁栄した。のちキリスト教徒のレコンキスタ（国土再征服運動）が進展して1479年にスペイン王国を形成し、92年、イスラーム教徒最後の拠点グラナダが陥落してレコンキスタは完了した。16世紀以降、北米の一部と南米の大部分、フィリピンを植民地化し、フェリペ2世（位1556〜98）時代には、「太陽の沈まぬ帝国」を号して空前の栄華を誇った。しかし同王の極端なカトリック政策がプロテスタントの多いネーデルラント（現オランダ）の独立戦争（1568〜1609）を招き、1588年、無敵艦隊がイギリスに敗れて制海権を失い、一時同君連合を組んだポルトガルも独立した（1640）ため、版図も縮小した。

　19世紀初めには南米植民地が次々と独立し、アメリカ・スペイン戦争（1898）に敗れてフィリピン・キューバなども失った。1931年に王政から共和政に移行し、36年に人民戦線内閣が成立したが、フランコ独裁政権（1936〜75）は国際的にも孤立した。彼の死で王政復古と民主化がなり、82年にNATO、86年にヨーロッパ共同体（現EU）に加盟した。国内ではバスク人勢力が武装独立闘争を展開し、2010年からは財政悪化にも苦しんでいる。

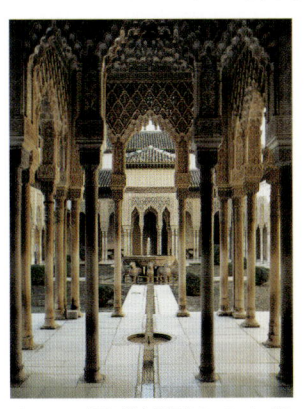

イスラーム文明の輝きを伝えるアルハンブラ宮殿。写真は「獅子のパティオ（中庭）」

世界遺産（43件、うち2件は共同登録）

コルドバ歴史地区（キリスト教文化とイスラーム教文化が共存する町）／グラナダのアルハンブラ、ヘネラリーフェ、アルバイシン地区（イベリア半島最後のイスラーム政権の拠点）→写真／マドリードのエル・エスコリアル修道院とその遺跡（16世紀、スペイン・ルネサンス様式を代表する建設事業）／アントニ・ガウディの作品群（バルセロナに残る天才ガウディの独創的建築群）／アルタミラ洞窟と北スペインの旧石器時代の洞窟画（今に伝わる旧石器時代の絵画技法）／セゴビア旧市街とローマ水道橋（古代から中世までの歴史的建造物が残る町）／サンティアゴ・デ・コンポステーラ（旧市街）（聖ヤコブ〈サンティアゴ〉の墓を納める聖堂、カトリックの巡礼地）／**古都トレド**→コラム など

古都トレド

　ローマ時代にトレトゥムと呼ばれて栄えたトレドは、三方をテージョ川に囲まれる険しい花崗岩の岩山に築かれた要塞都市であった。560年に西ゴート王国の首都となるが、711年、ウマイヤ朝のアラブ軍に滅ぼされて長いイスラーム時代が始まる。1085年、街はキリスト教徒が奪い返した（レコンキスタ）が、この街はキリスト教徒・ユダヤ教徒・イスラーム教徒が共存し、各文化が融合・発展した街、すなわち諸文明の十字路であった。

スロヴァキア共和国
Slovak Republic

面積	4万9000km²（日本の7分の1）
人口	540万人
首都	ブラティスラヴァ
自然	カルパティア山脈西端の山岳地帯。西部は西岸海洋性気候、中央は温暖湿潤気候、東部は冷帯湿潤気候
住民	スロヴァキア人が9割弱。他にハンガリー（マジャール）人、ロマ
言語	公用語はスロヴァキア語。他にマジャール語
宗教	カトリックが7割。他にプロテスタントのルター派
産業	小麦、ジャガイモなどの農業国だったが、近年は自動車、電気機器が順調。マグネシウムなどを産出
通貨	ユーロ
国名	「スラヴ人の地」の意
国旗	ロシアの国旗と全く同じデザインとなるため、1992年の憲法で国章を追加。キリスト教をあらわすダブルクロスと、国土の山々が描かれている

歴史

5～6世紀に北方から西スラヴ系スロヴァキア人がこの地域に移住したのが始まりで、9世紀に大モラヴィア王国（830頃～906頃）が成立してスロヴァキア人とチェコ人両民族の統一国家が栄えた。10世紀初頭にマジャール人の侵入で王国が崩壊し、11世紀にはハンガリー王国（10世紀末～）に編入された。1526年、ハンガリー王国がオスマン帝国（トルコ）に敗れて中部・南部が同帝国に、北部・西部はハプスブルク家（オーストリア）にと三分されると、この地域はハプスブルク家領となった。1699年にオスマン帝国が東ヨーロッパから退くと、再びハンガリー王国の一部としてハプスブルク家の支配下にはいった。

バルデヨフ市街保護区

スロヴァキア北東部トプラ川河畔のバルデヨフは、13世紀に交易地として発展した。14～15世紀には市壁が築かれて要塞都市としての性格ももったため、今も3つの市門や見張り塔（稜堡〈りょうほ〉）が市壁とともに残る。旧市街には15～16世紀に建てられた後期ゴシック様式の旧市庁舎や聖堂が残る。

19世紀前半、スロヴァキア人の民族的再生運動がおこり、19世紀後半のハンガリー化には強く抵抗、1918年のオーストリア＝ハンガリー帝国の崩壊にともなって、チェコと合体してチェコスロヴァキアを建国した。第一次世界大戦後、スロヴァキア分離運動に加えてナチス・ドイツのヒトラーの圧力もあって1939年にスロヴァキア共和国が成立、ドイツの保護国となった。第二次世界大戦後は、チェコスロヴァキアとして東欧社会主義陣営の一翼をなした。68年の民主化運動「プラハの春」はソ連邦の軍事介入により挫折したが、69年に連邦制に移行し、93年にチェコと分離・独立した。2004年にNATOとEUに加盟。06年の選挙で中道左派の連立政権が成立した。

世界遺産（7件、うち2件は共同登録）

バンスカー・シュティアヴニツァ歴史都市と近隣の工業建築物群（この国で最古の金・銀採掘の鉱山都市）／レヴォチャ歴史地区、スピシュスキー城およびその関連する文化財（12世紀に創建されて18世紀に火災で廃墟となった城跡と多くの歴史的建造物）／ヴルコニェツ（独特の伝統技法の木造家屋に今も人々が住む歴史都市）／アグテレック・カルストとスロヴァキア・カルストの洞窟群（ハンガリーとの共同登録。700以上の鍾乳洞群）／バルデヨフ市街保護区→コラム／カルパティア山地のブナ原生林とドイツの古代ブナ林（説明141ページ）／カルパティア山地のスロヴァキア地域の木造教会（16世紀から18世紀にかけて建造された9つのキリスト教建造物群）

スロヴェニア共和国
Republic of Slovenia

面積	2万3000km²（四国ほど）
人口	200万人
首都	リュブリャナ
自然	東部はハンガリー大平原の西の端で穀倉地帯。南部はカルスト地形。温暖湿潤気候と西岸海洋性気候
住民	スロヴェニア人が8割強。他にセルビア人，クロアティア人
言語	公用語はスロヴェニア語
宗教	カトリックが6割弱。他にイスラーム教，セルビア正教会，プロテスタント
産業	小麦，トウモロコシ，ビールの原料のホップ。電気機械，自動車
通貨	ユーロ
国名	「スラヴ人の土地」の意
国旗	左上は国章で，白の山型は国内最高峰のトリグラウ山を，波型はアドリア海や河川を表現している

歴史

6世紀後半，南スラヴ系スロヴェニア人がこの地に定住し，一時は中央アジアからの遊牧民アヴァール人による異民族支配を受けたが，8世紀にフランク王国の支配下でキリスト教化した。10世紀半ば，神聖ローマ帝国に支配されてドイツ化が進められ，13世紀後半からはハプスブルク家（オーストリア）の所領となった。16世紀前半には宗教改革の影響でプロテスタントへの改宗とスロヴェニア語の使用が認められたが，対抗（反）宗教改革とカトリックを奉じるハプスブルク家の介入でプロテスタント指導者が追放された。20世紀にいたり1918年，オーストリア＝ハンガリー帝国（1867～）の崩壊によりセルビア人・クロアティア人・スロヴェニア人からなるユーゴスラヴィア王国が建国されたが，イストリアとゴリツィアはイタリア領に残った。

第二次世界大戦後の1946年，社会主義のユーゴスラヴィア連邦人民共和国が成立し，スロヴェニア人居住地域は連邦内のスロヴェニア共和国として初めて統一国家をもった。80年のティトー大統領（任1953～80）の死後，91年に旧ユーゴスラヴィア連邦が解体し，経済・政治の自由化が進んだ。92年の独立に際し，一時，新ユーゴ連邦（セルビアとモンテネグロ）軍の侵攻もあったが，ヨーロッパ共同体（現EU）の仲介で停戦の合意がなったため，クロアティアのような内戦状態にはいたらなかった。2004年にNATOとEUに加盟し，07年に単一通貨ユーロを導入した。

シュコツィアン洞窟群

スロヴェニアは国土の大半を石灰岩層が占めており，国内に6000以上の鍾乳洞が点在する。この国の南西部クラス地方のシュコツィアン洞窟群は約3億年前の古生代に遡り，最大で長さ約5km，幅230mに達する洞窟がある。洞窟内には「ルドルフ大聖堂」と呼ばれる石灰段丘，大きな石筍（せきじゅん）が連なる「大広間」，石灰岩の浸食で形成された地底湖（ドリーネ）や滝などがある。地下1300mを流れるレーカ川は世界最大の地下渓谷でもある。

世界遺産（2件、うち1件は共同登録）

シュコツィアン洞窟群 →コラム／アルプス山系の先史時代の杭上住居跡群（スイスなど6カ国と共同登録。建物全体を杭でもちあげた住居跡）

セルビア共和国
Republic of Serbia

面積	7万7500km²（日本の5分の1程度）
人口	730万人
首都	ベオグラード
自然	北部は肥沃な平野が広がり，南部は高地。西岸海洋性気候
住民	セルビア人が8割。他にハンガリー（マジャール）人
言語	公用語はセルビア語。他にマジャール語
宗教	セルビア人はセルビア正教会，ハンガリー人はカトリック。他にイスラーム教
産業	旧ユーゴスラヴィアのなかで最も産業が発展していた。小麦，トウモロコシ，ジャガイモ，ヒマワリなどの農業。酪農も盛ん。地下資源はアンチモンと鉛が豊富でボーキサイト，亜鉛，石炭，石油も産出する
通貨	ディナール
国旗	旗竿よりの国章は，双頭の鷲が胸に盾をもった「カラジョルジェビッチ家の紋章」と王家の冠

歴史

この地には7世紀にセルビア人が定住し，東ローマ（ビザンツ）帝国の支配下にあったが，1168年にセルビア王国（ネマニッチ朝）として独立し，次第に領土を拡大した。1389年，コソヴォの戦い（147ページのコラム）でオスマン帝国（トルコ）に敗れて約400年にわたる同帝国の支配を受けた。1878年のベルリン条約でセルビア王国の独立が承認された。1918年，セルビア人・クロアティア人・スロヴェニア人王国（29年にユーゴスラヴィア王国と改称）が成立してセルビア人が主導権を握り，第二次世界大戦後の1945年にユーゴスラヴィア連邦人民共和国の1共和国となった。ティトー大統領（任1953〜80）のもと民族の融和を掲げて独自の社会主義路線を歩んだが，同連邦では経済危機が進行するなか80年に大統領が死去して民族紛争が表面化，90年には共産党一党独裁体制も崩壊した。

その後ユーゴは内戦状態となり，1991〜92年に連邦は解体し，クロアティア・スロヴェニア・マケドニア・ボスニア＝ヘルツェゴヴィナが分離・独立したため，92年，モンテネグロとユーゴスラヴィア連邦共和国（新ユーゴ）を結成した。ボスニア内戦への介入で国際的非難を浴び，98年にはコソヴォ自治州でのアルバニア系住民とセルビア系住民の対立が激化して，翌年，NATO軍の空爆も受け，99年6月に和平案を受諾した。2003年，国名をセルビア・モンテネグロと改称したが，06年に国家連合を解消して分離し，セルビア共和国となった。しかし08年にはコソヴォ自治州が分離・独立を宣言するなど政情はいまだ不安定である。09年，EUに加盟を申請した。

スタリ・ラスとソポチャニ

首都ベオグラードの南約180kmのラシュカの旧名はスタリ・ラスで，中世セルビア王国（12〜15世紀）の首都であった。王宮跡には要塞と礼拝堂の遺構（写真）が残り，近くにはセルビア最古の聖堂である聖ペテロ聖堂（10世紀）も残っている。またスタリ・ラス近郊のソポチャニ修道院付属の聖三位一体聖堂には，中世ビザンツ絵画を知るうえで重要な作例となるフレスコ画「聖母の死」が飾られている。

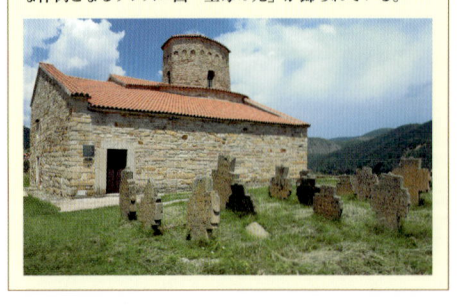

世界遺産（4件）

スタリ・ラスとソポチャニ→コラム／ストウデニツァ修道院（12世紀創建の修道院など盛時には13の聖堂が群立。現存は3つの聖堂）／コソヴォの中世建造物群（コソヴォ共和国内であるが同国が世界遺産条約締結国でないため，セルビア共和国として登録）[危機遺産]／ガムジグラード・ロムリアーナ，ガレリウスの宮殿（古代ローマ時代に属州ダキアの行政府がおかれた城砦跡）

チェコ共和国
Czech Republic

面積	7万8900km²（日本の5分の1程度）
人口	1050万人
首都	プラハ
自然	ボヘミア高原に位置し，西岸海洋性気候
住民	西スラヴ系のチェコ人が大多数。他にモラヴィア人，スロヴァキア人，ポーランド人
言語	公用語はチェコ語
宗教	無宗教が6割，カトリック3割。他にプロテスタント
産業	オーストリア＝ハンガリー帝国時代に産業革命が進み，1930年代には世界有数の工業国であった。チェコ・ビール，ボヘミア・ガラスが伝統産業。農業はジャガイモ，大麦，小麦，ライムギ，ホップ。牧畜も盛んである。石炭が多く，鉄鉱石，亜鉛も産出。東欧きっての工業国で，機械，繊維，自動車産業が発達している
通貨	チェコ・コルナ（Kč）
国名	ボヘミア（勇士の町）に住みついた「最初の人」の意

歴史

6世紀に西スラヴ諸族が現在のチェコの地に定住し，9世紀にはチェコとスロヴァキア両民族を統一して，大モラヴィア王国（830頃～906頃）が建てられた。のちボヘミア国・モラヴィア辺境伯領などがチェコ諸邦領として神聖ローマ帝国に属し，1212年にボヘミア君主に王号が認められた。14世紀に神聖ローマ帝国の中心として全盛期を迎えるが，15世紀前半にフス（1370/71頃～1415）の宗教改革に続き，ハプスブルク家の皇帝に反抗するフス戦争（1419～36）が生じ，17世紀初，中小貴族の反乱でドイツ三十年戦争（1618～48）がおこった。1804年，オーストリア帝国の成立でその領土となるが（1806年に神聖ローマ帝国は消滅)，すでに18世紀末からチェコ人のアイデンティティを確立するための文化運動があり，48年のドイツ三月革命時にはオーストリアに対して自治を求める運動がおこった。

1918年，オーストリア＝ハンガリー帝国の崩壊でスロヴァキアとともにチェコスロヴァキア共和国が成立した。39年にスロヴァキアがナチス・ドイツの影響下で独立する一方，チェコはドイツに併合された。45年にチェコが独立を回復して再び合一し，48年以降，社会主義体制となった。68年の民主化運動「プラハの春」は挫折したが，69年にチェコとスロヴァキアの連邦体制が実現した。89年の東欧革命で反体制作家ハヴェル（1936～2011）を中心とする「市民フォーラム」により共産党政権が倒され（ビロード革命），93年に連邦が解消されてチェコ共和国とスロヴァキ共和国に分離した。99年，NATOに，2004年，EUに加盟。

プラハの歴史地区

ヴルタヴァ（モルダウ）川の両岸に広がり「百塔の街」とも呼ばれるプラハは，9世紀の城塞造営に始まり，のちボヘミア王国の首都となる。ボヘミア王から神聖ローマ皇帝となったカール4世（位1347～78）は帝国の首都をプラハとし，プラハ城の増改築，聖ヴィート大聖堂のゴシック様式による造営，カレル大学（ドイツで最初の大学，現プラハ大学）の創設など，「黄金のプラハ」と呼ばれるにふさわしい都市建設を実行した。写真はカレル橋（手前）とプラハ城。

世界遺産（12件）

プラハの歴史地区→コラム／チェスキー・クルムロフ歴史地区（ボヘミアの大地にたたずむ古都）／テルチ歴史地区（「モラヴィアの真珠」とうたわれる美しい街並み）／セレナー・ホラネボムークの聖ヨハネ巡礼教会（五角形と三角形で造形された巡礼者のための聖堂）／クトナー・ホラー聖バルバラ教会とセドレツの聖母マリア大聖堂のある歴史都市（シトー会の修道院内の銀山で栄えた往時を偲ばせる街並み）／レドニツェ・ヴァルティツェの文化的景観（17世紀に造営されたバロック式城館と庭園）／クロミェルジーシュの庭園群と城（17～18世紀にゴシック様式からバロック様式に変えられた城と典型的なバロック式の庭園）／ホラショヴィツェの歴史地区（ボヘミア南部の田園地帯に広がるバロック様式建造物群）など

デンマーク王国
Kingdom of Denmark

面積	本土と500余の島々からなる。自治権を有するグリーンランドとフェロー諸島とともにデンマーク王国を構成。面積はこの2つを除いて4万3000km²（九州程度）
人口	560万人
首都	コペンハーゲン
自然	平坦な氷食平原で沼沢地が多い。西岸海洋性気候
住民	デンマーク人が9割
言語	公用語はデンマーク語
宗教	人口の9割近くがプロテスタントのルター派で国教。他にカトリック、イスラーム教
産業	農地が国土の75％を占める酪農国。工業は高度技術製品と高級な伝統工芸品。電力は水力、風力、地熱から得て、火力・原子力発電所はない。漁業が古くから盛んで捕鯨賛成国。アルミニウムを産出。他に観光業
通貨	デンマーク・クローネ
国名	「デーン人（ヴァイキング）との境界」という意味

歴史

8世紀後半にノルマン系デーン人による国の存在が確認され、11世紀にはクヌーズ（カヌート大王）がデンマーク・イングランド・ノルウェー王を兼ねて北海帝国を築いたが、王の死後、帝国は瓦解した。1397年、マルグレーテ女王（位1387〜1412）はスウェーデン・ノルウェーとカルマル連合を結んで両国を事実上の支配下におき、16世紀にスウェーデンが分離するまで続いた。17世紀前半、クリスティアン4世（位1588〜1648）は東インド会社を設立して重商主義政策を展開する一方、ドイツ三十年戦争（1618〜48）に介入して領土を拡大した。しかし19世紀初頭、ナポレオン戦争に敗れてノルウェーをスウェーデンに割譲。のちのシュレスヴィッヒ・ホルシュタイン戦争（1864）にも敗れて国土は疲弊。以後、対外和平政策に転じて国内の産業育成に力を注ぐ一方、第一次世界大戦では中立を維持した。1920年の住民投票の結果、北部シュレスヴィッヒ地方がデンマーク領に復帰した。

第二次世界大戦では本土はドイツ軍に占領され、1944年にアイスランドが独立した。大戦後、海外属領のフェロー諸島（48）とグリーンランド（79）にはそれぞれ自治権を与えた。30年代以降進められていた福祉国家の整備は、70年代に完成し、高福祉を掲げる北欧諸国の一角を占めている。73年、北欧諸国中で最初にEUに加盟したが、共通通貨ユーロの導入は2000年の国民投票で否決された。

クロンボー城

コペンハーゲンの北約40km、対岸にスウェーデンをのぞむヘルシングアに建つ古城。15世紀にオーレ海峡を通過する船に課税するための小城として築城され、16世紀後半に壮大なものに建て替えられ、17世紀の火災後の修復・再建でルネサンス様式を加えて現在の姿となった。シェークスピア（英、1564〜1616）の戯曲『ハムレット』の舞台「エルシノア城」に擬せられて有名となり、北棟入口の壁面に彼の肖像プレートが嵌（は）め込まれている。

ルーン文字は古代ゲルマン人がもちいた文字で、ゴート人がギリシア文字・ラテン文字からつくり、北欧などに広がった。ルーンは「神秘」「儀礼」などを意味する

世界遺産（4件）

イェリング墳墓群、ルーン文字石碑群と教会（デンマーク王国発祥の地に残る貴重な史資料）→写真／ロスキレ大聖堂（歴代国王の霊廟のある大聖堂）／クロンボー城 →コラム／イルリサット・アイスフィヨルド（グリーンランド西岸の北極圏にある氷河）

ノルウェー王国
Kingdom of Norway

面積	38万6000km²（ほぼ日本）。北極海上にスヴァールバル諸島、ヤンマイエン島、亜南極に孤島ブーベを領有
人口	500万人
首都	オスロ
自然	国土の9割が標高1000m以上で、山岳氷河が発達し、海岸線には氷食による大規模なフィヨルドが形成されている。冷帯湿潤気候。沿岸は西岸海洋性気候
住民	ノルウェー人が8割。他にスウェーデン人、フィンランド人、サーミ人。移民が1割を超える
言語	公用語はノルウェー語
宗教	国教のプロテスタントのルター派が85%。他にプロテスタント諸派、カトリック
産業	ニシン、タラ漁が盛ん。水産物は、石油・天然ガス（産出量世界第5位）に次ぐ輸出品目。電力の大半は水力でまかなう。金属精錬や製紙業が工業の主力
通貨	クローネ

歴史

古くからノルマン人の住地となり、8世紀以降、彼らはヴァイキング（「入り江の民」の意）として南欧や西欧に進出・定着した。国名は「北の道」の意。山岳地帯であるため地方勢力は分断されて割拠状態にあったが、13世紀にはいり全国統一がなった。1397年、デンマーク王のもとでカルマル連合によってスウェーデンとともに同君連合を形成し、事実上デンマークの支配を受けた。商業でもハンザ同盟に主導権を握られ、14世紀の黒死病（ペスト）の流行による被害も甚大であった。1523年にカルマル連合からスウェーデンが離脱したのちもデンマークの支配は続き、1814年、デンマークからスウェーデンに譲られる形でスウェーデンとの同君連合を形成し、1905年にいたってようやく国民投票で分離・独立して立憲王国となった。

第一次世界大戦では中立を保ったが、第二次世界大戦中の1940年、ナチス・ドイツの占領を受けた。戦後に国土を回復し、49年にNATOに加盟した。しかしEC（現EU）加盟を問う国民投票は72年・94年と続けて否決された。イスラエルとパレスティナとの和解仲介（オスロ合意、93）、スリランカの民族紛争調停（2002）、クラスター（集束）爆弾禁止のためのオスロ国際会議開催（07）など、国際政治上で重要な役割を果たすが、国内では移民排斥のテロもおきた（11）。

スカンディナヴィア半島を原住地としたノルマン人は優れた航海技術をもち、広く商業活動をおこなう。8世紀以降はヨーロッパ沿岸各地に進出した。

世界遺産（7件、うち1件は共同登録）

ウルネスの木造教会→コラム／**ブリッゲン**（ハンザ同盟で繁栄した都市）／**レーロース鉱山都市**（17世紀半ばから開発され1977年に閉山された鉱山の町）／**アルタのロック・アート**（6000年～2500年前に描かれたスカンディナヴィア半島最古の生活誌を伝える岩絵）／**ヴェガオヤン・ヴェガ群島**（ノルウェー中部沖にある6500の島々のうちヴェガ島を中心とする島々で営まれる伝統的な自然と共生する生活様式）／**西ノルウェーフィヨルド群―ガイランゲルフィヨルドとネーロイフィヨルド**（ノルウェーを代表する2つのフィヨルド）／**シュトゥルーヴェの三角点アーチ観測地点群**（説明173ページ）

ウルネスの木造教会―「スターヴヒルケの女王」

11世紀にキリスト教が広まったが、石材の乏しい地方ではヴァイキング独特の伝統工法によって「スターヴヒルケ」という木造教会を生み出した。礎石の上に井桁（いげた）の土台梁（はり）を組み、上部には梁組みの支柱を立てて骨組みとし、外壁を厚板で囲む。かつてはこうした教会が1200以上もあったというが、今では「スターヴヒルケの女王」と呼ばれる、現存で最古のウルネスの教会（12世紀前半）をあわせて28カ所しか残らない。

ドイツ連邦共和国
Federal Republic of Germany

面積	35万7000km²（日本の94％）
人口	8180万人
首都	ベルリン
自然	北部はハイデと呼ばれる氷食性の広大な北ドイツ平原，中部は森林性の丘陵，南部はアルプス山麓の高原とシュヴァルツバルト（黒い森）に覆われた山地である。西岸海洋性気候
住民	ドイツ人が9割強。他にトルコ人
言語	公用語はドイツ語
宗教	カトリックとプロテスタントが半々。他にユダヤ教，イスラーム教
産業	農業は家畜飼育と輪作の作物栽培を組み合わせた混合農業。小麦の生産量は世界第6位。大麦，ライ麦，ジャガイモ，サトウダイコン，ホップも世界有数の生産高。ワイン用のブドウ栽培も盛ん。生産効率は高いが，食料の3分の1を輸入している。石炭が豊富で鉄鉱石も産出する。石油は輸入に依存していたため原子力発電の比率が高まっていたが，1990年代以降は脱原発に転じている。 　工業は1840年代の産業革命以来一貫して，世界の最先端を歩み続け，鉄鋼，機械，化学，自動車，電子をはじめ，あらゆる分野で発達している。また伝統的な職人（マイスター）制度も健在で，伝統工芸品のみならず先端産業でも技術力の維持に貢献している。近年は環境保護意識が高まり，循環型経済への移行では世界でも最先端をいく。東西ドイツの統合にともなう景気後退は短期間で克服されたが，東西間の所得格差はいまだに大きい
通貨	ユーロ
国名	自称はドイッチュラントで，高地ドイツ語のdiutisk（民衆，同胞）とland（土地，国）からなる。英語のジャーマニーはゲルマン民族の名に由来する

歴史

　前5世紀頃から現在のドイツ（オランダ語のダイツが訛ったもの）北部にはゲルマン人が居住していたが，この地域ではローマ化が進展せず，ゲルマン古来の伝統が色濃く残った。フランク王国カール1世（大帝，位768～814）はイベリア半島を除く西欧の大部分を統合して800年にローマ教皇から帝冠を得たが（西ローマ帝国は476年に滅亡），大帝の死後まもなく王国は3分され，うち東フランクが現在のドイツの母体となった。東フランク王オットー1世（位936～73）も962年に教皇から帝冠を得てのちの神聖ローマ帝国の出発点となった。だが歴代皇帝はイタリア政策に没頭したため諸領邦が分立し，13世紀以来，帝権は衰えて統一国家の実は失われた。一方，東方植民でドイツ人の居住地は広がり，都市が発達してハンザ同盟などが成立した。

　16世紀前半，宗教改革がドイツで始まり，三十年戦争（1618～48）のウェストファリア条約で帝権は事実上名目化した。東方植民で征服した地はプロイセン公国（1701年から王国）となり，軍事力を基盤とした絶対王政を確立して次第にドイツ諸領邦内で中心的存在となった。ナポレオン戦争中の1806年に神聖ローマ帝国は滅亡し，15年からのウィーン体制下で39邦からなるドイツ連邦となり，48年の三月革命では統一国家の樹立をめざしたが，実現しなかった。普仏戦争（1870～71）にほぼ勝利した71年1月，プロイセン中心のドイツ帝国が成立し，宰相ビスマルク（1815～98）の豪腕で屈指の強国

普仏戦争でフランスをくだしたプロイセンは，1871年1月，ヴェルサイユ宮殿「鏡の間」（163ページのコラム）でプロイセン王ヴィルヘルム1世を皇帝におし，ドイツ帝国の成立を祝った。中央に立つ白い軍服姿がビスマルク

ケルン大聖堂

ドイツ西部、ライン河畔に建つ大聖堂はドイツ文化の誇りの象徴である。街の人々は「双塔(157m)が高すぎて街を暗くする」と憎まれ口を叩くが、それは自慢話の裏返しである。1248年に着工されたが資金不足などで工事が滞り、16世紀前半に完全に中断された。1814年、失われていたオリジナル設計図面が偶然に発見されて42年から工事が再開され、80年、着工からじつに632年目にして盛期ゴシック様式の設計当初の姿で完成された。内部の祭壇画やステンドグラスも見所。

となったが、第一次世界大戦に敗れてドイツ共和国(ヴァイマル共和国)となった。大戦の賠償などをめぐって未曽有の経済混乱が生じ、国民の不満を背景に1933年にヒトラー(1889〜1945)率いるナチ党が政権を掌握した。周辺への侵略を強めて再軍備を強行、39年にポーランドへ侵攻して第二次世界大戦を招き、連合国と戦ったが45年に降伏、ヒトラーも自殺した。

戦後、ドイツおよびベルリンはソ連邦と米・英・仏の占領地区に分断され、1949年に前者はドイツ民主共和国(東独)、後者はドイツ連邦共和国(西独)となり、東独はソ連圏に、西独は米・西欧圏に属した。西独は大戦の敗北国日本とならんで「奇跡の経済復活」をなしとげて、73年には東西両国間の関係も正常化した。89年に始まる東欧革命を経て90年に東独を事実上吸収する形で統一を達成(ドイツ連邦共和国)、統一ドイツの首都もボン(西独)からベルリン(プロイセンと東独の首都)に移した。西独は当初からNATOの加盟国としてNATO軍の一翼を担う一方、統一ドイツとしてフランスとともにEUを牽引している。2005年の総選挙でキリスト教民主同盟が僅差で勝利、旧東独の化学者出身のメルケル(1954〜)を首班とする大連立政権が成立し、ドイツ史上初の女性首相が誕生した。11年3月の東日本大震災で東京電力福島第一原子力発電所がメルトダウン(炉心溶融)をおこして大量の放射性物質が漏れると、同首相は22年までの全原発廃止を決定した。その経済力からEU内での存在感は抜群である。

1961年、東西に分割されたベルリンで、東ドイツ政府によって東ベルリンと西ベルリンを隔てるベルリンの壁が建設された。28年後、壁が開放され、ブランデルブク門の西側(西ベルリン側)で喜ぶ人々。ブランデンブルク門は1788〜94年にプロイセン王国の凱旋門として、アテネ(ギリシア)の神殿を手本に建てられたもの

世界遺産(37件、うち5件は共同登録)

アーヘン大聖堂(フランク王国および歴代神聖ローマ皇帝の戴冠式の場)／シュパイヤー大聖堂(12世紀初頭に完成した盛期ロマネスク様式の代表例)／ヴュルツブルク司教館、その庭園群と広場(ドイツ・バロック様式の粋を集めた宮殿建築と庭園)／ヴィースの巡礼教会(各地から巡礼者がつめかける、18世紀前半に偶然みつかった木彫りのキリスト像を祀るロココ様式の聖堂)／ブリュールのアウグストゥスブルク城と別邸ファルケンルスト(ドイツ・ロココ様式の先駆となる大司教の離宮)／ヒルデスハイムの聖マリア大聖堂と聖ミカエル教会(司教座の町に10世紀末〜11世紀前半に完成したドイツの初期ロマネスク建築の代表例となる2つの聖堂)／トリーアのローマ遺跡群、聖ペテロ大聖堂および聖母マリア教会(前1世紀末にローマ初代皇帝アウグストゥスが創建し、コンスタンティヌス帝によって4世紀前半に完成した町に残る11〜13世紀の2つの聖堂)／ケルン大聖堂→コラムなど

ヨーロッパ　ドイツ連邦共和国

ハンガリー
Hungary

面積	9万3000km²（日本の4分の1）
人口	990万人
首都	ブダペスト
自然	中央を南流するドナウ川流域のハンガリー盆地が中心。西岸海洋性気候。東部は冷帯湿潤気候
住民	ハンガリー（マジャール）人が大多数。他にドイツ人，クロアティア人，ロマ
言語	公用語はマジャール語
宗教	カトリックが半分強。他にプロテスタントのカルヴァン派とルター派
産業	農牧業では小麦，トウモロコシ，ワイン，食肉が生産され，「ヨーロッパの穀倉」とも呼ばれる食糧輸出国。ボーキサイト，石炭，鉄鉱石を産出。重化学工業が発達し，生産性や技術力も東欧随一である
通貨	フォリント（HUF）
国名	自称はマジャール

歴史

896年頃，フィン・ウゴル系のハンガリー（マジャール）人がこの地に定住し，諸部族を統一した首長イシュトヴァーン1世（位997～1038）を初代国王として1000年にハンガリー王国が成立した。13世紀半ばにモンゴル軍に侵攻されたが，14～15世紀後半には東欧の強国となった。1526年にオスマン帝国（トルコ）軍に敗れ，中部・南部はオスマン領に，北部・西部はハプスブルク家（オーストリア）領となったが，1699年，全土がハプスブルク家領に組み込まれた。1848年の独立運動は挫折したが，67年にオーストリア＝ハンガリー帝国を形成し，オーストリア皇帝が国王を兼ね，外交と軍事およびそれに関する財政を共通とする以外は独自の国会をもつ「妥協」（アウスグライヒ）が成立。

第一次世界大戦ではドイツ・オーストリア側につき，敗戦国となってオーストリア＝ハンガリー帝国は解消，1918年の革命で王政は廃止された。20年の講和条約（トリアノン条約）で領土の3分の2を失い，失地回復をめざしてナチス・ドイツに接近，第二次世界大戦下でナチスに占領され，45年にソ連軍によって解放され，共産党政権下でソ連圏の一員となった。56年の反ソ運動（ハンガリー事件）はソ連軍の介入で挫折したが，89年に始まる東欧革命で共産党政権が崩壊し，国名が人民共和国から共和国に変更された。99年にNATOに，2004年にEUに加盟した。

1956年にハンガリーで，ソ連邦の権威と支配に対する民衆による全国規模の蜂起がおきた。このハンガリー事件は，ソ連軍により鎮圧されたが，その過程で数千人の市民が殺害され，約25万人が難民となり国外へ逃亡した

ドナウ河岸，ブダ城地区およびアンドラーシ通りを含むブダペスト

「ドナウの真珠」とうたわれたブダペストはドナウ川西岸斜面のブダ地区と東岸平坦部のペスト地区からなる。もとはそれぞれ独立した都市であったが1849年に完成した「鎖橋（くさりばし）」でつながれて73年に統合された。ブダ地区にはブダ城（13世紀半ば）や王宮（15世紀後半）とマーチャーシュ聖堂（同）がある。ペスト地区には聖イシュトヴァーン大聖堂が1906年に50年余の歳月をかけて完成した。全長2.5kmのアンドラーシ通りには壮麗な建造物が立ち並ぶ。

世界遺産（8件，うち3件は共同登録）

ドナウ河岸，ブダ城地区およびアンドラーシ通りを含むブダペスト →コラム／**ホローケーの古村落**（北部山岳地帯にあって100年変わらない「一番美しい村」）／**パンノンハルマのベネディクト会修道院とその自然環境**（10世紀末創設のハンガリー最古の修道院）／**ホルトバージ国立公園－プッツァ**（遊牧民マジャール人の心の故郷）／**ペーチ**（ソピアネ）にある初期キリスト教墓地遺跡（地下墓所〈カタコンベ〉内部には，アダムとイヴなどの壁画があり，初期キリスト教美術の貴重な遺産となっている）／**トカイワイン産地の歴史的文化的景観**（オーストリアとの共同登録，世界3大貴腐ワインの産地）／**フェルテー（ノイジードル）湖の文化的景観**（オーストリアとの共同登録，ヨーロッパ最大の塩水湖一帯）／**アッグテレクとスロヴァキア―カルストの洞窟群**（スロヴァキアとの共同登録。両国国境にまたがるカルスト台地下の700余の洞窟群）

フィンランド共和国
Republic of Finland

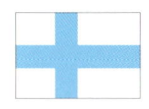

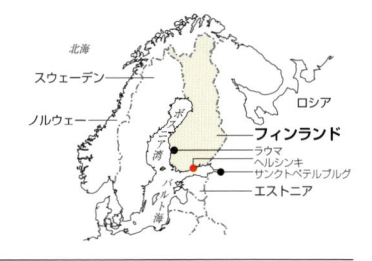

面積	33万8000km²（日本よりやや狭い）
人口	540万人
首都	ヘルシンキ
自然	国土の3分の1は北極圏。7割が平均高度150mの森林に覆われた丘陵地で，更新世の氷食により6万を超える湖沼が点在する「森と湖の国」。冷帯湿潤気候
住民	フィン人が9割強。他にスウェーデン人，サーミ人
言語	公用語はフィン語とスウェーデン語
宗教	プロテスタントのルター派が9割。他にフィンランド正教会
産業	製材，製紙，パルプ，家具製造が主要産業で世界的輸出国。エネルギーは水力発電が盛ん。工業では鉄鋼，化学，電子，造船。近年は携帯電話などの電子産業と情報産業が成長し，世界の先進国となった
通貨	ユーロ
国名	自称はフィンランド語でスオミ（沼沢地）

歴史

先住民はサーミ人であるが，1世紀頃以降，東方のフィン人がバルト海を渡って断続的に侵入し，サーミ人は北部に追われた。12世紀半ばにスウェーデン王の軍が侵入してキリスト教化が進む一方，同国の支配を受け，1284年にスウェーデン領となった。スウェーデンの影響で1527年には宗教改革がおこなわれた。16世紀後半に大公国となったが，名目にとどまり実態はスウェーデンの一地方にすぎなかった。18世紀初頭の北方戦争（1700〜21）ではロシア軍に占領され，戦禍と飢饉で人口は30万人にまで減少した。フィンランドの領有をめぐるスウェーデン・ロシア戦争（1808〜09）の結果，スウェーデンからロシア帝国に割譲されて，ロシアの大公国となったが，この時，フィン人の民族意識が覚醒したといわれる。19世紀末からロシアへの非暴力的抵抗が始まり，1917年のロシア革命に際し独立を宣言したが内戦も経験した。

第二次世界大戦中は2度にわたる対ソ連戦争とドイツ軍の占領があり，44年にはソ連邦に降伏した。戦後はソ連邦とは友好関係を維持しつつ独自の中立・平和外交を展開した。なお1906年にフィンランド国民議会が創設された際にヨーロッパで最初に女性参政権を認めており，世界でも女性の社会進出が顕著な国の1つである。1995年，EUに加盟し，北欧では唯一，単一通貨ユーロにも参加した。2006年には「ヨーロッパ憲法」を議会が批准したが，非同盟中立政策を理由にNATOには加盟していない。

ラウマ旧市街

バルト海のボスニア湾入口にのぞむラウマは，古来から交易の中継地として栄えた。火災の被害を何度も受けたが，17世紀後半の大火災以後は中世の街並み復元に努めてきた。こうして遺された旧市街には，美しい木造平屋建ての家並みが維持されている。15世紀に建造された修道院は町の発展に大きな役割を果たしていたが，16世紀前半の宗教改革で廃止され，今は唯一の石造建築物である聖堂が残っているのみである。

世界遺産（7件，うち2件は共同登録）

ラウマ旧市街→コラム／**スオメンリンナの要塞群**（スウェーデンが築き，ロシア軍も使用し，独立後に「武装解除」を意味するスオメンリンナと命名された）／**ペダヤヴェシの古い教会**（18世紀後半の素朴な板葺きの教会建築）／**ヴェルラ砕木・板紙工場**（周囲の森林と調和した7つの建物群）／**サンマルラハデンマキの青銅器時代の石塚群**（3000年前の埋葬遺構）／**クヴァルケン（ハイ・コースト）群島**（スウェーデンとの共同登録。氷河の融解で土地が隆起する現象が顕著）／**シュトゥルーヴェの三角点アーチ観測地点群**（説明173ページ）

フランス共和国
French Republic

面積	54万4000km²（日本の1.5倍）。本土と，コルシカ島，5つの海外県（グアドループ，マルティニク，ギアナ，レユニオン，サンピエールミクロン），およびいくつかの海外領土からなっている
人口	6500万人
首都	パリ
自然	全土の6割強は平地かなだらかな丘陵地。西岸海洋性気候。地中海側は地中海性気候
住民	フランス人が9割強。他にバスク人，ブルトン人，プロヴァンス人
言語	公用語はフランス語。他にバスク語，ブルトン語
宗教	カトリックが9割。他にプロテスタント，ユダヤ教，イスラーム教
産業	EUの中心メンバー。耕地が広く気象条件にも恵まれているため，西ヨーロッパで最大の農業国。農業人口は4％にも満たないが，中規模自作農または大規模企業経営により，ほとんどの食糧が自給可能で，穀物，乳製品，ワインなどをヨーロッパ諸国へ輸出。混合農業を基本形態とし，北部が穀物，西部は酪農，南部はブドウが中心。漁業も盛ん。鉄鉱石と石炭が豊富。エネルギーは原子力発電の占める比率が極端に高く，4分の3を超えている。EUで最大の電力輸出国。工業は繊維・服飾から自動車・航空宇宙まで幅広く高度に発達し，品質やデザインは世界から高い評価を得ている。1990年代後半からバイオ（遺伝子工学）企業が爆発的に増加している。観光客入国数では世界一。近年は若年層の失業と移民労働者の処遇が政治問題化
通貨	ユーロ
国名	5世紀に国をおこしたフランク部族の名前に由来。フランカと呼ぶ投げ槍を主な武器としていたことからフランク族と呼ばれ，そのフランクが転訛（てんか）

歴史

　古代ローマ時代にガリアと呼ばれていたほぼ現在のフランスに相当する地域にはケルト人が定住していたが，前1世紀半ばにローマの将軍・政治家カエサルが同地方を征服して約500年間にわたるローマ支配が始まった。4世紀以降ゲルマン人諸部族が侵入し，5世紀後半，その一派のフランク部族がガリアに王国を樹立した。フランク王国はカール1世（大帝，位768～814）のときに西ヨーロッパをほぼ征服したが，彼の死後，息子たちによって三分され，うち西フランク王国がフランスの起源で，カペー朝（987～1328）の初代国王がパリ伯であったためパリが首都となった。カペー朝は次第に南フランスも支配下においてフランスで初めて国土を統一したが，大諸侯の勢いが強く，王権は弱体であった。次のヴァロワ朝（1328～1589）はイギリスと百年戦争（1339～1453）を戦い，苦戦の末に勝利して，大陸のイギリス領を奪回し，さらにブルゴーニュ地方を併合する（1477）など王権を強化した。

　16世紀にはいると宗教改革でフランス人カルヴァン（1509～64）の説が広がってユグノー（プロテスタント）とカトリックの宗教内乱（ユグノー戦争〈1562～98〉）が生じ，内乱中に成立したブルボン朝（1589～1792／1814～30）のアンリ4世（位1589～1610）は「ナントの王令」（1598）を発して和解したが，ルイ14世（位1643～1715）の王令廃止（1685）で再びカトリック国家に戻り，同王のもとで絶対王政は最盛期を迎えた。

フランス南西部にある旧石器時代末期の洞穴遺跡ラスコーは，1940年に発見された。その壁画や天井には，牛・馬・鹿などが，巧みに描かれている

パリのバスティーユ牢獄は，圧政の象徴と考えられていた。1789年7月14日，民衆は衛兵とともに，これを攻め落とし，武器を手に入れた。この日は，フランスの革命記念日である

1789年，フランス革命が勃発して王政は廃止され（第一共和政，1792～1804），やがてナポレオン1世（位1804～14/15）の第一帝政となるが，1815年に瓦解してブルボン復古王政となった。1830年には七月王政が成立したが，48年の革命で第二共和政（～52）となり，次いで52年にナポレオン3世（1世の甥）による第二帝政（～70）がしかれた。彼は対外侵略（メキシコ・中国・インドシナなど）を繰り返したが，隣国プロイセンとの普仏戦争（1870～71）に敗れて退陣（70），第三共和政（1870～1940）が成立した。内政ではドレフュス事件（243ページのコラム）など「共和政の危機」もあったが，19世紀にはいると産業革命も進んでアフリカやインドシナを植民地化して植民地帝国を築いた。

第一次世界大戦では戦勝国となったが，甚大な被害を被って戦後処理で苛酷な対独復讐論を主張した。第二次世界大戦では1940年にドイツ軍に占領され，対独協力政権が成立したが，ドゴール将軍（1890～1970）らの「自由フランス」は国外から国民に抵抗（レジスタンス）を呼びかけた。戦後の第四共和政（1946～58）は小党分立で政権は不安定なうえ，インドシナ独立戦争やアルジェリアの独立運動に苦しみ，58年，ドゴールが大統領権限を強化した第五共和政を樹立した。ドゴール大統領（任1958～69）はヨーロッパ統合の主役を果たす一方，中華人民共和国の承認（64）やNATO軍事委員会からの離脱（66～94）など，独自外交を展開した。ポンピドゥー（任1969～74），ジスカール＝デスタン（任1974～81）と保守政権が続いたのち，社会党のミッテラン（任1981～95）が大統領となり，93年にはEU条約が成立した。その後，保守派のシラク大統領（任1995～2007）を継いで大統領になったサルコジ（任2007～12）は国内では大胆な市場主義的改革を掲げたが，2012年の大統領選挙で社会党のオランド（任2012～）に敗れた。国連安全保障理事会常任理事国である。

ヴェルサイユの庭園と宮殿

1624年，パリの南西約20kmの小寒村ヴェルサイユに，ルイ13世（位1610～43）が狩猟のための休憩所を設けたのに始まる。61年，息子のルイ14世がここに宮殿着工を命じ，当代一流の建築家・装飾家・造園家を招き，82年，フランス・バロック様式の壮麗な宮殿と庭園が完成して，宮廷と政府機関もパリからここに移った。ルイ16世（位1774～92）とその王妃マリ・アントワネット（1755～93）もまたこの宮殿で国民の飢えをよそに豪奢（ごうしゃ）な宮廷生活を謳歌したが，ついにフランス革命が勃発し，まもなく王政は倒れた。第一次世界大戦の対独講和条約は宮殿「鏡の間」で調印された。そうした歴史の転変を見守ってきたのもこの宮殿と庭園である。王室礼拝堂（1710）や王立オペラ劇場（1770），トリアノン離宮などを含む。

世界遺産（37件，うち3件は共同登録。レユニオン島，ニューカレドニアを含む）

モン・サン・ミシェルとその湾（夢のお告げで海中の小島に建てられた修道院）／シャルトル大聖堂（ステンドグラスに描かれた絵でも有名なゴシック様式の聖堂）／ヴェルサイユの庭園と宮殿 →コラム／ヴェズレーの教会と丘（イエスの女性弟子で聖女マグダラのマリアを祀ったロマネスク様式の聖堂）／ヴェゼール渓谷の先史時代史跡群と洞窟壁画群（先史時代芸術の宝庫）／フォンテーヌブローの宮殿と庭園（フランスで最初のルネサンス様式の宮殿）／アミアン大聖堂（フランス最大級のゴシック建築）／オランジュのローマ劇場とその周辺および「凱旋門」（古代ローマ時代の遺跡）など

ブルガリア共和国
Republic of Bulgaria

面積	11万900km²（日本の3分の1）
人口	750万人
首都	ソフィア
自然	中央を東西に走るバルカン山脈で二分され，北部はドナウ川流域の平原で，南部はソフィア盆地と丘陵地。北部は温暖湿潤気候，南部は西岸海洋性気候
住民	ブルガリア人が8割，トルコ系が1割。他にロマ
言語	公用語はブルガリア語
宗教	大多数はブルガリア正教会。他にイスラーム教，少数のカトリック，ユダヤ教
産業	小麦，トウモロコシを中心とする混合農業が盛ん。タバコ，ブドウ，バラなどを輸出。ジャムとバラの香水が有名。石炭，石油，鉄鉱石を産出。かつては繊維産業など軽工業であったが，社会主義時代に重化学工業が導入された。現在は民営化と農地の私有化が進行
通貨	レフ（複数形はレヴァ）
国名	ブルガール人の名にちなむ

歴史

7世紀後半，カフカースの北にいたブルガール人がドナウ川河口に到達し，先住のスラヴ人を服従させて681年に第1次ブルガリア帝国が成立し，864年にはキリスト教を受容した。同帝国は1018年に東ローマ（ビザンツ）帝国に併合されて滅亡したが，1187年に第2次帝国が再興された。その後，外勢力の侵入などもあって分裂状態となり，14世紀末までにオスマン帝国（トルコ）の支配下にはいった。19世紀には教会独立運動や反オスマンの武装蜂起もあったが鎮圧され，やがてオスマン帝国の弱体化でロシア・トルコ戦争（1877～78）を機に1878年に自治公国が成立し，85年に東ルメリアを併合した。1908年のオスマン帝国での「青年トルコ人革命」を機に独立を宣言，翌年には国際的に承認された。同国は，1878年のサン・ステファノ条約でいったん認められたのち同年のベルリン条約で取り消されたマケドニア地方の領有をめざしたが，第2次バルカン戦争（1913）や第一次世界大戦に敗れて実現しなかった。

第二次世界大戦では枢軸側で参戦して敗北し，1946年に王政が廃止されて人民共和国となった。48年以降は共産党政権下で社会主義体制となり，産業国有化・農業集団化と親ソ政策を展開した。89年の東欧革命で90年11月にブルガリア共和国に改称し，91年には新憲法を採択，同年，非共産党政権が成立した。2004年，NATOに，07年，EUに加盟した。

リラ修道院

ブルガリア南西部の標高1147mのリラ山中に建てられたこの国最大の修道院で，起源は約1000年前に遡る。社会を憂えて山深いこの地にはいって隠棲（いんせい）生活を始めた修道士の徳を慕って人々が集まり，修道院が築かれた。14世紀初，大地震で壊滅的な被害を受けたが再建が進み，14世紀からの約500年にわたるオスマン帝国支配下でもその活動は黙認された。1833年の大火で施設は焼失したが，国民の精神的支柱として再建された。

世界遺産（9件）

ボヤナ教会（首都ソフィア近郊の3つの聖堂からなるブルガリアの伝統様式の教会）／**マダラの騎士像**（マダラ高原の断崖に彫られた巨大な騎士のレリーフ）／**カザンラックのトラキア人の墳墓**（紀元前4世紀に遡る墳墓の色鮮やかな壁画）／**イヴァノヴァの岩窟教会群**（河岸段丘の断崖につくられた岩窟聖堂とフレスコ壁画）／**リラ修道院**→コラム／**古代都市ネセバル**（3000年の歴史を刻む前10世紀にトラキア人が建てた街）／**スレバルナ自然保護区**（ドナウ川下流のスレバルナ湖周辺の湿原地帯は水鳥の宝庫）／**ピリン国立公園**（鬱蒼とした針葉樹林帯を含むブルガリア最大の国立公園）など

ベラルーシ共和国

Republic of Belarus

面積	20万7600km²（日本の半分強）
人口	950万人
首都	ミンスク
自然	大半がロシア平原の平坦な内陸国で，国土の半分近くは森林。冷帯湿潤気候
住民	ベラルーシ人が8割強，ロシア人が1割弱。他にポーランド人，ウクライナ人
言語	公用語はベラルーシ語とロシア語
宗教	ベラルーシ正教会が半分。他にカトリック，ユダヤ教，イスラーム教
産業	小麦，大麦，えん麦，ライ麦，ジャガイモ，サトウダイコン，亜麻などの農業。酪農も盛ん。岩塩（カリ塩）の採掘に支えられたカリ肥料の生産は世界有数。エネルギーのほとんどをロシアからの輸入に頼っている
通貨	ベラルーシ・ルーブル（BYR）
国旗	左側の白地に赤模様の帯は，伝統的な織物の模様

歴史

　この地には6〜8世紀頃から東スラヴ人が移住していた。9世紀以降キエフを中心とするキエフ・ルーシ（ルーシはノルマン系ルス人に由来するロシアの古称）が形成されると，12世紀までその支配下にはいった。13世紀のモンゴル人やドイツ騎士団の進出を脅威とみて14世紀にリトアニア大公国に臣従したが，東スラヴ系住民が経済・文化面で優勢で，14世紀に「ベラルーシ」（白いルーシ）の語がみられる。1569年からポーランドの配下にはいり，合同教会（教義はカトリックで典礼は東方正教）への改宗を迫られた。オーストリア・プロイセン・ロシア3国による3次にわたるポーランド分割（1772〜95）でベラルーシはロシア領となり，19世紀前半には合同教会もロシア正教会に吸収され，1840年にはベラルーシという地名の使用も禁止され，大ロシア化政策のもとで抑圧された。

　ロシア革命（1917）後にベラルーシ・ソヴィエト社会主義共和国（日本では「白ロシア共和国」と呼んだ）が成立した。1920年，西ベラルーシはポーランド領に編入されたが，22年にソ連邦結成に参加し，第二次世界大戦では独・ソ戦の主戦場として住民の3分の1が亡くなった。45年，ウクライナ共和国とともに国連に加盟。91年，ソ連邦崩壊により独立して現国名となった。ロシア連邦主導の独立国家共同体（CIS）創設協定を締結して親ロシア路線をとるが，2007年，天然ガス供給問題でロシアと対立した。

ミール地方の城と関連建物群

　ミール城は15世紀の着工当時はゴシック様式であったが，その後ルネサンス様式やバロック様式を導入して，堅固な要塞という趣から瀟洒（しょうしゃ）な宮殿建築へと変化していった。交通の要衝でもあることから支配者の交替も激しく，ナポレオン戦争（19世紀初）で大きな被害にあったが，19世紀末からは帝政ロシアのもとで復興した。多様な様式はこの地域の歴史の変遷を物語る。

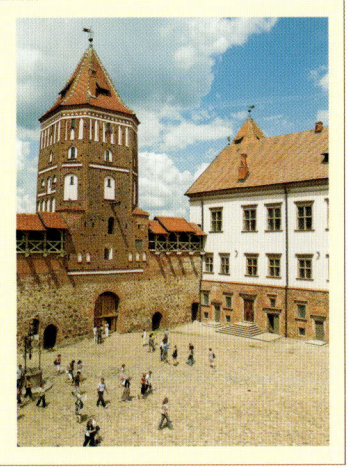

世界遺産（4件，うち2件は共同登録）

ベラヴェシュスカヤ・プーシャ（ビャウォヴィエジャの森）（ポーランドとの共同登録，ヨーロッパに残された最後の原生林）／ミール地方の城と関連建物群→コラム／ネースヴィジのラジヴィール家の建築，住居，文化的複合体（10の建物が内部で1つにつながる居住用の城館，キリストの聖体を祀るイエズス会の霊廟教会）／シュトゥルーヴェの三角点アーチ観測地点群（説明173ページ）

ベルギー王国
Kingdom of Belgium

面積	3万500km²（日本の12分の1）
人口	1110万人
首都	ブリュッセル
自然	北部はフランドル平原が広がり、南下するにつれ標高が増す。西岸海洋性気候
住民	オランダ系フラマン人が6割、フランス系ワロン人が3割。他にドイツ人
言語	公用語はオランダ語、フランス語、ドイツ語
宗教	カトリックが8割、プロテスタントが1割。他にイスラーム教
産業	日本では、チョコレートやベルギーワッフル、ベルギービールで知られる。農業は穀物のほかに集約的な酪農と園芸がおこなわれている。鉄鋼、機械、石油化学など重化学工業が発達し、プラスチックは世界有数
通貨	ユーロ
国名	先住民のケルト系ベルガエ人の名に由来

歴史

　交通の要衝にあり、とくにフランドル地方（現ベルギー）は毛織物工業で栄えた。15世紀後半、ハプスブルク家がネーデルラント（現ベルギー・オランダ）の支配権を握り、16世紀半ばにハプスブルク家が神聖ローマ帝国（オーストリア・ドイツなど）とスペインに分かれるとネーデルラントはスペイン領となったが、スペインの強権支配とカトリック政策に苦しむプロテスタントの商工業者はネーデルラント北部（現オランダ）に逃れ、南部のフランドルは経済的・文化的にも大きな打撃を受けた。1581年、北部7州がオランダとしてスペインから独立を宣言すると、フランドルはスペイン領にとどまったが、スペイン継承戦争（1701～13）の結果オーストリア領となった。

　ナポレオン戦争後のウィーン会議（1814～15）でオランダに併合されたが、フランス七月革命の影響で1830年に立憲君主国（ベルギー王国）として独立した。19世紀後半には、アフリカのコンゴを植民地として領有した。2度の世界大戦ではドイツ軍に占領されて国際的中立が侵犯されたが、戦後、ヨーロッパ統合に向けての中心的役割を果たした。国内では言語圏の対立から、1993年にオランダ（フラマン）語・フランス（ワロン）語・ドイツ語の3言語共同体と3地域自治体からなる連邦制に移行したが、対立は今なお厳しく、2010年末には総選挙後の組閣ができない状況が約200日間も続いた。

ブリュッセルのグラン・プラス
グラン・プラスとは「大きな広場」の意味で、首都の中心部にあり、広場の開設は11世紀に遡る。ブリュッセルは交通の要衝で14世紀にはブラバンド公国の、15世紀にはブルゴーニュ公国の宮廷もおかれた。広場は約110m×70mの広さがあり、周囲には壮麗な市庁舎、総督政庁（現在は市立博物館「王の家」）、かつてのギルドハウス（同業組合会館、10棟）群、旧執政官邸宅など、バロック様式の建造物が整然と立ち並ぶ。

世界遺産（10件、うち1件は共同登録）

フランドル地方のベギン会修道院（リエージュ、ブルージュなどに残る13の中世からの女子修道院）／中央運河に架かる4機の水力式リフトとその周辺のラ・ルヴィエールおよびル・ルー（エノー）（19世紀の水力工学の技術の粋としての運河施設）／ブリュッセルのグラン・プラス→コラム／ベルギーとフランスの鐘楼群（フランスとの共同登録、1999年の登録ではベルギー単独だったが、2005年にフランスの鐘楼群も追加）／ブリュージュ歴史地区（フランドル地方の水の都）／建築家ヴィクトール・オルタによる主な邸宅群（アール・ヌーヴォーの巨匠による建築）／スピエンヌの新石器時代の火打石の鉱山採掘地（モンス）（ヨーロッパ最古の鉱山跡）／トゥルネーのノートル・ダム大聖堂（12世紀から100年かけて完成したロマネスクとゴシック様式の融合した聖堂）など

ボスニア＝ヘルツェゴヴィナ
Bosnia and Herzegovina

面積	5万1000km²（九州の1.2倍）
人口	内戦後，正確な統計はない。1991年の人口調査で440万人
首都	サライェヴォ
自然	国土の大部分が山岳地で，海岸線は20kmのみである。南部はカルスト地形が発達。西から，地中海性気候，温暖湿潤気候，西岸海洋性気候へと変化
住民	1991年の人口調査でボスニア人44％，セルビア人31％，クロアチア人17％，その他8％
言語	公用語はボスニア語，セルビア語，クロアティア語
宗教	イスラーム教が4割，ボスニア＝ヘルツェゴヴィナ正教会が3割。他にカトリック，プロテスタント
産業	農牧業が主体で，トウモロコシ，タバコなどが栽培されている。ボーキサイトを産出。地理的条件がよくないこともあり，工業はあまり盛んではない
通貨	兌換マルク（KM）。ユーロと連動
国名	北部のボスニア地方と南部のヘルツェゴヴィナ地方の地名からなる

歴史

　6世紀末からこの地方にはスラヴ人が定住していたが，やがて北部からクロアティア人とセルビア人が進出した。12世紀後半，ボスニア王国がボスニア中部を統一して成立したが，1463年にボスニアが，83年にヘルツェゴヴィナがオスマン帝国（トルコ）支配下にはいり，以後，1つの州として約400年にわたる統治を受けた。ロシア・トルコ戦争（1877～78）に際して反乱がおこり，1878年，ボスニア＝ヘルツェゴヴィナはオーストリア＝ハンガリー帝国の行政下におかれ，1908年に併合された。14年にサライェヴォでおきたオーストリア皇位継承者夫妻暗殺事件をきっかけに第一次世界大戦となり，大戦末期の18年にセルビア人・クロアティア人・スロヴェニア人王国が成立してその一部となった。

　第二次世界大戦中には激しい民衆の抵抗運動（パルチザン闘争）が展開され，戦後，1945年にユーゴスラヴィア連邦人民共和国の成立で，ボスニア＝ヘルツェゴヴィナはその一共和国となった。90年，ユーゴ共産党の分裂で一党独裁が終結し，91年にクロアティアとスロヴェニアが独立した。ボスニア＝ヘルツェゴヴィナでも92年の旧ユーゴスラヴィア連邦からの独立に際し，独立への賛否をめぐって内戦が生じ，3年半にわたるムスリム人（ボスニア人）・セルビア人・クロアティア人の3勢力による凄惨な戦いが生じ（死者20万人），95年，和平合意に達した。EU加盟をめざしている。

モスタル旧市街の古橋地区

　モスタルはこの国の南部に位置し，ヘルツェゴヴィナ地方の地理的中心で，渓谷のなかをネレトヴァ川が流れる。市街地は標高60～80mに位置しているが，ここでは新石器時代，青銅器時代，鉄器時代などの遺跡が確認されている。ネレトヴァ川の両岸を結ぶスタリ・モスト橋（写真）は1556年に木製から石製に替わったが，オスマン帝国時代の重要建造物で，全長28m，高さは20mあって，当時の建築技術の高さを今に伝える。内戦で破壊されたが，再建された。

世界遺産（2件）

モスタル旧市街の古橋地区 →コラム／ヴィシェグラードのアフメド・パシャ・ソコロヴィッチ橋（オスマン帝国の建築技術の高さを示す）

ポーランド共和国
Republic of Poland

面積	32万3000km²（日本の5分の4）
人口	3820万人
首都	ワルシャワ
自然	南部のカルパティア山脈を除くと，国土の大半を平坦なポーランド平原が占めている。西岸海洋性気候
住民	ポーランド人がほとんど。他にウクライナ人，ベラルーシ人，ドイツ人
言語	公用語はポーランド語
宗教	カトリックが9割。他にポーランド正教会，プロテスタント
産業	小規模自作農による混合農業が主体。小麦，大麦，ライ麦，ジャガイモ，サトウダイコン，ホップ，リンゴなど。鉱物資源は豊富で銀（世界第8位），銅，石炭，鉄鉱石。バルト海沿岸は琥珀の世界最大の産地。EU内の「工場」として，多岐にわたる工業製品を生産
通貨	ズヴォティ（Zl）

歴史

7世紀にスラヴ人が定住し，10世紀にピアスト朝（966~1370）が統一してキリスト教を受容した。13世紀にドイツ人の進出やモンゴル人の侵攻があったが，そののち，東方に領土を広げ，1386年リトアニアと連合してヤギェウォ朝（~1572）が成立。同朝断絶後は反乱やスウェーデンの侵攻などで疲弊，18世紀後半には国制改革を断行したが，プロイセン・オーストリア・ロシアによる3度の分割（1772・93・95）で国家が消滅した（1795）。19世紀前半の相次ぐ蜂起はいずれも失敗し，第一次世界大戦末期の1918年11月に独立を果たした。

1939年9月，ナチス・ドイツ軍のポーランド侵入で第二次世界大戦が始まり，ソ連軍も侵攻して両国に分割占領された。ナチス・ドイツの占領地域では多数のユダヤ系市民が絶滅政策の犠牲者となった。45年，ドイツの降伏ののち，共産党政権が成立し，ソ連圏に組み込まれた。56年の反ソ・反スターリン・自由化要求の蜂起はソ連軍により鎮圧された。80年には労働者の抗議ストが拡大し，独立自主労働組合「連帯」が運動を主導したが，戒厳令で鎮圧された。89年にいたり東欧革命により自由選挙が実施され，「連帯」市民委員会が圧勝し，新憲法を制定して現国名に改めた。翌90年には「連帯」議長ワレサが大統領（任1990~95）となった。99年にNATO，2004年にEUに加盟した。

ポーランドのグダンスク造船所の労働者ワレサは，1980年に「連帯」の指導者となり，政府とねばり強い交渉をおこない，改革を勝ち取った

世界遺産（13，うち2件は共同登録）

クラクフの歴史地区（中欧文化の中心として繁栄したポーランドの古都）／**ヴィエリチカ岩塩坑**（ポーランドの繁栄を支えた岩塩の坑山）／**アウシュヴィッツ・ビルケナウ・ナチス・ドイツの強制絶滅収容所（1940~45）**→コラム／**ワルシャワ歴史地区**（ポーランド王国の17世紀以降の首都で，再生と破壊の歴史を刻む）／**ザモシチ旧市街**（16世紀の大貴族が自領に築かせた理想のルネサンス都市）／**中世都市トルスカ**（ヴィスワ川河畔に中世の面影を遺す街）／**マルボルクのドイツ騎士団の城**（テュートン〈ドイツ〉様式で築かれた城郭）／**カルヴァリア＝ゼブジトフスカーマニエリスム様式の建築と公園の景観複合体と巡礼公園**（イエスが処刑されたゴルゴタの丘を模した巡礼地）など

アウシュヴィッツ・ビルケナウ ナチス・ドイツの強制絶滅収容所（1940~45）

ポーランド南部のオシフィエンチムはドイツ名アウシュヴィッツの旧名であまりにも有名である。古都クラクフの西54kmのこの町の郊外にナチス・ドイツによって強制収容所が建設されたのは1940年。ユダヤ人問題の「最終的解決」を目的とする大量虐殺のための施設で，高圧電流の流れる有刺鉄線に囲まれた収容所には，約3万人を収容できる28棟の囚人棟や銃殺場，絞首台，ガス室，遺体焼却所が設置されていた。ドイツ占領下の各地から鉄道貨車で送りこまれたユダヤ人，ポーランド人，ロマ，共産主義者，反ナチの活動家，同性愛者などが，28の民族，少なくとも135万人（一説には400万人）以上が虐殺されたが，このうち3分の2がユダヤ人であった。ここから3km離れたビルケナウ（ドイツ名ブシェジンカ）収容所とともに人類の「負の遺産」として保存されている。

ポルトガル共和国

Portuguese Republic

面積	9万2400km²（北大西洋上のアゾレス，マデイラ両諸島を含む。日本の4分の1）
人口	1060万人
首都	リスボン
自然	北部は起伏の多い山岳地で南下するにつれて緩やかな台地性の平原となる。全土にわたり地中海性気候
住民	ポルトガル人
言語	公用語はポルトガル語。地域公用語にミランダ語
宗教	カトリックが9割。他にプロテスタント
産業	長く植民地からの搾取に依存していたので，産業はあまり発展していない。瓶の栓や防音材などに使われるコルクの生産は世界の半分以上を占めている
通貨	ユーロ
国旗	中央には優れた航海術を象徴する天球儀と，ムーア人（イベリア半島のベルベル人）から奪い返した7つの城，真ん中の5つの盾はキーナスと呼ばれる国の紋章

歴史

前2世紀後半ローマの属州となり，5世紀に，ゲルマン人の西ゴート王国が建てられた。8世紀前半にはイスラーム教徒に征服されたが，キリスト教徒のレコンキスタ（国土再征服運動）が進み，1143年，第2代ポルトゥカーレ伯アフォンソ・エンリケス（1110〜85）を初代国王とするポルトガル王国が成立した。15世紀，冒険航海者を支援してアフリカ南端の喜望峰やインド航路の発見，ブラジルへの到達などに成功し，大航海時代を切り開いた。南米・アフリカ・アジアにまたがる海洋帝国を築き，南アジアからの香辛料貿易を独占して絶対王政を形成したが，1580年にスペインとの同君連合（〜1640）の結果，事実上の属国となり，アジアの拠点の多くを失った。

19世紀初めにはフランスのナポレオン1世の侵略により海洋帝国は崩壊し，1820年の革命で立憲王政に移行したが，22年のブラジル独立で最大の植民地を失った。1910年の革命で共和政に移行した。32年，サラザール（1889〜1970）による全体主義的一党独裁体制が成立したが，第二次世界大戦では中立を維持。サラザール引退（68）後，74年のクーデタを経て76年に民政に移管した。70年代にはアンゴラなどアフリカ植民地が次々と独立し，99年にはマカオも中国に返還した。86年にEUに加盟したが，放漫財政による巨額な財政赤字から2011年，EUとIMFからの緊急融資を受け，経済に不安をもつ。

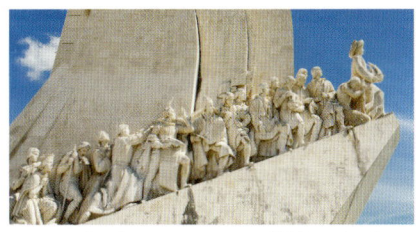

リスボンに建つ「発見のモニュメント」。舳先（へさき）に立つのはエンリケ航海王子で，大西洋の彼方を望見している

世界遺産（13件，うち1件は共同登録）

アゾレス諸島のアングラ・ド・エロイズモの町の中心地（大航海時代の繁栄を偲ぶ港町）／**リスボンのジェロニモス修道院とベレンの塔**→コラム／**バターリャの修道院**（14世紀，隣国カスティリャ王国の侵攻に聖母マリアへの祈りで勝利した感謝からマリアに捧げられたドミニコ修道会の修道院。バターリャとは「戦い」の意）／**トマールのキリスト教修道院**（十字軍時代のテンプル騎士団が下賜（かし）された地に建立。ムデハル様式で建てられたものとしては最古の修道院）／**エヴォラ歴史地区**（イベリア半島の歴史を凝縮したいわば「歴史博物館」の町）／**アルコバッサの修道院**（清貧を旨とするシトー派修道院の簡素ながら豊穣な空間）／**シントラの文化的景観**（シントラ山系標高207mの町は初代国王によってイスラーム教徒から奪還されたもの。王家の夏の離宮があり，イギリスの詩人バイロンは「この世のエデン」と讃えた）／**ポルト歴史地区**（首都につぐ第2の都市は商業で栄え，国名の由来となった）など

リスボンのジェロニモス修道院とベレンの塔

大航海時代，アフリカ西岸探険を支援したのがジョアン1世（位1385〜1433）の第3子エンリケ航海王子（1394〜1460）で，天文台や航海学校の建設などに尽力，喜望峰到達やインド航路開拓はポルトガル人によって達成された。王子らの偉業を讃えてマヌエル1世（位1495〜1521）が建造させたのが，2階建ての回廊が残るジェロニモス修道院（1551年完成）とベレンの塔。塔はテージョ川河口を守る要塞として1520年に完成した。

マケドニア旧ユーゴスラヴィア共和国
Former Yugoslav Republic of Macedonia

面積	2万5700km²（九州の3分の2）
人口	210万人
首都	スコピエ
自然	山がちな内陸国で，地中海性気候。高山地帯は冷涼であり，冬季は雪に深く閉ざされる
住民	6割以上を占めるマケドニア人（スラヴ系）と少数派アルバニア人が中心。他にトルコ人，ロマ
言語	公用語はマケドニア語。他にアルバニア語
宗教	マケドニア正教会が7割。イスラーム教が3割
産業	旧ユーゴスラヴィア内では農業地域であったため，工業は発達せず，農牧業が主体
通貨	マケドニア・デナル
国名	古代マケドニア王国の人々との連続性はない。このため，ギリシアがマケドニアという国名を拒否し，同国とのあいだで激しい国名論争が生じている
国旗	赤地に8本の光を放つ黄色の太陽

歴史

アレクサンドロス大王（位前336～前323）の古代マケドニア王国の名を復活させたのが国名の由来で，かつてはギリシア人が多く居住していたが，6～7世紀にはスラヴ人が侵入して多数派を形成した。まず第1次ブルガリア帝国（681～1018）の支配を受け，次いで東ローマ（ビザンツ）帝国支配下でキリスト教を受容した。その後，第2次ブルガリア帝国（1187～1393），セルビア王国（1168～1369）などの支配を受けたのち，1430年，オスマン帝国（トルコ）の支配下にはいった。ロシア・トルコ戦争（1877～78）で一時，大ブルガリア公国の領土となり，2次のバルカン戦争（1912・13）の結果，マケドニアはギリシアとセルビアに分割され，セルビアに割譲された部分が現在のマケドニアである。1918年に成立したセルビア人・クロアティア人・スロヴェニア人（セルブ・クロアート・スロヴェーン）王国（29年にユーゴスラヴィア王国と改称）の成立でその一部となった。

第二次世界大戦後の1945年，ユーゴスラヴィア連邦人民共和国が成立しその一共和国となったが，91年に旧ユーゴスラヴィア連邦の解体にともない，クロアティア・スロヴェニアとともに独立した。しかし，ギリシアがマケドニアの国名に反対したため，暫定的な現国名で国連に加盟した（93）。2001年からアルバニア系武装勢力と政府軍の内戦が続いたが，NATOやEUの仲介で同年に和平が成立した。

オフリド地域の自然遺産および文化遺産

マケドニアが前168年に古代ローマの領土となって以来，国の南西部のこの街は軍事・交易の拠点として繁栄してきた。11世紀以降，ビザンツ帝国支配下で多くのキリスト教聖堂群が築かれた。15世紀からのオスマン帝国支配下でキリスト教は迫害されてイスラーム教のモスクとなったが，20世紀になって復元され，オフリド湖にのぞむ自然の景観（自然遺産）のなかで数多くのフレスコ画の傑作などを現在に伝えている。

世界遺産（1件）

オフリド地域の自然遺産および文化遺産 →コラム

マルタ共和国
Republic of Malta

面積	316km²（淡路島の半分）
人口	40万人
首都	ヴァレッタ
自然	石灰岩質で岩の多い平らな島々で，典型的な地中海性気候。良港が多い
住民	セム系のマルタ人
言語	公用語はマルタ語と英語
宗教	カトリックが大多数。他にプロテスタント，イスラーム教
産業	淡水は限られ，飲み水はイタリアから輸入している。貿易，観光業が中心
通貨	ユーロ
国名	フェニキア語のメリタ（避難所，港）の転訛（てんか）
国旗	左上はジョージ十字。第二次世界大戦中ナチス・ドイツの攻撃に抵抗したマルタ市民の名誉に対して，1942年に英国王ジョージ6世にちなむジョージ十字勲章が与えられ，旗に表示する勅許を受けたことによる

歴史

前5000年頃にはすでに居住の跡がみられるが，古代マルタ人は前2000年頃に突然姿を消した。前800年頃から地中海東岸の商業民族フェニキア人が交易のために訪れ，やがて彼らが北アフリカに築いた植民都市カルタゴがマルタ島にも植民した。前218年からは，共和政ローマ・ローマ帝国が支配し，5世紀に東ローマ（ビザンツ）帝国領となった。9世紀にはイスラーム教徒による支配に移り，11世紀末にはノルマン人がこれに代わったが，イスラーム教徒がマルタ島から最終的に撤退したのは13世紀であったため，アラブ文化がこの地に色濃く残り，マルタ語はアラビア語に最も近いといわれる。十字軍遠征（1096〜1270）初期の11世紀末にイェルサレムに組織された聖ヨハネ騎士団は，1530年，神聖ローマ皇帝カール5世からこの島を与えられて移住したため，マルタ騎士団と呼ばれるようになり，島はその領土となった。

1798年，フランスのナポレオンの率いる軍がエジプト遠征の途次，島を征服したが，1800年にイギリス軍が占領した。マルタ国民議会は騎士団の復帰を認めず，14年に正式にイギリス領となってイギリスの地中海支配の拠点となった。1947年に自治政府が成立，64年に英連邦のもとで独立した。74年に大統領制に移行，79年には英海軍も撤退した。非同盟・中立主義を掲げるが，2004年にEUに加盟，05年にヨーロッパ憲法を批准し，08年に単一通貨ユーロを導入した。

ヴァレッタ市街

聖ヨハネ騎士団は十字軍の退潮後イスラーム勢力におされて拠点をキプロス島，ロードス島へと移していたが，1530年，マルタ島を与えられて移住した。65年のオスマン帝国（トルコ）軍の猛攻を機に島の北東部に周囲を堡塁（ほるい）で固めた城塞都市を建設し，当時の騎士団長の名をとってヴァレッタと命名した。各地のキリスト教徒の寄進も受けて城壁内部に聖ヨハネ大聖堂をはじめ多くの建物が建てられ，今では人口6000人余の街に320もの建物がひしめきあい，共和国の首都でもある。写真は騎士団の紋章。

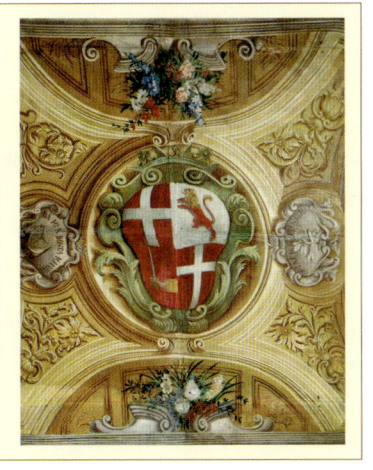

世界遺産（3件）

ハル・サフリエニ地下墳墓（前2500年頃に遡る先史時代の墳墓）／ヴァレッタ市街→コラム／マルタの巨石神殿群（ゴゾ島に残る前5000〜前2000年頃の謎に満ちた最古の巨石神殿）

モナコ公国
Principality of Monaco

面積	2.02km²（日本の皇居は1.42km²）。ヴァティカンに次いで世界第2の小国で，国連加盟国のなかでは世界最小
人口	3万6000人
首都	モナコ市がそのまま全領土
自然	典型的な地中海性気候
住民	外国籍者（フランスが5割弱，イタリアが2割弱，その他2割強）が8割強，モナコ国籍者が2割弱
言語	公用語はフランス語
宗教	カトリックが国教
産業	カジノを中心とする観光業が最大の産業。多くの金融機関があり，人気の切手も財政に寄与している
通貨	ユーロ（EUには加盟していないが，通貨協定を締結）
国旗	国連基準の2:3の縦横比になるとインドネシアと同様になるため，両国間で調整が図られたが進展しなかった。モナコ独自の基準による比率は4:5としている。また上下を逆にするとポーランドの国旗と同様

歴史

旧石器時代からこの地に人が住んでいたとされ，ギリシア神話のヘラクレス神を祀る神殿モノイコスがモナコという地名のおこり。1297年，ジェノヴァの支配下にあったモナコをジェノヴァの富豪グリマルディ家が征服して支配するようになった。フランス革命下の1793年にフランスに併合されたが，ナポレオン戦争後のウィーン会議の結果，1815年にサルデーニャ王国（1720～1861）の保護下で公国となり，61年のイタリア王国（～1946）の成立とともに，フランスの保護下にはいった。1911年に初めて憲法を公布して立憲君主国となり，62年に新憲法を制定して元首の権限を制限し，公選議会制とした。

1993年に国連に加盟したが軍事力は保持せず，フランスが防衛を保障している。しかし90年代後半，同公国の金融機関がマネーロンダリング（不正資金の洗浄）の温床となっているとの批判を受けて対仏関係が悪化した。21世紀にはいってからもOECDは，同公国の金融・租税制度が国際慣行に反すると批判し，EUとのあいだで協議が続いている。2002年の憲法改正で女子の公位継承権を認めた。05年にフランス・モナコ友好協力条約が結ばれて，協調関係を維持しつつ外交面の制約を緩和することに同意した。国内はモナコ市街区（宮殿・政庁所在地），ラ・コンダミーヌ（港湾地区），モンテ・カルロ（行楽区），フォンヴェイユ（新興地区）の4地区からなる。モンテ・カルロは賭博場（カジノ）で有名である。

ハリウッドの女優から公国公妃へ

アメリカのハリウッドの映画界やテレビ，ブロードウェーの演劇界で知的で上品な役を演じて有名となったグレイス・ケリー・パトリシア（1929～82）は，1956年，27歳のとき，モナコ大公レーニエ3世（位1949～2005）に見初められて結婚。結婚に際しては公国から記念切手（上）が発行された。現代のシンデレラともうたわれ，1男2女を授かったが，晩年はアルコール依存症であったともいわれ，夫君に先立って自動車事故で死去した。葬儀はモナコ大聖堂（下）でおこなわれ，各国の王族・要人のほか，フランク・シナトラらハリウッド俳優も参列した。公妃はここに眠る。代表作に映画『喝采』（1954年アカデミー賞受賞作品）。

世界遺産（0件）

モルドヴァ共和国
Republic of Moldova

面積	3万3800km²（九州よりやや狭い）
人口	360万人
首都	キシナウ
自然	内陸国。北部は冷帯湿潤気候，南部は地中海性気候
住民	モルドヴァ人（ルーマニア系）が8割弱，ウクライナ人が1割。他にロシア人，テュルク系のガガウス人
言語	公用語はモルドヴァ語（ルーマニア語とほぼ同じ）。ロシア語も一般に通用
宗教	モルドヴァ正教会が大多数。他にプロテスタント
産業	肥沃な土壌に恵まれ農業が発達し生産性も高く，酪農も盛ん。独立後に経済は大きく後退，IMFの支援を受けた。ワインが名産品としてつくられている。ロシア・ベラルーシ側に加わろうとする勢力と，EU加盟をめざす勢力の対立が成長を阻む
通貨	レイ（MDL）
国旗	中央の国章を除けば隣国のルーマニアと同じ

歴史

前1世紀にダキア人がドナウ川下流北岸に王国を築いたのが国の始まりである。106年にローマ帝国に滅ぼされたもののローマの属州とはならなかった。1359年，ルーマニア北東部から現在のモルドヴァ共和国を含む地域にモルダヴィア公国が成立したが，1456年以来オスマン帝国（トルコ）の宗主権下にはいった。1812年，ロシア帝国に割譲されてベッサラビア州と名付けられた。州の中心地キシナウは工業が盛んであったが，ユダヤ人も多く住んだことから反ユダヤ主義もあって，1903年には400人以上の死傷者をだすポグロム（ロシア語で破壊，虐殺の意）もおきた。

モルドヴァの農村。土壌は肥沃

ロシア革命（1917）後の1918年，モルドヴァ民主共和国が独立し，次いでルーマニアと統合した。ソ連邦の画策で24年にモルダヴィア社会主義自治共和国となり，40年にモルダヴィア・ソヴィエト社会主義共和国連邦としてソ連邦に加盟した。ソ連邦はルーマニアとの再統一の動きや民族主義の台頭を警戒したが，80年代後半のソ連邦におけるペレストロイカ（改革）の進行でモルドヴァにも民族主義がおこり，90年に主権宣言，91年に国名を変更して独立を宣言し，翌92年に国連に加盟した。本国のほかに自治地域としてトランスニストリア（沿ドニエストル地域）と，ガガウズ＝イェリ自治区（区都コムラト）の2地域がある。

シュトゥルーヴェの三角アーチ観測地点群

ウクライナ・エストニア・スウェーデン・ノルウェー・フィンランド・ベラルーシ・モルドヴァ・ラトヴィア・リトアニア・ロシアの10カ国にまたがる共同登録。ドイツ出身のロシアの天文学者シュトゥルーヴェが中心となって，子午線弧の長さの三角測量のために1816～55年に設置した三角点群。全265カ所にのぼるが設置当時はスウェーデン・ノルウェー連合王国とロシア帝国のわずか2カ国であった。うち34カ所が世界遺産に登録された。

世界遺産（共同登録1件）

シュトゥルーヴェの三角アーチ観測地点群→コラム

モンテネグロ
Montenegro

面積	1万3800km²（福島県程度）
人口	60万人
首都	ポドゴリツァ
自然	カルスト台地が広がる山がちな地形で，地中海性気候
住民	モンテネグロ人が4割，セルビア人が3割，ボスニア人が1割。他にアルバニア人
言語	公用語はモンテネグロ語。他にセルビア語，ボスニア語
宗教	モンテネグロ正教会が7割強。他にイスラーム教（ボスニア人），カトリック
産業	穀物，タバコなどの農牧業と林業が主
通貨	ユーロ（2002年，独自に導入）
国名	イタリア語で「黒い山」の意。常緑の樫の木の山に由来する
国旗	中央は国章。国章の中心にあるのはヴェネツィア共和国のシンボルである聖マルコのライオン。かつてモンテネグロの都市はヴェネツィア共和国に属していた

歴史

　6～7世紀にスラヴ系民族がバルカン半島に南下し，その一部が現在のモンテネグロにあたる山岳部に定住した。第1次ブルガリア帝国（681～1018）や東ローマ（ビザンツ）帝国の支配を経て，11世紀にはセルビア王国の一部となった。1389年のコソヴォの戦い（147ページのコラム）でセルビア王国がオスマン帝国（トルコ）に敗れたのちもモンテネグロは実質的な独立を保った。16世紀にセルビア（東方）正教主教職のツェティニエ家が政治的支配権を得て神政国家を形成し，17世紀末から第一次世界大戦まではペトロヴィッチ家が世襲したが，19世紀半ばに世俗の公国となった。

　ロシア・トルコ戦争後の1878年，モンテネグロ王国として独立した。2次のバルカン戦争（1912・13）では領土を拡大し，第一次世界大戦後の1918年12月，セルビア人・クロアティア人・スロヴェニア人王国が形成されるとセルビアに編入された。第二次世界大戦後，ユーゴスラヴィア連邦人民共和国の成立にともない，最小の共和国として連邦を構成した。91年のクロアテイア・スロヴェニア・マケドニア3共和国の独立宣言に始まる内戦とユーゴスラヴィア解体により，セルビアとともに旧ユーゴスラヴィア連邦共和国を発足させたが，ボスニア内戦でセルビアとの関係が悪化し，2003年にセルビア＝モンテネグロ国を形成した。しかし06年の国民投票で分離・独立し，その結果，旧ユーゴスラヴィアは完全に解体・消滅した。07年，新憲法を制定してモンテネグロ共和国から現国名に変更した。

コトルの自然と文化・歴史地域

　海岸線が複雑に入り組むアドリア海沿岸の，背後を山に守られた天然の良港コトルは古くから交易都市として栄え，全長4kmの城壁で囲まれた市街は，「アドリア海の女王」とうたわれたヴェネツィアの最盛期の影響を受けた建造物が立ち並ぶ。大聖堂は12世紀にロマネスク様式で創建され，17世紀の地震後にルネサンス様式で再建された。当市にはスラヴ諸国で最初の航海士学校が設立された。

世界遺産（2件）

コトルの自然と文化・歴史地域 →コラム／ドゥルミトル国立公園（ディナル・アルプスの延長上に位置し，氷河期に形成された起伏に富んだ地形で固有種の植物相や動物が多く棲息する）

ラトヴィア共和国
Republic of Latvia

面積	6万5000km²（日本の6分の1）。バルト3国の中央の国
人口	220万人
首都	リガ
自然	西部は平坦で，東部は低い丘陵性の平原。沿岸部は西岸海洋性気候，内陸部は冷帯湿潤気候
住民	ラトヴィア人が6割，ロシア人が3割。他にベラルーシ人，ウクライナ人，ポーランド人。バルト3国のなかで，最もロシア人人口が多い
言語	公用語はラトヴィア語。他にロシア語
宗教	西部はプロテスタントのルター派，東部はカトリック。他にラトヴィア正教会
産業	ソ連邦時代には，重工業が盛んで，ソ連域内屈指の工業地域であったが，市場経済化の流れのなかで，工業拠点の多くが放棄され，国際競争力のある基幹産業はない。農業，牧畜，漁業，林業が主
通貨	ラッツ

歴史

バルト3国の中央の国で，東はロシア連邦と国境を接する。前2000年頃，バルト系諸民族が定住し，13世紀初めからのちにプロイセン公国の母体となるドイツ騎士団が進出してきた。リガなどバルト海沿岸の諸都市はハンザ同盟（1358～1648）に加盟して発展したが，農村部はドイツ騎士団に支配された。ポーランド，リトアニア，スウェーデンなどの支配を受けたのち，18世紀末までには全域がロシア帝国の支配下にはいった。ロシア革命（1917）後，ボリシェヴィキの影響を受け，1920年に独・ソの条約で独立したが，34年以降は権威主義体制が敷かれた。39年の独・ソ不可侵条約の付属秘密議定書により40年にソ連邦に編入されてソ連軍が進駐した。

第二次世界大戦後，ナチ党協力の罪名のもとに4万人がシベリアに送られ，農業集団化に反対した農民5万人が追放された。1980年代後半，ソ連邦のペレストロイカ（改革）の進展で独立の気運が高まり，90年には移行期を含む独立宣言をおこない，91年のソ連邦でのクーデタを機に移行期終了を宣言してソ連邦も独立を承認し，国連にも加盟した。2004年，NATOとEUに加盟。07年にEU加盟27カ国が新基本条約「リスボン条約」を承認するのに先駆けて，06年に議会がヨーロッパ憲法を批准した。07年，ロシア連邦との国境画定条約に調印した。

リガ歴史地区

13世紀初頭にドイツ人が築いたリガは，同世紀末にハンザ同盟に加盟し，バルト海交易の中心地として15世紀には未曽有の繁栄を誇った。ダウガヴァ河畔の旧市街の市壁の多くは取り壊されたが，リガ大聖堂，聖ペテロ教会，聖ヨハネ教会，リガ城などが残る。新市街は帝政ロシア時代に発展，19世紀末にはアール・ヌーヴォー様式による壮麗な街並みとなって中世の面影濃い旧市街と調和し，「バルトのパリ」とも称される。写真の尖塔は聖ヤコブ聖堂。

世界遺産（2件，うち1件は共同登録）

リガ歴史地区→コラム／シュトゥルーヴェの三角点アーチ観測地点群（説明173ページ）

リトアニア共和国
Republic of Lithuania

面積	6万5000km²(日本の6分の1)。バルト3国の最南の国
人口	300万人
首都	ヴィルニュス
自然	大半は標高200m以下の低地。沿岸部は西岸海洋性気候、内陸部は冷帯湿潤気候
住民	リトアニア人が8割。他にロシア人、ポーランド人、ベラルーシ人
言語	公用語はリトアニア語。他にロシア語
宗教	カトリックが8割。他にプロテスタントのルター派、リトアニア正教会
産業	肥沃な土壌と気候に恵まれて農牧業が発達し、ライ麦、エンバク、サトウダイコン、ジャガイモなどが栽培されている。酪農も盛ん。ソ連邦時代には先端工業地域とされていたが、独立後は西側諸国との競争にさらされ、新しい技術と投資が必要
通貨	リタス

歴史

前2000年頃にはリトアニア人の祖先とされるバルト系民族が定住した。13世紀前半にドイツ人の進出を食い止めて国土統一に成功し、同世紀半ばにはリトアニア大公国が形成されてキリスト教に改宗した。1385年、ヨガイラ大公(位1377～92)がポーランド王女を娶(めと)ってポーランド王ウラディスワフ5世を名乗って連合王国となり、次のヴィタウタス大公(位1392～1430)はバルト海から黒海にいたる大国に拡大した。しかし16世紀からはむしろポーランド化が進み、同世紀後半、リトアニアは事実上ポーランドに吸収された。次いでプロイセン・オーストリア・ロシアによる第3次ポーランド分割(1795)でロシア帝国領となった。

第一次世界大戦のドイツ占領下で1918年に独立を宣言した。39年の独・ソ不可侵条約の秘密議定書によりドイツの勢力圏にはいる予定であったが、独・ソ間の交渉で40年にソ連邦に編入され、第二次世界大戦中の41年、再びナチス・ドイツに占領され、20万人以上のユダヤ人が強制収容所に送られた。44年にソ連軍の占領でソ連邦の一部となり、49年には「人民の敵」とされた約40万人がシベリアに送られた。ソ連邦でゴルバチョフ政権(1988～90)下に進行したペレストロイカ(改革)を機に90年、独立を宣言し、91年にソ連邦も承認した。同年、国連に、2004年にNATOとEUに加盟した。

ヴィルニュスの歴史地区

14世紀初頭から首都と定められたこの街は、バルト3国の首都中唯一、内陸に建設された都市で、16世紀に繁栄を極めた。13世紀半ばに創建され、18世紀に新古典様式で再建された大聖堂のある広場を中心とし、深い緑に包まれた街が広がり、多彩な宗教施設がみられる。ドイツ人の影響が少ないため、ドイツ人の好んだゴシック様式は聖アンナ教会だけであり、多くの建物は17世紀以降のバロック様式で、「バロックの街」ともいえる。

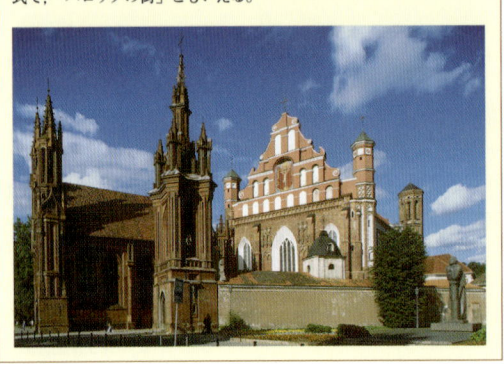

世界遺産(4件、うち2件は共同登録)

ヴィルニュスの歴史地区→コラム／クルシュー砂州(ロシアとの共同登録。バルト海とクルシュー・ラグーンを隔てる全長98kmの細長く湾曲した砂州)／ケルナヴェ古代遺跡(旧石器時代末期から中世までの住居跡、丘の砦、墓地遺跡)／シュトゥルーヴェの三角点アーチ観測地点群(説明173ページ)

リヒテンシュタイン公国
Principality of Liechtenstein

面積	160km²（小豆島に相当）
人口	3万6000人
首都	ファドーツ
自然	アルプス山中の小国で，西岸海洋性気候
住民	ドイツ人が7割，外国人が3割
言語	公用語はドイツ語
宗教	カトリックが8割，プロテスタント1割弱。他にイスラーム教
産業	農業人口はわずか。医療機器や顕微鏡などの精密機械と化学製品が輸出されている。これらはかつてナチス・ドイツを逃れたドイツ人技術者が始めたもの。観光業，国際金融，切手発行も主要な財源である。世界でもトップクラスの生活水準を達成している
通貨	スイス・フラン（CHF）
国名	正式名称はドイツ語でFürstentum Liechtenstein
国旗	左上に王冠

歴史

　古代ローマの属州となり，5世紀頃，現在の住民の祖先であるゲルマン系アレマン人が流入した。1342年にファドーツ伯爵領が成立して現在の国の基礎がおかれた。1699年，シェレンベルク男爵領（低地部）を取得したリヒテンシュタイン家がまもなくファドーツ伯領（高地部）も購入し，1719年，神聖ローマ皇帝から公国として自治権を得た。1806年の神聖ローマ帝国解体後，ライン同盟に加わり15年にはドイツ連邦に加盟したが，プロイセン・オーストリア戦争（1866）で同連邦が解体したため66年に独立を宣言し，翌年，永世中立国となった。オーストリアと緊密な関係をもち，68年に軍隊を廃止して今も非武装中立である。1923年，スイスと関税同盟を結んで通貨にスイス・フランを導入し，外交はスイスが代行している。

　1921年制定の憲法で，公国元首はリヒテンシュタイン家の世襲となり，議会とともに立法権を有することとなった。2003年の国民投票で元首の権限はさらに強化されて外交権，議会の招集・解散権，政府の解散権，法律拒否権などをもつ。国政での女性参政権の承認は1984年でヨーロッパでは最も遅かった。第二次世界大戦後，農業国から商・工業国に転換し，現在，就業人口の約半分は第3次産業に従事する。労働人口が少ないため企業の国外での工場立地が増加し，貿易収支は大幅な黒字である。1990年に国連に，91年にヨーロッパ自由貿易連合（EFTA）に，95年にWTOに加盟した。

ファドゥーツ城は，リヒテンシュタイン公国の元首・リヒテンシュタイン家の居城である

2012年の国民投票

　2012年7月1日，この国で国民投票がおこなわれた。規定では国民投票実施に必要な署名数は1500人で，有権者約1万9000人のうち投票率は82.9%に達した。今回争われたのは，重要政策を決める際におこなわれる国民投票の結果についてリヒテンシュタイン公爵（家）の拒否権行使を制限するか否かで，結果は賛成23.9%，反対76.1%，従来通り公爵（家）の「民意拒否」を認める，というものであった。

世界遺産（0件）

ルクセンブルク大公国
Grand Duchy of Luxembourg

面積	2590km²（佐賀県程度）
人口	52万5000人
首都	ルクセンブルク
自然	北高南低で，森林と渓谷が美しい。最高地点で560m。西岸海洋性気候
住民	ドイツ系ルクセンブルク人が7割強。他にドイツ人，フランス人，ポルトガル人，イタリア人
言語	公用語はルクセンブルク語。フランス語，ドイツ語
宗教	国民の大多数はカトリック。他にプロテスタント
産業	鉄鉱石が豊富で，鉄鋼業で豊かな経済を実現した。1970年代以降は，金融，保険などのサービス業，情報通信分野が成長し，所得水準や社会保障は世界最高水準。ヨーロッパ統合を推進してきた
通貨	ユーロ
国名	ドイツ語で「輝く城壁」の意
国旗	赤・白・青は大公家の紋章の色にちなむ

歴史

963年の文書には，神聖ローマ帝国の1領邦としてアルデンヌ家のジークフリート伯が一帯を支配する「ルクセンブルク伯領」が登場する。婚姻を通じて領土を拡大したルクセンブルク家は，一時は神聖ローマ皇帝を輩出してボヘミア（ベーメン）王も兼ね，1354年に伯領から公領に昇格したが，のち，ブルゴーニュ公家，次いでハプスブルク家（神聖ローマ皇帝）の支配を受けた。18世紀末から19世紀初頭にフランスに併合されたため，以来，フランス語が官僚や有力者のあいだに広がった。ナポレオン戦争（1796～1815）後のウィーン会議の結果，1815年にオランダ国王を大公とするルクセンブルク大公国となり，39年に西部をベルギーに割譲してほぼ現在の国土を形成した。67年に非武装・永世中立を宣言し，68年に新憲法で立憲君主制が確立された。

1890年，オランダとの同君連合を解消して独立した。1919年の憲法改正で女性参政権を承認し，かつ大公権限を縮小するなどの民主化が進んだ。両次の世界大戦でドイツに侵略・併合（占領）されたが，いずれもドイツの敗戦で旧に復し，45年に国連に加盟した。48年に中立を破棄し，49年にNATOに，57年にヨーロッパ経済共同体（現EU）に，いずれも原加盟国として加盟した。70年代から積極的に外国の金融機関を誘致して税制を優遇し，現在はヨーロッパの一大金融センターとなっている。

ルクセンブルク市─その古い街並みと要塞群

ルクセンブルク市の旧市街は丘の上にある。963年，もともと天然の要塞であった岩山の上に城が築かれ，14世紀頃には環状の城壁が造られてその内側に沿って市街地が拡大された。今も環状城壁の一部が残り，旧市街にはノートルダム大聖堂（ゴシック様式），大公宮殿（スペイン＝ムーア〈ムーア人とはアフリカからスペインに渡ったイスラーム教徒を指す〉様式）がみられる。

世界遺産（1件）

ルクセンブルク市─その古い街並みと要塞群 →コラム

ルーマニア
Romania

面積	23万8000km²（本州程度）
人口	1900万人
首都	ブカレスト
自然	北西部のトランシルヴァニア台地，中央部のカルパティア山脈，東南部ドナウ川流域のワラキア盆地。東部が温暖湿潤気候，西部が西岸海洋性気候，北部が冷帯湿潤気候
住民	ルーマニア人が9割。他にハンガリー（マジャール）人，ロマ，ドイツ人
言語	公用語はルーマニア語。他にマジャール語
宗教	ルーマニア正教会が大多数。他にカトリック
産業	農業が主体で，小麦，トウモロコシ，タバコ，ヒマワリ。牧畜。最も進んだ工業は，絹織物工業。黒海に面しているものの漁業は振るわない
通貨	レイ
国名	「ローマ人の土地」の意

歴史

先住民はトラキア系ダキア人で，ダキアは106年にローマ帝国の属領となってロマニアと呼ばれた。3世紀後半にローマ軍は撤退したが，この間，ダキア人のローマ化が進んだ。13～14世紀にワラキア公国とモルドヴィア公国が成立したが，14世紀末にワラキアが，15世紀にはモルドヴィアと，同じダキア地方の旧ハンガリー領トランシルヴァニア公国がオスマン帝国（トルコ）の宗主権のもとで自治公国となった。1859年にモルドヴィアとワラキアが統一され，66年にルーマニアを正式国名とした。ロシア・トルコ戦争（1877～78）後の78年にベルリン条約で独立が承認され，81年に王政に移行した。

第一次世界大戦後の1920年にトランシルヴァニアなどを併合した。第二次世界大戦中にベッサラビアなどをソ連邦に占領され，トランシルヴァニアの一部をハンガリーに割譲した。44年の人民蜂起から47年に王政を廃止して人民共和国を宣言し，65年にルーマニア社会主義共和国と改称した。60年代の中・ソ論争ではソ連圏の中国批判に参加せず自主外交を展開したが，67年以降チャウシェスク（1918～89）の独裁体制下にあった。東欧革命でトランシルヴァニアでの市民蜂起が拡大した89年末，チャウシェスク大統領夫妻が処刑されて国名をルーマニアに戻し，90年には共産党が非合法化されて，初の自由選挙がおこなわれた。2004年，NATOに，07年，EUに加盟した。

モルドヴィア地方の教会群

ルーマニア北東部にあたるモルドヴィア地方は，かつてモルドヴィア公国を形成し，15世紀からの約100年間が黄金期であった。住民はイスラーム教国であるオスマン帝国軍の脅威にも屈することなくキリスト教信仰を守り，多くの宗教建築物を遺した。現在7つの修道院が残るが，うちモルドヴィッツァの修道院聖堂は外壁にも内壁にも聖書を主題とする美しいフレスコ画が描かれている。

世界遺産（7件）

ドナウ・デルタ（6800km²におよぶヨーロッパ最大の湿原地帯）／**トランシルヴァニア地方の要塞教会群のある集落**（防衛の拠点に15～17世紀に築かれたゴシック様式の要塞聖堂）／**ホレズ修道院**（ワラキア文化の精彩を伝える17世紀創建の修道院）／**モルドヴィア地方の教会群**→コラム／**シギショアラ歴史地区**（小さな丘の上に広がる中世の城塞都市）／**マラムレシュ地方の木造教会群**（18～19世紀の釘をもちいない入母屋造りの木造教会群）／**オラシュチエ山脈のダキア人の要塞群**（古代ローマ軍の侵入を防ぐために前1～後1世紀に築かれた6つの要塞）

ロシア連邦
Russian Federation

面積	1710万km²(日本の45倍,アメリカ合衆国の2倍で世界最大)。9つの時間帯(タイム・ゾーン)があり,基準となる時間帯は「モスクワ時間」
人口	1億4310万人
首都	モスクワ
自然	中西部をウラル山脈が南北に走り,ヨーロッパ・ロシアとシベリアをわける。シベリアはエニセイ川とレナ川によって西,中央,東シベリアにわかれる。ヨーロッパ・ロシアは低平な丘陵性の大平原,シベリアは西から低地,台地,山地の傾向を示す。北からツンドラ気候,冷帯冬季少雨気候,冷帯湿潤気候,ステップ気候,温暖湿潤気候(黒海沿岸)と変化する。ヨーロッパ・ロシアの南部は温和であるが,東シベリアは人間が居住する地域では世界の最寒地とされる。中央シベリアにはタイガ(針葉樹林)が広がる
住民	ロシア人が8割。他にタタール人,ウクライナ人,チェチェン人など100以上の民族
言語	連邦公用語はロシア語
宗教	ロシア正教会が大多数。他にイスラーム教
産業	熱帯性を除くあらゆる農産物を生産する。小麦(生産量世界第4位),大麦,トウモロコシ,ヒマワリ,サトウダイコン。亜麻,羊毛,牛乳も世界有数。食肉供給が不足していたこともあり,水産物の消費量は多い。北極海などで大規模な漁業がおこなわれ,漁獲量は世界有数である。地下資源は極めて豊富で,石油(世界第1位),天然ガス(世界第2位),鉄鉱石(世界第5位),ウラン(世界第5位),金(世界第4位),ダイヤモンド(世界第1位)。とくに石油と天然ガスは戦略的な輸出物資であり,政府が管理している。工業はソ連邦時代の計画経済により,重化学工業と軍需産業を中心に急速に発展した。しかし民生用のハイテク産業や消費財産業は先進工業諸国に比べて遅れている

歴史

旧石器時代から北極海沿岸まで人が住み,前3世紀頃から農耕・牧畜文化が生じ,7〜8世紀にはスラヴ人がドニエプル川流域に広がった。『原初年代記』(1113年頃成立)によれば,862年にノルマン系ルス人のノヴゴロド公国(リューリク朝)がおこり,882年にそのもとで東スラヴ人のキエフ・ルーシ(ロシアはルーシの転訛)が成立した。989年には東ローマ(ビザンツ)帝国からキリスト教のギリシア正教(東方正教)を受容して国教化した。13世紀前半から15世紀末まではキプチャク・ハン国(モンゴル人)の支配下にあったが,モスクワ大公国の伸張でモンゴルの支配(「タタールの軛(くびき)」)から解放された。モスクワ大公イヴァン4世(雷帝,位1533〜84)は専制を強化する一方,カザン・ハン国などヴォルガ川流域を征服し,シベリア進出を開始した。

1613年にロマノフ朝が成立し,ピョートル1世(大帝,位1682〜1725)はバルト海に開けたサンクト・ペテルブルクを建設して遷都し,西欧化を推進して皇帝(ツァーリ)専制の帝政時代が始まった。領土も中国の清朝と衝突しながら極東まで拡大した。18世紀半ば,アラスカ(北米)に進出(1867年,アメリカに売却),ドイツ出身の女帝エカチェリーナ2世(位1762〜96)はフランス革命の混乱に乗じてポーランドやクリミア・ハン国を併合した。19世紀前半,「ヨーロッパの憲兵」の異名で反動的なウィーン体制を支え,カフカースと中央アジアも併合した。黒海から地中海進出を狙う「南下政策」でオスマン帝国(トルコ)と戦ったが,クリミア戦争(1853〜56)に敗れ,アレクサンドル2世(位1855〜81)は農奴解放(1861)などで産業資本の確立に道を開いた。

第一次世界大戦中の1917年,ロシア革命でロマノフ朝は倒れ

12世紀,コンスタンティノープルのギリシア正教会からキエフ大公におくられたと伝えられるイコン(聖画像)「ウラジーミルの聖母」

ロシア北西部キジ島にある，16世紀に建立され，18世紀に再建されたロシア最古の木造教会建築群。世界遺産に指定されている

て（二月革命）ソヴィエト労農政府が成立し（十月革命），モスクワに遷都して，22年にソヴィエト社会主義共和国連邦（ソ連邦）が発足した。指導者レーニン（1870〜1924）の死後スターリン独裁政権（1924〜53）となり，企業の国営化や五カ年計画による重工業の育成などに乗り出した。第二次世界大戦では連合国側で独・ソ戦を戦い，戦後は共産党政権下で東欧諸国の盟主として米・ソ2大陣営の東西冷戦の主役となった。スターリンの死（1953）後，集団指導体制下でフルシチョフ書記長（のち首相兼任，任1953〜64）はスターリン批判と東西の緊張緩和（デタント）を推進したが，中・ソ対立や農業政策の失敗で失脚した。ブレジネフ時代（1977〜82）は経済が停滞し，アフガニスタン侵攻（1979〜89）にも失敗して，85年にゴルバチョフ政権が誕生し，ペレストロイカ（改革）路線に転じ，90年には大統領制をとった。

東欧革命（1989）の進行やバルト3国の独立宣言，ワルシャワ条約機構（1955〜91）の解体などで揺れるなか，91年，ゴルバチョフの辞任でソ連邦は消滅し，11共和国による独立国家共同体（CIS）が創設され，92年にエリツィン大統領（任1991〜99）がソ連邦を引き継いだロシア共和国から現国名に改称した。99年からプーチンが大統領代行・大統領として強力に経済の再建を進めた。2008年メドヴェージェフが大統領に就任して，プーチンが首相となった（2012年にまた両者が交替）。しかしチェチェン共和国での独立問題への軍事介入（1994〜97）など民族問題は燻り続け，自爆テロなどもあって内政の課題は大きい。12年8月，WTOに加盟。国連安全保障理事会常任理事国である。

レーニンは社会民主労働党左派（ボリシェヴィキ）の指導者で，二月革命がおきると亡命先のスイスから「封印列車」で敵国ドイツを通過して帰国した。写真は演説するレーニン。演台の右下はトロツキー

世界遺産 (24件，うち3件は共同登録)

サンクト・ペテルブルク歴史地区と関連建造物群（18世紀初頭，ピョートル大帝が築いた帝都サンクト・ペテルブルクはロシア帝国の西欧への窓となった）／キジ島の木造教会（フィンランドとの国境に近いオネガ湖上の幻想的な聖堂）→上の写真／モスクワのクレムリンと赤の広場→コラム／ノヴゴロドの文化財とその周辺地区（9世紀から発展したロシア最古の都市）／ソロヴェツキー諸島の文化と歴史遺産群（かつての信仰の砦。革命後は刑務所に）／ウラジーミルとスーズダリの白い建造物群（12世紀に発展した都市の特異な聖堂群）／セルギエフ・ポサドのトロイツェ・セルギー大修道院の建造物群（14世紀以降，ロシア正教の精神的支柱となった聖堂群）／コロ・メンスコエの昇天教会（16世紀に建造された八角錐型屋根の聖堂）ほか

モスクワのクレムリンと赤の広場

クレムリンとは「要塞」の意味で，12世紀半ばモスクワ川左岸に設けられた木造の砦が始まり。15世紀にモスクワ大公イヴァン3世が堅牢なレンガの城壁を築き，ウスペンスキー大聖堂，大クレムリン宮殿，城壁外の聖ヴァシーリイ聖堂など，ロシア正教の聖堂群で飾った。首都に復した今，城内に大統領府など政府の最高機能がある。宮殿北東壁に面する「赤の広場」の名は壁の色に由来し，17世紀の露天市場に始まり，現在は記念碑的広場となっている。

ジブラルタル （イギリス海外領土）
Gibraltar

面積	6.5km²（東京ドームの1.4倍）
人口	2万8000人
政庁	ジブラルタル
自然	大半が岩山で平地は少なく、ほとんどが空港、港湾施設、およびそれらを取り巻く市街地。地中海性気候。ザ・ロックはヨーロッパで唯一となる野生猿の棲息地
住民	スペイン系が7割弱。イギリス系は1割強
言語	公用語は英語
宗教	カトリックが8割、プロテスタントが2割
産業	地中海に出入りする船舶の給油地。軍事関係が7割。観光業や、タックス・ヘイヴン（租税回避地）として、金融などにも力を入れている
通貨	ジブラルタル・ポンド（GIP）
名称	8世紀初頭にイベリア半島に侵攻したイスラーム軍の隊長にちなんだジャバル・アル・ターリク（ターリクの山）に由来する

歴史

　ジブラルタルの位置するエウロパ岬のエウロパとは、ギリシア語のエレボス（闇）によるともいわれ、ギリシアからみた「陽の沈む地」、すなわち「西方」を意味し、ヨーロッパの語源でもある。古代にはカルペの名で知られ、フェニキア人、カルタゴ（フェニキアの北アフリカ植民市）人、ローマ人などがこの地を訪れて交易をおこなった。711年イスラーム教徒に占領され、1462年までその支配が続いたが、その後スペイン領となり、1713年にイギリスに割譲された。

　スペインの返還要求をイギリスが拒否し、1967年の住民投票でイギリス残留派が多数を占めたためスペインは交通遮断・国境閉鎖をした（1968〜82）が、85年に封鎖は全廃された。しかしジブラルタルの帰属（地位）をめぐっては未解決で、2007年のジブラルタル新憲法施行によっても従前通りとされている。イギリス・スペイン・現地行政庁の3者間協議は続き、イギリスとスペインの関係改善も進んでいる。イギリスは1973年にヨーロッパ共同体（現EU）に加盟したが、イギリスと同様ユーロは流通していない。英軍が駐留し、軍の要塞司令官が総督を兼ねて国防・外交の権限を行使する。イギリス海外領土法により、2002年、住民にイギリス市民権を賦与した。

ジブラルタル海峡の北と南

　海峡のアフリカ側はスペイン領セウタ。海峡東側入口の両側に岩山がみられる。この2つの岩山はヨーロッパ側はカルペ山、アフリカ側はアビラ岩と呼ばれる。古代ギリシア時代には「ヘラクレスの柱」と呼ばれ、ギリシア神話中最大の冒険と偉業の英雄ヘラクレスがこの柱で天を支えているとされた。同じギリシア神話で地球の西端に立って天を支えた巨人がアトラスで、その名は北アフリカを東西に走る「アトラス山脈」に残る。

南からみたジブラルタル。岩山が大半を占める

世界遺産（0件）

スヴァールバル諸島（ノルウェーの属領）
Svalbard archipelago

面積　6万600km²（九州の1.5倍）
人口　2400人
政庁　ロングヤービエン
自然　スピッツベルゲン島（この島のみ有人）など主要9島からなる。北極点まで1000kmで、ツンドラ気候。北緯80度に位置し、白夜と極夜がそれぞれ4カ月ずつあり、薄明にもならない期間が2カ月以上続く
住民　ノルウェー人、ロシア人
言語　公用語はノルウェー語。他にロシア語
宗教　プロテスタント、ロシア正教会
産業　採掘される石炭のほとんどが輸出され、輸出先としてはドイツが半分。オーロラなど極地科学研究の世界的な拠点となっており、オゾン層破壊や大気の研究など環境分野に関する研究もおこなわれている
通貨　ノルウェー・クローネ（NOK）
名称　「尖った山々」の意

歴史

スヴァールバル諸島は12世紀末にノルマン人（ヴァイキング〈入り江の民〉とも呼ばれた）によって発見されたという。16世紀末、オランダの航海者ウィレム・バレンツ（？～1597）によってヨーロッパ人にその存在を知られるようになった。この周辺が有力な捕鯨海域であったことから、イギリス・オランダ・デンマーク（当時ノルウェーはデンマークの支配下）が諸島の領有権を主張したが、結局、いずれの国のものとも確定されなかった。

さらに20世紀初頭に石炭の埋蔵が確認されたため、1920年、関係14カ国が条約を結び、領有権はノルウェーのものと確認されたが、条約ではノルウェー以外の国の経済活動も保障した。ただし、ノルウェー以外の国の軍事基地の建設は禁止されている。第二次世界大戦中には、住民が連合軍によって一時的に外部に疎開させられた。現在はノルウェーの気象観測と軍事上の要地である。また諸島の一部はノルウェーとロシアが共同統治し、両国間で諸島の産業育成と環境保護の施策についての協議がおこなわれている。2001年、ノルウェー人住民が創設した議会（全15議席）は、当地の保健・宗教・教育に関する権限をもつことになった。

ウィレム・バレンツ

ウィレム・バレンツは、オランダがアジアへの北東航路発見をめざして数回おこなった探検航海で船の舵手を務め、現ロシア領のノヴァヤ・ゼムリャ島沖で遭難死した。1871年、当時の越冬地がほぼ完全な形で発見され、75年には航海日誌の一部も発見された。北極海の縁海・バレンツ海は彼の名にちなむ。バレンツ海は暖流の影響で南西部は結氷しないため、ロシアのムルマンスクが主要港になる。バレンツ海の南は白海に続く。

スヴァールバル諸島はノルウェー本土と北極点のちょうど中間に位置し、北極圏の光のメッセージであるオーロラをみることができる。写真はスピッツベルゲン島のオーロラ

世界遺産（0件）

チャネル諸島 （イギリス王室独立自治領）
Channel Islands

面積	195km²（小豆島の1.4倍）。王室領なのでイギリスの面積には含まれない
人口	15万人
政庁	セント・ヘリア（ジャージー総督管轄区），セント・ピーター・ポート（ガーンジー総督管轄区）
自然	ジャージー島，ガーンジー島，オルダニー島，サーク島，ハーム島の5島と付属の島嶼（とうしょ）からなる。西岸海洋性気候
住民	イギリス人，フランス人
言語	公用語は英語。他にフランス語
宗教	イギリス国教会，カトリック
産業	酪農・園芸農業が盛ん。経済はタックス・ヘイヴン（租税回避地）の機能で支えられており，多くの会社がペーパー・カンパニー（240ページのコラム）をおく
通貨	イギリス・ポンドと，それと等価のガーンジー・ポンドとジャージー・ポンド

歴史

国王を元首とするイギリス王室の独立自治領で，連合王国には属さず，国王の代理人として総督が派遣されている。内政には広範な自治権が認められているが，外交・防衛はイギリス政府が管轄する。2つの区に分かれ，各々に行政府・立法府がある。10世紀頃か

ジャージー種乳牛の原産地

チャネル諸島のジャージー島はジャージー種乳牛の原産地である。島は温和な気候と肥沃な土壌に恵まれる。島原産の乳牛の毛色は黄褐色から灰褐色で，乳の脂肪率が高く，黄色味を帯びて風味も優れている。暑さにも強く，粗末な飼料でも十分に育つ。アメリカ・オーストラリア・ニュージーランドでも広く飼育され，日本へは1953年以降，多数輸入され，この乳牛から生産された乳は高品質な「ジャージー乳」として消費者に好まれる。

らノルマン人が諸島への植民をおこなったが，フランスの海岸に近いため当初はノルマンディー公領に属した。しかし1066年にノルマンディー公がイギリスを征服してイギリス王ウィリアム1世（位1066～87）となったことからイギリス領となった。13世紀初頭，イギリスのジョン王（位1199～1216）が大陸のイギリス領を大幅に失ったときもチャネル諸島住民は国王に忠誠を誓って，1254年に王室直轄領となった。英・仏百年戦争（1399～1453）ではフランス軍がしばしばチャネル諸島に侵攻した。イギリス革命（1640～60）ではジャージー島（左の写真）は国王派，ガーンジー島（右の写真）が議会派に分かれたが，結局，国王派が議会派に降伏した。

第二次世界大戦中，ナチス・ドイツ軍に占領された。戦後，本国から派遣される総督の代理には諸島出身者をあてることが確認され，選挙による議会も整備された。1948年には諸島住民にもイギリス市民権が賦与された。本土よりも税金が軽減されていることから，80年代以降，金融センターとしての役割を果たしている。EUには未加盟だが，EU諸国と諸島との物品往来は自由化されている。

チャネル諸島の景観は島で異なる。左はジャージー島（国王派），右はガーンジー島（議会派）

世界遺産（0件）

フェロー諸島 （デンマークの自治領）

Faeroe Islands

- 面積 1400km²（大阪府の7割）
- 人口 4万8000人
- 政庁 ストレイモイ島のトースハウン
- 自然 20ほどの島からなるが，各島とも岩場で，海岸は崖が多い。西岸海洋性気候
- 住民 フェロー人
- 言語 公用語はフェロー語
- 宗教 プロテスタントのルター派
- 産業 中世から羊の放牧がおこなわれ，馬や牛，ヤギなどの放牧，養鶏なども盛ん。古くから漁業をおこない，現在は産業の中心となっていて，日本・アイスランド・ノルウェーとともに，捕鯨国でもある。今後，経済を支える収入源として期待されているのが，北海油田のフェロー諸島領海域の石油開発である。
- 通貨 フェロー・クローネ。デンマーク中央銀行で発券され，デンマーク・クローネとの両替可能

歴史

9世紀頃，ノルマン人（ヴァイキング）が訪れていた。1000年頃にはキリスト教化され，35年からノルウェー王国の支配下にはいった。1397年，デンマーク・スウェーデン・ノルウェーの3国がカルマル同盟を結び，ノルウェーがデンマークに従属すると，諸島もデンマークに服属した。1536年のデンマークでの宗教改革の余波で，教会領は没収されて王領となり，ルター派司祭が任命されて，教会ではデンマーク語聖書が使用されるようになった。1523年のスウェーデンのカルマル同盟からの離脱・独立に続いて，1814年のキール条約でデンマークが西ポメラニア・リューゲン地方と交換にノルウェーをスウェーデンに譲渡し，スウェーデン王がノルウェー王に選ばれた際も諸島はデンマーク領にとどまった。54年に地方議会が再建され，諸島独自の公用語や旗の使用も認められ，本国の上下両院に代議員を送った。

第二次世界大戦中，本国がナチス・ドイツ軍に占領されると，諸島はイギリス軍に占領された。戦後，住民投票で独立の意向が示されたが，本国議会は承認せず，1948年の自治権法で一定の自治が認められた。73年，本国はヨーロッパ共同体（現EU）に加盟したが，諸島は漁業利益の保護のため加盟しなかった。90年代，諸島周辺の地下資源などの利用権をめぐって本国と対立，2005年に新たな権限を諸島に与えることで合意した。

諸島の魅力

北大西洋に浮かぶ島フェロー諸島。ここは千数百年前からノルマン人（ヴァイキング〈入り江の民の意〉）が住み，漁業と交易で暮らしてきた。首都の旧市街にはかつての木造商館が首相府や省庁の建物として活用され，港の岩場はかつてヴァイキングの集会所であったという。豊かな自然が残り，岩場では小さな海鳥が餌をついばみ，上空には大きな海鳥が羽ばたいている。いつまでも薄明の続く白夜の訪れ。そんな日常が島の魅力であろう。

漁獲された魚介類や水産加工品の多くは，日本へも輸出されている。フェロー諸島産のサケや白身魚の冷凍フライなどが代表的である

世界遺産（0件）

マン島（イギリス王室独立自治領）
Isle of Man

面積	572km²（淡路島程度）。イギリスの面積に含まれない
人口	7万7000人
政庁	ダグラス
自然	西岸海洋性気候
住民	イギリス人
言語	公用語は英語とケルト語派のマン島語
宗教	イギリス国教会
産業	主要産業は伝統的な農業と観光業。島の公道を使って一周60kmを走るオートバイレース、マン島TTレース（世界選手権からは除外）は、世界で最も歴史の長いオートバイレースとして有名。タックス・ヘイヴン（租税回避地）としても有名で、とくにキャプティブ保険会社（保険業でない企業が子会社として設立する、自社専用の保険引受業者）が数多く設置されている
通貨	マンクス・ポンド。イギリス・ポンドと等価だが、マン島以外では使用できない

歴史

島には新石器時代の遺跡やストーン・サークル（環状列石）、砦跡などが多く残されている。先住民はケルト人であるが、500年頃、アイルランドを通じてキリスト教がもたらされた。8世紀頃からノルマン人（ヴァイキング）の侵攻があり、その海上活動の拠点となった。1079年、ノルマン人による王朝が開かれたが、形式的にはノルウェーに服属した。ノルマン人の支配によってスカンディナヴィア文化の影響が強く残った。マン島のノルマン人王朝は内紛が続き、イギリスやスコットランドの勢力が伸張した。1265年、ノルマン朝最後の国王が死去し、翌66年、ノルウェーはマン島をスコットランドに割譲した。1333年、イングランド王エドワード3世（位1327～77）がマン島を併合し、1405年以降、スタンリー家に帰属したが、イギリスとマン島の貿易上の紛争から1765年にイギリスがマン島の統治権を購入した。

1828年、マン島はイギリ王室独立自治領となり、66年、おおよそ1000年間続くティンワルト（立法府）の下院に選挙制が導入され、関税収益もティンワルトの管理下におかれた。統治の最終的責任はイギリス王にあり、外交・防衛はイギリス政府に委任されている。本国の税法の一部適用免除や、マン島政府の優遇税制もあって、近年、商業・金融センターとして発展している。EUには加盟していないが、EU諸国との物品の往来は自由化されている。

ストーン・サークル

ストーン・サークル（環状列石）の遺跡はブリテン諸島（イギリス）各地や、遠くは極東シベリアのアムール川流域にもみられる。イギリスで最も有名なのはイングランド南部ソールズベリ平原のストーンヘンジであるが、マン島にも残されている。古くは青銅器時代の前19世紀～前15世紀に遡るといわれ、建造の目的は宗教的祭祀場であったともいわれるが、詳しいことはわかっていない。天文観測との結びつきが強いとされる。

世界遺産（0件）

アメリカ

35カ国・16地域

北・中央アメリカ

- グリーンランド p.236
- アメリカ合衆国
  - アラスカ
- カナダ p.200
  - オタワ
- アメリカ合衆国 p.190
  - ワシントンD.C.
- ハドソン湾
- ロッキー山脈
- ミシシッピ川
- フロリダ半島
- メキシコ湾
- 大西洋
- バミューダ p.240
- バミューダ・トライアングル
- メキシコ p.228
  - メキシコ・シティ
- ユカタン半島
- カリブ海
- ベリーズ　ベルモパン p.224
- ホンジュラス　テグシガルパ p.227
- グアテマラ　グアテマラ・シティ p.202
- エル・サルバドル　サン・サルバドル p.197
- ニカラグア　マナグア p.215
- コスタ・リカ　サン・ホセ p.204
- パナマ　パナマ・シティ p.217
- ココ島
- 太平洋

用語解説

CARICOM（Caribbean Community）：**カリブ共同体**　通称カリコム。西インド諸島のカリブ諸国および領土の14カ国と1地域で結成されたカリブ海地域の経済協力を促進する機関。2015年中のカリコム単一経済の実施開始をめざす。

オフショア　220, 232ページのコラムに記載。

カラード　南アフリカ生まれとポルトガル人などヨーロッパ人との混血とその子孫。

クレオール　当初は中南米やカリブ海の植民地生まれのヨーロッパ人，とくにスペイン人を指す言葉だったが，次第に植民地生まれの人々全般も指すようになった。

タックス・ヘイヴン　218ページのコラムに記載。

西インド諸島連合　239ページのコラムに記載。

東カリブ・ドル　カリブ海の8つの国家と地域で使われ，東カリブ諸国機構の東カリブ通貨同盟で発行される通貨。英語名が East Caribbean dollar であるため，しばしばECドルともいう。

プランテーション　237ページのコラムに記載。

メスティーソ　ヨーロッパ人とインディオの混血者。

西インド諸島

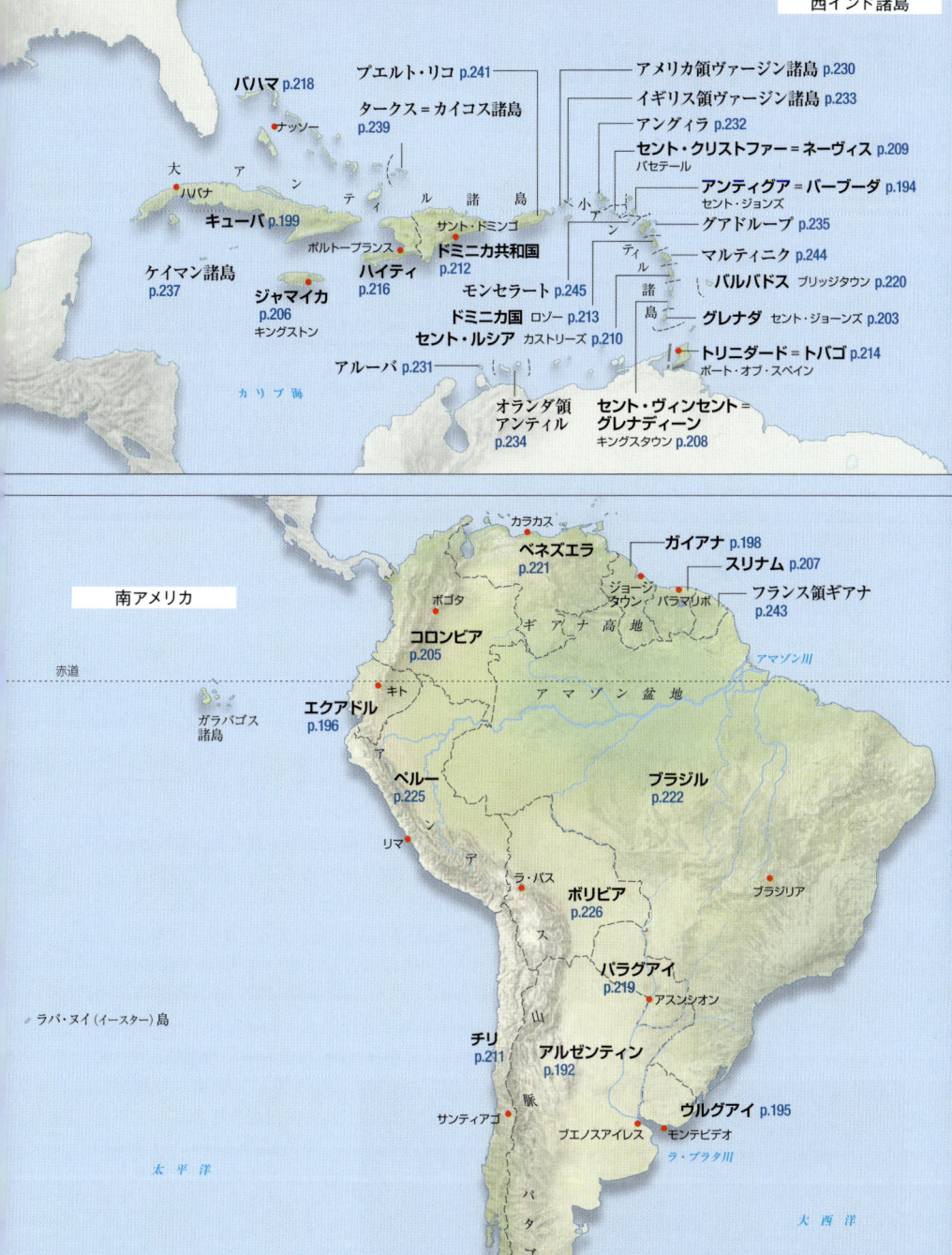

- バハマ p.218
- プエルト・リコ p.241
- タークス＝カイコス諸島 p.239
- アメリカ領ヴァージン諸島 p.230
- イギリス領ヴァージン諸島 p.233
- アングィラ p.232
- セント・クリストファー＝ネーヴィス p.209 バセテール
- アンティグア＝バーブーダ p.194 セント・ジョンズ
- キューバ p.199 ハバナ
- ケイマン諸島 p.237
- ジャマイカ p.206 キングストン
- ハイティ p.216 ポルトープランス
- ドミニカ共和国 p.212 サント・ドミンゴ
- グアドループ p.235
- モンセラート
- マルティニク p.244
- ドミニカ国 p.213 ロソー
- バルバドス p.220 ブリッジタウン
- セント・ルシア p.210 カストリーズ
- グレナダ セント・ジョーンズ p.203
- トリニダード＝トバゴ p.214 ポート・オブ・スペイン
- アルーバ p.231
- セント・ヴィンセント＝グレナディーン p.208 キングスタウン
- オランダ領アンティル p.234

大アンティル諸島 / 小アンティル諸島

カリブ海

南アメリカ

- ベネズエラ p.221 カラカス
- ガイアナ p.198 ジョージタウン
- スリナム p.207 パラマリボ
- フランス領ギアナ p.243
- コロンビア p.205 ボゴタ
- ギアナ高地
- アマゾン川
- エクアドル p.196 キト
- ガラパゴス諸島
- アマゾン盆地
- ペルー p.225 リマ
- ブラジル p.222 ブラジリア
- ボリビア p.226 ラ・パス
- アンデス山脈
- パラグアイ p.219 アスンシオン
- ラパ・ヌイ（イースター）島
- チリ p.211 サンティアゴ
- アルゼンチン p.192 ブエノスアイレス
- ウルグアイ p.195 モンテビデオ
- ラ・プラタ川
- 太平洋
- 大西洋
- パタゴニア
- フォークランド諸島 p.242
- サウス・ジョージア＝サウス・サンドウィッチ諸島 p.238
- マゼラン海峡（マガヤネス）

赤道

アメリカ合衆国
United States of America

面積	962万8000km²（日本の25倍）。本土以外に大陸北西部のアラスカと東太平洋上のハワイ、また外領としてプエルト・リコ、ヴァージン諸島、アメリカ領サモア、グアム、ウェーク島などがある
人口	3億880万人
首都	ワシントンD.C. Washington Direct of Columbia（ワシントン・コロンビア特別区）の略称
自然	本土は東西4000km、南北2000km。東部のアパラチア山系、西部のロッキーおよびシエラネヴァダ山系、その中間に横たわるミシシッピ川流域の中央平原からなる。東部は西岸海洋性気候、温暖湿潤気候。西部は砂漠気候、ステップ気候。北部は冷帯湿潤気候
住民	ヨーロッパ系が7割、アフリカ系が1割強、ヒスパニク系が1割弱。他に先住民（アメリカ・インディアン）
言語	主として英語、他にスペイン語（法による公用語はなし）
宗教	プロテスタントが半分強、カトリックが3割。他にユダヤ教、モルモン教、イスラーム教
産業	穀物と畜産物を中心に世界最大の農業生産国、農産物輸出国。世界の食糧事情に大きな影響力がある。小麦、綿花はいずれも生産量世界第3位。トウモロコシは世界第1位。ジャガイモ、大豆、ブドウ、サトウキビも世界有数。漁業は、アラスカ周辺での漁獲量が大きい。地下資源は豊富で天然ガスは世界第1位、石油は世界第3位。しかし石油は消費量が膨大で、半分を輸入に依存している。国内の製造業は衰退気味だが、航空・宇宙、情報通信、医薬品などハイテク分野では依然として優位に立つ。グローバル化の名のもとに世界各国に経済の自由化を求めたことで、投資機会が拡大
通貨	アメリカ・ドル
国名	大陸沿岸の航海で、インドとは別の大陸であると主張したアメリゴ・ヴェスプッチのラテン名にちなむ
国旗	星は現在の州の数（50）、横縞は独立当時の州の数（13）

歴史

先住民は、3〜2万年前ベーリング海峡がまだ陸続きであった氷河期にユーラシア大陸から大型獣を追って渡来したモンゴロイド系の人々で、彼らは南アメリカ大陸にも渡った。1492年バハマ諸島や北米大陸の一角に到達したジェノヴァ（伊）出身の航海者コロンブスがインドに到達したと誤信し、先住民をインディオ（英語ではインディアン）と呼んだ。その後スペイン・フランスがアメリカ植民をおこない、イギリスは1607〜1732年までに大陸東岸に自治権をもつ13植民地を形成した。本国が植民地への課税を強化したことに反発して1775年に独立戦争がおこり、76年に独立を宣言して83年に独立を達成、87年に合衆国憲法（世界初の成文憲法）を制定した。合衆国は西に向かって領土を拡大し、19世紀後半までにテキサス、カリフォルニアなどを領域化するが、この過程で先住アメリカ人は居留地に追い込まれ（強制移住）、あるいは白人と戦って部族が全滅するなど、その人口は極端に減った。奴隷貿易で連行されたアフリカ系黒人を使用する奴隷制度や関税制度の問題をめぐって戦われた南北戦争（1861〜65）は、リンカン大統領（任1861〜65）の指導する連邦政府軍（北軍）の勝利で終結し合衆国の分裂は回避された。

18世紀後半のイギリスに始まる産業革命は、アメリカでは南北戦争後に本格化し、重工業中心の第二次産業革命段階（19世紀末）で工業力では英・独・仏を上回った。フロンティア（辺境）が消滅した1890年代からは海外に進出し、

アメリカ独立宣言を提出するジェファソン（中央に立つ右から2人目、のち第3代大統領）

黒人差別に抗議する公民権運動の指導者キング牧師は、奴隷解放宣言から100年たった1963年8月、十数万人の参加者によるワシントン大行進を指導した。その後、68年に暗殺された

アメリカ・スペイン戦争（1898）でフィリピンとグアムを獲得、ポリネシア系独立国家のハワイ王国（1795～）を併合した（1898）。第一次世界大戦には1917年に参戦、戦後はヨーロッパ諸国への債権国となった。しかし戦後好景気に酔った経済が29年に悪化、「世界大恐慌」となり、F・ローズヴェルト大統領（任1933～45）がニュー・ディール（新規まき直し）政策で政府による統制を図って恐慌からの脱却に成功した。第二次世界大戦では41年の日米開戦を機に連合国側の戦争遂行において中心的役割を果たした。

　戦後まもなく始まった東西冷戦では、自由主義世界（西側、反共勢力）のリーダーとしてソ連邦（東側）と対立し「世界の警察官」を自任した。しかしベトナム戦争（1965～73）に失敗して他地域への過剰介入は後退しはじめ、財政・貿易の双子の赤字で世界通貨としてのドルの信認も低下した。一方内政ではアフリカ系黒人への差別撤廃を広範に認める公民権法（1964）が成立した。2001年9月11日、海外に拠点をおくイスラーム勢力による「同時多発テロ」が発生して3000人以上が犠牲となったため、アフガニスタンとイラクに侵攻してイスラーム諸国と対立した。08年の大統領選挙ではアフリカ系アメリカ人のオバマが民主党から当選、8年ぶりの政権交代で初の黒人系大統領が生まれたが、対テロ作戦の出口がみえず経済不況が深刻化する（2009～）など内外の課題は大きい。国連安全保障理事会常任理事国。

自由の女神像

　ニューヨーク州マンハッタン島の南に浮かぶリヴァティ（旧ベドロー）島に立つ高さ46.05m（台座を含めると93m）、重量225tのブロンズ像は、正式には「世界を照らす自由」、俗に「自由の女神像」と呼ばれる。アメリカ独立宣言（1776年7月4日）100周年を記念する1876年にフランス国民からアメリカ国民に贈られるはずであったが計画は遅れ、86年10月28日に像の除幕式が挙行された。右手に希望を意味する松明（たいまつ、トーチ）を、左手に独立宣言の銘板を持ち、足元で奴隷制度と圧政を象徴する足枷（あしかせ）を踏みつけている。移民船は自由の女神像の前をとおって、移民審査局がおかれたエリス島（右上の小島）に到着した。

世界遺産（21件、うち共同登録2件。プエルト・リコを含む）

メサ・ヴェルデ国立公園（12世紀末までに先住アメリカ人が築いた断崖に住居群）／イエローストーン国立公園（大渓谷美や熱水現象など多彩な表情の世界初の国立公園）／グランド・キャニオン国立公園（20億年におよぶ地球の歴史を刻んだ大渓谷）／独立記念館（1749年に完成した赤レンガ造りの2階建て建物で合衆国独立の聖地）／カホキア墳丘群州立史跡（イリノイ州のセントルイス郊外にあるアメリカ先住民が築いた大遺跡。ミシシッピ川が氾濫したときに、偶然にも発見された。12～13世紀当時の政治・宗教の中心地であり、人口は1万人に達したと考えられている）／自由の女神像→コラム／ヨセミテ国立公園（シエラネヴァダ山脈の中央部に広がる氷河と森林の自然公園）／チャコ文化（9～12世紀の先住アメリカ人の残した謎の大集落跡）など

アルゼンチン共和国
Argentine Republic

面積	278万km²（日本の7.5倍）イギリスが実効支配するフォークランド（スペイン語ではマルビナス）諸島の領有権を主張（242ページ参照）
人口	4040万人
首都	ブエノスアイレス
自然	北部のグランチャコ（森林地帯，温暖冬季少雨気候），国土の4分の1を占めるラプラタ川流域などのパンパ（草原，温暖湿潤気候），南部の乾燥したパタゴニア（ステップ気候），西部国境の急峻なアンデス山系（ツンドラ気候）に大別される
住民	ヨーロッパ系（スペイン人，イタリア人，ポーランド人，ドイツ人）が大多数。他にインディオ，メスティーソ
言語	公用語はスペイン語
宗教	カトリックが8割。他にモルモン教，プロテスタント，イスラーム教，ユダヤ教。ラテンアメリカで最もモスクが多い国である
産業	国土の7割が平原で世界有数の農業国である。小麦，トウモロコシ（生産量世界第5位），ブドウ（世界第8位），落花生，ヒマワリなどが栽培されている。また5000万頭を超える牛と羊が飼育され，世界有数の酪農国である。農産・畜産品の輸出により，20世紀半ばまでは世界でも屈指の富裕国で，南アメリカの指導国であったが，経済の混迷により現在ではチリ，ブラジルが優位を占める。漁業は国内需要が少なく盛んではなかったが，世界的な魚介需要の高まりを受け，タラやアンチョビーの漁獲が増加している。パタゴニアの石油と，近年は天然ガスも有望視されている。
通貨	ペソ
国名	ラテン語のargentum（銀）に基づく命名
国旗	中央の模様は「5月の太陽」といわれ，スペインからの独立を記念するシンボル

歴史

大航海時代（15〜17世紀）にヨーロッパ人が征服する以前には，3〜2万年前の氷河期にユーラシア大陸から北米大陸を経由して移住してきたモンゴル系の狩猟民が住んでいた。南米大陸西部のアンデス高地では前2千年紀にトウモロコシなどを栽培する農耕文化が開け，15世紀後半にはエクアドルからチリにおよぶインカ帝国（1430頃〜1533）の影響を受けていた。1516年にスペイン人がアルゼンチンとその東隣のウルグアイとの国境をなして大西洋に注ぐラ・プラタ川河口に達し，この地はペルー副王領の管轄下にはいった。南米北部に比べて金・銀などの貴金属に乏しかったことから開発は進まなかったが，18世紀後半にラ・プラタ川流域が副王領に昇格し，さらに本国との直接貿易が可能となってブエノスアイレスは中継港として急速に成長を遂げた。

フランス革命（1789〜99）の影響や1806年に始まるイギリス軍の侵攻で独立意識が目覚め，1816年に独立を宣言した。その後，中央集権派と連邦派の対立から内乱状態にはいったが，53年に大統領制を採用し，62年に共和国として国内統一がなった。その後は西欧型近代化が推進され，移民や外資の導入で農・牧畜生産が飛躍的に増大し，19世紀末には世界

クエバ・デ・ラス・マノスには，「（多くの）手の洞窟」を意味する名前の通り，多くの手の跡が残された洞窟壁画である。聖地であった洞窟における成人通過儀礼であったと考えられている

イグアス国立公園

公園内の「イグアスの滝」はブラジルとの国境にある世界最大級の滝で,「ヴィクトリア滝」(アフリカ)・「ナイアガラの滝」(北米)とならんで「世界三大瀑布」の1つ。大西洋岸のセラマドル山脈に源を発するイグアス川が蛇行しながら西へ500km流れ,パラグアイとの国境でパラナ川に合流するが,その合流地点の上流28kmの亜熱帯雨林に轟音(ごうおん)をとどろかせている。大小270の滝が連なり,最大落差80mを落下する。イグアスとは先住民の言葉で「壮大な水」の意味。

有数の農・畜産品輸出国となった。20世紀にはいり,一時,急進的政権も誕生したが,世界大恐慌(1929～)下で無策であったため軍部に打倒され(30),その後は保守勢力が政権を担った。1946年に左派のペロン(1895～1974)が大統領となったが55年の軍事クーデタで追放され,軍政となった。73年に民政に移管して再びペロンが大統領となったが翌年に病没,妻のイサベル副大統領が世界で最初に共和政の女性国家元首(大統領,任1974～76)となった。76年,再びクーデタで軍が政権を奪取,82年にイギリスとのフォークランド(マルビナス)諸島の領有をめぐって戦争が勃発したが敗北,83年に再び民政に復帰し,90年にはイギリスと8年ぶりに国交を回復した。

その後,累積債務の積み上がりやインフレに悩まされ,2001年には対外債務の不履行(デフォルト)を宣言した。しかし2003年に就任した正義党(ペロン党)のキルチネル大統領(任2003～07)のもとで財政再建に務め,06年1月にIMFへの債務95億7000万ドルを完済した。また軍政下での人権弾圧(死者・行方不明者は政府調査で約1万3000人〈人権団体の調査では約3万人〉)の過去を清算しつつある。07年にはキルチネル大統領夫人フェルナンデスが大統領に当選したが,世界金融危機(2009～)による雇用情勢の悪化で支持率が下がっている。

なお南米はナチ党幹部が第二次世界大戦後の戦争犯罪追求から逃れる主な亡命先に選ばれ,1960年イスラエル秘密警察にアイヒマン(62年に処刑)が逮捕されたのもブエノスアイレスであった。

アルゼンティン中部のラ・プラタ川流域に広がる草原地帯パンパ。関東平野の約60倍の広さで,肥沃な土壌が広がっており,世界有数の牧畜地域である

アメリカ　アルゼンティン共和国

世界遺産(8件,うち共同登録1件)

ロス・グラシアレス(今も成長し続ける大氷河)／イグアス国立公園→コラム／リオ・ピントゥラスのクエバ・デ・ラス・マノス→左ページの写真／バルデス半島(海生哺乳類や鳥類の宝庫)／イスチグアラスト＝タランパジャ自然公園群(2億年以上前の動植物化石の宝庫)／コルドバのイエズス会管区とエスタンシアス(17～18世紀の宣教師の生活を彷彿〈ほうふつ〉とさせる施設)／ケブラーダ・デ・ウマワーカ(グランデ川の約500kmにわたる渓谷で,1万年以上も前からの交易路でもある)／グアラニーのイエズス会伝道施設群(ブラジルとの共同登録,説明223ページ)

193

アンティグア=バーブーダ
Antigua and Barbuda

面積	442km²（種子島程度）。アンティグア，バーブーダ，レドンダの3島からなる
人口	8万9000人
首都	セント・ジョンズ
自然	アンティグア島の北部は石灰岩の低い丘陵，南部は火山地帯。レドンダ島は無人の岩礁。熱帯雨林気候
住民	アフリカ系黒人が9割，ムラートが1割
言語	公用語は英語
宗教	イギリス国教会，プロテスタント，カトリック
産業	綿花，サトウキビ，バナナ，柑橘類が栽培されるが，水資源が乏しく生産量は多くない。漁業では，ロブスターが名産品。カリブ海のリゾート地として人気が高く，観光業が主。年間20万人が訪れ，外貨収入の4割を占める。しかし，ハリケーンにしばしば襲われる
通貨	東カリブ・ドル（EC＄）
国旗	中央の黄色は太陽

歴史

　大航海時代（15～17世紀）にヨーロッパ人が来航する以前では，これらの島々には南米大陸から渡ってきた先住民がいたが，その後，カリブ系先住民が彼らを駆逐して定住した。1493年，ジェノヴァ（伊）出身の航海者コロンブスが彼の第2次航海で初めてのヨーロッパ人としてアンティグア島に来航し，スペインのセビリャにある教会の名にちなんで命名した。好戦的な先住民の存在もあってスペインやフランスの白人の入植・定住は失敗したが，1632年にイギリス人が入植地建設に成功，67年にイギリス植民地となり，まもなくサトウキビ栽培が導入されるようになった。バーブーダ島は17世紀前半からイギリス貴族の私有地であったが，18世紀にアンティグア島でサトウキビ栽培が導入されて黒人労働力を使用する砂糖プランテーションが成功すると，バーブーダ島はその食料基地として機能し，1860年にアンティグア島に統合された。

　1958年にレドンダ島を含めて西インド諸島連合に加盟したが，62年の同連合の解体で67年に西インド諸島連合州の1州として内政自治権を獲得，81年に英連邦内の立憲君主国として独立した。親米・親英の穏健外交を貫き，独立以来，労働党（実質的にはバード家）が主導権を握っていたが，2004年の選挙で統一進歩党が勝利し，バード家支配に終止符を打った。07年にはイギリスから初の女性総督が着任した。アンティグア島には米空軍基地がある。カリブ共同体（CARICOM）加盟国。

ネルソン提督と西インド諸島

イギリスの海軍軍人ネルソン（1758～1805）は，彼の後半生におけるイギリスとナポレオン支配下のフランス軍との戦いで有名であり，とりわけフランス海軍のイギリス上陸を阻止したトラファルガー海戦（1805）での勝利は名高い。しかし1770年，12歳で海軍にはいった彼の前半生は西インド海域での勤務であった（～87）。しかもこの時期の彼の評判は良くない。アンティグア島には一時彼が住んだ家がある。

ネルソン提督が指揮を執っていたヴィクトリー号。大型帆船では世界最古の現役艦でもある

世界遺産（0件）

ウルグアイ東方共和国
Oriental Republic of Uruguay

面積	17万6000km²（日本の半分）
人口	340万人
首都	モンテビデオ
自然	国土の大半がアルゼンティンから続くパンパ（平原）。穏やかな温暖湿潤気候で四季の変化に富む
住民	ヨーロッパ系が9割，メスティーソが1割
言語	公用語はスペイン語
宗教	カトリックが7割弱。他にプロテスタント，ユダヤ教
産業	国土の大部分が牛と馬と羊の放牧地で，畜産が中心。工業は羊毛，食肉，皮革関連が中心。近年，ユーカリによる林業が期待されている。生活水準は高い
通貨	アメリカ・ドル
国名	インディオの言葉で「曲がりくねった川」。住民はみずからを東方人（オリエンタース）と称していた
国旗	支援国アルゼンティンの国旗をモデルにしたといわれている。左上の黄色の太陽は，アルゼンティンと同様

歴史

　先住民は狩猟・採集民であったが，1516年にスペイン人が上陸し，先住民は激しく抵抗した。また南米の他地方と異なって金・銀など貴金属に恵まれなかったため，白人の入植はなかなか進まなかった。その後，スペイン人・ポルトガル人の入植があり，とくにウルグアイ川東岸地帯（バンダ・オリエンタル）で両国の帰属争いが続いたが，1777年にスペイン領として確定した。1811年にスペインからの独立戦争が勃発，14年にバンダ・オリエンタルを東方州として再編し，「連邦同盟」を創設した。これに乗じてポルトガル軍が上陸して21年にポルトガルが全土を占領したが，22年に東方州はブラジル帝国に併合された。25年からブラジル帝国に対する独立闘争が展開され，イギリスの調停を受けて28年のモンテビデオ条約で独立を達成した。

　1917年にラテン・アメリカでは初の議会制民主主義を採用した。しかし独立後の主導権をめぐって党派の対立が続いて内戦状態となり，20世紀初頭に主要産業の国有化や労働者保護法などを実現し，政治的安定のための大統領制廃止に向けての準備がなされて，第二次世界大戦後の1952年憲法で大統領制を廃止したが，67年に復活した。この頃，左派勢力が進出し，経済危機と都市ゲリラ活動への対処をめぐって73年にクーデタで軍政に移行したのち，84年に大統領選挙を実施して85年から民政に復帰した。2005年，初の左派政権誕生したが，経済再建の道は険しい。

コロニア・デル・サクラメントの歴史的街並み

　アルゼンティンの首都ブエノスアイレスとはラ・プラタ川を挟んで向かいあう港町。1680年，まずポルトガル人によって建設され，内陸と結ぶ水運の要として発展したが，スペイン・ポルトガル両国が領有をめぐって激しく争った。岬の先端部分の歴史地区には両国の影響を受けた建物が併存してこの街の複雑な歴史を伝えている。街の名はスペイン語で「秘跡（ひせき）の街」の意味。写真後方は要塞の遺構。

世界遺産（1件）

コロニア・デル・サクラメントの歴史的街並み →コラム

エクアドル共和国
Republic of Ecuador

面積	25万6000km²（本州と九州を合わせた広さ）
人口	1500万人
首都	キト
自然	太平洋沿岸（サバナ気候），アンデス山脈に挟まれた高原と山脈地帯（温暖冬季少雨気候，ツンドラ気候），東側のアマゾン源流域へ続く森林地帯（熱帯雨林気候）
住民	メスティーソが8割。他にインディオ，ムラート
言語	公用語はスペイン語
宗教	カトリックが大多数。他にプロテスタント
産業	大土地所有制度による米，トウモロコシ，バナナ，コーヒー豆，カカオ（生産量世界第7位）。エクアドル沖，ガラパゴス沖は好漁場。石油，天然ガスも産する
通貨	アメリカ・ドル
国名	スペイン語で「赤道」の意
国旗	紋章にはアンデスの鳥コンドル，国内の最高峰チンボラソ山，商船，青空と太陽と黄道などが描かれている

歴史

前4000年頃には初期文明が興り，大航海時代のスペイン人による征服以前はさまざまな部族社会があったが，15世紀にはインカ帝国（1430頃～1533）の支配下にあった。1526年にスペイン人が海岸部に初めて上陸し，33年にインカ帝国がスペイン人ピサロに滅ぼされた際にスペインのペルー副王領となった。63年，キトに司法権と副王の行政の諮問機関を兼ねるアウディエンシア（王立高等法院）が設置されたが，1739年にヌエバ（新）・グラナダ副王領に編入された。1822年，対ペルー副王軍との戦いに勝利してコロンビア・ベネズエラとともに大コロンビア共和国を結成し，30年に分離・独立した。その後，保守派と自由派の対立もあったが96年に自由派から大統領が出て憲法のもとに政教分離を規定し，外資導入で鉄道建設など近代化を進めた。

1925年クーデタで左派政権が倒れ，34年以降は保守派・自由派の政権交代を繰り返した。輸出用バナナ経済の繁栄で政治的安定期もあったが，72年のクーデタで軍政となり，79年の民政移管後も，80年代の債務危機など政権運営は困難をきたした。73年にOPECに加入したが，92年に脱退（2007年復帰）。2006年に左派のコレア元経済財務相が大統領に当選し，南米の他の反米左派政権との関係を深め，09年，新憲法のもとでもコレアが再選された。同年9月，基地の10年間の使用協定が期限切れとなり米軍が撤退した。

ガラパゴス諸島

本土から西へ960km離れた太平洋上の，東西約300km，南北約200kmの海域に海底火山の活動で生まれた岩礁からなる約30の島々が浮かぶ。最も古い島で500～300万年前，最も新しい島で100万年前に遡るという。この地域だけに棲息する固有種も多く，1835年にここを訪れたイギリスのダーウィン（1809～82）が進化論を構想する契機になったことでも知られる。写真はガラパゴス固有種のイグアナ。

世界遺産（4件）

ガラパゴス諸島 →コラム／**キト市街**（15世紀末以来インカ帝国の主要都市として栄え，16世紀に侵攻したスペイン人に帝国が滅ぼされたとき，インカ族みずからが破壊したという。その後，スペイン人によって再建され，壮麗な建造物群が残る）／**サンガイ国立公園**（アマゾン川上流域からアンデス山脈東斜面に広がる地域。サンガイ山（5230m）をはじめ5000m級の火山が含まれる2700km²の山域には多様な生物相がみられる）／**サンタ・アナ・デ・ロス・リオス・クエンカの歴史地区**（アンデス山脈に囲まれた2580mの高地に16世紀後半に築かれた街に始まり，19世紀に改築された建造物が立ち並ぶ）

エル・サルバドル
Republic of El Salvador

面積	2万1000km²（九州の半分）
人口	620万人
首都	サン・サルバドル
自然	沿岸部は熱帯気候。高原部はサバナ気候で雨季と乾季がはっきり分かれ、5〜10月が雨季、11〜4月が乾季
住民	メスティーソが9割近く。他にヨーロッパ系、インディオ
言語	公用語はスペイン語
宗教	カトリックが8割、プロテスタントが2割
産業	コーヒー豆は重要な輸出品。大地主がほとんどの土地を所有するため、多くの小作農は貧困下にある。金、銀、石灰岩。アメリカへの移民もしくは出稼ぎしている人々から送金されるドルは、貴重な外貨獲得源
通貨	アメリカ・ドルおよびコロン
国旗	中央の紋章は中米諸国のシンボル「自由の帽子」と火山や海。両側は14の州をあらわす14束の月桂樹の葉

歴史

　大航海時代（15〜17世紀）以前にはマヤ系先住民などが居住していた。1524年にスペインの探険家アルバラドが到達し、翌年にサン・サルバドル（スペイン語で「聖なる救済者」の意）市が建設され、グアテマラ総督領に編入された。鉱産資源に恵まれなかったため、農牧業が主要産業であった。1821年にスペインから独立したが、その直後にメキシコに統合され、23年、メキシコから離れて中米連邦を形成したものの、連邦解体で41年に独立宣言をし、56年に正式に独立した。

　20世紀初頭は「14家族」と称される一部の富裕地主層が支配権を確立して反対派への激しい弾圧もあった。1931年にクーデタで政権についたマルティネス大統領（任1931〜44）は世界恐慌（1929〜）後への対処では実績もあったが、反乱をおこした農民勢力を虐殺するなど苛酷な独裁政治によって44年に失脚した。その後もクーデタが相次ぎ、貧富の差が拡大するなか、66年の隣国ホンジュラスとの紛争を契機に内戦状態にはいった。70年代以降、左翼ゲリラの活動が活発化し、種々の経緯を経て92年に反政府組織ファラブンド・マルティ民族解放戦線（FMLN）との和平協定で内戦は終結し、FMLNは合法政党化の道を選んだ。内戦中の1983年、新憲法が制定され、84年以降は選挙による政権交代があったが、現在も治安は悪く、約250万人の合衆国への出稼ぎ者など、貧困の解消や雇用の確保が大きな課題である。

ホヤ・デ・セレンの古代遺跡

　首都の郊外にあるマヤの都市国家時代（4世紀〜9世紀）の農村集落跡。6世紀頃、近くのロマ・カルデーラ火山の大噴火で村は5〜7mの火山灰に埋もれたが、1976年に偶然発見された。日乾し煉瓦の住居・農機具・畑などの保存状態はよく、古代マヤの農村の様子を知る貴重な遺跡である。イタリア半島の古代ローマの噴火遺跡にならって「中米のポンペイ」ともいわれる。他に穀物の化石や木器・石器も発見された。

世界遺産（1件）

ホヤ・デ・セレンの古代遺跡→コラム

ガイアナ共和国
Republic of Guyana

面積	21万5000km²（本州よりやや狭い）
人口	76万人
首都	ジョージタウン
自然	北部の海岸地方は肥沃な沖積平野，中央部は熱帯林に覆われた丘陵地帯で国土の8割を占め，南部はサバナ状の高原地。全土が熱帯雨林気候
住民	インド系が半分，アフリカ系黒人が3割。他にクレオール，インディオ，ヨーロッパ系，華人
言語	南アメリカで唯一英語が公用語。他にクレオール語，ヒンディー語，ウルドゥー語
宗教	キリスト教が半分。他にヒンドゥー教，イスラーム教
産業	米とサトウキビを主産物とする農業国。ボーキサイトを産出。工業ではラム酒や砂糖の製造，アルミ精錬
通貨	ガイアナ・ドル（GYD）
国名	ガイアナ協同共和国（Co-operative Republic of Guyana）が憲法上に明記された名称

歴史

大航海時代の15世紀末にスペイン人が探険を試みたが入植は失敗し，16世紀末からイギリス人，次いでオランダ人が活動し，1621〜1781年までオランダ西インド会社が支配した。1796年にイギリスが占領し，1802年にオランダ領に復したものの14年には再びイギリス領となった。この間，沿岸部の干拓でアフリカ系黒人奴隷を労働力とするサトウキビのプランテーションが拡大した。34年に奴隷貿易が禁止され，代わってインドからの契約移民が導入されたが，1917年にこれも禁止となった。28年からはイギリスの直轄植民地となった。

第二次世界大戦後の1953年に憲法を制定して初めての普通選挙がおこなわれ，インド系の人民進歩党（PPP）が政権についた。しかし社会主義化を恐れたイギリスが憲法を停止し，55年にはPPPも分裂して抗争が続いた。66年に英連邦内で独立を果たし，70年に「協同共和国」と国名を改めて，砂糖生産やボーキサイトの採掘などを国家管理下におく社会主義化が推進された。しかし85年からは大統領の交代にともなって自由主義経済と中道路線への転換を図り，先進諸国に接近した。92年から，PPPと経済界の指導者によるCIVICが連携して政権を担当したが，98年に経済情勢が悪化し，99年に重債務最貧国と認定された。南米諸国中で1人あたりの国民所得は最下位（2008年度）。2011年の総選挙でPPPが勝利。カリブ共同体（CARICOM）の原加盟国でその事務局が首都におかれている。

南アメリカ北東部にある卓状のギアナ高地。南にはアマゾン川流域の低地が広がり，北はオリノコ川流域の低湿地に続く。ベネズエラ・ブラジル・ガイアナ・スリナム・フランス領ギアナにまたがり，地下資源に富む

ガイアナでの人民寺院事件

1978年11月，ガイアナのジャングルで血生臭い悲惨な事件がおきた。1956年アメリカのサンフランシスコでジム・ジョーンズ（1931〜78）が「人民寺院」というキリスト教系新宗教（カルト）を設立，狂信的左翼主義を唱えた。73年，彼らはガイアナのジャングルを開拓し，排他的な密閉空間のなかで約1000人の集団生活を開始した。78年に視察に訪れた米下院議員らを射殺，ガイアナ国軍の攻撃を受けて914人が毒物で集団自殺した。

世界遺産（0件）

キューバ共和国
Republic of Cuba

面積	10万9900km²(本州の半分)。キューバ島(本島)，青年の島，および1600余りの小島と多島海からなる
人口	1120万人
首都	ハバナ
自然	東部は森林。国土の75%が標高100mに満たない平坦地と緩やかな丘陵地。サバナ気候
住民	スペイン系が7割弱，ムラート2割強，アフリカ系1割
言語	公用語はスペイン語
宗教	カトリックが8割。革命後，教会活動は縮小
産業	農業の中心はサトウキビで，世界有数の砂糖生産国である。ほかにタバコやコーヒー豆などの商品作物と，自給用の食料が生産される。革命後はソ連邦の援助を得て，重化学工業もおこなわれるようになったが，アメリカ支配時代のモノカルチャーから脱していない
通貨	キューバ・ペソおよび兌換ペソ
国名	キューバは英語読みで，自称はクバ

歴史

1492年にコロンブスの一行が到達し，1511年からスペイン人が入植して，先住民は金採掘の苛酷な労働や疫病でほとんど絶滅した。金の枯渇後はハバナが本国とアメリカ大陸の貿易中継地として繁栄。18世紀後半からのアフリカ系黒人奴隷の移入でサトウキビのプランテーションが拡大するなか，農園主の不満が高まり，第1次独立戦争(1868～78)失敗後，第2次独立戦争(1895～98)にアメリカが介入，アメリカ・スペイン戦争(1898)の結果，スペインはキューバでの主権を放棄し，1902年に共和国として独立した。しかしアメリカは共和国憲法に8カ条の追加を迫って(プラット修正条項)事実上キューバを保護下においた。世界恐慌(1929～)は砂糖に依存する経済を直撃し，34年にバティスタが実権を握って独裁を強め(大統領任期は1940～44・52～59)，経済的対米従属が深まった。

カストロ(1926～)は1953年の反乱失敗ののち56年から反政府ゲリラを率いて59年にハバナを占領した(キューバ革命)。61年に中南米初の社会主義国となり，同年アメリカと断交。62年にソ連邦のミサイル導入で米・ソの「キューバ危機」が発生，ミサイルは撤去された。社会主義化で他の中南米諸国から孤立し，91年のソ連邦崩壊や96年からのアメリカの制裁強化法で経済的打撃は大きく，米ドルの使用解禁や市場の一部自由化など経済改革に取り組んでいる。2008年カストロは国家評議会議長を弟ラウル(1931～)に譲り，09年アメリカは制裁強化法を緩和した。

オールド・ハバナ(ハバナ旧市街)とその要塞群

ハバナは1552年以来，島の行政の中心として総督府が設置され，カリブ海に出没する海賊に備えるための要塞が次々と築かれた。砂糖とタバコによって繁栄し，18世紀半ば以降の壮麗な建造物がこの街を彩る。旧市街には大聖堂・旧総督邸やガルシア・ロルカ劇場などもある。他の中南米諸国が相次いで独立するなかでも，「カリブ海の真珠」とうたわれたこの美しい街を含む島を19世紀末までスペインは手放さなかった。

世界遺産(9件)

オールド・ハバナとその要塞群→コラム／トリニダードとロス・インヘニオス渓谷(砂糖で栄えたプランテーションや当時の農園主達の豪邸群)／サンティア・デ・クーバのサン・ペドロ・デ・ラ・ロカ城(スペインの対英防衛のカリブ海の拠点)／ビニャーレス渓谷(先住民以来の葉タバコの産地，カルスト地形の洞窟群)／グランマ号上陸記念国立公園(キューバ革命軍の上陸地点でもあり，かつ地形学・生物学上の貴重な地域)／キューバ南東部のコーヒー農園発祥地の景観(現在も残るプランテーション跡)／アレハンドロ・デ・フンボルト国立公園(キューバ東部の710km²におよぶ国立公園に残る貴重な固有動植物)／シエンフェゴスの都市歴史地区(スペインの近代都市計画による都市)など

カナダ
Canada

面積	998万5000km²（日本の27倍）で世界第2位
人口	3480万人
首都	オタワ
自然	国土の5分の2は北緯60度以上のツンドラ気候，以南は寒冷な冷帯湿潤気候で冬の寒さは厳しい。太平洋南部は温和な西岸海洋性気候，大西洋南部はメキシコ湾流の影響で寒流と接するため霧が多発する
住民	イギリス系が半分近く，フランス系3割。他にドイツ系，イタリア系，華人，イヌイット
言語	英語とフランス語が公用語
宗教	半分近くがカトリック，プロテスタントが2割。他にイスラーム教，ユダヤ教
産業	国土の7割が平原で機械化された大規模経営がなされ，世界有数の農業国である。小麦（生産量世界第8位）をはじめ，大麦，大豆，菜種，トウモロコシも世界有数。牧畜も大規模経営で，豊富な穀物飼料を利用して肉牛が飼育される。大西洋，太平洋ともに豊かな漁場で，ニシン，タラ，サケなどが水揚げされる。世界屈指の食料輸出国である。国土の45％が森林で林業も盛んであり，伐採と植林が計画的におこなわれ，資源保護に努めている。 　地下資源は石油（世界第6位），天然ガス（世界第3位），ウラン（世界第2位），金（世界第8位），天然ガス（世界第3位）など豊富で大量に輸出している。水資源も豊富で電力の6割を水力発電が占める。工業はパルプ生産が世界第3位だが，収益性と雇用確保のために，より付加価値を高めて輸出する構造へ転換が進められ，アメリカ資本が大きく関与している
通貨	カナダ・ドル
国名	インディオの言葉で「村落，集落」とする説が有力
国旗	中央に赤いサトウカエデ（英語でSugar maple）の葉が配されており，英語ではThe Maple Leaf Flag

歴史

　3〜2万年前の氷河期にユーラシア大陸から大型獣を追って移動してきたモンゴル系の先住民のうち，北米大陸北部・北極圏（アラスカ・カナダ・グリーンランド）に住む人々はかつて他民族からエスキモー（「生肉を食べる人々」の意）と呼ばれたが，今は彼ら自身の呼称イヌイット（「人間」の意）と呼ばれている。11世紀頃，北欧のノルマン人（ヴァイキング，「入り江の人々」の意）がニューファンドランド地方に到達したといわれるが永続せず，1497年にイタリア人ジョヴァンニ・カボットがニューファンドランド島に到達したのがヨーロッパ人来航の最初とされる。彼はイギリス王の援助を受けたのでイギリス領を宣言する一方，フランス人探検家カルティエもセント・ローレンス川を発見する（1536）などしたため，英・仏両国が領有権を争った。スペイン継承戦争（1701〜13）後のユトレヒト条約（13）でフランスがニューファンドランド島・ハドソン湾地方などをイギリスに割譲し，フレンチ・インディアン戦争（七年戦争，1756〜63）後のパリ条約（63）で，カナダはすべてイギリス植民地となった。
　その後もイギリス系住民の地域（アッパー・カナダ）とフランス系住民の地域（ロー

ケベック旧市街の歴史地区

　ケベック州の州都ケベックにはとりわけフランス文化の香りが色濃く残っている。街の起源は1608年にフランス人探検家が毛皮取引のための交易所（砦）を設けたことに始まる。旧市街の建物の約半分は19世紀以前の建造で，また北米大陸唯一の城壁都市としても貴重。城壁内にはノートル・ダム大聖堂（1674），シャトー・フロントナックという超高級ホテル（1892），19世紀半ばの現カナダ陸軍駐屯地シタデル城塞などが偉容を誇る。古い家並みが残る「プチ・シャンプラン通り」は「北米大陸最古の繁華街」ともいわれる。

カナディアン・ロッキー山脈自然公園群。3000メートル級の山々がいだく氷河、氷河湖、滝、峡谷、鍾乳洞、化石などの手つかずの自然が今なお残る

ワー・カナダ）に分かれていたが、1841年に両地域を統合した連合カナダ植民地となり、67年に4州からなるカナダ自治領が成立した。周辺のイギリス植民地がカナダに参加することで版図が拡大するとともに、19世紀末から20世紀初頭にかけて数百万人のヨーロッパ系移民を受け入れることで多民族国家となった。81年には大陸横断鉄道が完成し、その結果農業も発展し、世界有数の小麦輸出国となった。また沿線で鉱山資源も発見されて、工業生産もめざましい発展を遂げた。

第一次世界大戦でイギリス側について戦い、1926年に完全な主権国家となり、31年のウェストミンスター憲章で英連邦に加盟したが、イギリスには従属しない完全な自治権を得て外交的にも自立した。51年にヒューロン語もしくはイロクォワ語の「カナタ＝村落」に由来する現国名となった。82年の憲法で植民地としての政治制度上の名残りも消え、連邦制国家として名実ともに完全独立を果たした。80年と95年にフランス系住民が約80％を占めるケベック州の分離独立の是非を問う住民投票がおこなわれたが、両次とも否決された。99年にはイヌイットが多数を占めるヌナブット（「私たちの土地」の意）が準州に昇格して彼らの自治が認められて、現在では10州と3準州からなる。政府開発援助や国連平和維持活動（PKO）には積極的に参加、対人地雷禁止問題では主導権を握り、オタワ協定（1997）に結実した。2006年の総選挙で12年ぶりに保守政権が成立し、08年の総選挙でも与党・保守党が第一党を維持した。NATOの原加盟国。

カナダの大草原地帯（プレーリー）には、黄金色の小麦畑が広がる

世界遺産（15件、うち2件は共同登録）

ランス・オ・メドー国定史跡（11世紀に来航したノルマン系ヴァイキングの集落跡）／ハニ国立公園（河川流域の自然景観と野生動物の宝庫）／恐竜州立自然公園（カナディアン・ロッキー東南にあって状態の良い恐竜化石が出土）／スカン・グアイ（太平洋上の諸島のなかのアンソニー島に残る先住民の遺跡）／ヘッド・スマッシュト・イン・バッファロー・ジャンプ（先住民がバッファローを狩った痕跡を残す断崖）／ウッドバッファロー国立公園（広大な極寒の地に群れるバッファロー）／カナディアン・ロッキー山脈自然公園群（雄大な山岳景観を誇る国立公園群）→上の写真／ケベック旧市街の歴史地区→コラムなど

グアテマラ共和国
Republic of Guatemala

面積	10万8900km²（北海道と四国を合わせた程度）
人口	1470万人
首都	グアテマラ・シティ
自然	国土の3分の2が山岳地帯でサバナ気候。活火山や火山湖が多く，地震の群発地
住民	マヤ系インディオが5割，ラディーノ（マヤ系インディオと白人の混血）が4割。他にヨーロッパ系
言語	公用語はスペイン語
宗教	カトリックが3分の2，プロテスタントが3分の1
産業	大地主制とアメリカ資本に支えられたプランテーション農業が主体。コーヒー豆とバナナを中心に，綿花，サトウキビなどが栽培される。林業が盛んで，とくにチューインガムの原料になるチクルの生産量が多い
通貨	ケツァル（Q）
国旗	紋章の中央は国鳥ケツァル。ライフル銃と剣が十字におかれ，周りをオリーヴが囲む

歴史

3～4世紀に始まるユカタン半島の古代マヤ文明の中心地であり，北部低地に位置するティカルが大祭祀センターとして隆盛を誇ったが，その衰退後にはマヤ文明の中心はユカタン半島北部へ移った。1523年以降，メキシコから侵入したスペイン人が征服したが，金・銀といった貴金属資源に恵まれなかったため，先住民を労働力とするカカオやインディゴ（藍染料）の生産が主であった。1821年に独立宣言をしたが翌22年にメキシコに併合され，24年に他の中米諸州と連邦共和国を形成した。その後39年に同連邦の解体により単独で独立。長く保守派の独裁が続いたが，71年のクーデタで権力を掌握した自由派によって教会財産の没収・外資導入など自由主義政策が展開された。

20世紀にはいると大地主やアメリカ資本による寡頭支配が続き，1950年代から左翼ゲリラが反政府武装闘争を展開，60年からは内戦状態となり，軍事政権下では反政府側への激しい弾圧がなされた。96年に和平協定が成立して長い内戦に終止符がうたれた。しかし国民の半数以上が1日2ドル前後で暮らす貧困層という最貧国にあたり，治安の回復と貧困解消が大きな課題である。貿易収支の赤字はアメリカ在住出稼ぎ者の送金と外国の援助で埋めているが，2009年の対外債務残高は43億3640万ドルに達している。2006年，アメリカとの中米自由貿易協定が発効した。

ティカル国立公園

グアテマラ北部のペテン地方に生い茂る熱帯雨林の鬱蒼（うっそう）とした大樹海が100km²以上にわたって広がるのが，マヤ文明最大の都市遺跡ティカルである。250年頃には大祭祀センターであったらしい。20世紀半ばに解読された碑文によれば最古の年代は292年で，8世紀頃に全盛期を迎えたと思われ，その時期の神殿など石造りの建造物群が残っている。10世紀に忽然（こつぜん）と消滅したという。国立公園の面積は576km²。

世界遺産（3件）

ティカル国立公園 →コラム／アンティグア・グアテマラ（1543年に築かれ，1773年の大地震で壊滅。その後，修復されたがなおも地震の傷跡は残る。「アンティグア」とは「古さ」を意味する人ハパン語）／キリグアの遺跡公園と遺跡群（200年頃から人が住みついたマヤ遺跡。歴史を伝える10基の石碑に象形文字）

グレナダ
Grenada

面積	345km²（佐渡島の半分弱），グレナダ島と周辺の島々からなる
人口	10万4000人
首都	セント・ジョーンズ
自然	グレナダ島は火山島で最高峰は838m。サバナ気候
住民	アフリカ系黒人が半分以上。他にムラート，
言語	公用語は英語
宗教	カトリックが半分，プロテスタントが3割。他にイギリス国教会
産業	農業が主体で，カカオ，バナナ，香辛料などが栽培される。とくにナツメグの栽培が盛ん。美しい海に恵まれているため，観光業も有望
通貨	東カリブ・ドル（EC $）
国名	グレナダは英語名で，もとはスペイン語のgranada（ザクロ）。ザクロが繁茂していた
国旗	左側の植物の実は国の大切な農作物ナツメグ

歴史

1498年にコロンブスが来航してコンセプシオン（聖母受胎）島と命名した。1650年にフランス人が入植して74年に正式に植民地となったが，それ以前の62年にイギリスに占領されていたため，83年にイギリス領と確定した。18世紀にはアフリカ系黒人の移入でプランテーションが発達したが，1834年の奴隷貿易禁止でインドから年季契約の移民が導入された。1958年，ウィンドワード（風上）諸島およびリーワード（風下）諸島とともに西インド諸島連合を形成した。62年に連合は解体したが，67年に西インド諸島連合州に参加して内政自治権を獲得し，74年に独立を達成した。

1979年に独裁体制を倒す無血クーデタに成功した左派のビショップ政権（1979～83）による人民革命政府は，キューバ寄りの社会主義路線を歩んだが，83年の急進派によるクーデタでビショップが殺されると，アメリカ合衆国と中米6カ国の軍隊が侵攻してクーデタ政権を倒し，占領下においた。その後83年末までに米軍がほぼ撤退して暫定政権となった。84年に民主的選挙で新国民党（NNP）らの連立政権が成立，95年・99年・2003年の選挙ではNNPが勝利して政権を維持したが，08年の総選挙で野党・国民民主党（NDC）が勝利して13年ぶりに政権が交代した。外交的には米・英と親密で，東カリブ海諸国の集団防衛条約に加盟。IMFの貧困削減・成長ファシリティのもとで構造改革を実施している。カリブ共同体（CARICOM）加盟国。

カカオの収穫。紡錘形の果実のなかに20～60個ほどの種子をもち，これがカカオ（cacao beans）となる

アメリカによるグレナダ侵攻

1983年10月，アメリカ・共和党のレーガン大統領（任1981～89）は，グレナダで急進左翼勢力のクーデタが生じると，中米6カ国を誘ってグレナダに侵攻，左翼勢力を制圧した。政情不安からグレナダのアメリカ人を保護するという名目であったが，実際には同地域でのソ連邦・キューバの影響力を排除するためであった。イギリスなどはこれを非難し，ソ連邦を含む東側諸国は84年のロサンゼルス・オリンピックをボイコットした。

世界遺産（0件）

コスタ・リカ
Republic of Costa Rica

面積	5万1100km²（九州と四国を合わせた広さ）
人口	470万人
首都	サン・ホセ
自然	太平洋側は乾燥、カリブ海側は高温多湿の密林を形成し熱帯雨林気候。高原部は温暖でサバナ気候など多様であり、「中米のスイス」と呼ばれている
住民	メスティーソが大半
言語	公用語はスペイン語
宗教	カトリックが国教だが、信教の自由はある
産業	農業はバナナとコーヒー豆のプランテーションが中心。近年は酪農が盛ん。米国資本の進出も得て産業の多角化と工業化が進む。エコツーリズムの人気が高い。
通貨	コロン（₡）
国旗	紋章に描かれているのは、観光資源にもなっている3つの火山（イラス火山、ポアス火山、アレナル火山），太平洋とカリブ海、帆船など

歴史

大航海時代以前には先住のカリブ系民族が首長制社会を形成していたが、1502年にコロンブスらが来航し、先住民が金細工の装身具をたくさん付けていたことから、コスタ・リカ（裕福な海岸）と命名した。鉱物資源に乏しいことなどから征服は遅れたが、1572年にグアテマラ総督領に編入されてから白人入植者のもとで閉鎖的農業社会が形成された。1821年に独立したがメキシコに併合されるなどし、24年に他の中米諸州と連邦共和国を形成した。38年に連邦を離脱、48年に共和国として独立した。その後、隣国ニカラグアの侵略やクーデタもあったが、70年代に近代化が推進されて鉄道建設なども進み、バナナ・コーヒー豆などの輸出向け作物が拡大した。

20世紀前半は政情も比較的安定していたが、1948年の大統領選挙の不正問題を契機に内乱状態になった。その後、49年の憲法制定により再び政権は安定した。なお同憲法で非常時の「特別徴兵制度」は残しつつも常備軍を廃止し、83年には非武装中立を宣言するなど、紛争多発地域である中米にあって独自の路線を歩んでいる。対米協調外交を旨とし、中米では最も安定した民主主義国家で、87年にはオスカル・アリアス大統領（任1986〜90・2006〜10）が中米和平合意に功績があったとしてノーベル平和賞を受賞。しかし近年、麻薬組織の暗躍が問題となって治安悪化の懸念がある。2010年には電力の93％を風力・太陽光など自然エネルギーから賄っている。生活・教育水準は中米諸国のなかでは高い。10年、同国初の女性大統領が誕生。

ココ島国立公園

本土から西に約550km離れた太平洋上にある、年間降雨量7000mmという熱帯雨林の孤島は、海面からすぐに崖（がけ）がそそり立ち、その上からは滝が海に落ちている。周囲から隔絶されているため植物や鳥類には固有種も多く、周辺海域には回遊魚の大群が集まる。ロバート・スティーヴンソンの小説『宝島』（1883）や映画「ジュラシック・パーク」のモデルとなったともいわれる。面積24km²の島を含む国立公園の面積は約1000km²。

世界遺産（3件、うち1件は共同登録）

ココ島国立公園 →コラム／**グアナカステ保全地域**（海岸や火山地形からマングローブ林まで多彩な自然が育む多くの動植物）／**タラマンカ地方—ラ・アミスター保護区群とラ・アミスター国立公園**（パナマとの共同登録、コスタ・リカとパナマ両国にまたがる深くて広い森林、低地熱帯雨林から3000mを超える高山地帯までに多彩な生物相）

コロンビア共和国
Republic of Colombia

面積	1139万km²（日本の3倍）
人口	4630万人
首都	ボゴタ
自然	国土の4割が山地。北回帰線と南回帰線の狭間にあり，基本的には熱帯雨林候だが，気候はアンデス山脈の高度によって変わる
住民	メスティーソが6割，ムラートが2割。他にヨーロッパ系，アフリカ系黒人，インディオ
言語	公用語はスペイン語
宗教	カトリックが9割
産業	コーヒー豆（生産量世界第4位），サトウキビ，バラ。漁業も盛ん。エメラルド。麻薬原料のコカの生産量は世界最大で，アメリカに持ち込まれるコカインの7割を占める。コカ栽培に代わる産業が育たないのが難点
通貨	ペソ
国名	コロンブスの名を記念したもの

歴史

16世紀までは先住のチブチャ系民族が集約的農業に拠る首長制社会を築き，金細工工芸などに高度な文化をもっていた。1499年にコロンブスの船団が到来して以来スペイン人の入植が始まり，1538年にスペイン人が征服したチブチャ社会の中心地付近にボゴタが建設された。ペルー副王領に属したが，18世紀に新設のヌエバ・グラナダ副王領に編入された。1810年に独立宣言をし，19年にはスペイン軍を撃破してのちのベネズエラ，エクアドル，パナマを含む大コロンビア共和国となった。30年にこれが解体するとパナマとともにヌエバ・グラナダ共和国を称し，86年に現国名に改めたが，1903年にパナマが共和国として分離・独立した。29年に始まる世界恐慌はでコーヒー豆の価格が暴落して経済的に大打撃を受け，保守党・自由党の対立で政変も絶えず，48年，ボゴタ暴動もおこった。

1958～74年まで2大政党が交互に大統領を出して比較的安定したが，80年代以降，麻薬組織（世界最大のコカイン生産国）や右派民兵組織の活動，「コロンビア革命軍」など左翼ゲリラの存在が新たな暴力を生み，内戦状態といってよい。親米と隣国との協調外交を旨とし，2008年におきたベネズエラとの国境紛争も10年の大統領選挙で与党の全国統一社会党候補が勝利して国交を回復した。「魔術師的リアリズムの旗手」として中南米で4人目のノーベル文学賞を受けたガルシア・マルケス（1928～）はコロンビアの出身で現在はメキシコに在住。

サンタ・クルーズ・デ・モンポスの歴史地区

コルディエラ・セントラル山脈とオリエンタル山脈のあいだを北流してカリブ海に注ぐマグダレナ川の河口から約200km遡った地点に建設されたこの街は，カルタヘナの港と内陸を結ぶ水運の要衝として発達した。聖堂を含む美しい家並みは17～18世紀のスペイン植民地盛期の面影を残しているが，19世紀初頭の独立戦争で街は衰退し，さらにマグダレナ川の流れも変わって交易都市としての役割を終えた。

世界遺産（7件）

カルタヘナの港，要塞群と建造物群（カリブ海に面した港湾都市で堅固な要塞に守られた美しい街）／ロス・カティオス国立公園（720km²の面積をもち，絶滅危惧種を含む多様な動植物が棲息する貴重な熱帯雨林）／サンタ・クルーズ・デ・モンポスの歴史地区→コラム／ティエラデントロの国立遺跡公園（アンデス山脈中腹に点在する先住民の地下墓室）／サン・アグスティン遺跡公園（紀元前6世紀に遡る高度な先史文化を物語る石像群）／マルペロの動植物保護区（多様なサメが棲息する海洋生物の宝庫）／コロンビアのコーヒー産地の文化的景観（生産性と持続可能性と景観の美しさを兼ね備えた100年以上続くコーヒー豆生産）

ジャマイカ
Jamaica

面積	1万1400km²（秋田県程度）
人口	280万人
首都	キングストン
自然	120におよぶ川が流れ，緑豊かな熱帯雨林に覆われた島。熱帯雨林気候
住民	アフリカ系黒人が9割，ムラートが1割。他にインド系
言語	公用語は英語。アメリカ，カナダに続き，アメリカ大陸で3番目に英語の話者が多い
宗教	プロテスタントが6割。他に伝統信仰，カトリック
産業	コーヒー豆，サトウキビ，バナナ，タバコを栽培。ブルーマウンテン・コーヒーの産地として名高い。経済の柱はボーキサイトの輸出。「アンティル諸島の女王」といわれるほど風光明媚なリゾート地で観光業も重要
通貨	ジャマイカ・ドル（J＄）
国名	インディオの言葉ハイマカxaimaca（泉の湧き出るところ）の転訛（てんか）

歴史

　先住民はアラワク系タイノ人であるが，1494年にジェノヴァ出身のコロンブスが来航した。16世紀初めからスペイン人の入植が始まったが成功せず，イギリス革命（1640〜60）の最高指導者クロムウェルが1655年に派遣した艦隊が占領し，70年に正式にイギリス領となった。18世紀以降アフリカ系黒人奴隷の移入でサトウキビのプランテーション経営が拡大。1834年の奴隷貿易と奴隷制度の廃止以後はインド系・中国系の年季契約移民を導入したものの，サトウキビ生産は縮小に向かった。67年，黒人層の反乱を契機に植民地議会が解散されて王領直轄植民となった。

　1957年，内政自治権を獲得，58年に西インド諸島連合の一員となったが，62年に同連合が解散すると英連邦構成国の1つとして独立した（カリブ海のイギリス植民地としては初）。1974年に与党の人民国家党（PNP）は親キューバの「民主社会主義」を宣言して非同盟路線を進めたが，80年の総選挙に圧勝したジャマイカ労働党（JLP）は親米外交に転じた。1989〜2007年はPNPが政権を維持，2006年には同国初の女性首相も生まれたが，07年に18年振りでJLPが政権を奪った。カリブ共同体（CARICOM）の原加盟国で中心メンバーである。世界金融危機（09〜）と景気後退でボーキサイトなど鉱産品価格が暴落，観光客も減った。ジャマイカ生まれのレゲエ音楽も重要な観光資源である。

マーカス・ガーヴェイ（1887〜1940）は，北アメリカで黒人の権利を主張した先駆者で，ジャマイカの国民的英雄。公民権運動にも影響を与えた

日本人とブルーマウンテン・コーヒー

　ジャマイカの標高800〜1000mの高地で栽培される最高級品のブルーマウンテン種コーヒー豆は，特定の場所で栽培され厳密な検査を経たものしかブランド名を使用できないので，生産量は限定的である。香りが高く，繊細な味を誇っており，1936年の日本への初輸出以来，日本のコーヒー好きにはたまらないブランド品である。生産量の95％は日本向けと言われるが，日本市場には正規輸入量の3倍以上（すなわちブレンド品）が出回っているという。

世界遺産（0件）

スリナム共和国
Republic of Suriname

面積	16万3800km²（日本の半分）
人口	53万人
首都	パラマリボ
自然	国土の大部分がギアナ高地で熱帯雨林気候
住民	インド系が35％，クレオールが3割，インドネシア系15％，アフリカ系が1割
言語	公用語はオランダ語。他に英語，スリナム語
宗教	ヒンドゥー教，プロテスタント，カトリック，イスラーム教でほぼ4等分
産業	農業はサトウキビ，米，カカオ，バナナを栽培する。漁業ではエビ漁がおこなわれている。森林が多く，林業が盛ん。ボーキサイトが豊富で，これを加工したアルミナ，アルミニウムも含めると，輸出の大部分を占める。他に，木材加工，ラム酒製造
通貨	スリナム・ドル（SRD）
国名	先住民のスリネン人に由来

歴史

先住民はアラワク系スリネン人とカリブ系の人々。1499年にスペイン人が来航したが，入植に成功したのはイギリス人であった。オランダとの領有権争いが続いたが，1667年のブレダ和約で北米大陸東部のニューアムステルダム（現ニューヨーク）との交換を条件にオランダの領有権が認められて，オランダ領ギアナ植民地となった。その後，海岸低地の干拓が進み，プランテーションでサトウキビの生産が始まったが，1834年の奴隷貿易と奴隷制度の廃止で労働力不足となり，英領インドやオランダ領ジャヴァ（現インドネシア）から年季契約移民が移入され，彼らは年季があけると土地所有が認められて，米の栽培も始まった。

パラマリボ市街歴史地区

スリナム川河口から24kmほど遡った首都パラマリボは奴隷貿易で繁栄し，さらにその労働力をもってサトウキビのプランテーションが栄えた。整然と区画割りされた旧市街の街並みには壁を白く塗り前面ポーチに柱を多用した植民地様式の木造建築や，レンガ造りの堅固な建物が混在し，18～19世紀に全盛期を迎えた植民地独特の風情を漂わせている。

1922年にオランダ王国の領土の一部となり，54年に軍事・外交を除く内政自治権が与えられ，75年に完全独立を果たしたが，独立目前にオランダ系住民の多数が本国に脱出した。80年・90年と2度のクーデタもあって，82年の人権抑圧事件では，オランダが経済援助を停止したため経済が停滞し，政情不安を招いたが，91年に民主的選挙で大統領が選出され，民政に移行した。旧宗主国オランダとの関係を重視する外交姿勢をとり，カリブ共同体（CARICOM）の原加盟国で周辺諸国との関係も安定した。西部のコーランタイン地域の境界をめぐるガイアナ共和国との対立は，2007年の国際海洋法裁判所の裁定に両国が従って解決した。

世界遺産（2件）

中央スリナム自然保護区（8種類の霊長類が棲息する熱帯雨林）／パラマリボ市街歴史地区→コラム

セント・ヴィンセント＝グレナディーン諸島
Saint Vincent and the Grenadines

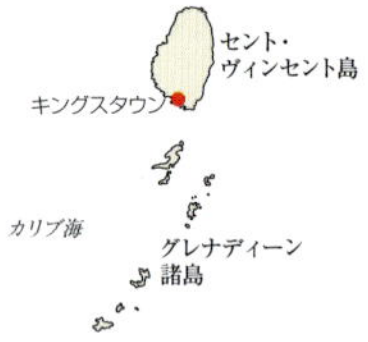

面積	389km²（熊本市程度）
人口	11万人
首都	キングスタウン
自然	セント・ヴィンセント島は火山活動が活発で，1902年スフリエール山（1234m）の爆発では2000人の死者を出している。熱帯雨林気候
住民	アフリカ系黒人が7割弱，ムラートが2割。他にインド系，ヨーロッパ系
言語	公用語は英語
宗教	イギリス国教会が半分，プロテスタント，プロテスタントの一派メソディスト
産業	バナナの輸出と観光業が中心。セント・ヴィンセント島は葛粉（くずこ）の世界最大の生産国。漁業も盛ん
通貨	東カリブ・ドル（EC＄）
国名	コロンブスが到達した「聖ビンセチオの日」に由来。グレナディーンは，スペイン語のザクロの英語読み

歴史

先住民は南米大陸からのアラワク系とカリブ系の人々。1498年にコロンブスが来航したが，先住民の抵抗で入植は進まなかった。しかし難破船や周辺の島々から逃亡したアフリカ系黒人が上陸・定着して先住民と混血し，「ブラック・カリブ」を形成した。フランス人が入植して仏・英間の抗争があったが，フレンチ・インディアン戦争（七年戦争，1756～63）後のパリ条約（1763）でイギリス領になり，一時フランスが奪回したが，1783年にイギリス領として確定した。アフリカから移入された黒人奴隷を労働力とするプランテーション経済が発展したが，1834年の奴隷貿易と奴隷制度の廃止後はポルトガルやインドから年季契約移民が導入された。1902年のスフリエール山の噴火で島の経済は壊滅的な打撃を受けた。

1958年に西インド諸島連合に加盟，62年の同連合解体で69年に西インド諸島連合州の1州として内政自治権を獲得し，79年に英連邦内の立憲君主国として独立した。20世紀後半から政情は比較的安定しているが，貧困の解消と雇用の創出が課題である。カリブ共同体（CARICOM）に参加して周辺のカリブ海諸国と関係を深め，独自の軍隊はもたず，東カリブ海諸国の集団防衛条約に加盟している。台湾（中華民国）と外交関係を樹立する一方，92年にキューバと国交を樹立。グレナディーン諸島では国際捕鯨委員会（IWC）の定める「先住民生存捕鯨」の名目で捕鯨を実施している。

漁業は盛んで，鯨のほかタイ・カマス・エビなど種類も豊富

先住民生存捕鯨

鯨の資源保護と合理的利用などをめざす現行の国際捕鯨取締条約は，1946年に原加盟国15カ国で成立し，国際捕鯨委員会（IWC）が設けられた（日本は1951年に加盟し，調査捕鯨を実施）。現在の加盟国は89カ国だが，反捕鯨国が多数派である。先住民生存捕鯨とは，地域的・伝統的な生活方式に必要な捕鯨だけを限定的に国際社会が認めるというもので，グレナディーン諸島の他，アラスカ・ロシアの先住民にも認められている。

世界遺産（0件）

セント・クリストファー＝ネーヴィス
Saint Christopher and Nevis

面積	262km²（西表〈いりおもて〉島よりやや狭い）
人口	5万人
首都	バセテール
自然	熱帯雨林気候
住民	アフリカ系黒人が9割弱，ムラートが1割。他にヨーロッパ系
言語	公用語は英語
宗教	イギリス国教会，プロテスタント，カトリック
産業	電気機械の組み立て。農産物の多様化，製造業の振興，観光業への移行が進められている。
通貨	東カリブ・ドル（EC＄）
国名	コロンブスが到達した日が航海の守護神「聖クリストファルスの祝日」だったため。ネーヴィスは，到達時に，島の最高峰の頂上が白雲に覆われているようすを「雪」と呼んだことに由来する
国旗	2つの星は2島を表現

歴史

　先住民はアラワク系，次いでカリブ系の人々で，1493年にコロンブスらが到達し，1624年にイギリスの貴族らが入植して，西インド諸島における最初のイギリス植民地となった。やがてフランス人も来航して両国で先住民を放逐し，1627年にセント・クリストファー島中央部をイギリスが，北部・南部をフランスが分割統治したが，両国の熾烈な領有権争いが繰り広げられ，最終的には1783年にイギリス領と確定した。18世紀にはアフリカ系黒人奴隷を労働力とするサトウキビのプランテーションが盛んであったが，1834年の奴隷貿易と奴隷制の禁止で経済は停滞した。アンギラ島（232ページ）を含む3島で西インド諸島連合（1958〜62）への加盟を経て1967年に内政自治権を獲得し，80年にアンギラ島が離脱したことから，83年に2島で英連邦内の立憲君主国として独立した。

　1997年，ネーヴィス島議会が英連邦からの分離・独立法案を可決したが，98年の住民投票では賛成票が憲法上の規定の3分の2にわずかにおよばず，独立を見送った。カリブ共同体（CARICOM）に加盟しており，親米・親英を軸とする穏健外交を旨とする。かつてはOECDからマネーロンダリング（不正資金の洗浄）対策非協力国リストに掲載されたが，法整備を進めたため2002年にリストから除外された。06年，非同盟諸国会議に加盟した。国連が使用する国名はセント・キッツ＝ネーヴィスであるが，同国内公文書は現国名も併用している。

ブリムストーン・ヒル要塞国立公園

　セント・クリストファー島はイギリスが西インド諸島で獲得した最初の植民地であるが，やや遅れて入植したフランスとのあいだで激しい領有権争いがあり，1690年以降フランス人の侵入に備えて黒人奴隷も使役して大規模な要塞を築いた。100年以上にわたって拡大を続け，敷地面積は約16万m²にまでなってカリブ海における重要な戦略拠点となった。20世紀半ばになって国立公園に指定され，要塞建物は博物館になっている。

世界遺産（1件）

ブリムストーン・ヒル要塞国立公園→コラム

セント・ルシア
Saint Lucia

面積	620km²（淡路島程度）
人口	17万4000人
首都	カストリーズ
自然	高原状で平地に乏しく最高峰は950m。豊かな熱帯雨林に恵まれ、熱帯雨林気候
住民	アフリカ系黒人が8割強、ムラート1割。他にインド系、ヨーロッパ系
言語	公用語は英語
宗教	カトリックが9割、他にプロテスタント、イギリス国教会
産業	バナナ生産が経済の中心であったが、近年では美しい海と砂浜、そして熱帯性の気候を目的とした観光業が中心となっている。首都カストリーズは空港と港湾が整備され、観光業が発展するとともに、東カリブ海交通の拠点となっている
通貨	東カリブ・ドル（EC $）

歴史

先住民はアラワク系、次いでカリブ系の人々。1500年頃、スペイン人が到達したとされるが、スペイン人は入植せず、17世紀前半のオランダ人・フランス人・イギリス人による入植の試みもカリブ系先住民の抵抗で失敗した。1651年に到来したフランス人とカリブ系住民とのあいだに60年に和平協定が成立し、その後はその領有をめぐって英・仏両国が激しい領有権争いを展開したが、1814年にイギリスの領有が確定した。しかし宗教など文化面や地名などにフランス文化の影響がのちのちまで残った。西インド諸島連合（1958～62）に加盟したのち、1967年に内政自治権を得、79年に英連邦内の立憲君主国として独立した。

1997年の総選挙で中道左派の労働党が勝利して15年ぶりに政権についたが、2006年には保守の統一労働者党（UWP）が勝利した。1997年には中国と国交を樹立して台湾（中華民国）と断交したが、2007年にUWP政権が台湾と復交したため今度は中国側が断交した。カリブ共同体（CARICOM）に加盟。バナナ生産は国際市場の価格変動や自然災害（ハリケーンなど）の影響で現在は激減しており、経済の中心は観光業に移っている。なお国（島）名のセント・ルシア（「聖女ルシア」の意）を、同義のイタリア語（Santa Lucia）読みすれば、日本でも有名なナポリ民謡の曲名「サンタ・ルチア」と同じになる。

ピトンズ・マネジメント・エリア

島南部にあるプティ（小）・ピトン山（743m）と、写真のグロ（大）・ピトン山（798m）が、2004年に世界自然遺産に指定された。4.67km²の陸域は豊かで美しい熱帯・亜熱帯の自然が残されており、稀少な植物が自生する森林が広がり、鳥類や哺乳類の固有種が棲息している。海域はサンゴ礁に恵まれ、多くの魚類やタイマイ（ウミガメの一種）・ゴンドウクジラなどがみられる。

世界遺産（1件）

ピトンズ・マネジメント・エリア →コラム

チリ共和国
Republic of Chile

面積	75万6000km²（日本の2倍）
人口	1730万人
首都	サンティアゴ
自然	南北4270kmの細長い国土。5000m級のアンデス山脈の尾根を国境線としている。北は砂漠気候、中央は西岸海洋性気候、南は地中海性気候
住民	メスティーソが65％、ヨーロッパ系が3割、インディオが5％
言語	公用語はスペイン語
宗教	カトリックが9割、プロテスタントが1割
産業	農業に適した土地は少なく、中央平原で農業、南部で牧羊。最大の産業は鉱業で、銅、硝石、鉄鉱石、モリブデンなどを産出。銅の産出量は世界の3割強を産出し、世界一。銀（世界第6位）。工業は食品、金属、パルプなど一次産品の加工が中心。南部で木材と魚粉
通貨	ペソ

歴史

15～16世紀、北部はインカ帝国（1430頃～1533）の一部であったが、マウレ川以南ではスペイン人からはアラウコと呼ばれたマプーチェ人が、北方のインカ帝国やスペイン人の侵攻に19世紀まで抵抗した（アラウコ戦争）。1520年にマゼランが到達し、また33年にスペイン人ピサロがインカ帝国を滅ぼして以来、スペインの本格的進出が始まり、41年にサンティアゴが建設されて、57年にはペルー副王領に編入された。1778年に副王領から分離して軍事総督領に昇格、1810年に自治政府が成立し、ペルー副王軍との戦いのすえ、18年に独立を宣言した。19世紀後半にマプーチェ人の抵抗は終息し、彼らの領域はチリとアルゼンティンに分割された。

その後、内乱やクーデタでの政情不安が続いたが、1925年に政教分離などを規定した新憲法が制定され、32年以降は民主的に政権交代がなされた。第二次世界大戦後は、70年の選挙に勝利したアイェンデ（アジェンデ）大統領の人民連合政権が、南米政権で最初に中国と外交関係を樹立し、国内でも社会主義を推進したが、経済の悪化により73年のクーデタで崩壊した。つづくピノチェト軍事政権（1974～90）は自由主義経済で経済成長を実現したが、人権侵犯を内外から強く批判されて辞任・亡命し、民政に復帰した。2006年に初の女性大統領が誕生したが、対外債務（08年で647億ドル超）が重圧となっている。

ラパ・ヌイ国立公園

本国から西へ約3800kmの南太平洋上の約180km²の島全体が国立公園。島名は現地語で「大きな島」。1722年オランダ人が初めてこの島に到達した日がイースター（キリスト教の復活祭）であったことにちなみ「イースター島」の呼称も有名。ここには800体を超える石像モアイが残るが、これらは10～16世紀、島に渡来したポリネシア系先住民が祖先の霊を祀るために製作したと考えられる。倒壊や破壊されたものの修復が進行中である。

世界遺産（5件）

ラパ・ヌイ国立公園→コラム／チロエの教会群（太平洋上ではチリで最大の広さの島チロエにスペイン人によって17～18世紀にかけて建造された14の木造教会群）／バルパライーソの海港都市の歴史的街並み（19世紀初頭、ゴールドラッシュに沸く北米のカリフォルニアに向かう船の寄港地としても発展した植民都市）／ハンバーストーンとサンタ・ラウラ硝石工場群（硝石工場で栄えた2つの町）／シーウェル鉱山都市（世界屈指の銅鉱脈をもつ鉱山都市）

ドミニカ共和国
Dominican Republic

面積	4万8400km²（九州よりやや広い）
人口	1000万人
首都	サント・ドミンゴ
自然	エスパニョーラ島の東3分の2を占める。東西に3つの山脈が走り、2000m級の中央山脈と北の海岸山脈のあいだにはシバオ平原が開けている。熱帯雨林気候
住民	ムラートが7割。他にヨーロッパ系、アフリカ系黒人。野球が盛んで、多くの大リーガーが輩出
言語	公用語はスペイン語
宗教	大多数がカトリック
産業	サトウキビ、コーヒー豆、バナナなどの農業が主。マグロ、サバの沿岸漁業。鉱物資源では、ニッケル、金、銀などを産する。観光業の隆盛でサービス業が成長
通貨	ドミニカ・ペソ（DOP）
国旗	中央の国章は、月桂樹とヤシに囲まれた旗の上に聖書と十字架が描かれており、国家の栄光を象徴する

歴史

先住民はアラワク系の人々であるが、1492年にコロンブスが来航してエスパニョーラ（「小さなスペイン」の意）島と命名し、「新大陸」における最初のスペイン植民地としてアメリカ大陸征服の拠点ともなった。金が枯渇したのちは砂糖などの生産が中心となったが、過酷な労働で先住民は激減し、アフリカから黒人奴隷が「輸入」された。1697年に島の西側がフランス領（現ハイティ）、東側がスペイン領となったが、1795年に島全体がフランス領となり、1804年のハイティ独立宣言により東部からもフランス軍が撤退して14年に再びスペイン領となった。21年に東部も「ハイティ・スペイン人民共和国」として独立を宣言をしたが、翌22年ハイティに併合され、44年になってようやく共和国として独立した。ハイティによる侵攻への不安から61年にスペイン支配下にはいり、65年に再度独立した。ヨーロッパ各国への債務返済に苦しんで1916〜24年にアメリカの占領下にはいった。

その後、1930年のクーデタで政権を奪取したトルヒーヨ大統領の31年間におよぶ独裁政治が続いたが、61年に暗殺され、65年から内戦に突入した。アメリカ軍の介入や国連・米州機構（OAS）の調停で収拾され、66〜78年・86〜96年にバラゲール大統領のもとで強権政治が続いた。96年に大統領に就任したドミニカ解放党（中道左派）のフェルナンデス大統領が2004年、政権に返り咲き、08年にも再選されて3期目にはいった。09年、IMFは17億ドルの支援をした。

サント・ドミンゴ植民都市

1496年に北米最古の植民都市建設に関わったのは留守中の統治を任されたコロンブスの弟バルトロメオで、彼の統治は悪名高い。砂金の採取とサトウキビ栽培で栄え、聖マリア・ラ・メノール大聖堂（コロンブスの墓はスペイン・セビーリャの大聖堂と、ここにある）をはじめ、聖ニコラス・デ・バリ聖堂（北米最古の教会堂）、コロンブスの息子の居城を修復したコロンブス博物館など、「新世界」初の豪壮な建造物が次々と建てられた。写真はバルク・コロン大聖堂。

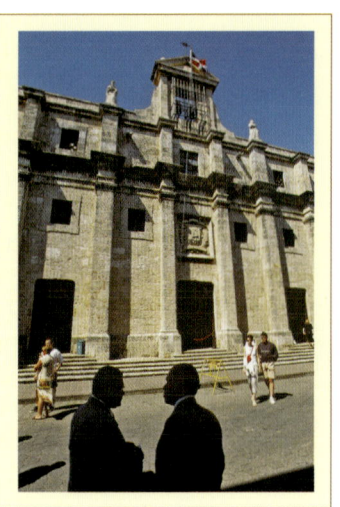

世界遺産（1件）

サント・ドミンゴ植民都市→コラム

ドミニカ国
Commonwealth of Dominica

面積	790km²（奄美大島程度）
人口	6万7000人
首都	ロゾー
自然	火山島。6～10月が雨季でこの時期にハリケーンが来襲することもある。熱帯原生林で覆われ「カリブ海の植物園」といわれる。熱帯雨林気候
住民	アフリカ系黒人が9割，ムラートが1割弱
言語	公用語は英語
宗教	カトリックが8割，プロテスタントが2割
産業	主要産業はココナッツ，バナナの栽培と観光業であるが，頻繁に襲うハリケーンの被害も大きい
通貨	東カリブ・ドル（EC＄）
国名	コロンブスが来航した11月3日の「日曜日」にちなむ
国旗	中央の丸囲みをした赤地に国鳥のミカドボウシインコというオウムをあしらい，ライムカラーの緑の星10個は10教区をあらわす

歴史

先住民はアラワク系・カリブ系の人々。1493年にコロンブスが来航し，その日が日曜日（〈安息日〉ドミンゴ）であったので「ドミニカ島」と命名された。スペインやフランスの入植の試みはカリブ系先住民の強い抵抗で進展しなかったが，17世紀からイギリス・フランス両国の領有権をめぐる抗争が続き，フレンチ・インディアン戦争（七年戦争，1756～63）のパリ条約（1763）で，フランスがイギリスに島を譲渡することで合意したが，その後も争いは収まらず，1805年にイギリス領と確定した。

西インド諸島連合（1958～62）に加盟したのち1967年に内政自治権を得，78年に英連邦内の共和国として独立を果たした。独立後の政情は不安定で，ドミニカ労働党（DLP）政権ののち，80年の総選挙でドミニカ自由党（DFP）が勝利してカリブ海地域初の女性首相が生まれた。DLP・DFP・統一労働者党（UWP）の政権争いや連立政権など離合集散が続いたが，2005年・09年の総選挙ではDLPが勝利した。91年には外国人の国内投資と引き替えに市民権を賦与する政策を導入したのに対し，アメリカはマネーロンダリング（不正資金の洗浄）を誘引するとの懸念を表明した。2004年，中国と国交を樹立して台湾（中華民国）と断交した。カリブ共同体（CARICOM）に加盟している。

モーン・トロワ・ピトンズ国立公園

1975年トロワ・ピトン火山（1387m）など5つの火山を含む地域が国立公園に指定された。面積はおよそ70km²で，約50の噴気や，熱湯が沸きだす温泉湖があり，深い峡谷や鬱蒼（うっそう）と繁る熱帯雨林など多彩な自然景観に恵まれる。カブトムシでは「世界最大」といわれるヘラクレスオオツノカブトムシなど，希少昆虫種も多いため，環境や生態系を重んじるエコツーリズムも盛んで，世界各地からの観光客を引きつけている。

世界遺産（1件）

モーン・トロワ・ピトンズ国立公園 →コラム

トリニダード＝トバゴ共和国
Republic of Trinidad and Tobago

面積	5100km²（千葉県よりやや広い）
人口	140万人
首都	ポート・オブ・スペイン
自然	トリニダード島とトバゴ島からなる。熱帯雨林気候
住民	インド系とアフリカ系黒人がそれぞれ4割，ムラートが2割
言語	公用語は英語。最も広く話されているのはクレオール語
宗教	カトリックが3割，ヒンドゥー教が2割，イギリス国教会が1割。他にイスラーム教
産業	西インド諸島で唯一，豊かな石油と天然ガスの資源があり，国の経済の中心になっている。トリニダード島のピッチ湖には世界最大規模のアスファルトの天然鉱脈がある。リンボーダンスやスティールパン（銅鉄製の打楽器）が有名で，トバゴ島は観光業が盛ん
通貨	トリニダード・トバゴ・ドル（TTD）

歴史

　先住民はアラワク系・カリブ系の人々。1498年にコロンブスが到達してスペイン領となったが，トリニダード島は1802年，トバゴ島は14年にイギリス領となり，89年に行政上，合体された。34年に奴隷貿易と奴隷制度が廃止されるまでアフリカ系黒人奴隷が労働力であったが，廃止後はインド人の年季契約労働者が導入された。20世紀初めに石油の生産が始まって主産業となり，1958年に西インド諸島連合が結成された際には首都がポート・オブ・スペインにおかれて連合の主導権を握った。しかし，カリブ海諸国で最大の産油国として他国に優越する経済力をもつことで連邦内に不満が高まり，62年に連合は解散した。同年，英連邦内で単独で独立して76年に共和政に移行した。英・米重視の外交姿勢ながら，カリブ共同体（CARICOM）の主唱国で原加盟国でもあるようにカリブ海地域との関係を重視する一方，キューバ・中国・北朝鮮・韓国とも外交関係を樹立している。

　トバゴ島は内政上の自治権をもちトバゴ議会が存在するが，アフリカ系住民とインド系住民の対立は根深い。1986年には民族宥和を主張する国民再建同盟（NAR）が勝利したが，90年には黒人イスラーム教徒勢力のクーデタ未遂を経験し，91年の選挙ではアフリカ系住民に支持基盤をおく民衆国民運動（PNM）が勝利した。95年には国民統一会議（UNC）とNARの連立となり，紆余曲折を経て2002年・07年の総選挙ではPNMが勝利した。

カリブの楽園

　トリニダード島は面積約4821km²で，トバゴ島（面積303km²）の16倍あり，人口も後者に比べて圧倒的に多い。この国は小アンティル諸島中では最も高い生活水準を維持してきたが，石油価格の変動によって国の経済が左右される。しかし温暖な気候と海岸の景観美によって観光業が重要な支柱となりつつあり，2拍子のリズムにのって政治批判や社会風刺を即興的に歌うカリプソ音楽や，リンボーダンス（写真）でも有名。

世界遺産（0件）

ニカラグア共和国
Republic of Nicaragua

面積	12万9500km²（北海道と九州を合わせた広さ）。カリブ海にコーン諸島を領有
人口	590万人
首都	マナグア
自然	東部のカリブ海側は鬱蒼（うっそう）とした密林に覆われた熱帯雨林気候で，西部の太平洋側はサバナ気候
住民	メスティーソが7割強。他にヨーロッパ系，アフリカ系黒人
言語	公用語はスペイン語
宗教	カトリックが多数。他にプロテスタント
産業	コーヒー豆，綿花，バナナ，サトウキビなどを栽培。畜産。漁業ではエビ。ただ，内戦で経済は破綻に近い
通貨	コルドバ
国旗	中央は自由の帽子と虹，中央アメリカ連邦5カ国（グアテマラ，ニカラグア，エルサルバドル，ホンジュラス，コスタリカ）をあらわす火山などを描いた国章

歴史

先住民はチプチャ系とナワ系の影響を受けた人々である。国名はナワ系のニカラノ人首長ニカラオが語源ともされる。1502年にコロンブスが到達し，その約20年後に拠点としてグラナダとレオンが建設されて，のちグアテマラ総督領に編入された。1821年にスペインから独立した直後にメキシコに併合され，23年に他の中米諸州と連邦共和国を結成したが，38年に離脱・独立した。のちレオンの自由派とグラナダの保守派の対立が続き，56年にはアメリカ人大統領が誕生したこともあった。1909年・12年にアメリカが軍事介入し，12〜32年までアメリカの占領下にあった。26年からサンディーノ（1893〜1934）らが反米ゲリラを率い，34年にサンディーノはアメリカの手で暗殺されたが，このゲリラ闘争は反米民族運動の先駆であった。

1937〜79年までソモサ一族の独裁が続いたが，61年に結成された左翼ゲリラ組織サンディニスタ民族解放戦線（FSLN）を中心とする反サモサ勢力の結集で79年に独裁政権が打倒され，FSLNを中心とする新政権が発足した。一方，保守派の反政府ゲリラ組織コントラの攻勢で内戦化し，85年にFSLN議長オルテガが大統領に就任（任1985〜90），コントラを支援するアメリカとの関係が悪化したが，88年に暫定停戦合意が成立し，内戦は終結した。しかし貧困など社会の不安要因は解消されず，2007年にはFSLN議長のオルテガが大統領に復帰し，ベネズエラなど反米諸国との連携を強めている。

レオン・ビエホ遺跡群

レオン・ビエホはレオンの東約30kmにあって，1524年に建設され，「新大陸」のスペイン植民地のなかでも最も古い地域に属す。1609年の大地震とモモトンボ山（1280m）の噴火など相次ぐ災害で壊滅したため，その後，街の中心はレオンに再建された。20世紀半ばから発掘が進められ，聖堂・修道院・総督邸・住居跡などが確認されており，最初期植民地時代の社会や経済の様子を探る貴重な遺跡とされている。

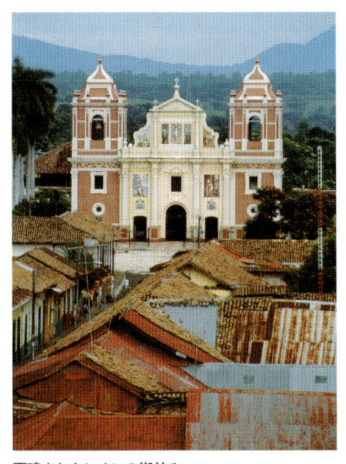

再建されたレオンの街並み

世界遺産（2件）

レオン・ビエホ遺跡群 →コラム／レオン大聖堂（中米最大級の聖堂建築でアメリカ大陸で最も古い教区の司教座聖堂）

ハイティ(ハイチ)共和国
Republic of Haiti

- 面積 2万7800km²(四国の1.5倍)
- 人口 1000万人
- 首都 ポルトープランス
- 自然 平地は2割。熱帯雨林気候
- 住民 アフリカ系黒人が9割、ムラートが1割
- 言語 公用語はフランス語とクレオール語
- 宗教 カトリックが8割、プロテスタントが2割。半数がブードゥー教(アフリカの伝統信仰とキリスト教の聖人信仰が合体したもの)も信仰
- 産業 コーヒー豆などの農業が中心。独裁政治とそれに対する経済制裁の影響で国土が荒廃し、経済は破綻状態に陥った。人口の半数が栄養失調で、生活水準は低い
- 通貨 グルド
- 国名 インディオの言葉で「山がちな国」の意
- 国旗 中央の国章にはヤシの木と自由の帽子、大砲、弾丸、旗などが描かれている

歴史

先住民はアラワク系の人々で、1492年にコロンブスが到達してスペイン領となり、島の西部は長いあいだ放置されていたが、1697年に西側をスペインがフランスに譲渡してサン・ドマング植民地となり、東側(現ドミニカ共和国)がスペイン領となった。フランス植民地はサトウキビ・コーヒー豆の生産で発展し、18世紀にはカリブ海地域で最大の砂糖生産地となった。フランス革命(1789～99)の影響で黒人解放運動がおこり、1804年に独立。北米大陸のアメリカ合衆国に次ぐ2番目、中南米では最初の、そして黒人国家としても初の独立国家であった。1822～44年までは現在のドミニカ共和国を含む全島を支配したが、その後、黒人とムラート(白人と黒人の混血)の対立による混乱が続き、1915～34年はアメリカの占領下にあった。

1957～86年まで父子2代にわたるデュバリエの独裁政権が続いたが、88年の大統領選挙で31年ぶりの文民政権が誕生した。しかしクーデタで崩壊して軍事政権となり、民政移管後の90年に左派の大統領が当選するとクーデタが生じ、94年、アメリカ軍を中心とする多国籍軍が進駐した。2010年10月、マグニチュード7.0の大地震が発生して壊滅的な打撃を受け、同年10月の大統領選挙は当選者が決まらず、翌年3月歌手のミシェル・マーテリーが当選した。外交路線は国連重視で、アメリカ・米州機構(OAS)・カナダ・フランスとの関係を重視するが、台湾(中華民国)とも国交を樹立。カリブ共同体(CARICOM)加盟国。

国立歴史公園―シタデル、サン・スーシ、ラミエ

フランスから独立したのちにフランスの再侵攻を警戒して標高970mの山頂に築かれた要塞がシタデルである(完成は1817年、写真)。また、初代国王を暗殺したクリストフ王がラミエの丘にヴェルサイユ宮殿を模して造らせたのがサン・スーシ宮殿(フランス語で「憂いなし」の意)。その後クリストフは自殺したが、城は1842年の地震で倒壊し、今ではわずかに礼拝堂のみが往時の面影をしのばせる。アフリカ人の子孫の国の「栄華の跡」といえる。

世界遺産(1件)

国立歴史公園―シタデル、サン・スーシ、ラミエ→コラム

パナマ共和国
Republic of Panama

面積	7万5500km²(北海道よりやや狭い)
人口	340万人
首都	パナマ・シティ
自然	南北アメリカ大陸の接点パナマ地峡に位置。国土の大半は森林。平地は熱帯雨林気候,高原はサバナ気候
住民	メスティーソが7割。他にアフリカ系黒人,ヨーロッパ系,インディオが1割ずつ
言語	公用語はスペイン語
宗教	カトリックが85%,プロテスタントが15%
産業	プランテーションによるバナナ,サトウキビ,米。森林資源に恵まれ,マホガニーなどを輸出。アンチョビやマグロを獲るほか,エビの養殖がおこなわれる。GDPの過半は,パナマ運河の通航料による。金融業も盛ん。外国船の船籍登録による収入も大きい
通貨	バルボア。紙幣の流通はアメリカ・ドルのみ
国名	インディオの言葉で「魚の多いところ,漁師」の意

歴史

先住民はチブチャ系の人々が中心である。1501年にスペイン人が到達し,翌02年にはコロンブスも来航した。アメリカ大陸最初の街ダリエンの総督となったスペイン人バルボアが13年にパナマ地峡を横断して太平洋岸に出ると,19年,太平洋岸にパナマ・シティが建設され,67年にペルー副王領の管轄下にはいり,ペルーとスペイン本国との貿易中継地として繁栄した。1821年にスペインから独立して大コロンビア共和国の1州となった。フランス人レセップスが計画して81年に始まったパナマ運河建設は失敗し,1903年コロンビア政府がアメリカと運河建設権に関する条約を結んだが,議会がその批准を拒否したため,同年,パナマ共和国として分離・独立し,独立を承認したアメリカと運河地帯の永久租借権・運河独占運営権を認める条約を結び,14年に運河は完成した。

1968年,国家警察隊のクーデタでトリホス将軍が実権を掌握し(〜78),次いで後継のノリエガ将軍が独裁政治を展開した。反政府運動が高まると彼を利用してきたアメリカが89年に軍事侵攻し,90年1月に同政権を崩壊させて,投降したノリエガは麻薬密輸容疑でアメリカでの裁判で禁固40年の判決を受けた。77年の条約改定で99年12月31日に運河自体と運河地帯が返還された。運河通航料収入は大きく,国民の生活水準は中米随一といわれている。2007年の国民投票で運河拡大計画が承認されて着工し,14年の完成をめざす。1999年には同国初の女性大統領が生まれた。

パナマ・ビエホ古代遺跡とパナマの歴史地区

パナマ・シティは1519年に太平洋側で初めて入植・建設された街で,1671年に海賊の襲来で破壊され,約6km西に離れたところに現在のパナマ旧市街が築かれた。運河開通以前はあらゆる物資がここからカリブ海側に送られ,ヨーロッパに輸出されておおいに繁栄した当時の面影を聖堂などさまざまな建築物にみることができる。パナマ・ビエホからは先住民文化を伝える遺跡も発見されたため,旧市街と併せて拡大指定された。写真はパナマ・ビエホの象徴的建物である大聖堂。

世界遺産(5件,うち1件は共同登録)

パナマのカリブ海沿岸の要塞群─ポルトベロとサン・ロレンソ(「新大陸」物産の積出港を守った要塞群)／ダリエン国立公園(コロンビアとの国境地帯に広がる多様な自然環境)／パナマ・ビエホ古代遺跡とパナマの歴史地区→コラム／コイバ国立公園とその海洋保護特別地帯(もと監獄のあった島で,パナマとは異なる固有の亜種の宝庫)／タラマンカ・ラ・アミスター保護区群とラ・アミスター国立公園〈コスタ・リカとの共同登録,説明204ページ〉

バハマ国
Commonwealth of The Bahamas

面積	1万3900km²(福島県程度)
人口	35万人
首都	ナッソー
自然	約700の島と2000以上のサンゴ礁または岩礁からなっている。石灰土壌で農耕には適さず，人が住んでいる島は30ほど。熱帯雨林気候
住民	アフリカ系黒人が85%。他にムラート，ヨーロッパ系，アジア系
言語	公用語は英語
宗教	キリスト教諸派。バプティストが3割，イギリス国教会とカトリックが2割ずつ。他にメソディスト
産業	石油精製，ラム酒製造。アメリカに近い温暖な気候で，世界有数の海浜リゾート地として発展。タックス・ヘイヴンで，欧米の銀行や企業が事務所をおく金融センター。船舶登録が簡素化され便宜置籍船が多い
通貨	バハマ・ドル(B. $)

歴史

　先住民はアラワク系の人々。1492年，コロンブスが最初に「新世界」の一角に上陸したのはバハマ諸島のサン・サルヴァドル島(「聖なる救済者」の意。英名はワトリング島)といわれるが，サマナ岩礁であったとする説もある。1629年にイギリス王の特許を得たイギリス人によって17世紀半ばから入植が始まったが，18世紀初めまでは海賊の巣窟であり，1718年にイギリスが総督を派遣した。アメリカ独立革命(1775～83)の折，一時ナッソーがアメリカ独立軍の占領下にあったり，1782年にスペイン占領下におかれたりしたが，83年にイギリス領として確定した。アメリカ独立後，独立派に敗れた王党派が黒人奴隷とともに移住して島で綿花のプランテーションを開いたが，1834年の奴隷制と奴隷貿易の廃止で多くの農園主は島を去ったため，19世紀後半は経済は停滞した。

　1919年，アメリカで禁酒法が制定されるとラム酒の密造・密輸基地として繁栄し，第二次世界大戦後は観光業が主となった。64年に内政自治権を獲得し，67年には黒人系の進歩自由党(PLP)が政権を得て白人支配に終止符をうち，73年に英連邦内の立憲君主国として独立した。92年に自由国民運動(FNM)が勝利して25年ぶりの政権交代を実現したのち，2002年にはPLPが，07年にはFNMが勝利するなどして民主的に政権交代がおこなわれている。カリブ共同体(CARICOM)の加盟国である。

タックス・ヘイヴンの国　バハマ

　タックス・ヘイヴンとは，租税がゼロもしくは極めて低いなど，税制上の特典のある国(地域)のことをいい，「租税回避地」などと訳される。多国籍企業や銀行はこうした国(地域)に子会社をおいて利益をそこに集中させる方法で，本国(もしくは根拠地となる国)の重い租税を逃れる。船会社が船籍だけをおくことも多い。バハマ，ケイマン諸島，リベリア，パナマ，香港などがそれにあたる。バハマはアメリカに近く，長年にわたりフィナンシャルセンター(写真)として知られている。集まる資金の出所を追及されないことから，犯罪や不正に得た資金の洗浄(マネーロンダリング)地として批判される。havenは港，避難所の意。

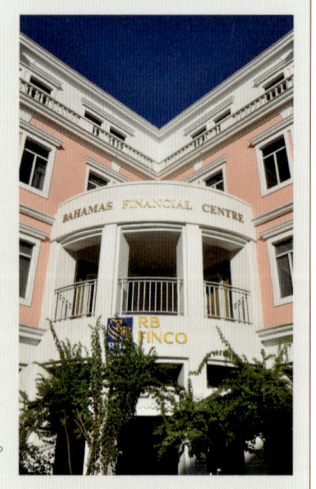

世界遺産(0件)

パラグアイ共和国
Republic of Paraguay

面積	40万6800km²（日本の1.1倍）
人口	660万人
首都	アスンシオン
自然	内陸国で西側はグランチャコと呼ばれる大草原が広がる。サバナ気候。温暖湿潤気候
住民	メスティーソが大多数。他にヨーロッパ系、インディオ
言語	公用語はスペイン語とグァラニー語
宗教	カトリックが9割。他はプロテスタント諸派
産業	農業は、大豆、サトウキビ、キャッサバ、綿花など。牧畜は牛の飼育が盛んで、牛肉は主要な輸出品。林業もおこなわれ、地下資源では石灰石を産する。1991年にブラジルと共同で建設したイタイプ水力発電所が稼働し、ほぼすべての電力を水力でまかなう
通貨	グァラニー
国旗	表と裏で中央の紋章が異なる

歴史

先住民はグァラニー人などである。ラ・プラタ川河口（アルゼンティン側）からやってきたスペイン人が1537年にアスンシオンを建設し、本国から総督も派遣されてきた。17世紀にはイエズス会宣教師が数多くのレドゥクシオン（先住民の教化施設）を設けたが、1767年に追放され、76年にパラグアイの地はリオ・デ・ラ・プラタ副王領に編入された。1811年に独立を宣言し、14～40年のあいだホセ・ガスパル・フランシアのもとで極端な鎖国政策がとられた。彼の没後は外交関係の復活・外資の導入による鉄道敷設など近代化政策がとられたが（1844年に共和政宣言）、ブラジル・アルゼンティン・ウルグアイ3国との戦争（1865～70）に敗北して領土の半分を失い、100万人以上の戦死者（人口の約半数）を出して国力は疲弊した。ボリビアとのチャコ戦争（1932～35）でチャコ地方に広大な領土を確保したものの国力は衰微した。

1954年に軍事クーデタで成立したトロエスネル政権は35年間にわたって独裁を維持し、自由主義経済政策で国民経済諸部門の成長を実現したが、民主化要求の高揚で89年にクーデタで倒された。93年に民政に移管し、2008年の選挙の結果、野党連合の推す元カトリック司教ルゴが大統領に就任して61年間におよぶ右派のコロラド党支配に終止符をうった。大地主・大牧場主と一般国民の経済格差が大きく、1人あたりの国民所得は南米諸国中ではガイアナ、ボリビアに次ぐ下から3番目（2008年度）である。

ラ・サンティシマ・トリニダード・パラナとヘスース・デ・タバランゲのイエズス会伝道施設群

17世紀から南米大陸にわたったイエズス会宣教師たちは、理想郷実現をめざして先住民の教化施設レドゥクシオン（スペイン語で「帰順」）を次々と建設した。しかし、奴隷狩りを逃れた先住民グァラニー人約20万がパラナ川流域に暮らし始めるとスペイン本国は警戒心を強め、1767年にイエズス会士を追放、レドゥクシオンは衰退した。最盛期に4000人が暮らしたトリニダード遺跡も、今や廃墟となった聖堂や住居がかつての広場を囲む。

世界遺産（1件）

ラ・サンティシマ・トリニダード・パラナとヘスース・デ・タバランゲのイエズス会伝道施設群 →コラム

バルバドス
Barbados

面積	431km²（種子島程度）
人口	26万人
首都	ブリッジタウン
自然	島全体がサンゴ礁でできていて平坦。熱帯雨林気候
住民	アフリカ系黒人が多く，他にムラート，ヨーロッパ系，アジア系
言語	公用語は英語
宗教	プロテスタントが多く，他にカトリック
産業	イギリス植民地時代から，バルバドスは安定的な政治と国民の高い教育水準により経済的に豊かな国であった。カリブ海地域で最も裕福な国の1つ。サトウキビ栽培が中心であったが，1970年代後半からは観光業が柱となった
通貨	バルバドス・ドル（BD. $）
国名	ポルトガル語で「髭の生えた」という意味
国旗	中央には，トライデント（三叉の矛〈ほこ〉）

歴史

先住民はアラワク系・カリブ系の人々。1536年にブラジルに向かう途中のポルトガル人が上陸したが島民とは接触せず，1627年にイギリス人が入植してジェームズタウン（現ホールタウン）を建設し，39年には議会が設置されて63年にイギリスの直轄植民地となった。

オフショア市場部門の拡大

オフショア市場とは，非居住者間取引のための税および為替管理が居住者のそれとは異なる金融市場のことで，バルバドスでは近年この部門が拡大し，2004年には4600超の国際企業が活動している。必ずしもタックス・ヘイヴンとは同義ではないものの，巨大なヘッジ・ファンド（少数の投資家とのパートナーシップで私募形式で運営される投資機関）などが短期的に巨額資金を動かす場合，タックス・ヘイヴンになりかねない。

初期はタバコ・綿花の栽培をおこなったが，のちにサトウキビのプランテーションが急速に発展した。当初の労働力はヨーロッパ系移民の年季労働者であったが，次第にアフリカ系黒人奴隷に切り替えられ，1834年の奴隷制と奴隷貿易廃止後も，黒人の多くはプランテーションにとどまり，精糖業が島の基幹産業となった。

世界恐慌（1929〜）後，黒人労働者の不満が高まり，1938年にバルバドス労働党（BLP）が結成され，51年，初の成人普通選挙で勝利し，54年にBLPから首相がでた。58年に西インド諸島連合に加盟して61年に内政自治権を得たが，62年に連合は解体し，66年に英連邦内の立憲君主国として独立した。親米を最優先し，またイギリスとの関係も深く，リトル・イングランドともいわれる。一方，キューバ・中国・北朝鮮とも国交を樹立している。61年には民主労働党（DLP）が政権を握ったが，その後BLPとDLPが競いあい，99年と2003年の総選挙ではBLPが，08年の総選挙ではDLPが勝利した。カリブ共同体（CARICOM）の原加盟国である。

ブリッジタウンは名のとおり，橋が多い。街並みはイギリス植民地時代の姿を強く残している

世界遺産（1件）

ブリッジタウン歴史地区とその駐屯地（イギリスからカリブ海諸国や南米への商品輸出や奴隷移送の中継基地となった港湾都市）→写真

ベネズエラ・ボリバル共和国
Bolivarian Republic of Venezuela

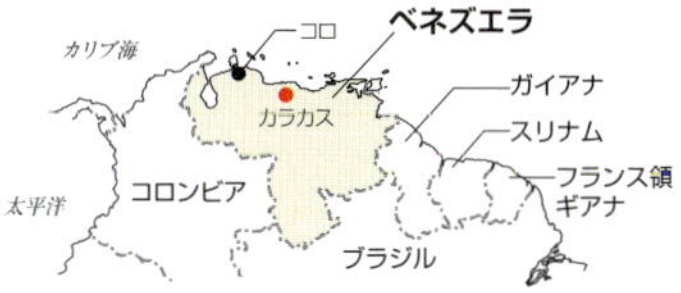

面積 91万2100km²（日本の2.4倍）
人口 2880万人
首都 カラカス
自然 国土の8割がオリノコ川の流域で，南東部はギアナ高地。サバナ気候，熱帯雨林気候
住民 メスティーソとムラートが4割弱ずつ，ヨーロッパ系が2割
言語 公用語はスペイン語
宗教 カトリックが大多数。他にプロテスタント
産業 エビ，マグロなど漁業が盛ん。石油（産出量世界第10位）と天然ガスが豊富でOPECに加盟。1976年に石油産業は国有化された。ほかに鉄，ボーキサイト，金
通貨 ボリバル・フエルテ
国名 ベネズエラは「小ヴェニス」の意。ボリバルはこの国出身の中南米の独立運動指導者の名にちなむ
国旗 左上は国章

歴史

先住民はアラワク系・カリブ系の人々が中心。1498年にコロンブスが到達し，1567年にサンティアゴ・デ・レオン・デ・カラカスが建設されて，サント・ドミンゴのアウディエンシア（高等法院）の管轄下にはいった。17世紀に栽培が本格化したカカオの密貿易が盛んとなって経済的重要性が高まり，1717年，新設のヌエバ・グラナダ副王領に編入され，77年にはベネズエラ単独の総督領に昇格した。1811年・13年の独立宣言や共和国樹立は失敗したが，シモン・ボリバル（1783～1830）の指導のもと19年にエクアドル，コロンビアとともに大コロンビア共和国を創設して21年に正式に独立，30年に分離・独立した。しかし，政情は不安定で，軍事独裁が続いた。

19世紀末まではコーヒー豆の輸出で繁栄したが，20世紀初頭に石油が発見されると開発のために外資が導入され，コーヒー豆に代わって石油が最大の輸出品となり，インフラ整備と都市化が進んだ。

1958年以降2大政党による政党政治が定着したが，政治の腐敗や貧富の差が放置されたことへの不満から，98年の選挙で貧困層の支持を得た左派のチャベス元中佐が大統領に当選し，2012年に4選された。彼は「21世紀の社会主義」を掲げて産業部門の国有化，無料医療施設の建設，識字教育など貧困対策プログラムを実施する一方，反米外交を推進したが，13年3月に病没し，4月の大統領選挙で腹心の副大統領が当選した。OPECの原加盟国で南米一の産油国である。

コロとその港

ファルコン州の州都コロは，1527年にスペインの植民都市として建設された。カリブ海のオランダ領の島々との密貿易で栄えたことから，旧市街はスペインのムデハル様式（スペイン・イスラーム建築）やオランダ・バロック様式の建築が先住民の文化と混在する。コロの外港ラ・ベラにも旧税関事務所や大聖堂などオランダ風建築物が残る。

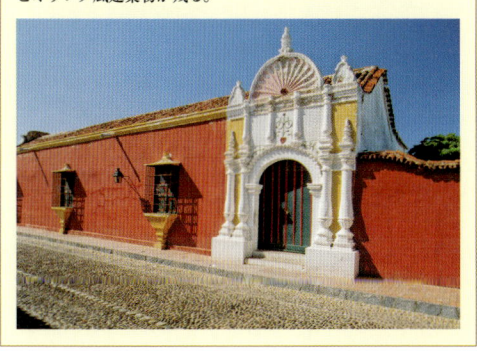

世界遺産（3件）

コロとその港 →コラム／**カナイマ国立公園**（霧深い密林の樹海にそびえ立つ標高差1000mの断崖）／**カラカスの大学都市**（1945年から15年の歳月を要して築かれた現代芸術の巨大キャンパス）

ブラジル連邦共和国
Federative Republic of Brazil

面積	851万2000km²(日本の22.5倍, 世界第5位, 南米最大)
人口	1億9100万人
首都	ブラジリア
自然	北部には世界最大の流域面積をもつアマゾン川が東流し, 原生林が生い茂る低湿地を形成。中部から南部にかけてカンポと呼ばれる草原で覆われたブラジル高原が広がっている。アマゾン流域は熱帯雨林気候で降水量は2000mm以上, ブラジル高原はサバナ気候。高地は温暖湿潤気候
住民	ヨーロッパ系(ポルトガル人, イタリア人, スペイン人)が半分, ムラートが2割, メスティーソが1割, アフリカ系黒人が1割。他に先住民
言語	公用語はポルトガル語。世界最大のポルトガル語使用人口を擁する国
宗教	カトリックが8割, プロテスタント15%。他に伝統信仰
産業	世界有数の農業国。米(生産量世界第9位), 小麦, 大麦, トウモロコシ(世界第3位), サトウキビは世界の4割強, オレンジ類(世界第1位), バナナ, コーヒー豆(世界第1位), カカオ(世界第6位), 綿花(世界第6位)。牧畜では肉牛を飼育。地下資源では鉄鉱石, ボーキサイト, マンガン, 石炭, 金などが豊富に産出される。水資源が豊富で, 大規模な水力発電所がいくつもあり, 電力の8割を水力でまかなうことができる。またサトウキビから自動車用アルコール燃料がつくられる。南米随一の工業国であり, 一次産品の加工だけでなく, 鉄鋼, 自動車, 機械, 兵器も生産されている
通貨	レアル
国名	カブラルが上陸したときに, 赤色染料の材料ブラジルウッド(和名ブラジル・スオウ)の林があったことから, ポルトガル語の「赤熱した樹木」を意味する
国旗	中央は, 旧首都リオ・デ・ジャネイロから仰いだ星空

歴史

先住民はアラワク系の人々。1500年にポルトガル人カブラル(1467頃～1529頃)が到達してポルトガル領になり, 49年にサルヴァドルに総督府を設置した。80年にスペイン領となったが, 1640年に再びポルトガル領に復帰した。16世紀後半から北東部でサトウキビの栽培が盛んとなったが, 1630～54年までこの地を占領したオランダ人が撤退したのち, カリブ海の島々に精糖技術を持ち込んだためブラジルの精糖業は衰退に向かった。17世紀末, 内陸のミナス・ジェライス(「鉱山の州」の意)州で金鉱が発見されて再び活況を呈し, 金産地の外港リオ・デ・ジャネイロ(「1月の川」の意)が栄えた。ナポレオン軍の侵略で本国のポルトガル王室が1808～21年までブラジルに逃れたが, 帰国後の22年に摂政ドン・ペドロ(ポルトガル王ジョアン6世の王子)が初代ブラジル皇帝ペドロ1世(位1822～31)を称して独立した。

この頃からコーヒー豆栽培が盛んとなったが, 1888年の奴隷制廃止が地主層の離反を招いて翌89年の無血クーデタで皇帝ペドロ2世(位1831～89)が退位して帝制から連邦共和制に移行した。20世紀にはいってコーヒー豆栽培が経済の牽引役になると

コーヒー豆は開発途上国で生産され, その多くが先進国で消費されている。ブラジルでは大農園を中心に生産している

ブラジリア

旧首都リオ・デ・ジャネイロの北西940km, 標高1000mのブラジル中央高原にわずか4年間で建設され1960年に遷都された。首都機能は71年を境に急速に当地に移った。ジェット機を模した都市計画, 幾何学的な線で構成された建造物群, 立体交差を採用して信号のほとんどない道路など, 機能美を追求した「現代の人工都市」。設計は近代建築の巨人とされるル・コルビュジエに学んだブラジル人建築家オスカー・ニーマイヤーである。

南東部に大量の移民が流入, 主産地のサン・パウロ州の政治的発言力が高まった。しかし世界恐慌 (1929〜) の影響でコーヒー経済が停滞しはじめた1930年からはクーデタで大統領となったヴァルガスの独裁政権が45年まで継続した。同大統領は軍部の圧力で45年に辞任し, その後の政権下で経済開発も進み, 60年にリオ・デ・ジャネイロからブラジリアに遷都した。しかし財政悪化からインフレを招き, 64年にクーデタで軍部独裁が始まった。85年に民政に復帰し, 89年には29年ぶりに大統領の直接選挙がおこなわれた。94年の大統領選挙に勝利したカルドーゾ政権 (98年再選) 下で経済の安定が実現した。95年にアルゼンティン・パラグアイ・ウルグアイと南米南部共同市場 (MERCOSUR) を発足させた (2006年にベネズエラも加盟)。

2002年に左派 (労働党) のルラ・ダシルバ政権が成立, 貧困対策・雇用政策の重視・インフレ抑制・財政健全化を重点方針とした。現在は新興経済国としてG20の一員であり, BRICSの一角を占める。06年に再選を果たし, 08年には2016年の夏季国際オリンピック大会を南米で初めてリオ・デ・ジャネイロに招致することに成功した。10年の大統領決選投票でもルラ大統領の後継の与党候補 (ジルマ・ルセフ) が勝利してブラジル初の女性大統領が誕生した。外交は中南米諸国・欧米諸国との協調と国連重視が基本政策である。1908年から日本人の移住が始まり, 現在, 日系人は約150万人といわれるが, 1988年頃から逆に日系人子孫の日本への「出稼ぎ」が増加した (2008年末で31万余人)。2006年に原油自給を達成。世界金融危機の影響からも08年末を底として立ち直りつつある。

2009年6月, ロシアで第1回BRICs首脳会談が開催された。左からロシアのメドヴェージェフ大統領, ブラジルのルラ大統領, 中国の胡錦濤国家主席, インドのシン首相。現在は南アフリカが加わり, BRICSとなった

アメリカ　ブラジル連邦共和国

世界遺産 (19件, うち共同登録1件)

古都オウロ・プレト (最初に発見された金が酸化で黒色であったことから「黒い金〈オウロ・プレト〉」と名づけられた金の集積地) / **オリンダ歴史地区** (大西洋を見下ろす丘上に建てられた植民者の街) / **グアラニーのイエズス会伝道施設群** (アルゼンティンとの共同登録。グアラニー族に布教するために宣教師が築いた理想郷でアルゼンティン側が4件, サン＝ミゲル＝ダス＝ミソオエス遺跡群がブラジル側の登録物件) / **サルヴァドール・デ・バイア歴史地区** (1549年からおよそ200年間の植民地ブラジルの首都) / **ボン・ジェズス・ド・コンゴーニャスの聖所** (金鉱で栄えた街コンゴーニャスを見渡す丘に残る宗教彫刻群) / **イグアス国立公園** (世界最大級の熱帯雨林で轟く滝〈世界3大瀑布の1つ〉, アルゼンティンにもまたがる) / **ブラジリア**→コラム / **カピバラ山地国立公園** (1万4000年前の南米大陸最古の集落跡) など

223

ベリーズ
Belize

面積	2万3000km²（四国より少し広い）
人口	32万人
首都	ベルモパン
自然	国土の大半は熱帯雨林で熱帯雨林気候。美しい海とサンゴ礁に恵まれ，「カリブ海の宝石」と呼ばれている
住民	メスティーソが半分，クレオールが4分の1。他にマヤ系インディオなど
言語	公用語は英語。他にスペイン語，マヤ語
宗教	カトリックが5割，プロテスタントが3割
産業	林業の比率が高く，マホガニー（高級家具材）などを産する。1994年に駐留英軍が撤退して収入が落ち込んだが，米・英への輸出の増加と，マヤ遺跡などへの観光客の誘致を図る。アメリカへの出稼ぎも多い
通貨	ベリーズ・ドル
国旗	中央の国章には，斧と櫂を肩に担いだ男性と，特産のマホガニーの木・帆船などが描かれている

歴史

　4～10世紀にかけてマヤ都市文明が栄えたが，1502年にコロンブスが到達してスペインの植民地となった。しかし先住民の抵抗は強く，完全な支配下におくこともスペイン人の定住も難しかった。17世紀にイギリス人が侵入してマホガニーやロックウッドなどの木材を盛んに伐採し，18世紀には，スペイン・イギリスの領有権争いが続いたが，1798年の戦いでイギリスが勝利して決着し，以後イギリスの中央アメリカ地峡部における拠点となった。1821年にスペインから独立したグアテマラとの領有権争いは59年に国境を画定した。62年にイギリス領ホンジュラスとしてジャマイカ総督府に編入され，84年に管轄から切り離されてイギリスの直轄植民地となった。

　1973年に国名をベリーズと改めたが，75年・77年に領有権を再び主張したグアテマラが国境に兵力を集中させたことからイギリスが軍を派遣するなど軍事的緊張が高まった。81年の国連総会がベリーズの独立を求める決議を可決したため，81年に英連邦内の立憲君主国として独立し，グアテマラも91年に領有権を放棄して国交を樹立した（国境問題はなお未解決）。独立以来，安定した民主主義が継続しており，中道右派の統一民主党（UDP）と中道左派の人民統一党（PUP）が政権交代を続け，2008年には野党であったPUPが勝利して独立以来初の黒人首相が生まれた。外交は米・英との緊密関係を軸に，台湾（中華民国）とも国交を維持している。カリブ共同体（CARICOM）の原加盟国である。

ベリーズのバリア・リーフ保護区

　カリブ海のベリーズ沖合に約250kmにわたって巨大なバリア・リーフ（堡礁）が広がる。オーストラリアの世界自然遺産グレイト・バリア・リーフに次ぐ世界第2位の規模で，サンゴは60種以上，魚類は500種以上が確認されており，ウミガメやマンタなど絶滅危惧種も多い。保護区の面積は963km²（東京23区の1.5倍）で7海域にわたる。シュノーケリングやダイビングの好適地だけに観光開発での海洋汚染も心配される。

世界遺産（1件）

ベリーズのバリア・リーフ保護区→コラム

ペルー共和国
Republic of Peru

面積	129万km²（日本の3.4倍）
人口	3000万人
首都	リマ
自然	沿岸部は砂漠で砂漠気候。アンデス山脈が中央部を南北に走り温暖冬季少雨気候。東部は熱帯雨林気候
住民	インディオが半分，メスティーソが4割，ヨーロッパ系が1割
言語	公用語はスペイン語，ケチュア語，アイマラ語
宗教	国民の大多数はカトリック。他にプロテスタント
産業	サトウキビ，ジャガイモ，トウモロコシ，コーヒー豆（生産量世界第7位）などを栽培。牧畜では羊，アルパカ，リャマが飼育される。漁獲高は世界屈指。金（世界第6位），銀（世界第2位），スズ（世界第3位）も産出
通貨	ヌエボ・ソル
国旗	中央の紋章は左にリャマ，右にキーナの木。下の財宝は鉱物の豊かさを表現

歴史

アンデス高地では前1000年頃に北部にチャビン文化が成立して以降，さまざまな王国が現われたが，15世紀前半にはエクアドルからチリにおよぶ広大なインカ帝国が成立した。1533年，スペイン人ピサロがインカ帝国を滅ぼし，42年にはスペイン支配下のペルー副王領となり，同国の南米における植民地支配の拠点となった。1821年にサン・マルティン（1778～1850）らが独立を宣言をし，24年に副王軍を破って独立を達成した。太平洋戦争（1879～83）でチリに敗れて南部2州を割譲したが（のち1州は返還），19世紀末には外資導入による近代化も始まり，その後も輸出経済が好調で軍部を後ろ盾とする寡頭支配体制が定着した。

1968年にクーデタで成立したベラスコ政権（～75）は農地改革・資源国有化・外国企業の接収など民族主義的急進改革を進めたが失敗し，80年には民政に移行して経済自由化路線を採用したものの，インフレや左翼ゲリラの活動に悩まされた。90年には日系人のフジモリが貧困層の支持を背景に大統領に当選してこれらに対処し，2000年5月には3選されたが，その強権的手法への反発もあって00年11月，解任・訴追された。フジモリは日本へ出国したが，05年にチリで拘束されて本国に送還され，10年1月，最高裁特別法廷で禁固25年の実刑が確定した。06年の選挙でアメリカ人民連合（APRA）のガルシア元大統領が当選，11年の選挙ではフジモリの長女が立候補したが敗北した。

マチュ・ピチュの歴史保護区

首都リマの南東約540km，標高2400mのアンデス山中にインカ帝国の「空中都市」マチュ・ピチュ遺跡がある。1911年アメリカの歴史学者が欧米人としてはじめてここに到達して遺跡の存在が世界中に知られた。マチュ・ピチュとは現地語で「年老いた峰」の意。インカ以前の遺跡の上に建てられており，最も古い遺跡は前1000年に遡るという。15世紀中葉，インカ帝国の首都クスコの北西約110kmのこの地に建設されたが，約100年で放棄されたという。詳細はなお不明。

世界遺産（11件）

クスコ市街（インカ帝国の首都跡に築かれた植民都市）／**マチュ・ピチュの歴史保護区** →コラム／**チャビン（古代遺跡）**（前1000年～前300年にかけてのチャビン文化の代表的遺跡）／**ワスカラン国立公園**（ペルー最高峰のワスカラン山（6768m）を含む27の6000m級の山並には南緯10度前後の熱帯にありながら約600の氷河が広がる）／**チャン・チャン遺跡地帯**（インカ帝国に敗れたチムー王国（12～15世紀）の遺跡）／**マヌー国立公園**（アマゾン源流の絶滅危惧種の楽園）／**リマ歴史地区**（スペイン人がインカ帝国を滅ぼした時に太平洋に臨むこの地に植民都市を建設）／**ナスカとフマナ平原の地上絵**（砂漠に描かれた謎の巨大芸術作品群）など

ボリビア多民族国
Plurinational State of Bolivia

面積	110万km²（日本の3倍）
人口	1040万人
首都	ラ・パス（標高3800m。富士山頂より高く世界一標高の高い首都。憲法上の首都はスクレ）
自然	西部はアンデス山脈，中央はアマゾン川上流の高原，東部は大森林に覆われた平原。南部は大草原地帯。温暖冬季少雨気候，熱帯雨林気候，サバナ気候
住民	インディオが半分強，メスティーソが3割，ヨーロッパ系が1割強
言語	公用語はスペイン語およびケチュア語，アイマラ語を中心に先住民言語36言語
宗教	国民の大多数はカトリック。他にプロテスタント
産業	サトウキビやジャガイモを栽培し，羊，牛，アルパカを飼育。銀（産出量世界第7位），スズ（世界第4位），石油，天然ガスを産出。コカの栽培禁止が課題
通貨	ボリビアーノス

歴史

紀元前からティティカカ湖周辺でアイマラ人が農耕生活を送っていたが，15世紀後半頃までにインカ帝国（1430頃〜）の支配下にはいった。1533年，スペイン人に征服されてインカ帝国は滅亡し，42年にペルー副王領に編入された。45年に銀鉱が発見されたポトシは，17世紀半ばまでに人口16万人を擁する南アメリカ大陸最大の都市に発展した。1821年にペルーが独立し，当地も25年にシモン・ボリバル（1783〜1830）の副官によって独立を達成した。チリとの太平洋戦争（1879〜83）に敗北し，太平洋岸を奪われて内陸国となり，1903年にはアクレ地方をブラジルに，チャコ戦争（1932〜35）の敗北で南部の一部をパラグアイに割譲した。こうした敗北は寡頭支配層を支持基盤とする既成政党への不信感を強めて，1941年に国家社会主義を標榜する国民革命運動（MNR）が結成された。52年の軍事クーデタに際してMNRが武装蜂起して政権を獲得し，一連の社会改革を打ち出したが，経済の悪化で64年に無血クーデタで打倒された。

1980年代にはいって経済危機に直面し，82年に民政に移行した。2005年に格差是正などを主張するモラレスが初の先住民出身の大統領となり，09年に憲法改正（先住民の権利拡大，農地改革，土地所有制限，天然資源の国家所有など）が国民投票で承認された。国名のボリビアはボリバルに由来するが，09年の憲法改正で「ボリビア多民族国」と改称された。同年，モラレスは再選された。

ポトシ市街

ポトシの標高は4180m。1545年にポトシ山で銀鉱脈が発見されて山麓に街が建設された。「セロ・リコ」（富の丘）とも称された銀山は17世紀半ばまでの約100年間に1万6000トンの銀をスペイン本国に送り出し，その産出量は世界産出量の約半分に達した。最盛期（17世紀半ば）の人口は16万人とも20万人ともされるが，それは先住民やアフリカ系黒人奴隷の労働力の上に成り立っていた。銀の枯渇（こかつ）で街は衰退したが，当時の建造物群が残る。

世界遺産（6件）

ポトシ市街→コラム／**チキトスのイエズス会伝道施設群**（1696年から約65年間に築いた施設。宣教師はのちに追放されたが信仰と生活様式は遺された）／**古都スクレ**（ポトシ銀山の管理地として栄え，ボリビアの動乱の歴史を今に伝える）／**サマイパタの砦**（アンデス山麓の高地に残る先住民の神殿跡）／**ティワナク**―ティワナク文化の宗教的・政治的中心地（インカ帝国以前の巨大帝国の遺跡）／**ノエル・ケンプ・メルカード国立公園**（標高200〜1000mの高度差の熱帯雨林から乾燥地域への移行地域の多彩な環境下に多様な生物が棲息）

ホンジュラス共和国
Republic of Honduras

面積	11万2500km²(日本の3分の1弱)
人口	780万人
首都	テグシガルパ
自然	山地が国土の7割。熱帯雨林気候，サバナ気候
住民	メスティーソが9割。他にインディオ，アフリカ系黒人，ヨーロッパ系
言語	公用語はスペイン語
宗教	カトリックが9割，プロテスタントが1割
産業	バナナとコーヒー豆のモノカルチャー経済。「バナナ共和国」ともいわれる。近年は林業も盛んで，マホガニー，黒檀(こくたん)など高級な熱帯材を輸出。漁業ではエビの養殖
通貨	レンピーラ(L)
国旗	白地部分の5つの星は，中央アメリカ連邦(1823〜40)を構成した5カ国グアテマラ，エルサルバドル，ホンジュラス，ニカラグア，コスタ・リカをあらわす

歴史

　この国の西部にマヤ文明(4〜9世紀)の都市コパンがあって，大祭祀センターとしての役割をもっていたことがマヤ文字の石碑が数多く残っていることでわかる。1502年にコロンブスが到達し，20年にスペイン領となり，39年にグアテマラ総督領に編入された。当初は金・銀の採掘で栄えたが，やがて資源が枯渇(こかつ)すると農業中心の辺境になっていった。1821年，グアテマラとともに独立したが，その直後，一時メキシコに併合されたものの，23年に中央アメリカ連邦に加盟し，38年に単一国家として独立した。国境紛争からグアテマラ(1871)，ニカラグア(1894・1907)と戦って敗北した。

　20世紀にはいるとバナナが主要輸出産業として成長，アメリカの会社が事実上の支配権を握ったバナナ資本が国政にまで関与したため「バナナ共和国」とさえ呼ばれた。1933〜49年までは保守的長期独裁体制が続き，57年に自由党が政権を得て進歩的な政策を打ち出したものの，63年の軍部クーデタで倒れた。その後，82年に民政に移行して以来，自由党・国民党の2大政党の民主的政権交代があったが，2009年，軍部が左派(自由党)のセラヤ大統領(任2005〜)を追放した。事実上のクーデタに対して国連は非難決議を採択し，米州機構(OAS)はホンジュラスを資格停止とした。同年，選挙の結果，野党(国民党)候補の当選でセラヤ前大統領はドミニカへ亡命した。2000年に重債務貧困国に認定され，05年，債務免除が実施された。

コパンのマヤ遺跡

　首都の北西約220km，グアテマラとの国境近くのコパンはマヤ文明の大遺跡として最南端に位置する。モタグア川流域に産出する黒曜石や翡翠(ひすい)などの交易で5〜8世紀頃栄えたが，8世紀半ばに他の都市との戦争に敗れ衰退し，9世紀には歴史から消えた。20世紀の発掘調査でおよそ25km²の範囲から3000を超す遺構が発見され，象形文字が刻まれたピラミッドの階段(碑文の階段)はマヤ文明の内容を読み取る重要な手がかりである。

世界遺産(2件)

コパンのマヤ遺跡→コラム／リオ・プラタノ生物圏保護区(プラタノ川流域にある生態系で中米屈指の熱帯雨林)[危機遺産]

メキシコ合衆国
United Mexican States

面積	196万km²（日本の5倍）
人口	1億100万人。スペイン語圏で最多
首都	メキシコ・シティ
自然	北部は砂漠気候，東西の海岸はサバナ気候，中央高原はステップ気候，ユカタン半島には熱帯雨林気候もみられる
住民	メスティーソが6割，インディオが3割，ヨーロッパ系が1割。他にアジア系移民の子孫，日本からの移民も総計1万人になる
言語	公用語はスペイン語。他に先住民諸語
宗教	9割がカトリック。他にプロテスタント，イスラーム教，ユダヤ教，仏教
産業	農業では，トウモロコシ（生産量世界第4位），小麦，綿花，サトウキビ，コーヒー豆（世界第9位）などが栽培される。メキシコ革命により多くの農地が共有化されていたが，近年になって農民に分配されるようになり，生産性が向上している。乾燥地帯では牧畜が盛んで，主に肉牛を飼育。カリフォルニア半島周辺は豊かな漁場で，イワシ，マグロなどの漁業が盛ん。地下資源は輸出の柱で，石油（世界第7位）と銀（世界第1位），オパールが豊富，他に天然ガスと金，銅，鉛などを産出。工業では1970年代に重化学工業化を急ぎすぎ，82年に巨額の対外債務を抱え込んで経済危機を招いた。しかし92年にアメリカ，カナダと北米自由貿易協定（NAFTA）を創設。アメリカやアジアからの工場進出が増加し，空前の好景気に沸いたが，94年にバブルは崩壊，国家の財政は破綻した。国民は急激なインフレと貧困と大量失業に苦しんでいる
通貨	ペソ
国名	自称はメヒコ。メキシコは英語の発音
国旗	中央の国章は1325年のアステカの首都テノチティトラン（現メキシコ・シティ）の創設を示している

歴史

前1200年頃からメキシコ湾岸にオルテカ文明が栄え，その後，中央高原のテオティワカン（前150年頃～後650年ないし750年頃）が巨大な宗教都市に成長した。一方，南東部からユカタン半島にかけての地域にはマヤ文明（4世紀～9世紀）の祭祀センターが各地に存在していた。やがて14世紀に現在のメキシコ・シティを中心にアステカ文明が築かれたが，1519年にコルテスの率いるスペイン勢力が侵攻し，21年にアステカ王国は滅亡してスペインの植民地となり，35年にヌエバ（新）・エスパーニャ副王領が設置された。

18世紀にはスペイン・ブルボン朝（1700～1931・1975～）のもとで植民地統治への行財政面での改革が進んだ。1810年に独立戦争が始まり，21年に独立した（24年に連邦制）。45～48年にアメリカと戦って（米墨戦争）敗れ，テキサスからカリフォルニアにかけて国土の大半を失い，自由党で先住民出身のフアレスが大統領になった（任1858～64・67～72）。61年，対外公的債務不払い宣言をしたメキシコに英・仏・伊3国によるメキシコ出兵があり，英・伊が撤退するなかで64年にフランスの干渉でオーストリア・ハプスブルク家のマクシミリアンが皇帝に招かれて（マクシミリアン1世〈位1864～67〉）帝政が敷かれたが，67年に皇帝を処刑して共和政に復帰し，フアレス大統領のもとで近代化を図った。その後，独裁政治が続いたが，1910年に始まったメキシ

メキシコ革命で首都に攻めのぼった農民軍を指揮したのは，ビリャ（1978～1926，左）とサパタ（1879頃～1919，右）である

古代都市テオティワカン

首都の北東約50kmに広がるアステカ文明以前の大都市遺跡。総面積20km²におよぶこの都市の起源は，前2世紀に遡るともいわれるが，建設の担い手など詳細は謎が残る。「月のピラミッド」「太陽のピラミッド」や，多彩なレリーフで飾られた「ケツァルコアトルの神殿」(写真)など巨大な石造建造物群が観る人を圧倒する。7世紀半ばから衰えはじめ(原因は不明)，14世紀にアステカ人が発見したため，諸施設の呼称はアステカ人の信仰に基づく。

コ革命で17年に進歩的な現行憲法が制定された。憲法の内容はようやくカルデナス政権(1934～40)で農地改革や石油産業の国有化などが実現した。一方，与党・制度的革命党(PRI)による長期政権の腐敗や経済的不平等，82年の経済危機，94年の先住民組織「サパティスタ国民解放軍」(EZIN)の武装蜂起とペソの急落による通貨危機などがあり，97年の下院選挙で与党PRIが過半数割れして一党支配が崩壊した。

2000年，中道右派の野党・国民行動党(PAN)候補が大統領に選出され，06年にもPAN候補が勝利したが，09年の下院選挙では野党PRIが第一党となった。経済的には世界有数の鉱業国で豊富な石油資源を有し，銀の産出では世界で第1位。原油価格の高騰で08年の外貨準備高は過去最高の951億2610万ドルとなり，新興経済大国としてG20の一員。自由貿易に積極的で，1994年アメリカ・カナダ・メキシコの北米自由貿易協定(NAFTA)が発足，同年，中南米諸国では初めてOECDに加盟し，2007年には48カ国と自由貿易協定(FTA)を締結した。しかしアメリカのヒスパニック系(スペイン語を話す人々)移民4700万人の半数以上が国境を接するメキシコからの不法移民といわれ，またアメリカへの麻薬密輸の最大の中継国とされるため，近年，麻薬取締を強化しているが，麻薬組織側の抵抗も激化しており，治安面での不安はぬぐいきれない。

別名アステカの暦石といわれる太陽の石は，アステカ朝6代目の皇帝アシャヤカトルがつくらせたという暦。約24tの玄武岩に直径約3.6mの円形のモチーフが彫刻されている。1479年に奉納されたと記されている

世界遺産 (31件)

シアン・カアン(ベリーズとの国境に近いカリブ海沿岸の動物の楽園)／**古代都市パレンケと国立公園**(18世紀半ばに発見されて考古学界の定説を覆したマヤの大遺跡)／**メキシコ・シティ歴史地区とソチミルコ**(アステカ帝国の首都の上に建てられた首都)／**古代都市テオティワカン**→コラム／**オアハカ歴史地区とモンテ・アルバンの古代遺跡**(先住民文化と植民地文化の織りなす街)／**プエブラ歴史地区**(スペインの代表的植民都市を彩る壮麗な宗教建造物)／**古都グアナファトとその銀鉱群**(かつて銀産地で栄え，今は芸術として名高い街)／**古代都市チチェン・イッツァ**(ユカタン半島に残るマヤ・トルテカ文明の遺跡)など

アメリカ領ヴァージン諸島
United States Virgin Islands

面積	355km²(倉敷市程度)
人口	12万5000人
政庁所在地	シャーロット・アマリー
自然	53の火山島からなるが、人が住むのはセント・トマス島、セント・ジョン島、セント・クロイ島の3島だけ。セント・ジョン島は3分の2がヴァージン諸島国立公園に指定されている。熱帯雨林気候
住民	ほとんどがアフリカ系黒人
言語	公用語は英語
宗教	イギリス国教会、バプティスト、ルター派などのプロテスタント系の宗派のほか、カトリックも
産業	農作物ではサトウキビや野菜の栽培が盛んで、畜産や漁業もおこなわれている。ラム酒が特産品。観光業も重要で、シャーロット・アマリーには多くの免税店が立ち並ぶが、3島間の経済格差が広がっている
通貨	アメリカ・ドル

歴史

南米大陸から渡来したアラワク系や、カリブ系の人々が定着していた。1493年にコロンブスが第2次航海で到達し、島名は、4世紀に殉教した聖女に付き従っていた1万1000人の乙女たち(Virgenes)にちなんで命名された。金・銀などの貴金属類を産出しないことから入植は進まず、先住民も16世紀末までにはほとんど消滅し、周辺海域で活動する海賊の潜伏地となっていた。17世紀からイギリス・オランダ・フランスが領有権を争ったが、同世紀後半から18世紀前半にかけてはデンマークの植民会社が現在の主要3島を購入して入植を進めた。1754年に王室直轄領となってデンマーク領西インド諸島と呼ばれ、18世紀からは多数のアフリカ系黒人奴隷を使役するサトウキビのプランテーションによって栄え、また良港に恵まれたセント・トマス島はカリブ海交易の中心地として繁栄した。

1848年の奴隷反乱を機に総督が奴隷解放を宣言したため経済活動は衰退したが、第一次世界大戦の勃発でこの戦略上の要地がドイツの手に落ちることを恐れたアメリカが、1917年に3島を当時の2500万ドルで購入した。27年に島民にアメリカ市民権が与えられ、自治権も次第に拡大されて70年に民選知事が誕生した。73年からアメリカの下院に議員を1名送っているが、大統領選挙の投票権はない。96年、アメリカ合衆国連邦政府の管轄下にあったウォーター島を編入した。

フレデリック・ルーセラン教会。1666年に創建された「新大陸」で2番目に古い教会で、現在の建物は1826年にデンマーク様式で再建されたもの

ヴァージン諸島の名前の由来となった聖女

4世紀に活躍した伝説的聖女ウルスラ(St Ursula)はイングランドの王女出身ともいわれるが、異教徒の国王の求婚を避けるために多数の侍女(Virgenes)を従えてローマに巡礼し、帰途、ドイツのケルンで1万1000人の侍女たちとともにフン人に殺された。しかしたちまち多くの天使があらわれてフン人を追い散らしたと伝えられた。中世にはこの伝説は非常に有名で、9世紀以来、ケルン市と聖ウルスラ修道会の守護聖人である。

世界遺産(0件)

アルーバ（オランダの自治領）
Aruba

面積	193km²（徳島市程度）
人口	10万3000人
政庁所在地	オラニェスタット
自然	ほぼ平坦なサンゴ礁の島で，最高地点でもジャマノタ山（188m）である。島の大半は砂漠化しており，降水量が少ないため，サボテンが生えている。島には美しい真っ白なビーチが幾つかあり，観光客で賑わっている。熱帯雨林気候
住民	大多数がメスティーソ
言語	公用語はオランダ語
宗教	カトリックが8割，プロテスタントが1割
産業	カリブ海地域のなかでは生活水準は非常に高く，失業率も低い。GDPの半分は観光業関連。観光客のほとんどはアメリカからで，最大の貿易相手国でもある。ベネズエラ産の石油精製は基幹産業
通貨	アルーバ・フロリン（AWG）

歴史

先住民はアラワク系で，カリブ人による攻撃から逃れてベネズエラからこの島に移住してきた。彼らの最古の集落跡は1000年頃に遡るという。1499年にスペイン人がヨーロッパ人としてはじめて上陸したといわれるが，スペインは植民に関心を示さなかったのでプランテーションは発達せず，スペイン人は島の先住民をエスパニョーラ島に送り込んで奴隷労働に従事させた。1636年にオランダ人が占領し，1805年に一時，イギリス領となったものの，16年に再びオランダ領となった。24年に金鉱が発見されて20世紀初頭までゴールドラッシュが続いたが，金の枯渇後はベネズエラ産の石油精製が基幹産業となった。

アルーバ島出身のストリート・ミュージシャン

スーザン・ケイグル（1981～）はアルーバ島で10人兄妹の2番目の子に生まれ，各地を転々としながら，家族全員が街角で音楽を演奏しながら暮らしていた。両親から離れてニューヨークに移り住んだ直後の2001年9月11日に同時多発テロがおこった。ニューヨーク市民の心の傷を癒すべく地下鉄構内やストリートで歌を歌っていたが，大手レコード会社と契約し，2009年からはスーザン・ジャスティスと名前を変えて活動している。

アルーバ島・ボネール島・クラサオ島（ABC諸島とも）の3島でオランダ領アンティル諸島を形成し，同諸島は1954年に内政自治権を得ていた。しかしクラサオ島の優位に不満をもつアルーバ島が86年に諸島から離脱して単独の自治地域となった。96年には完全独立を予定していたが，経済面での不安からそのプロセスを島の要請で中止している。自治地域として内政自治権をもつが，外交・防衛はオランダ本国に権限がある。カリブ海諸国のなかでは生活水準が高いが，長年の赤字収支から近年インフレが進行し，本国から毎年援助を受けている。アメリカが最大の貿易相手国である。

世界遺産（0件）

アングィラ（イギリス領）
Anguilla

面積	91km²（土佐市程度）
人口	1万5000人
政庁所在地	ザ・ヴァリー
自然	サンゴ礁からなる平坦な地形の島で，周囲には美しいビーチが多数ある。熱帯雨林気候
住民	アフリカ系黒人が半分以上。他にムラート
言語	公用語は英語
宗教	プロテスタントがほとんど
産業	農業には不向きで漁業が中心。栽培作物は綿花など。輸出品の大半はロブスター。近年はリゾート地としての観光業が主要な産業に成長し，オフショア市場も推進している
通貨	東カリブ・ドル（EC$）
島名	スペイン語（anguila）やフランス語（anguille）でウナギの意味で，南西から北東に向かう細長い島の形がウナギに似ていたことから命名されたと推測される

歴史

先住民は南米大陸から渡来したアラワク系の人々であるが，のちにカリブ海地域からカリブ系の人々が移住してきた。ヨーロッパ人の初到達については1493年のコロンブスなど諸説あって明確ではないが，1650年にセント・クリストファー（セント・キッツ）島から渡来したイギリス人がはじめて入植した。のち英・仏両国の激しい領有争いの結果，19世紀前半には島の人々の本意に反してイギリス領セント・クリストファー島の実質的管理下におかれた。のちイギリスの直轄植民地となり，セント・クリストファー島，ネーヴィス島との3島で1つの属領を形成した。移入されたアフリカ系黒人労働力によるプランテーション経営には失敗し，1834年の奴隷制および奴隷貿易の廃止後，白人の多くは本国に戻った。

3島からなる属領は1958年に結成された西インド諸島連合に加盟したが，62年に連合が解体され，69年，アングィラ島が共和国として単独で独立宣言をしたためセント・クリストファー島と激しく対立した。結局，本国から軍隊が派遣されて調停にあたり，71年には島民の希望もあって本国の直接統治下に再びはいった。76年に内政自治権を獲得し，80年にセント・クリストファー島から正式に分離してイギリス領内の独立した属領となった。農業には不向きな土地であるため漁業が中心であったが，近年は非居住者を優遇するオフショア市場を利用した金融業や，リゾート地としての観光業が主要産業に成長している。

ウナギに似た形をしているアングィラ島

オフショア市場

オフショア（offshore）の原義は「沖合の」であるが，経済用語としては，各国国内市場とは別に，非居住者に対して国内の金融規制にとらわれず，あるいは税制上の優遇措置を与えて自由に取引させる金融市場を意味する。オフショア市場をもつ国・地域はこの自由金融市場を拠点に国外からの外貨資金を有利な条件で取り込むことができる。外洋航海の大型クルーズ客船がカジノを設けるが，寄港地にはいると閉鎖され，出港後，公海上に出てからカジノを再開するのは考え方が似ている。

世界遺産（0件）

イギリス領ヴァージン諸島
British Virgin Islands

面積 153km²(堺市程度)
人口 2万2000人
政府所在地 ロード・タウン
自然 人が定住する島は16で、小さな無人島が50近くある。熱帯雨林気候
住民 アフリカ系黒人が8割。他にムラート、ヨーロッパ系
言語 公用語は英語
宗教 イギリス国教会などプロテスタントの諸派が9割近く、カトリックが1割
産業 西側のアメリカ領ヴァージン諸島と密接不可分の関係にあり、通貨も1959年以来アメリカ・ドルが使用されている。産業は、国民所得の約半分を観光業に依存しており、農業用地を確保できないため、ラム酒製造や漁業がおこなわれている。オリンピックには1984年サライェヴォ大会で初出場した
通貨 アメリカ・ドル

歴史

先住民は南米大陸から移住したアラワク系の人々で、次いでカリブ海地域からカリブ系の人々が渡来した。1493年にコロンブスが第2次航海で到達し、島名は、4世紀に活動して殉教した聖女ウルスラに従った1万1000人の乙女たち(Virgenes)にちなむ(230ページのコラム)。この地域では金・銀などがなかったため、スペインが領有を宣言したが入植は進まず、16世紀末までには先住民も消滅し、この海域で暗躍した海賊の潜伏地となった。17世紀半ばにオランダ人がトルトラ島に入植地を建設していたが、イギリス人によって奪われ、1672年にイギリス領となった。

18世紀にはアフリカ系黒人奴隷によるサトウキビ・綿花・インディゴ(藍染料)などのプランテーションが発展したが、1834年の奴隷制および奴隷貿易の廃止によって白人農園主は黒人を残したまま島を離れ、経済は停滞していった。33年からはイギリス領リーワード諸島の一地域であったが、1956年に単独の直轄植民地となり、67年に内政自治権を得た。現在は本国から派遣された総督のもと、執行評議会(内閣に相当)と立法議会をもつ。近年、ヴァージン諸島党(VIP)と国民民主党(NDP)の2大政党が争い、2007年には野党VIPが勝利した。1960年代からヴァージン・ゴルダ島のリゾート施設の建設で観光業が成長したほか、タックス・ヘイヴンとしての金融業や、非居住者を優遇するオフショア市場による投資銀行業務が盛んである。

> **総督の権限と役割**
>
> 「総督」という官職は、中国の明・清王朝(とくに清朝)では中央から派遣されて地方で大きな権限をもつが、ここでは欧米列強の植民地に本国から派遣される官職を指す。その地域における国王の代理人としての役割を果たす。イギリスに例をとれば、中国に返還される以前の香港や、現在のジブラルタル・ヴァージン諸島・フォークランド諸島などでの総督はかなりの統治権限をもっているが、カナダ・オーストラリアなど独立した英連邦加盟国では儀礼的な職務をもつにすぎない。

政府所在地ロード・タウンへはアメリカ領ヴァージン諸島のセント・トマス島からフェリーが頻繁に出ている

世界遺産(0件)

オランダ領アンティル
Netherlands Antilles

面積	960km²（松本市程度）。ベネズエラ北方沖の2島と，プエルト・リコ東方の3島からなる。シント・マールテン島は南部がオランダ領，北部がフランス海外準県
人口	21万2000人
政庁所在地	ウィレムスタット
自然	5島とも，禿山状の丘陵で，熱帯雨林気候
住民	ムラートが8割強。他にヨーロッパ系，アフリカ系黒人
言語	公用語はオランダ語，英語，パピアメント語。パピアメント語はオランダ語やスペイン語が混ざり合ったもので，クラサオ島とボネール島で話される
宗教	カトリックが9割
産業	クラサオ島は，オレンジのリキュールであるキュラソー発祥の地としても知られている。クラサオ島にあるベネズエラ産の原油をあつかう石油精製が主力。観光業やオフショア市場が盛ん
通貨	アンティル・ギルダー（ANG）

歴史

先住民はアラワク系とカリブ系の人々。リーワード諸島には1493年にコロンブスが第2次航海で到達し，クラサオ島，ボネール島には99年にヨーロッパ人がはじめて来航した。その後スペイン領となったが定住は進まず，1630年代にリーワード諸島の3島とアルーバ島，ボネール島，クラサオ島の計6島がオランダ西インド会社の管理下におかれた。シント・マールテン島では48年からオランダとフランスによる分割統治が導入された（北部がフランス海外準県サン・マルタン，南部がオランダ領）。オランダ領の島群の領有をめぐっては英・蘭両国の争いが続いたが，19世紀前半までにオランダの統治下にはいることが確定。経済は島によって異なったが，奴隷貿易・密貿易・プランテーション農業・塩の生産などが主であった。

1833年に奴隷制度が廃止されてから植民地経済は衰退に向かったが，20世紀初頭来，ベネズエラ産の石油精製が基幹産業となった。現在はタックス・ヘイヴンとしての金融業や，非居住者を優遇するオフショア市場による投資銀行業務が盛んである。1954年に島群は内政自治権を獲得し，86年にアルーバ島が単独の自治領となった。2010年，残る5島は解体されて規模の大きいクラサオ島，シント・マールテン島南部のオランダ領はそれぞれ単独の自治領に，ボネール島，サバ島，シント・ユースタティウス島は特別自治体として本国に編入された。

ウィレムスタットの歴史地区

クラサオ島所在のオランダ領アンティルの政庁所在地ウィレムスタットは1634年にオランダ軍がスペイン軍を破って占領したもので，交易の中継地として栄える一方，他国の攻撃に備える要塞も築かれた。切り妻屋根にレンガ造りというオランダ風建築物と，18世紀以降に高温多湿な熱帯気候にあわせて築かれた家々が立ち並ぶ地区が併存している。

世界遺産（1件）

ウィレムスタットの歴史地区→コラム

グアドループ（フランスの海外県）
Guadeloupe

- **面積** 1780km²（香川県よりやや狭い）
- **人口** 44万人
- **県都** バス・テール
- **自然** 火山島のバス・テールとサンゴ島のグラン・テール島の2主島からなる。熱帯雨林気候
- **住民** ムラートが8割, アフリカ系黒人, メスティーソがそれぞれ1割
- **言語** 公用語はフランス語
- **宗教** カトリックが大多数。他にヒンドゥー教, 伝統信仰, プロテスタント
- **産業** サトウキビ, バナナが経済の中心。工業はサトウキビを加工して砂糖とラム酒が製造される。EUからの多大な援助で経済は繁栄している。観光業も盛ん
- **通貨** ユーロ
- **国名** スペインのエストレマドゥーラ地方のグアダルーペ聖堂にちなむ

歴史

先住民はアラワク系・カリブ系の人々。1493年にコロンブスが来航して島名をつけ, スペイン領となったが, 先住民の激しい抵抗にあって植民は進まず, 17世紀初頭にはほぼ放棄されていた。1635年にフランス人が植民会社の援助で入植してカリブ系先住民をほぼ駆逐した。64年からフランス西インド会社のもとで入植事業が継続され, 74年にウィンドワード諸島のマルティニク島とともに直轄植民地となった。当初はタバコや食糧生産が主であったが, オランダ人がカリブ海地域に砂糖精製技術を広めたためサトウキビの栽培が本格化して世界有数の砂糖産地となり, 18世紀にはアフリカ系黒人奴隷を使役するサトウキビのプランテーションが発展した。

17世紀後半からイギリスと領有権争いがあったが, 19世紀初頭にフランスの領有が確定した。1848年にフランス本国で奴隷制廃止が宣言されると, 黒人奴隷にかわってインド系の年季契約移民が導入され, 砂糖やラム酒の製造・輸出が継続された。1946年に海外県となり, 一時独立の動きもあったが, 80年代にフランス政府のもとで地方分権も進められたため海外県にとどまっている。以前はサン・マルタン島（北部のみ, 南部はオランダ領）とサン・バルテルミー島（左ページの地図参照）も属していたが, 2003年の選挙で両島はグアドループ県から分離し, 07年にそれぞれ単独の海外準県となった。

グアドループの主要な農作物はバナナである。フランス本土で流通しているバナナは基本的に海外県で生産されている

フランスの海外県・海外準県

総じていえば, いずれも本土とは異なった独自の法体系や自治権をもつが, 居住者の存在しない地域を除けば, どの地域もフランスの国民議会や元老院に代表者を選出して送ることができる。したがって欧州（EU）議会に対する投票権もある。ただ, 国防・国際関係・貿易・貨幣・法廷・統治など特殊分野での独自の法体系をもつことはできない。いずれも地域の議会と本国議会の二重統治で, 現在, 海外県は5地域（グアドループ, マルティニク, フランス領ギアナ, レユニオン島, マイオット島）, 海外準県（2003年制定）は5地域。

世界遺産（0件）

グリーンランド（カラーリット・ヌナート，デンマーク領）
Greenland (Kallaallit Nunaat)

面積	216万6100km²（日本の5.7倍）
人口	5万8000人
政府所在地	ヌーク（ゴトホープから改称）
自然	大部分が北極圏に属し，全島の8割以上は氷河と万年雪に覆われる。巨大なフィヨルドが多く，氷雪気候
住民	イヌイット
言語	公用語はイヌイット語，デンマーク語
宗教	ルター派プロテスタント
産業	漁業が主産業で，エビ，タラ，ニシン。工業は，水産加工と，毛皮の製造もおこなわれる。金，銅など鉱物資源は豊富。米軍基地が存在し，使用料や雇用は大きな収入源である。デンマーク本国からの多額の助成金もグリーンランド経済を支えている
通貨	デンマーク・クローネ（DKK）
国名	10世紀末に上陸したノルマン人エリックが植民を募るため，氷の島を「緑の大地」と名づけた

歴史

前2100年頃にはカナダから渡来したアジア系アメリカ先住民イヌイットがすでにグリーンランドに居住していたというが，現在のイヌイット（グリーンランド人）の祖先は10世紀後半に移住してきた。ヨーロッパ人はかつて「生肉を食べる人」の意で「エスキモー」と呼んだが，現在は彼ら自身の呼称「イヌイット」（現地語で「人間」の意）が使われる。10世紀末にノルマン人エリックが上陸，1261年にノルウェー領となったが，寒冷化や交易の途絶で1500年頃にはノルマン人は絶滅し，イヌイットだけが残った。1721年に宣教師が訪れて布教拠点を設けたのがデンマークによる植民地化の基礎となり，交易を独占した。1814年にノルウェーとの同君連合から離れてからもデンマーク領にとどまった。

1953年に植民地から県（アムト）に昇格し，本国の国会にも2議席を確保したが，なお本国が行政・財政権を掌握したため，79年の住民投票で自治政府を樹立し，正式名称をカラーリット・ヌナートとした。この際，外交・行政・防衛・天然資源開発に関する権限は本国に留保され，73年に本国とともにヨーロッパ共同体（現EU）に加盟したが，82年の住民投票の結果，85年にグリーランドはECから脱退した。51年，本国とアメリカの協定でグリーンランドに米軍基地が設置されたが，自治政府の反対は強く，2003年，本国は米軍基地の利用に関する自治政府の独自の外交権を承認した。北極圏気象観測や航空・軍事上の重要地でもある。

日本人冒険家と北極圏

植村直己（1941~84）は，1970年に日本人初の世界最高峰エヴェレスト（チョモランマ，8848m）登頂に成功。同年，北米最高峰マッキンリー（6194m，アラスカ）の単独登頂にも成功して世界初の5大陸最高峰登山を達成した。74年からはグリーンランド北部で生活し，76年に北極圏約1万2000kmを犬橇（いぬぞり）で走破，78年にはグリーンランド縦断（2600km）にも成功した。84年，厳冬期マッキンリー単独登頂に成功したが，下山中に遭難死した。

犬橇は元来，イヌイットがハンティングで仕留めたアザラシや北極熊を運搬するのに使われていた

世界遺産（U件）

ケイマン諸島（イギリス領）
Cayman Islands

面積	259km²（豊橋市程度）
人口	4万2000人
政庁所在地	ジョージ・タウン
自然	グランド・ケイマン島，ケイマン・ブラック島，リトル・ケイマン島の3つのサンゴ礁の島からなる。熱帯雨林気候
住民	ムラートが半分。アフリカ系黒人が3割，ヨーロッパ系が2割
言語	公用語は英語
宗教	9割近くがプロテスタント
産業	西インド諸島のなかでは生活水準が高い。主要産業は観光業で，スキューバダイビングの名所。タックス・ヘイヴンでオフショア市場も盛ん。島内で事業をおこなわない会社の法人税は不要のため，国際的な企業犯罪の舞台となっている
通貨	ケイマン諸島・ドル（KYD）

歴史

先住民が居住していた痕跡はなく，1503年にコロンブスが第4次航海でリトル・ケイマン島とケイマン・ブラック島に到達した。コロンブスらは多くのウミガメに出会ったことから，島名をスペイン語で「亀」を意味する「トルトゥーガス」と命名したが，現在のケイマンの島名はカリブ系先住民の言葉で「ワニ」を意味する「カイマナス」が訛ったもの。1580年代にはイギリス人として初の世界周航に成功したフランシス・ドレイクもここに到来している。1665年に当時のスペイン領ジャマイカとともにイギリス領となり，従来は海賊の食糧や水の補給基地であったが，海賊への統制も強まったことから入植者による本格的なプランテーションが展開され，アフリカ系黒人奴隷の移入が始まった。

1833年の奴隷制廃止後も島にとどまった人々は綿花栽培，ウミガメ漁，造船業などに従事し，生産物は主にジャマイカに輸出された。63年にイギリス領ジャマイカの属領となったが，1958年の西インド諸島連合成立の翌年にこの地位を脱し，62年にジャマイカが独立した際にもイギリスの属領にとどまった。タックス・ヘイヴンや，非居住者を優遇する金融上のオフショア市場として世界でも名高く，多国籍企業や銀行，投資ファンドなどのペーパー・カンパニーが多数設けられている。

フランシス・ドレイクは若い頃から西インド諸島のスペイン領に遠征し，1577～80年にマゼラン海峡，太平洋，インド洋，喜望峰をへてイングランド人初の世界周航を完成した

プランテーション

輸出向け農作物の単一栽培にあたる大規模農場で，西欧列強の植民地開拓により18世紀にカリブ海域やアメリカ本土にあらわれた。19～20世紀には中南米・アフリカ・熱帯アジアにも広がった。サトウキビ・コーヒー・綿花・茶・ゴムなどの嗜好品や工業原料が栽培されて欧米に輸出された。本国資本のもと労働力に当初は奴隷，のちには契約移民を酷使し，膨大な利潤は本国に還流した。20世紀後半以降の植民地解放後もその経済的自立を妨げる要因となっている。

世界遺産（0件）

サウス・ジョージア＝サウス・サンドウィッチ諸島
（イギリス領）
South Georgia and the South Sandwich Islands

面積 3900km²（滋賀県よりやや狭い）
人口 年間をとおした定住者は0。イギリスの役人と科学者が来島する
政府所在地 キング・エドワード・ポイント
自然 フォークランド（マルビナス）諸島の約1000km東に位置し、ツンドラ気候
住民 イギリス人
言語 公用語は英語
産業 サウス・ジョージア島　1904年、最初の鯨油の採取施設が建設され、65年まで使用された。現在まで7つの鯨油の採取施設がつくられた。主な収入源は、イギリスで発行される郵便切手と漁業。島内には英国南極調査研究所・博物館がある
　サウス・サンドウィッチ諸島　主な収入源は、イギリスで発行される郵便切手と漁業
通貨 アメリカ・ドル

歴史

　1675年にイギリスの商人がサウス・ジョージア島に接近したが、上陸にはいたらなかった。1775年にイギリス人探検家ジェームズ・クック（キャプテンクック）がその第2次航海でサウス・ジョージア島に上陸してイギリス領有を宣言するとともに、当時の国王ジョージ3世（位1760～1820）にちなんでジョージア島と命名し、さらに南東方面で発見した島群をサンドウィッチ・アイランズと命名した。両地域は1843年・1908年に発行された特許状により、フォークランド（マルビナス）諸島の属領として正式にイギリス統治下にはいった。サウス・ジョージア島は18世紀末からオットセイ猟の、20世紀からは南太平洋における捕鯨の拠点となり、北側海岸に7つの捕鯨基地が設けられた。

　1965年に捕鯨の操業が中止されてからは定住者はほぼ島を去り、現在では政府職員、南極調査研究所の科学者、博物館の管理人ら最大でも20人程度が滞在しているだけであるが、周遊観光船の寄港地ともなっている。82年にフォークランド諸島の領有権をめぐっておこったアルゼンチンとイギリスとの紛争では、ごく短期間アルゼンチンに占領されたが、まもなくイギリスの属領に復した。85年にフォークランド諸島から分離して単独のイギリス属領となったが、長官はフォークランド諸島の総督が兼任している。フォークランド諸島と併せてアルゼンチンが領有権を主張しており、問題は未解決である。

キングペンギン。サウス・ジョージア島のソールズベリー平野にあるキングペンギンの繁殖地。20万羽近くが越冬する

サンドウィッチ諸島という名称

　島名はジェームズ・クックの命名であるが、サンドウィッチの名はクックとほぼ同時代のイギリス貴族で第4代サンドウィッチ伯爵ジョン・モンターギュ（1718～92）に由来する。彼は海軍大臣を務めたことがあってクックとの関係が生じたが、在職中（1748～51・71～82）に何度も汚職で攻撃された。賭け事を好み、1日中賭博台で勝負をしながら食べられるようにと、パンにハムなどを挟んだ。この食べ物を彼にちなんで「サンドウィッチ」という。

世界遺産（0件）

タークス＝カイコス諸島（イギリス領）
Turks and Caicos Islands

面積	417km²（宇都宮市程度）。西インド諸島に属するタークス諸島とカイコス諸島からなる。多くはサンゴ礁の平坦な島々
人口	3万9000人
政府所在地	コックバーン・タウン
自然	多くはサンゴ礁の平坦な島々で、熱帯雨林気候
住民	ムラートが6割、アフリカ系黒人が3割。他にヨーロッパ系
言語	公用語は英語
宗教	プロテスタントがほとんどで、うちバプティストが4割、メソディストとイギリス国教会が2割ずつ
産業	経済は主に漁業で海綿動物。現在は観光業とオフショア市場が中心
通貨	アメリカ・ドル
国名	タークス「トルコ風」とカイコス「小島」。トルコ帽のような島の形にちなんで名づけられた

歴史

先住民は南米大陸から移住したアラワク系の人々。1512年にスペイン人が初めて到達したが金・銀のような貴金属類もなく、農耕に適する土地もなかったためそのまま放置されていた。18世紀までイギリス・フランスが領有権争いをする一方、付近の海域で活動する海賊の潜伏地となっていた。1678年以降、バミューダ諸島から塩を採取するために

サンゴ礁での塩の採掘は、環境保護のために、近年、操業停止となった

毎年、人がやってくるようになった。1776年にイギリス領バハマ諸島がタークス諸島を管理下におこうとしたため、バミューダ島出身者と対立した。アメリカ独立戦争（1775～83）で敗れた王党派の一部がアフリカ系黒人奴隷をともなって来島し、本国から与えられた土地で綿花のプランテーションを展開したが、1833年の奴隷制廃止以前に農園主の多くは奴隷を島に残したまま帰国した。

1799年、両島がバハマ諸島に組み込まれ、1848年に住民の要望もあってジャマイカの監督下におかれて、74年にその属領となった。1959年に西インド諸島連合内で自治権を獲得、62年に同連合の解体とジャマイカ独立で直轄植民地となり、65年に再びバハマ諸島の監督下におかれた。73年にバハマ諸島が独立すると独自の総督が派遣される単独属領となった。カナダへの併合案もたびたび浮上している。

西インド諸島連合

旧イギリス領西インド諸島に1958年から62年まで短期間存続した地域連合。第二次世界大戦後のイギリスの植民地政策の再編により、ジャマイカ、トリニダード・トバゴ、バルバドスの大規模島嶼（とうしょ）とセント・ルシア、グレナダ、セント・クリストファー＝ネーヴィス、セント・ヴィンセント＝グレナディーン諸島など小規模島嶼を連合国家とする政治的統合を図った。しかし62年のジャマイカの独立で解消され、66年にはバルバドスが独立した。

世界遺産（0件）

バミューダ（イギリス領）
Bermuda

面積	53km²（東京都足立区程度）
人口	6万6000人
政庁所在地	ハミルトン
自然	主島バミューダ島など7つの主要な島々と約300の小島・サンゴ礁，岩礁からなる。7島のうち5島は橋で結ばれている。熱帯雨林気候。フロリダ半島の先端と，大西洋にあるプエルト・リコ，バミューダ諸島を結んだ三角形の海域（バミューダ・トライアングル）は海難事故が多く，船乗りやパイロットに恐れられている
住民	アフリカ系黒人が6割強。他はヨーロッパ系がほとんどだが，ムラートも
言語	公用語は英語とポルトガル語
宗教	プロテスタントが大半。他にカトリック
産業	イギリス海外領土のなかでも，政治・経済的な自立度が高い。観光業，タックス・ヘイヴン
通貨	バミューダ・ドル（BMD）。アメリカ・ドルと等価

歴史

1503年頃にスペイン人ベルムデスが来島し，島名は彼の名にちなむが，入植がおこなわれず，およそ100年も経った1609年にイギリス船が難破して乗組員が避難したのを機にイギリス人の入植が始まった。12年から恒久的な入植地としてセント・ジョージ（セント・ジョージズ島）が建設され，塩の採取・造船・海運が主要産業となり，84年に特許権が失効したのを機に直轄植民地となった。アメリカ独立戦争（1775〜83）時には禁輸措置緩和と引き替えに火薬を独立派に渡し，米英戦争（1812〜14）ではイギリス軍の前線基地ともなった。アメリカの南北戦争（1861〜65）では密輸商人の拠点となり，1919年，アメリカの禁酒法成立で，当地で酒を購入するアメリカ人観光客が増大した。

第二次世界大戦中の1941年には領土の一部が軍用地として99カ年間の期限でアメリカに貸与された。68年に自治権が強化され，95年，独立の是非を問う住民投票の結果，イギリス領に留まることが確認され，2002年には期限の到来を待たずにアメリカ軍の軍用地が返還された。実業界の白人を支持基盤とする統一バミューダ党（UBP）が長く政権を維持してきたが，98年・2003年・07年の選挙では進歩労働党（PLP）が勝利した。タックス・ヘイヴンとして多国籍企業・銀行・投資業や，非居住者を優遇するオフショア市場によるペーパー・カンパニーが多い。

ペーパー・カンパニー

ペーパー・カンパニーとは書類上の登記をしてあるだけの会社を意味する。本社の利益をペーパー・カンパニーに移して法人税を逃れたり債権者の追求を免れるためのいわゆる「幽霊会社」。国外のタックス・ヘイヴン地域やオフショア市場に子会社を登記して，租税を回避したり，オフショア市場の「非居住者優遇税制」の適用を受けることを目的とする。paper commpanyは和製英語で，正しくはshell corporationあるいはdummy company。

ヴィクトリア女王（位1837〜1901）時代に，北アメリカの避寒リゾート地としてこの島への観光旅行が盛んとなり，それ以来，観光業がこの島の経済を支えてきた

世界遺産（0件）

プエルト・リコ（アメリカの自治領）
Commonwealth of Puerto Rico

面積	9100km²（鹿児島県程度）
人口	400万人
政府所在地	サン・ファン
自然	中央を東西に山脈が走り，南北に狭い海岸平野がある。北部は熱帯雨林気候，南部はサバナ気候
住民	ヨーロッパ系が75％，アフリカ系黒人が15％，ムラートが1割
言語	公用語はスペイン語と英語
宗教	カトリックが9割弱。他にプロテスタント
産業	ラム酒，観光業が主な収入源である。とくに観光業の占める割合は大きく，アメリカ合衆国に移住したプエルトリコ人の送金も大きな収入源である。経済は完全にアメリカ依存で，貧富の差も大きい
通貨	アメリカ・ドル
国名	スペイン語のプエルト（港）とリコ（豊かな）で「豊かな港」の意味

歴史

　先住民は南米大陸から移住してきたアラワク系の人々で，1493年にコロンブスが本島に到来し，1508年からスペイン人が征服して21年にサン・ファンが建設された。砂金が発見されてエスパニョーラ島から多数の人が島に押し寄せ，アラワク系先住民は過酷な労働を強いられて人口が激減したため，替わってアフリカ系黒人奴隷が移入された。またサトウキビによる精糖産業も盛んとなったが，やがて砂金採取も精糖業も衰退に向かう一方，イギリス・フランス・オランダの執拗な襲撃に備えて要塞化が進んだ。

　19世紀にはいると植民地体制は強化され，同世紀後半のスペインからの独立運動は失敗したが，それを機に植民地制度の改革が不可避となって政党が生まれ，1873年には奴隷制が廃止された。97年に自治権が与えられ，翌98年に自治政府が発足したが，その直後にアメリカ・スペイン（米西）戦争が勃発し，この島はアメリカ軍の占領下におかれた。1900年に文民政府が成立し，17年には住民にアメリカ市民権が賦与された。48年に初の民選知事が登場し，52年の憲法で現在のアメリカ保護下の自治領の地位が定まった。67年の住民投票で自治領体制維持派が勝利したが，68年の選挙では州制移行（昇格）派の新進歩党が勝利し，その後も維持派の民主民衆党と政権争いを続けている。州制移行派と現状維持派は勢力が拮抗しており，93年・98年の住民投票では現状維持派が州制移行派をわずかに上回った。

プエルト・リコのラ・フォルタレサとサン・ファン国定史跡

　アメリカ合衆国の世界遺産として登録。島の政庁所在地サン・ファンはスペイン語で「聖ヨハネ」を意味し，16世紀に当時の総督によって創建された。史跡はサン・ファン北西部に位置し，サン・ファンや旧総督公邸でもあったラ・フォルタレサは海への備えが十分ではなかったため，外国船や海賊船の襲撃から守るために海面から40mの高さでそびえ立つ堅固なエル・モロ要塞（写真の手前）が築かれた。この要塞の地下道には緊急時には約4500人の住民が避難できたといわれる。

世界遺産（1件）

プエルト・リコのラ・フォルタレサとサン・ファン国定史跡　→コラム

フォークランド諸島（マルビナス諸島，イギリス領）
Falkland Islands and Dependencies（Islas Malvinas）

面積	1万2000km²（新潟県程度）
人口	3000人
政庁所在地	ポート・スタンリー
自然	主島は東西のフォークランド諸島。両島とも岩がちで樹木は生えない。年間約250日は雨か雪で，冷涼で風が強い。ツンドラ気候
住民	イギリス系
言語	公用語は英語
宗教	イギリス国教会が半分，他のプロテスタントが3割
産業	東フォークランド島の平坦な土地は羊の牧草地で，60万頭近くの羊がいる。近年の主力はイカを中心とする漁業。1986年の漁業協定が発効，国外への漁業権の販売により財政上の問題を解決した。最近では，諸島北部の海盆での海底油田の採掘権収入も大きい。すでに5社が試掘を始めている
通貨	フォークランド・ポンド（FKP）

歴史

　世界周航をめざすマゼランの船団から逃亡したポルトガル人が1520年に，92年にはイギリス人が，1600年にはオランダ人が，それぞれ到達した記録がある。1690年に訪れたイギリス人が東西2主島間を航海の支援者の名をとってフォークランド海峡と命名してから諸島全体をあらわす名称となった。1764年に東フォークランドに最初の入植地を建設したフランス入植者が，フランスのサン・マロを出港したことからスペイン語でマルビナス諸島とも呼ばれる。しかし英・仏ともこの島から撤退したことから1811年までスペインの管理下にあった。
　1816年に独立したアルゼンティンが旧宗主国スペインからこれら諸島の権利を引き継いだとして20年に領有を宣言したが，イギリスは認めず，33年にイギリスの占領下におかれた。45年にはスタンリーに植民地政府が設置され，51年に設立されたフォークランド諸島会社のもとで牧羊が主要産業となった。第二次世界大戦後，アルゼンティンが領有問題を国連に持ち込んだが解決せず，1982年，当時の同国軍事政権が内政問題への国民の不満をそらす目的で同諸島へ侵攻してフォークランド戦争となった。イギリス軍はただちに反攻し，わずか10週間後にアルゼンティンは降伏した。83年にアルゼンティンが民政へ移行をしたことで両国間の関係は好転しつつあるが，周辺海域の資源問題もからんでなお未解決である。2013年3月のイギリス領帰属の賛否を問う住民投票は，賛成票が99％に達し，現状維持が支持された。

フォークランド戦争

　フォークランド諸島（アルゼンティン側ではマルビナス諸島）の領有権をイギリスと争っていたアルゼンティンが，1982年4月2日，突然，諸島に侵攻したが，イギリスはただちに本国から空母インヴィンシブル（「無敵」の意）を送るなどして応戦し，6月14日にアルゼンティンが降伏した。これを指揮したサッチャー首相（任1879〜90）は「鉄の女」の名を高め，人気を回復した。両国は89年に敵対関係を終結して90年に国交を回復している。
　イギリス初の女性首相サッチャーは，2013年4月に87歳で死去した。

世界遺産（0件）

フランス領ギアナ（フランスの海外県）
French Guiana

面積	9万1000km²（北海道程度）
人口	19万6000人
県都	カイエンヌ
自然	北部の海岸にはわずかな低地帯があり，内陸部は熱帯雨林に覆われた丘陵地，南部はギアナ高地の東端部にあたる。熱帯雨林気候
住民	クレオールが半分，インド系・フランス系が1割ずつ。他に華人，インディオ，アフリカ系黒人
言語	公用語はフランス語
宗教	カトリックが半分。他に伝統信仰
産業	最大の産業は漁業。金，木材が続く。紫檀，黒檀，マホガニーなど良質の木材を産する。水産物も豊富でエビなどが輸出されている。工業は小規模でラム酒製造や木材加工。1966年クールーにフランスのギアナ宇宙センターが建設され，多くの雇用を生み出している
通貨	ユーロ

歴史

先住民は南米大陸から渡来したアラワク系と，カリブ海地域から渡来したカリブ系の人々。15世紀にスペイン人が当地方を探険したが入植は進まなかった。1604年からフランス人の入植が始まり，43年にカイエンヌが建設された。17世紀後半，この地方の帰属はイギリス・オランダ・フランス3国間で転々としたが，フランス革命（1789～99）中には多くの追放者が送り込まれた。ナポレオン戦争（1796～1815）中にポルトガルとイギリスに占領されたが，1817年までにフランスの支配が確立した。沿岸部のプランテーションの活動も他地域に比して低調で，フランスで1848年に奴隷制が廃止されると解放奴隷の多くは内陸の密林に逃れたため，アジアからの年季契約移民が増えた。

ナポレオン3世（位1852～70）の第二帝政下で52年から流刑地となり（～1951），沖合に浮かぶサリュー諸島などに監獄が築かれたが，劣悪な環境から囚人の多くは現地で死亡した。1946年にフランスの海外県になり，74年，地域圏（レジオン）の資格を得た。国内産業は自給用の農業のほか，輸出向け産業としてエビ・木材・ラム酒などがあるが，開発はギアナ3国（ガイアナ，スリナム，フランス領ギアナ）のなかで最も遅れている。しかし，クールーにギアナ宇宙センターが建設され，68年以降，欧州各国の宇宙開発機関による人工衛星の打上げもあって，地域経済の活性化に貢献しているが，フランス政府の補助金に依存していることが完全独立への道を阻んでいるともみられる。

フランス領ギアナの「悪魔島」から生還した男

1894年，フランス陸軍参謀本部に勤務していたドレフュス大尉（1859～1935）は対独スパイの容疑で逮捕され（図版），証拠も薄弱で否認にも関わらず軍法会議で終身禁固となり，フランス領ギアナの沖合の小島の監獄，通称「悪魔島」に送られた。彼は獄中から冤罪を訴え，旧同僚や文化人の奔走もあり，第1次再審（有罪）後，恩赦で出獄，第2次再審で無罪（1906）となって軍籍に復帰した。第三共和政（1870～1940）の三大危機の1つ「ドレフュス事件」である。

世界遺産（0件）

マルティニク（フランスの海外県）
Martinique

マルティニク島

フォール・ド・
フランス

カリブ海

面積	1100km²（秋田県仙北市程度）
人口	43万人
県都	フォール・ド・フランス
自然	火山島で、しばしばハリケーンの襲来を受ける。熱帯雨林気候
住民	ムラートが大多数。他にヨーロッパ系、インドシナ系。26万人のマルティニク出身者がフランスで暮らす
言語	公用語はフランス語
宗教	大多数がカトリック。他にヒンドゥー教、伝統信仰
産業	サトウキビ、バナナ、バニラなどが栽培され、砂糖やラム酒に加工される。漁業資源にも恵まれ、近年は遠洋漁業と魚類加工が始められている。観光業も進められている。フランス本土に出稼ぎする人も多い
通貨	ユーロ
国名	カリブ語のマディニア（花の鳥）がフランス語化した地名

歴史

　先住民は南米大陸から移住したアラワク系と、カリブ海地域からのカリブ系の人々である。1502年にコロンブスが第4次航海の途次、ヨーロッパ人としてはじめて上陸、スペイン領となったが、先住民の激しい抵抗で入植は進展しなかった。1635年からフランス人による入植が始まり、彼らは北西岸のサン・ピエールに入植地を建設して、60年にはカリブ系先住民を強制的に島外に退去させた。74年、北方のグアドループとともにフランスの直轄植民地となり、マルティニク島にカリブ海地域のフランス植民地全体を統括する総督府が設けられた。

　17世紀半ば以降、ブラジルを追放されたオランダ人が高度な精糖技術をカリブ海地域に伝えたことでサトウキビ栽培が本格化し、アフリカ系黒人奴隷の投入もあってグアドループとともに世界有数の砂糖生産地となった。1848年、本国政府が奴隷制を廃止したため、インドから年季契約移民を導入したが、この頃には砂糖の生産は世界市場での重要性を失っていた。領有権をめぐってイギリスとのあいだに激しい争奪戦があったが、ナポレオン戦争（1796〜1815）後、フランス領に確定した。1946年に海外県となって植民地の地位を脱し、一時、独立への動きもあった。74年に地域圏（レジオン）に昇格して自治権も強化され、80年代にはさらに自治権が拡大された。なお、皇帝ナポレオン1世（位1804〜14・15）の最初の妻ジョセフィーヌはこの島で生まれた。

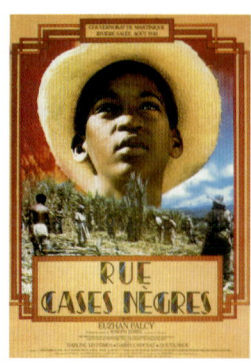

島の少年ジョゼの目をとおして貧困と矛盾に満ちた1930年代の島の生活を描く映画「マルティニクの少年」(1983)。監督・脚本は島出身の女性監督ユーザン・パルシー

ナポレオン1世の妻ジョセフィーヌ

　ナポレオンの最初の妻ジョセフィーヌ（1763〜1814）はマルティニク島の港長の娘に生まれ、パリで自由主義の軍人ボーアルネ子爵と結婚し、一男一女を儲けた。夫がライン軍司令官として敗戦の責任を問われて刑死したのち社交界で活躍し、ナポレオンの目にとまって再婚（1796）。夫の戴冠で皇后となったが2人のあいだに子がなく、皇子を欲した皇帝がオーストリア皇女と結婚するため離婚されて（1809）、マルメゾンの別邸で暮らし、皇帝が失脚してエルバ島に流刑となったのちまもなく死去した。

世界遺産（0件）

モンセラート（イギリス領）
Montserrat

- **面積** 102km²（横須賀市程度）
- **人口** 9000人
- **政府所在地** プリマスだが，1995年から97年にかけ発生したスフリエールヒルズ火山の噴火により壊滅し，現在はブレイズが臨時行政府
- **自然** 大西洋の2つのプレートが衝突する上にある火山島で，ハリケーンの通り道でもあり，自然災害が多い。熱帯雨林気候
- **住民** アフリカ系黒人が大多数。他にムラート，ヨーロッパ系
- **言語** 公用語は英語
- **宗教** イギリス国教会が4割，プロテスタントのメソディスト派が3割。他にカトリックなど
- **産業** 農業はバナナ。観光業も島の有力産業だが，他のカリブの島々と比べて遅れている。火山噴火の影響で島の経済に大きな被害が出た。他にオフショア市場
- **通貨** 東カリブ・ドル（EC＄）

歴史

先住民は南米大陸からのアラワク系とカリブ海地域からのカリブ系の人々である。1493年にコロンブスが第2次航海で来島し，スペインのバルセロナ州西部セラート山（モン・セラート〈1236m〉。「鋸歯の山」の意）にちなんで命名した。1632年来の，イギリスからの入植者の多くは宗教的にイギリスで迫害されたアイルランドのカトリック教徒であり，のちには北米のイギリス植民地ヴァージニアを追われたアイルランド人も加わった。当初はタバコの栽培が中心であったが，やがてサトウキビのプランテーションが発展してアフリカ系黒人奴隷が使役された。17世紀後半にはフランスとの領有争いが続いたが，1783年にイギリス領として確定した。1833年に奴隷制が廃止されるとプランテーションは衰退し，かわってライムや海島綿が主要産物となった。

1958年に西インド諸島連合に加盟したが，62年に同連盟の解体で直轄植民地となり，内政自治権も得た。89年のハリケーンによる被害や95年に始まる島の最高峰スフリエールヒルズ火山（914m）の噴火（写真）で甚大な被害を被り，南部の住民の一部は北部に，他の人々はカリブ海の他の島々や英本国への避難を余儀なくされ，政庁所在地も97年にブレイズに臨時的に移転した。最近は火山活動も安定して住民の一部帰島が始まり，2005年には新空港も完成して観光客も戻ってきた。タックス・ヘイヴンとして非居住者を優遇するオフショア市場も盛んである。カリブ共同体（CARICOM）加盟国。

プレート・テクトニクスの理論

中米諸国ではしばしば大地震がおこる。この理論は，地球表面は厚さ70～100kmの岩石層で覆われており，全体で10数個に分かれている大きな一枚板のようなプレートに大きな力が働き，そのプレートの運動によって地学現象を説明する理論である。あるプレートが他のプレートに沈み込むことで上になったプレートが跳ね返ったときに地震が発生するとされる。したがって複数のプレートの境目あたりが「地震の巣」となる。中米諸国や日本もその一例である。

スフリエールヒルズ火山は，過去にも噴火で島に壊滅的打撃を与えた

世界遺産（0件）

オセアニア
15カ国・15地域

北マリアナ諸島 p.266
サイパン島
グアム p.267
フィリピン海
ミクロネシ
マルキョク
パラオ p.260
ミクロネシア連邦 p.263
カロリン諸島
パリキール
(ポーンペイ島)
ニューギニア島
メ
パプアニューギニア p.259
ラ
ポートモレスビー
ソロモン諸島 p.254
ホニアラ
ネ
シ
ココス諸島 p.269
アラフラ海
サンゴ海
クリスマス島 p.268
オーストラリア p.250
インド洋
キャンベラ

用語解説

- **キャッサバ** 261ページのコラムに記載。
- **コプラ** 249ページのコラムに記載。
- **ジェームズ・クック** 252ページのコラムに記載。
- **タロイモ** 264ページのコラムに記載。
- **南洋群島** 日本が第一次世界大戦以降に統治した赤道以北の諸島で、ミクロネシアの一部、マーシャル、カロリン、マリアナ（グアムを除く）の3諸島を総称する。16世紀以後、スペイン、ドイツ、日本、第二次世界大戦後はアメリカの統治下におかれた。現在は北マリアナ諸島、マーシャル諸島、ミクロネシア連邦、パラオからなる。
- **ポリネシア、ミクロネシア、メラネシア** 272ページのコラムに記載。

日付変更線

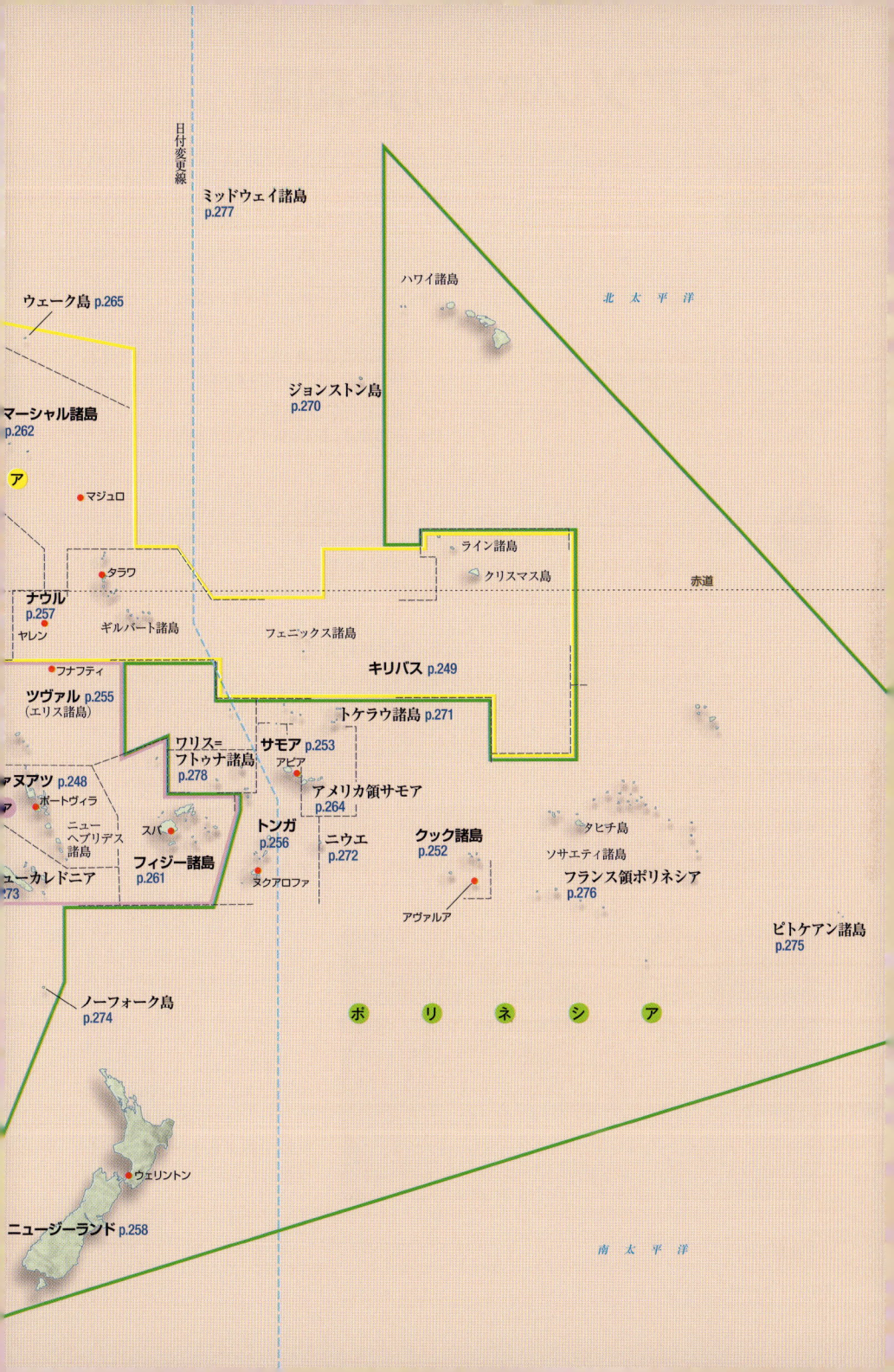

ミッドウェイ諸島 p.277

ウェーク島 p.265

マーシャル諸島 p.262

・マジュロ

ナウル p.257
・ヤレン

・タラワ

ギルバート諸島

・フナフティ

ツヴァル p.255
（エリス諸島）

ヌアツ p.248
・ポートヴィラ
ニューヘブリデス諸島

ニューカレドニア

ワリス=フトゥナ諸島 p.278

・スバ

フィジー諸島 p.261

・ヌクアロファ

サモア p.253
・アピア

トンガ p.256

アメリカ領サモア p.264

ニウエ p.272

トケラウ諸島 p.271

フェニックス諸島

キリバス p.249

ライン諸島

クリスマス島

ハワイ諸島

北太平洋

ジョンストン島 p.270

赤道

クック諸島 p.252
・アヴァルア

タヒチ島

ソサエティ諸島

フランス領ポリネシア p.276

ピトケアン諸島 p.275

ノーフォーク島 p.274

ポ　リ　ネ　シ　ア

・ウェリントン

ニュージーランド p.258

南太平洋

ヴァヌアツ（バヌアツ）共和国
Republic of Vanuatu

面積 1万2200km²（新潟県程度）
人口 24万人
首都 ポートヴィラ
自然 800kmにわたる80余りの島嶼（とうしょ）国家。大部分は火山島でサンゴ礁が発達。熱帯雨林気候
住民 メラネシア系が大多数。他にアジア系など
言語 公用語はピジン英語のビシュラマ語、英語、フランス語
宗教 主にキリスト教諸派。長老派が4割弱、イギリス国教会、カトリックがそれぞれ15％。他に伝統信仰
産業 多くの国民はヤムイモ、タロイモ、ココヤシなどを栽培する自給的な農漁業を営む。優遇税制が設けられているため、オフショア市場が盛ん
通貨 ヴァツ
国名 「我々の土地」という意味
国旗 左の国章は、聖なる豚の牙と聖なる2枚のシダの葉

歴史

先住民は前1000年頃、オーストロネシア系住民が移動してきたと思われる。また、離島部にはポリネシア系の子孫も現存する。1606年、ポルトガル人がはじめて来航したが、1774年にイギリス人ジェームズ・クック（キャプテン・クック）が訪れたときにニューヘブリデス島と命名した。19世紀前半に白檀（びゃくだん）の木が発見されて交易が盛んとなり、宣教師も来島するようになった。一方、19世紀後半にはヴァヌアツの住民がフィジー、ニューカレドニアなどの農園に年季契約労働者として駆りだされた。

1906年にイギリスとフランスの共同統治領となったが、プロテスタント諸派のイギリス系とローマ・カトリックのフランス系の分立が宗教や教育制度に深く影響し、両者の対立は長くもちこされた。フランス系政党は早期独立を望まなかったが、イギリス系政党が79年の総選挙で圧勝したことから、80年に英連邦内の一員として独立した。それより2カ月前、フランス系住民が多いエスピリツサント島が「ベマラナ共和国」として分離・独立を宣言したが、ヴァヌアツ共和国独立の直後にその分離運動は鎮圧された。現在も英・仏両系の対立に加えて部族対立もあって政権交代が頻繁におこり、政治は不安定である。81年に国連に加盟した。外交的には非同盟・反核主義を基本とし、軍隊を保持しない。

首長ロイ・マタの地

ヴァヌアツの口承物語で語り継がれてきた伝説的な首長であるロイ・マタの領地だった場所のうち、とくにその生涯にゆかりのある象徴的な場所、つまり邸宅、死んだ場所、墓の3カ所が対象となっている。フェルズ洞窟は、ロイ・マタが死んだ場所とされ、洞窟内の壁には彩色された岩絵（写真）や岩刻画が残されている。彼は1600年頃、諸部族間の紛争を解決し、現在の首都ポートヴィラがあるエファテ島とその周辺の島々に平和をもたらしたといわれる。

世界遺産（1件）

首長ロイ・マタの地 →コラム

キリバス共和国
Republic of Kiribati

面積	730km²(対馬程度)
人口	10万人
首都	タラワ
自然	主要な国土はギルバート諸島，フェニックス諸島，ライン諸島。赤道と日付変更線が交差するが，1995年より全国同一の日付(西側)を採用。熱帯雨林気候
住民	大多数がミクロネシア系。他にポリネシア系
言語	公用語はキリバス語と英語
宗教	カトリックとプロテスタント
産業	バナナ，パパイヤ，ココヤシなどを栽培。漁業も盛ん。500万km²におよぶ広大な漁業専管水域を利用して各国と漁業協定を結び，入漁料を得ている
通貨	オーストラリア・ドル
国旗	上半分は，ペリカン目コグンカンドリ(希望の象徴)が日の出の太陽の上を飛んでいる。下半分は青い太平洋で，白い波線は3諸島を示している

歴史

1606年にスペイン人がギルバート諸島にはじめて来航した。1788年，イギリス東インド会社の船長トーマス・ギルバートが上陸し，彼の名にちなんで諸島名がついた。現国名はギルバート(Gilbert)の現地語(キリバス語)の発音による。19世紀初頭来，捕鯨船の寄港地として賑わい，欧米の船乗りたち(なかには脱走水兵も含まれた)が上陸・定住し始めた。1857年アメリカ海外伝道団が来航してキリスト教の布教が始まり，92年にイギリスが諸島を保護領化した。1900年に燐鉱石が発見されたオーシャン(バナバ)島も併合し，16年，ギルバート・エリス諸島植民地となった。

第二次世界大戦では一時日本軍が占領したが，米軍が奪回のためタラワ上陸作戦を展開して多数の死傷者をだした。戦後，再びイギリス領となったが，1975年，民族の異なるエリス諸島(現ツヴァル)が分離・独立し，79年にキリバスも独立，同年アメリカと友好条約を結んでフェニックス諸島・ライン諸島を譲渡された。軍隊はもたない。燐鉱石の枯渇で大幅な輸入超過が続き，海底鉱物資源の開発や観光業に力を注いでいる。2008年，サンゴ礁が豊富なフェニックス諸島海域に世界最大級の海洋保護区を設定した。議会が数人の大統領候補者を決め，国民投票で決する。近年，地球温暖化による海面上昇が問題となり，オーストラリアやニュージーランドに国民の移住受け入れを要請している。

ココヤシとコプラ

ココヤシはヤシ科の常緑大高木で，熱帯圏で広く栽培され，高さは20～30m，幹径は約30cmになる。ココヤシの果実(ココナッツ)の核の内側の白い胚乳を絞った液汁がココナッツミルクで，調味料に利用される。果実の胚乳を乾燥させたものがコプラ(copra，写真)で石鹸やマーガリンの原料となる。他にヤシ油・ヤシ酒もつくる。中果皮は束子・刷毛・箒・網などに，核は燃料や細工物に，幹は建築材に利用されるなど，あらゆる部分が資源として利用される。

世界遺産(0件)

オーストラリア連邦
Australia

面積	769万2000km²（日本の20倍）
人口	2260万人
首都	キャンベラ
自然	世界最小の大陸オーストラリアと、タスマニア島などからなる。大陸は東部山地、大鑽井盆地の開ける中央低地、砂漠が多い西部台地の3つに分けられる。国土の平均高度は300m。北東部の海は世界最大のサンゴ礁が群生する。東部の海岸側は温暖湿潤気候、西岸海洋性気候。南西部の沿岸は地中海性気候、北部の沿岸はサバナ気候。内陸部は砂漠気候、ステップ気候
住民	ヨーロッパ系白人が9割、うちオーストラリア生まれが7割。他に先住民のアボリジニ
言語	公用語は英語
宗教	イギリス国教会、カトリック、プロテスタント諸派が25％ずつ。他に仏教、イスラーム教
産業	国土を活用した先進農業国。小麦（生産量世界第9位）、大麦、綿花（世界第8位）、サトウキビなど。羊毛は世界第2位。沿岸部で、ロブスターやカキなどを漁獲。鉱物資源は豊富で、ダイヤモンド（世界第5位）、金（世界第3位）、銀（世界第4位）、スズ（世界第6位）、ウラン（世界第3位）、鉄鉱石、ボーキサイトなどをアジアの工業国へ大量に輸出。工業は成長しつつある。雄大な自然や珍しい動植物など観光資源は豊富。空の旅が大衆化したことで観光業が主要産業に成長。豊かな一次産品と少ない人口のために生活水準は高い
通貨	オーストラリア・ドル
国名	古代ギリシア人やローマ人が漠然とインドの南にあると信じていたラテン語のテラ（大陸）・アウストラリス（南）・インコグニータ（未知）に由来
国旗	左上にイギリスとのつながりを象徴するユニオンジャック、左下に6州1準州による連邦を象徴する七稜星（ななりょうせい）。反対側は南十字星

歴史

約5万年前に東南アジア方面から先住民アボリジニの祖先がこの大陸にやってきた。現在、アボリジニは本土諸民族（狭義のアボリジニ）・アイランダーズ（トレス海峡島嶼民）・ティウィ人（北部島嶼民）に大別される。1770年、イギリス人ジェームズ・クック（キャプテン・クック）が南東岸のボタニー湾に上陸してイギリス領を宣言し、イギリス政府は88年に現在のシドニーに最初の流刑囚を含む植民者を送り込んだ。このニューサウスウェールズ植民地は流刑地であったが、19世紀になって捕鯨・アザラシ猟・羊毛産業などが発展したため、自由移民が入植するようになり、19世紀半ばまでには牧羊業者（スクウォッター）が境界を越えて進出していった。このため現在のクイーンズランドやヴィクトリア、南オーストラリアが植民地として発展した。

1828年、全土がイギリスの植民地となり、アボリジニの土地は「無主地」として奪われた。51年に金鉱が発見されてゴールド・ラッシュに沸いたが、同時に欧米以外の地域からの非白人移民も増加したことから摩擦がうまれ、有色人種の移住制限や保護貿易政策など、白人優越を原則とする「白豪主義」が強化される一方、経済の発展にともなって大幅な自治権が獲得され、1901年に6州による連邦政府が樹立された。31年、イギリスが連邦内自治州に自主的立法権を与えるウェストミンスター憲章を制定すると、オーストラリアは42年にこれを批准し

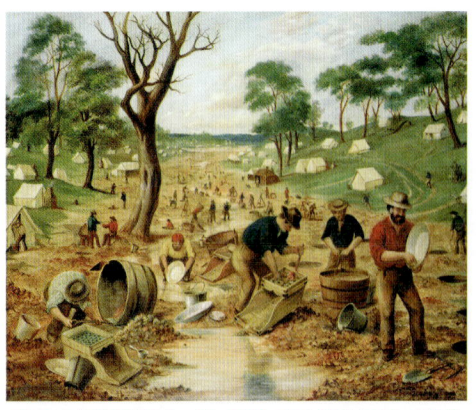

イギリスは金発見委員会をつくり、採算にあうような金鉱をみつけた者には報奨金を払うとしたが、この報奨金目当てに一攫千金を狙う金鉱掘りが大量に集まり、19世紀後半にゴールド・ラッシュが出現した

ウルル=カタ・ジュタ国立公園

　大陸のほぼ中央部にそびえる巨大な一枚岩ウルル（エアーズ・ロック）は，堆積岩が地殻変動によって垂直に隆起したもので，周囲9.4km，地面からの高さは348mにおよぶが，地上に露出している部分は岩全体の3分の1以下と推定されている。含有鉄分が酸化して赤く見える表面を浸食と風化による無数の裂目が走り，麓から頂上まで登ることができるが，現在は1日あたりの人数が制限される。ウルルの西約32kmにある36の岩が連なるカタ・ジュタ岩群（オルガ）とあわせた国立公園は，アボリジニの聖地でもある。

て事実上の独立国家となったが（司法権の独立は86年のオーストラリア法による），現在も英連邦を構成する一国である。1891年に労働党が，1944年に自由党がそれぞれ結成され，両次の大戦まではイギリスに依存していたが，第二次世界大戦後は対米依存に変化し，51年にアメリカを中心に反共主義を掲げた太平洋安全保障条約（ANZUS）に加盟した。72年に23年ぶりに労働党が政権に復帰して翌73年に移民の人種差別条項を撤廃して白豪主義と決別し，さらに75年の「人種差別禁止法」で多民族・多文化社会の歩みを強化している。アボリジニには67年に公民権が与えられ，93年の「先住民土地権法」で彼らによる土地管理・資源利用の伝統的権利が承認された。

　1999年の共和政移行のための憲法改正案は国民投票で否決された（反対票55％）。96年の総選挙で自由党・国民党の保守連合が圧勝して5期にわたる労働党政権が終わったが，2007年には労働党が11年ぶりに政権を得て，前政権の親米外交によるイラク出兵（2003～）から方針を一転させ，08年に撤退を開始し，09年に完了した。しかし国連平和維持活動（PKO）には積極的で，アフガニスタン・東ティモール・ソロモン諸島などに駐留軍を送っている。10年の総選挙では与野党とも過半数に達せず，労働党中心の連立政権となった。

アボリジニが描いたカカドゥの壁画

世界遺産（19件）

カカドゥ国立公園（アボリジニの岩絵の宝庫）→下の写真／**グレート・バリア・リーフ**（エメラルド色に輝く広大なサンゴ礁の海）／**ウィランドラ湖群地域**（今は乾燥した湖群は更新世の歴史を刻む）／**タスマニア原生地域**（大陸移動説の証拠ともみられる島）／**ロード・ハウ諸島**（海底火山の噴火で生まれた植物と鳥の楽園）／**オーストラリアのゴンドワナ雨林群**（多彩な生物が棲息する地域）／**ウルル=カタ・ジュタ国立公園**→コラム／**クィンズランドの湿潤熱帯地域**（植物の進化の歴史をたどる熱帯雨林）など

クック諸島
Cook Islands

面積	237km²（石垣島よりやや広い）	宗教	プロテスタントのクック諸島教会派が7割で，カトリックが3割
人口	3万人		
首都	アヴァルア	産業	農業と観光業が主体。ココナッツ，バナナ，タロイモなどを栽培し，コプラや柑橘類を輸出している。日本へはマグロや，果実が原料のノニジュースを輸出。ニュージーランドへの移民もしくは出稼ぎが多い。大幅な入超のため，ニュージーランドからの援助に依存
自然	南太平洋ポリネシアに点在する15の島々からなる海洋国家。熱帯雨林気候		
住民	ポリネシア系マオリ人が9割。他に混血のポリネシア人やヨーロッパ系		
言語	公用語はマオリ語と英語	通貨	ニュージーランド・ドル

歴史

10世紀頃にはオーストロネシア系が定住しはじめたとされる。文化は島ごとに異なり，今でも方言差や出身島による同郷意識は強い。首長の治める部族社会であったが，1773年にイギリス人ジェームズ・クック（キャプテン・クック）が来航し，彼の名にちなんでクック諸島と命名された。1821年にロンドン伝道協会のキリスト教布教が始まり，先住民マオリを積極的に説教師に登用することで，現在のクック諸島教会の基礎が築かれた。19世紀半ばからは多くのヨーロッパ船が寄港して，マオリとの混血も進んだ。88年にイギリスがラロトンガ島を含む南部の島々を保護領としたが，1901年にニュージーランドが15の島全体を「クック」の名のもとに併合し，15年に統一法典としての「クック諸島法」が成立した。

1957年に立法議会が設立され，64年に自治権を獲得し，65年に外交・軍事・防衛をニュージーランドに委ねる自由連合協定に合意して自治政府を樹立した。主権国家として国際機関にも加盟し，英連邦にも加盟している。日本政府も2011年に承認した。海外移民の本国への送金と，ニュージーランドからの経済援助が歳入の柱であるが，70年代以降，ニュージーランドへの移住者や出稼ぎ者の数が増え，近年，海外移民は本国人口を上回っている。そのため海外移民が本国の内政にも参加できるように議会に海外議席が設けられていたが，2003年に廃止された。他に首長称号保持者からなる諮問機関もある。

ジェームズ・クック

クック（1728～79）はイギリスのヨークシャーに生まれ，1746年以降，貿易船に乗り組んだのち海軍にはいり，七年戦争（56～63）に従軍した。この間，セント・ローレンス川の水路測量をおこない，ニューファンドランド地方の海図を作成。67年，南太平洋学術調査船の指揮官に任命され，3次の航海で多岐にわたる新たな知見を得た。第3回航海でベーリング海峡上で北緯70度30分に達し，帰途，ハワイに到達したが島民に襲われて死亡した。彼が栄養上の工夫をしたため，航海中の乗組員の死者はほとんどなかった。

世界遺産（0件）

サモア独立国
Independent State of Samoa

面積	2830km²（鳥取県よりやや狭い）
人口	18万4000人
首都	アピア
自然	島嶼（とうしょ）国家。ほとんどの島はサンゴ礁に囲まれ、熱帯雨林に覆われている。熱帯雨林気候
住民	ポリネシア系が9割。他にヨーロッパ系との混血、メラネシア系、華人
言語	公用語はサモア語と英語
宗教	カトリック、プロテスタント諸派
産業	自給作物としてタロイモ、ヤムイモなど、商品作物としてココヤシ、カカオ、バナナなどが栽培される。沿岸漁業。ニュージーランドなどへの移民からの送金
通貨	サモア・タラ（WST）
国名	モア神の地。つまり、「創造神タンガロアの息子または化身の鳥の聖地」をあらわす
国旗	5つの白星は南十字星

歴史

前8世紀半ばにはオーストロネシア系の人々が新石器をもちいて暮らしていたと思われる。1722年、オランダ人がサモア諸島に来航し、1830年にロンドン伝道協会が派遣した宣教師がサバイイ島に来島して以来、西欧社会との関係が始まり、1875年、東サモア（現アメリカ領サモア）と一体の王国となった。伝統的な首長間の抗争が続く一方、捕鯨船などが寄港し、乗組員の一部や宣教師・商人などがウポル島に定住しはじめた。1889年にアメリカ・イギリス・ドイツの共同保護領となり、98年におこった首長間の武力抗争を契機にアメリカ・イギリスの軍事介入で王政を廃止し、翌99年に東サモアをアメリカが、西サモアをドイツが領有した。

第一次世界大戦後の1919年にニュージーランドの国際連盟委任統治領となり、第二次世界大戦後は国連の委託によるニュージーランドの国連信託統治領となった。62年に立憲君主国（国家元首は任期5年）として独立し、76年に国連に加盟して97年に国名を「西サモア」から現国名に改めた。軍隊をもたず、ニュージーランドとは友好条約を結び、オーストラリアとの関係も深い。太平洋諸島フォーラム（PIF）と英連邦に加盟している。定数49人の一院制議会があり、91年から普通選挙を実施しているが、伝統的なマタイ（村落の首長）制度が残っており、定数のうち47議席はマタイの称号をもつ者しか立候補できず、残り2議席は非サモア人に割り当てられる。

サモアの民家は壁がなく、風通しがよい。屋根をココヤシの葉で葺き、平面が楕円形で床には土砂や小石を敷きつめる

国連統治領

国際連盟（1920～46）時代の「委任統治」にかわって、国連（1946～）の信託を受けた国家（施政権者）が、国連の監督のもとに統治をおこなう制度を「信託統治」という。信託統治理事会が施政権者からの報告の審議や視察をし、統治される地域住民の請願の受理などをおこなう。日本の委任統治領（1920～45、259ページのコラム）であったが、日本の敗戦で国連信託統治領となったパラオ共和国の独立（1994）を最後に信託統治はなくなった。

世界遺産（0件）

ソロモン諸島
Solomon Islands

面積	2万8900km²（岩手県の2倍）
人口	54万人
首都	ホニアラ
自然	100余りの島嶼（とうしょ）群からなる。いずれも険しい火山島で熱帯雨林に覆われ、熱帯雨林気候
住民	メラネシア系が9割以上。他にポリネシア系、ミクロネシア系、ヨーロッパ系、中国系
言語	公用語は英語。他にピジン英語
宗教	イギリス国教会が3割強、カトリックとバプティストが2割ずつ。他にプロテスタント諸派
産業	捕鯨擁護国。自給自足的な経済と貨幣経済が併存している。木材、コプラ、パームオイル（マーガリンや石鹸の原料）。カツオとマグロ。現在の課題は財政赤字再建と経済格差の是正、森林破壊およびマラリア対策
通貨	ソロモン・ドル
国旗	5つの星は南十字星

歴史

ソロモン諸島の住民は前13・12世紀頃に移住してきたメラネシア系の人々、パプア諸語を話す人々（北西の一部の島）、紀元後1000年頃、東方から引き返してきたポリネシア系の人々、20世紀になってイギリスの政策で移住してきたキリバス人（ギルバート諸島人、249ページ）などで構成されている。1568年にスペイン人がヨーロッパ人としてはじめて来島し、古代ヘブライ王国のソロモン王の「黄金」の産地と考えられて、ソロモン諸島と命名された。19世紀半ばまでに捕鯨船が寄港し、宣教師・交易商人が来航。1884年に諸島北部がドイツ領、93年に諸島南部・中部・東部がイギリス領になった。99年、サモアと引替えにソロモン諸島北部のドイツ領も含めたイギリス保護領ソロモン諸島が成立した。

第二次世界大戦で1942年に日本が占領したが、激戦の末、翌43年にアメリカが占領した。戦後再びイギリス領となったが、島民の不満は強く、75年に自治政府を樹立し、78年に立憲君主国として英連邦内で独立した。太平洋諸島フォーラム（PIF）に参加し、イギリス・オーストラリア・英連邦諸国や近隣諸国との友好関係を重視している。近年、出身島による同郷意識から社会秩序や政情の不安定が表面化し、武装ゲリラの活動もあって2003年にはPIFのソロモン地域支援団が派遣された。

東レンネル

レンネル島は長さ約86km、幅約15kmあって、環礁が隆起した島では世界最大とされる。高さ約20mの密林に覆われており、東部にかつて砂嘴（さし）などで外洋から切り離されたラグーン（礁湖または潟湖〈せきこ〉）であった塩水湖テガノ湖がある。南西太平洋などで発生するサイクロンの通り道で、年間降雨量は3000mm超である。島の東部約370km²と海岸から約5.5kmの海域が固有種を含む多様な生物群の棲息地域として遺産登録された。

ソロモン諸島では1980年代末から木材輸出のための森林伐採が、急速に進んだ。過去3年間にわたり熱帯自然雨林が過剰伐採され、年間40万m³が限度と考えられていた伐採量が100万m³にも達し、もはや持続的森林維持は難しいとみられる

世界遺産（1件）

東レンネル→コラム

ツヴァル（ツバル）
Tuvalu

面積	25.9km²（伊丹市程度）	宗教	ほとんどがプロテスタント系ツヴァル教会に属する
人口	1万2000人。ヴァティカン市国の次に人口が少ない	産業	サンゴ礁のため農業には不向きで漁業も自給程度。外貨収入は、切手の発行、海外への出稼ぎ、外国漁船の入漁料。国際信託基金から援助を受けている
首都	フナフティ		
自然	エリス諸島の9つの島々（環礁）からなる極小海洋国家。いずれもサンゴ礁で形成された平坦な島で、平均高度は2m、最高点で4.5m。熱帯雨林気候	通貨	オーストラリア・ドル
		国名	ポリネシア語で「8つの島」（独立時にニウラキタ島は無人島だった）
住民	ポリネシア系が大多数		
言語	公用語はツヴァル語と英語	国旗	星はツヴァルの9つの島

歴史

　ツヴァルの先住民はサモア、ギルバート諸島、トンガ、クック諸島北部など中部・南西部太平洋の島々から移住してきたといわれ、とくにサモア人（252ページ）との戦争、交易、通婚を通じてその文化的影響を受けている。1568年にスペイン人がヨーロッパ人としてははじめてヌイ島に来航し、19世紀になると捕鯨船や交易商人が多く訪れるようになった。「ツヴァル」と改める以前の「エリス諸島」の名は1819年にフナフティ環礁を発見したイギリス船の所有者エドワード・エリスにちなむ。60年代にはサモア経由でキリスト教が伝来した一方、奴隷狩りによって多くの島民がオーストラリア、フィジー、ハワイなどに連行されて人口が激減し、92年にイギリスの保護領となり、つづいて1916年には、ギルバート諸島とともに「ギルバート・エリス諸島植民地」となった。

　1975年にギルバート諸島（現キリバス共和国）と分離し、78年にイギリス女王を国家元首とする立憲君主国「ツヴァル」として、英連邦内で独立した。86年には共和制か立憲君主制かを問う住民投票がおこなわれて後者が過半数を占め、2008年にも共和制移行を問う国民投票がおこなわれたが否決された。2000年に国連に加盟したが、台湾（中華民国）と外交関係を維持している。近年、地球温暖化の影響で国土が水没することが懸念され、将来に備えての移住計画を立てて、ニュージーランドとのあいだに合意を得ている。

海抜が最高でも4.5mと低いため、海面が上昇したり、地盤沈下がおこったりすれば、国の存在そのものが脅かされることになる

地球の温暖化

　地球温暖化とは「年間平均気温の世界平均の上昇」をさし、現在の世界が直面している深刻な環境危機の1つとされる。その原因は発電のための石炭・重油の燃焼、自動車・工場からの排気ガスなどによる二酸化炭素の増加、森林伐採などによる二酸化炭素（CO_2）を吸収する森林の減少が人為的なものとされ、他に火山活動など自然的要因もある。問題点も多岐にわたり、異常気象の頻発（気候変動）、生態系への影響、海面上昇など地球規模での環境変化（危機）が指摘される。

世界遺産（0件）

トンガ王国
Kingdom of Tonga

面積	720km²（対馬程度）
人口	10万5000人
首都	ヌクアロファ
自然	南太平洋ポリネシア海域の最西端に位置し，170余りの島々からなる。熱帯雨林気候
住民	ポリネシア系が大多数
言語	公用語はトンガ語と英語
宗教	プロテスタントのメソディスト派が大多数
産業	農業，漁業と観光業，出稼ぎ送金に頼っている。自給作物としてはキャッサバ，タロイモ，商品作物としてはバナナ，ココヤシ（コプラに加工）が栽培されている。近年では日本向けにカボチャなどが栽培される
通貨	パ・アンガ
国名	ポリネシア語で「風下側」を意味する。サモアの風下，南側に位置することから名づけられた
国旗	左上の十字はキリスト教国であることを示す

歴史

前850年頃にはオーストロネシア系住民が西方から移住し，10世紀半ばには最初の王朝が成立したと思われる。1616年，オランダ人がヨーロッパ人としてはじめて来航し，43年にはオランダの航海者・探検家タスマンが南部諸島を訪れた。1773年，イギリス人ジェームズ・クック（キャプテン・クック）がトンガタプ島を訪れ，77年の再訪に際しては島民の親切さに「友愛諸島」(Friendly Islands)と命名した。1845年に王家の傍系首長ツイ・カノクポルとなったタウファアハウは52年に全土統一に成功し，キング・ジョージとしてしてプロテスタントの洗礼を受けた。75年に国王ツポウ1世（位1875〜93）を名乗って立憲君主国を宣言，以前から来島していたキリスト教宣教師団が，法典編纂(1839)や解放令(1862)，憲法の制定(1875)などを通じて中央集権的近代政治体制樹立に貢献した。

ツポウ2世（位1893〜1918）時代の1900年，外交権のみを預ける形でイギリスの保護領となり，70年6月，外交権を回復して英連邦内の立憲君主国として独立を果たした。98年，中国と国交を樹立して台湾（中華民国）と国交を断絶し，翌99年，国連に加盟した。国家財政は先進国からの経済援助・輸出・観光収入，そして外国居住者からの送金に依存しているが，国民の国王への忠誠心は強く，伝統的身分階層制は維持されている。2006年，史上初の平民出身の首相が生まれた。同年11月，民主化推進を求める暴動の結果，民選議員の数が増加した。

先代の国王ツポウ5世(1948〜2012)の戴冠式。2006年に王位を継承し，23代目のトンガ国王となった

相撲とラグビー

トンガの人々はラグビーが大好きである。ラグビーは正しくはラグビー・フットボールというが，その発祥は1823年にイギリスのラグビー校でのフットボール（サッカー）の試合で1人の少年がボールを手にもったまま走り出したことに始まるとされる。一方，トンガ人は男女とも体格が非常によい。その大きな体格を活かして日本の相撲力士になる男性もいる。この国ではイギリスと日本という洋の東西両端の国のスポーツがともに好まれる。

世界遺産（0件）

ナウル共和国
Republic of Nauru

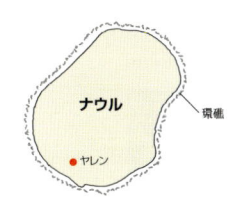

面積	21km²（多摩市程度）
人口	1万人。ヴァティカン市国，ツヴァルに次いで世界で3番目に人口が少ない
首都	ヤレン
自然	周囲わずか19kmで，ヴァティカン市国，モナコに次いで世界で3番目に面積が狭い。サンゴ礁からなり，最高点69mと平坦であるが，隆起しているので高波に洗われることはない。熱帯雨林気候
住民	ミクロネシア系が6割，メラネシア系が3割，華人が1割
言語	公用語はナウル語と英語
宗教	3分の2がプロテスタント，3分の1がカトリック
産業	野菜，果樹の栽培や漁業がおこなわれているが，自給的なものに限られる。工業はほとんどなく，土壌が悪いため，食糧，日用品はもとより，飲料水や土砂まで輸入に頼っている
通貨	オーストラリア・ドル

歴史

　先住民はメラネシアから移住したオーストロネシア系の人々で，1798年にイギリスの捕鯨船が来航したのち，1830年代からは捕鯨船の寄港で欧米と接触し，88年にドイツが保護領化した。98年に燐鉱石が発見され，イギリスの会社がドイツ政府の許可を得て1907年から採掘を開始した。第一次世界大戦でオーストラリア軍に占領されたが，20年にオーストラリア・ニュージーランド・イギリスによる国際連盟委任統治領となった際，燐鉱石採掘事業は3国の合弁事業となった。

　第二次世界大戦で，1942年に日本軍が占領し，43年，約1200人をトラック島（現チューク島）に強制連行して使役した。戦後，再び前記3国による国連信託統治領となり，66年の立法議会設立を経て68年に英連邦内で独立した。89年，ナウル政府は環境破壊を理由にオーストラリア・ニュージーランド・イギリスを国際司法裁判所（ハーグ）に提訴して損害賠償を求め，94年に認められた。地球温暖化による海面上昇への危機感から99年に国連に加盟した。20世紀後半まで燐鉱石の輸出収入で，生活水準は南太平洋一を謳われたが，近年，資源枯渇が表面化している。財源と住居の確保のためグアムなどに土地を購入する計画を進めている。非居住者を優遇するオフショア市場での金融業の盛行もマネー・ロンダリング（不正資金の洗浄）と非難され，90年代から経済が不安定化している。

燐鉱石の積出港。燐鉱石の採掘は国営事業として運営している。その燐鉱石の基金で船団をつくり，世界の海をかけめぐって輸入品を運んでくる

アホウドリ

　アホウドリ（shorttailed albatross）はミズナギドリ目アホウドリ科の海鳥で，全長は約90cm，全体に白色で翼の先と尾は黒色，嘴はピンク色でその先端は青色である。太く鋭い嘴で海中の魚類やイカなどを捕食する。10～11月が繁殖期。日本近海では伊豆諸島の鳥島や沖縄県尖閣諸島付近に棲息。羽毛採取で激減し，日本では種指定の特別天然記念物。南太平洋にも多いが，国際保護鳥でもある。和名は気の毒な名前だが，ラテン語のalbaは聖職者の白い長衣を指す。

世界遺産（0件）

ニュージーランド
New Zealand

面積	27万500km²（日本の4分の3）
人口	440万人
首都	ウェリントン
自然	環太平洋造山帯に属し，北島は火山がある丘陵，南島は高峻な山脈，氷河．西岸海洋性気候，冷帯多雨気候
住民	ヨーロッパ系が7割，先住民マオリが15％．他に太平洋諸島（とうしょ）国系，アジア系
言語	公用語はマオリ語と英語
宗教	半分以上がキリスト教，イギリス国教会，カトリックが多い．他にヒンドゥー教，仏教．無宗教も多い
産業	自然条件に恵まれた農業先進国で酪農，畜産が盛ん．羊毛や乳製品．豊かな漁場でマグロ，イカ，タラを漁獲．林業は輸出額の1割を占める．観光立国でもある
通貨	ニュージーランド・ドル
国名	オランダ人タスマンが「新しい海の土地」と命名
国旗	左上にユニオンジャック，赤い星は南十字星

歴史

ポリネシア系先住民マオリ（マオリ語で「正しい」「人」の意）は13世紀中頃にソシエテ諸島などから移住したとされる．1642年オランダ人タスマンが来島したのが欧米との接触の最初で，1769年のイギリス人ジェームズ・クック（キャプテン・クック）の探検により地理的全貌が明らかになると，捕鯨船・交易商人・宣教師などが訪れた．1840年，イギリスはマオリの首長たちとワイタンギ条約を結んで直轄植民地とし，「1852年基本法」で6州からなる連邦自治植民地となったが，マオリは大部分の土地を奪われた．60年代に南島で金鉱石が発見されて労働者が大量に流入し，1907年に英連邦内自治領，47年に英連邦内の立憲君主国（イギリス王が元首）として独立した．

第二次世界大戦後は太平洋諸島民やアジア系移民が急増したため，1970年代に統合・同化主義から多文化主義に転換し，マオリの土地権利回復など社会的・文化的復権に努めた（2004年マオリ党結成）．また70年代，高度福祉国家路線から市場経済導入に転換した．国民党・労働党が政権交代を重ねたが，1996年に国民党と第3党の連立政権が発足し，99年・2002年・05年の総選挙では労働党が勝利した．08年には国民党が勝利して少数政党3党の閣外協力を仰いだ．南太平洋地域の安定，国連の平和維持活動（PKO），軍縮に積極的だが，労働党政権が1987年に「反核法案」で非核主義を打ち出したため，オーストラリア・アメリカとの太平洋安全保障条約（ANZUS，1951年調印）は事実上，凍結された．

テ・ワヒポウナム―南西ニュージーランド

テ・ワヒポウナムは南島を北東から南西に縦断するサザンアルプス山脈のほぼ中央に位置する最高峰マウントクック山（マオリ名アオラキ，3754m）周辺の広大な山岳地域で，4つの国立公園と多数の自然保護区からなる．更新世（約170万～1万年前）末期の氷河に浸食されたフィヨルド地形や，南半球最大のタスマン氷河，1日の移動（落下）速度が速いことで知られるフォックス氷河，U字谷など珍しい地形と景観がかけがえのない価値をもつ．

ラグビーのナショナル・チーム「オール・ブラックス」が試合前におこなう雄叫びの舞は，先住民マオリの民族舞踊ハカ

世界遺産（3件）

テ・ワヒポウナム―南西ニュージーランド →コラム／トンガリロ国立公園（マオリの人々が崇敬する3つの火山を擁する山岳公園）／ニュージーランドの亜南極諸島（本島南方の諸島の海鳥や海生哺乳類の楽園）

パプアニューギニア独立国
Independent State of Papua New Guinea

面積	46万2000km²（日本の1.25倍）
人口	690万人
首都	ポートモレスビー
自然	ニューギニア島東半部とニューブリテン島など大小1万ほどの島嶼からなる。高山部分以外は熱帯雨林で，熱帯雨林気候
住民	メラネシア系が大半。他にポリネシア系など
言語	公用語は英語。他に約750もの言語が使用されている
宗教	カトリックが2割強，プロテスタントのルター派が1.5割，プロテスタント諸派3割。伝統信仰も根強く3割強
産業	農村型自給自足経済と都市型貨幣経済が混在した二重構造で，金，石油，銅が輸出の中心。ヤシ栽培に適し，パームオイル（マーガリンや石鹸の原料）も輸出
通貨	キナおよびトヤ（100分の1キナ）
国旗	右上の黄色は国鳥である極楽鳥。左下の5つの星は南十字星

歴史

　約5万年前の旧石器時代に東南アジアからパプア諸語を話す現在のニューギニア高地人の祖先が移住し，前3500年頃の新石器時代にオーストロネシア系の人々がニューギニア島沿岸や島嶼部に広がったので，この島々は古くから東南アジアでは知られていた。1526年にポルトガル人が来航してパプア（マレー・ポリネシア語で「縮れ毛」の意）と命名し，19世紀には捕鯨業者・交易商人・宣教師が活動した。1884年に，ドイツがニューギニア島東部北岸地域とビスマルク諸島を，イギリスがニューギニア島東部南岸および周辺地域を保護領とした。99年，ソロモン諸島北部（ブーゲンヴィル島・ブカ島）がドイツ領にとどまって現在の国境が画定された。

　1906年，イギリス領はオーストラリア領に移行してパプアと名を改めたが，第一次世界大戦でドイツ領がオーストラリア軍に占領され，戦後，同国による国際連盟委任統治領となった。46年に同国による国連信託統治領となり，ニューギニア島西半部は69年にインドネシアに併合された。パプアとニューギニアという異なる地域の統治は49年のパプア・ニューギニア法によって一元化され，73年，内政自治権を得て，75年に独立した。国内では約750もの言語が使われていて部族間の対立もあり，鉱山資源の豊富なブーゲンヴィル島の分離独立問題が88年から内戦化した。2001年の和平協定で05年に独自の憲法をもつ自治政府が発足し，10〜15年後に独立の可否を問う住民投票がおこなわれることになっている。

島の南東端ミルン湾州のアブラヤシ・プランテーション。アブラヤシの実から採れるパームオイルは貴重な輸出品である

クックの初期農耕遺跡

　クックはニューギニア島南東部の海抜1500mの高地に位置する湿地。1970年代以降に発掘調査がおこなわれた結果，1万〜7000年前からタロイモ・ヤムイモ・バナナなどの栽培がおこなわれていたことが判明した。またイモ類を加工するための石器類も発見された。溝を掘って湿地の排水をおこなう干拓用水路跡がみつかり，土壌改良工事もあったとみられる。この島はヨーロッパ人の入植後にはコーヒー豆や茶のプランテーションがおこなわれた。

世界遺産（1件）

クックの初期農耕遺跡→コラム

パラオ共和国
Republic of Palau

面積	488km²(屋久島程度)
人口	2万1000人
首都	マルキョク(2006年にコロールより遷都)
自然	火山島や隆起サンゴ礁など200ほどの島嶼(とうしょ)からなる。住民がいる島は10に満たないとされる。熱帯雨林気候
住民	ミクロネシア系が大半。他にポリネシア系など
言語	公用語はパラオ語と英語
宗教	キリスト教諸派。伝統信仰の影響が強い
産業	漁業とココナッツなどの農業、観光業が主産業で、歳入のほとんどがアメリカ合衆国からの無償援助。日本への輸出品はマグロが大半を占める。歩行者は右側通行で、右ハンドルの日本製中古車が多く走る
通貨	アメリカ・ドル
国旗	黄色の丸はパラオの人々にとって重要な満月。日本の「日の丸」のデザインが元になっている

歴史

前2000～前1500年頃には人が居住していたが、東南アジアなどからの移住もあった。16世紀にスペイン人が来航し、19世紀初頭からは捕鯨船や商船の来航が盛んとなって、1886年にスペインが領有宣言をしたが、99年、スペインはパラオを含むカロリン諸島をドイツに売却した。第一次世界大戦中、対独宣戦をした日本軍が占領し、1920年から日本による国際連盟委任統治領「南洋群島」となった。日本はコロール島に南洋庁を設置し、多くの日本人も移住し、燐鉱石の採掘事業などに従事した。第二次世界大戦で日本が敗れたため、47年、アメリカはミクロネシアを6地区に分割して同国による国連信託統治領「太平洋諸島」とし、パラオはその1地区となった(252ページのコラム)。

戦後、ミクロネシア地域の統一国家構想からは離脱して独自の憲法を制定し、1981年に自治政府を樹立したが、米軍基地を認めるアメリカとの自由連合協定と、非核原則に立つパラオの憲法は両立せず、同憲法は凍結された。83年から90年まで住民投票を7回も繰り返したが、自由連合の承認(75%以上の賛成)にはいたらなかった。92年の大統領選挙で日系人が当選し、同時実施の住民投票で憲法改正案が承認され、翌93年に自由連合協定が承認され、94年に独立した。現在も歳入はアメリカの援助に依存している。2006年コロールからマルキョクに遷都した。アジアからの民間投資や労働者を受け入れる一方、住民が海外に移住・出稼ぎする傾向もある。

日本の委任統治時代

第一次世界大戦後の1920年、日本は旧ドイツ領カロリン諸島(パラオを含む)を国際連盟からの委任統治領とし、コロール島に南洋庁を設置した。統治の特色は経済開発にあり、労働力の80～85%を日本移民に依存したため、島民人口を上回る日本人移民によって島社会の近代化や文化の変容が急激に進行した。主な経済活動には製糖・南洋貿易・燐鉱石の採掘などがあった。一方、日本の海軍戦略基地でもあったので太平洋戦争では日・米の激戦地となった。

バベルダオブ島の日本海軍通信隊建物跡と九五式十三頓(13t)牽引車

オセアニア パラオ共和国

世界遺産(0件)

フィジー諸島共和国
Republic of Fiji

- **面積** 1万8000km²（四国程度）
- **人口** 85万人
- **首都** スバ
- **自然** 2島を中心に330余りの島々からなる。熱帯雨林気候
- **住民** メラネシア系フィジー人が6割弱，インド系が4割弱。他に太平洋諸島民，アジア系
- **言語** 公用語は英語。他にフィジー語，ヒンディー語
- **宗教** フィジー人はキリスト教。インド系はヒンドゥー教，イスラーム教
- **産業** 農業ではプランテーションによるサトウキビのほか，米，ココヤシを栽培。漁業と林業もおこなわれ，輸出されている。鉱物では金を採掘。工業では農産物を加工して砂糖，ココナッツ油，コプラが生産される。観光業も盛んだが，政情不安が障害
- **通貨** フィジー・ドル
- **国旗** 左上にユニオンジャック

歴史

前900年頃，新石器文化のオーストロネシア系の人々が移住したが，のちに移動してきたポリネシア系の人々との混血が進んだ。1643年にオランダ人タスマンが，1774年にイギリス人ジェームズ・クック（キャプテン・クック）が来航し，19世紀からは白檀などを求める交易商人や宣教師が来島した。肥沃な土地に綿花やサトウキビのプランテーションが発達し，多数のインド人が年季契約移民として移住した（1879〜1916年までに約6万人）。

1970年，英連邦内の立憲君主国として独立し，国連に加盟した。内政ではフィジー系とインド系の対立が続き，独立以来フィジー系優位の原則を定めた憲法のもとでフィジー系の同盟党政権が続いたが，87年にインド系の連邦党と労働党の連立政権成立を機に，フィジー系軍人のクーデタで軍事政権が生まれ，英連邦を脱退して共和制に移行した。97年，多民族主義を容認する憲法改正案が承認されて英連邦に再加盟した。99年の総選挙で初のインド系首相（労働党党首）が生まれたが，2000年にフィジー系勢力が国会議事堂を占拠して戒厳令がしかれ，翌年インド系は政権から排除された。06年に再び軍事クーデタが生じ，09年に非常事態宣言がなされ，同年，太平洋諸島フォーラム（PIF）と英連邦は加盟資格を停止した。これに対し，軍事政権はオーストラリアとニュージーランドの駐フィジー高等弁務官と同代行の国外退去を命じた。

キャッサバ

キャッサバ（cassava。マニオク〈manioc〉とも）はトウダイグサ科の落葉低木で高さは約3m，葉は手のひら状に深く裂ける。地下に細長いイモ（塊根）ができ，生産地域のデンプン源として食用に供されるが，腐りやすいので搗り潰して乾燥させたデンプン粉（タピオカ〈tapioca〉とも）にする利用が多い。ただ青酸配糖体を含むので食用にはアク抜きが必要。乾燥に強く，栽培は容易であり，収量も多いので熱帯・亜熱帯地方で広く栽培される。

フィジーの国会。紛争もおきるが，フィジーは複数政党制の議会制民主主義制度をもつ共和政体である

世界遺産（0件）

マーシャル諸島共和国
Republic of the Marshall Islands

北太平洋
ラタック列島
ラリック列島
マジュロ
マーシャル諸島

面積	180km²(利尻島程度)
人口	5万5000人
首都	マジュロ
自然	ミクロネシアの東端に位置し、ラタック、ラリックの両列島からなる。熱帯雨林気候
住民	ミクロネシア系が多数。他にポリネシア系
言語	公用語はマーシャル語と英語
宗教	主にプロテスタント
産業	自給的な農・漁業と豚の飼育で生活を営んでおり、輸出品はコプラのみ。最近は観光業とマグロ漁がおこなわれるようになった。国家予算の半分はアメリカの基地使用料と援助に頼っている
通貨	アメリカ・ドル
国旗	白い星は赤道から少し北に位置するマーシャル諸島を示している。また白とオレンジ色はマーシャル諸島の2つの列島をあらわす

歴史

　前1000年頃、オーストロネシア系の人々が移住してきた。1527年にスペイン人が来航したが、諸島名は1788年に訪れたイギリス人船長ジョン・マーシャルにちなむ。1860年代にアメリカの伝道団が来住してキリスト教化が進んだ。1885年にスペインからドイツに売却されてドイツの保護領となった。第一次世界大戦中の1914年、対独宣戦した日本軍が占領し、20年から日本の国際連盟委任統治領「南洋群島」の一部となった。第二次世界大戦では日・米両軍の激戦地となった環礁もある。

　戦後、国連はミクロネシアを6地区に分けてアメリカの国連信託統治領ミクロネシア連邦とした。アメリカはビキニ環礁で1946〜58年にかけて23回、エニウェトック環礁で48〜58年にかけて43回の核実験を実施し、46年にはビキニ島民は島外移住させられた。54年の水爆実験では付近にいた日本のマグロ漁船「第五福竜丸」が放射性物質(「死の灰」)を浴び、乗組員1名が帰国後半年で死亡した。のちビキニ島民は全員強制退去となって同環礁は閉鎖された。78年、マーシャル諸島は住民投票によりミクロネシア連邦から離脱して79年に自治政府を樹立し、82年、アメリカとの自由連合協定を結んで86年に独立したが、なお国防・安全保障の権限はアメリカにあり、クェゼリン島をミサイル実験基地として米軍に貸与している。アメリカとの自由連合による拠出金、クワジャリン環礁の大陸間弾道弾試射基地の借地使用料、ビキニ・エニウェトック両環礁への核被害補償基金などに依存しており、基金の枯渇にも直面しているが、経済的対米依存の体質は変わっていない。91年に国連に加盟した。

「第五福竜丸」事件

　1954年3月1日、南太平洋ビキニ環礁でのアメリカの水爆実験に遭遇した静岡県焼津港所属のマグロ漁船「第五福竜丸」が放射性降下物を浴びて23人の乗組員が被爆、帰国後、9月に1人が入院先で死亡した。この事件を機に同年に原水爆禁止運動がおき、55年から原水爆禁止世界大会が広島で開催されている。船は67年に廃船後、東京湾のゴミ処分場第15号埋立て地に放棄されたが、保存運動により江東区夢の島公園内「第五福竜丸展示館」で永久展示となっている。

オセアニア　マーシャル諸島共和国

世界遺産(0件)

ミクロネシア連邦
Federated States of Micronesia

面積 700km²(奄美大島程度)
人口 11万2000人
首都 パリキール(ポーンペイ島)。1989年ヤップ島のコロニアから遷都)
自然 フィリピンの東に浮かぶカロリン諸島に属する600余りの島からなり、3200kmにわたる。ヤップ、チューク、ポーンペイ、コシャエの4州(諸島)
住民 ミクロネシア系が多数。他にポリネシア系

言語 公用語は英語
宗教 カトリックとプロテスタントが半分ずつ
産業 ココナッツ、キャッサバ。魚介類を主に日本へ輸出。歳入の半分がアメリカからの援助。自立経済をめざす
通貨 アメリカ・ドル
国名 ギリシア語で「極小の島々」
国旗 白の4個の星はこの国の主要な諸島を象徴している。十字型で、キリスト教が盛んなことと南十字星を表現

歴史

前1000年頃から人が居住したとされるが、西方の東南アジアや南方のメラネシアから移住した者も多い。1529年にスペイン人がポーンペイ(旧称ポナペ)島に来航してスペイン領と宣言した。1830年代から捕鯨船の寄港地となり、19世紀半ばからはアメリカの伝道団によりキリスト教化が進んだ。99年、ドイツはスペイン領ミクロネシア(グアムを除くマリアナ、カロリン、パラオ、マーシャル諸島)を購入したが、第一次世界大戦後に日本の国際連盟委任統治領「南洋群島」となり、経済開発・産業振興が図られて日本人も多く居住するようになった。チューク(旧称トラック)島には旧日本帝国海軍連合艦隊司令基地がおかれたため、第二次世界大戦では日・米の激戦地となった。

1947年にアメリカの国連信託統治領「太平洋諸島」となり、70年、将来の完全自治と引替えにアメリカの軍事的安全保障権を認める自由連合協定案が成立して、これに基づくミクロネシア連邦憲法草案が住民投票にかけられたが、この段階でマーシャル諸島とパラオが離脱した。79年、ポーンペイ・ヤップ・チューク・コシャエ(旧称コスラエまたはクサイエ)の4州からなるミクロネシア連邦自治政府が発足して86年に独立し、91年に国連に加盟した。2003年、自由連合協定改訂も成立し、07年には日系人が大統領に選出された。地球温暖化による海面上昇での水没の危機にも直面している。

チェチェメニ号

チェチェメニ号と名づけられたカヌー(全長8m、マストの高さ7m)は、1975年の沖縄海洋博覧会の企画として、ミクロネシア・カロリン諸島のサタワル島から沖縄まで約3000kmの洋上を航海してきた。航海には6名の乗組員が昼夜をおかずに操縦し、47日間を要した。現在は大阪の国立民族学博物館(略称、民博)に展示されているが、船体は金属の釘やカスガイを一切使わず、複数の材を樹液で接着、樹皮繊維で縫合したものである。

世界遺産(0件)

アメリカ領サモア
American Samoa

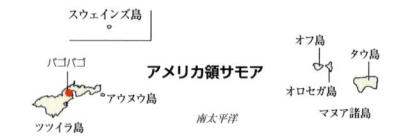

面積 199km²（岐阜市程度）
人口 7万200人
政庁所在地 パゴパゴ
自然 東サモアとも呼ばれ，ツツイラ島と近隣のアウヌウ島，マヌア諸島（オフ島，オロセガ島，タウ島）の火山島，ツツイラ島から北に360km離れたスウェインズ島からなる。熱帯雨林気候
住民 ポリネシア系サモア人が多数。他に白人との混血
言語 公用語はサモア語と英語
宗教 カトリックとプロテスタントが半分ずつ
産業 主にタロイモやヤムイモなどのイモ，バナナ，ココナッツを栽培。コプラを生産するが，食料の多くを輸入している。漁業が盛んで日本の遠洋漁船も立ち寄る。パゴパゴにアメリカ資本の水産加工工場があり，アメリカで消費される缶詰（ツナ）の5分の1を生産している
通貨 アメリカ・ドル

歴史

前8世紀半ば頃までには，オーストロネシア系の人々がサモア諸島地域にまで広がっていたとされる。1722年にオランダ人がサモア諸島に来航したが，1830年代にロンドン伝道協会の宣教師が来島してから，西欧との本格的接触が始まった。当時は部族社会であって首長たちが支配していたが，98年にウポル島での首長間の抗争にアメリカとイギリスが介入したことから，99年にサモア諸島を分割し，西経171度以東の諸島をアメリカ，以西の諸島（現サモア独立国）をドイツが領有した。アメリカ領では1900年に海軍による軍政がしかれ，11年にアメリカ領サモアは正式にアメリカの非併合海外領土（非自治的未編入地域。264ページのコラム）となった。51年にアメリカ内務省の管轄となって海軍基地がハワイの真珠湾に移転したことから軍需経済に陰りがみえ，ハワイやアメリカ本土への移住の流れが生じた。

1960年代にインフラ開発が進んで観光ブームが到来したが，サモアからアメリカ本土やハワイへ移出する者がますます増え（彼らの本国送金は現在もサモアの収入の大きな柱の1つ），今度は労働力不足に悩まされるようになったため，サモア独立国やトンガからの移民労働者を受け入れている。しかしここを足がかりにしてオーストラリア・ニュージーランド・アメリカ本土へ再移住する者も多い。78年，それまでアメリカ政府に任命されていた知事が公選制となった。経済的対米依存の深さから，独立の動きはこれまでみえていない。

タロイモ

タロイモ（taro）は東南アジアが原産地と推定されるサトイモ科の多年草で，大きな葉をもち，葉柄は長い。地下茎が肥大して塊茎となり，この地下茎が食用になる。種類によっては若い葉や葉柄も食べることができる。一度植え付けると栽培に手間がかからず，毎年一定量が収穫できるので，太平洋諸島では栽培・収穫は女性の仕事とされる。熱帯・亜熱帯地方の湿潤地帯を中心に栽培されており，味はヤムイモに，収量はキャッサバに劣るといわれるが，ポリネシアや熱帯アフリカの主食である。

世界遺産（0件）

ウェーク島 (アメリカ領)
Wake Island

- 面積　6.5km²（東京ディズニーランド14個分）
- 人口　200人
- 自然　水没した死火山の縁にサンゴ礁が発達してできた環礁で，3つの島からなる。熱帯雨林気候
- 住民　空港および港湾などの施設の保守点検のためのアメリカ軍人と民間人
- 言語　英語
- 産業　グアムや日本とハワイを結ぶ航空路上にあるため，第二次世界大戦後から1960年代半ばにかけて太平洋横断定期路線の民間航空機の燃料補給のための空港として使用されていた。現在は民間の貨物機や小型機などの中継地，軍用機・旅客機の緊急着陸飛行場として使われている。2本の滑走路があったが，現在は1本のみ。港湾施設もないが，避難のための大型船の泊地が設定されている。戦争時の遺構は存在するものの観光施設の類は全くなく，定期航空路線もない

歴史

ウェーク島はもともと無人島で，マーシャル諸島民にウミガメや鳥を捕獲する場所として利用されてきた。1568年にスペイン人が上陸したが，食糧も飲料水も見つけることができなかったという。1796年に来島したイギリス船の船長が自分の名前を島名とした。1840年にアメリカの探検隊が短期間の科学調査をおこなったが，その指揮をとったティタン・ピールの名は環礁の1つとなっている。66

アメリカの海外領土

連邦政府を構成する50州に対して海外領土は合衆国政府によって管理されるがいずれの州にも属さない地域をいう。準州は自治的編入領域のことで1959年にハワイ準州が50番目の州に昇格して以後は存在しない。非自治的編入領域はハワイ州昇格の際に分離されたパルミラ環礁。自治的未編入領域は合衆国憲法の選択された一部のみが適用される（グアム，プエルト・リコなど）。非自治的未編入地域とは無人島・ウェーク島などの島嶼(とうしょ)とアメリカ領サモア。

年にはドイツ船が難破してウェーク島東海岸に漂着したこともある。99年になってアメリカが領有を宣言し，海底電信基地とした。1923年の科学調査で3環礁が独立した島であることが確認された。34年にアメリカ海軍の管轄区となり，35年に民間航空会社の水上機基地建設が始められ，39年からは海軍・空軍の基地も建設された。

太平洋戦争開始直後の1941年12月に日本軍が占領し，ウェーク島を「大鳥島(おおとりしま)」と改名した。戦後，再びアメリカの手に戻り軍・民航空機の補給基地として機能したが，ベトナム戦争の終結（1975）以降は戦略的重要性を失い，緊急時着陸用地としてのみ使用されている（写真で滑走路がみえる）。現在の住民は気象観測所職員，海洋・大気局支所職員，港湾・空港施設の保守・点検要員のみである。マーシャル諸島共和国がこの島の領有権を主張しているが，紛争とはなっていない。2006年の台風で建築物の7割が壊滅的打撃を受けた。

NASA（アメリカ航空宇宙局）の探査衛星ランドサットからの島の写真

世界遺産（0件）

北マリアナ諸島 （アメリカの自治領）
Commonwealth of the Northern Mariana Islands

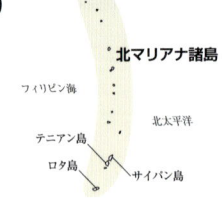

面積	477km²（北九州市程度）
人口	8万7000人
政府所在地	サイパン（サイパン島）
自然	ミクロネシアのマリアナ諸島のうち，サイパン島，テニアン島，ロタ島など，南端のグアム島を除く14の島からなる。熱帯雨林気候
住民	フィリピン人と華人。他に先住民のミクロネシア系チャモロ人，カロリン人
言語	公用語は英語，チャモロ語，カロリン語
宗教	カトリック
産業	ココヤシ，野菜などの伝統的な農業と漁業がおこなわれているが，食糧輸入率は高い。アメリカとのあいだに関税がないため，縫製業がおこなわれている。国家財政は米軍基地からの収入と，日本人を対象にした観光業であり，観光客の7割以上は日本人
通貨	アメリカ・ドル

歴史

前1500年頃，先住民チャモロがフィリピンなど東南アジアから移住してきたとされる。1521年に世界周航の途次のマゼランが来航し，65年にスペインが領有を宣言した。諸島名は1668年に来島したイエズス会神父が，スペイン王フェリペ4世（位1621～65）の王妃の名にちなんで命名した。チャモロ人はカトリックの布教やスペイン支配への抵抗や自然災害，グアムへの強制移住などで激減し，混血も進んだ。アメリカ・スペイン戦争（1898）に敗れたことから，スペインは1899年にグアムを除く北マリアナ諸島とスペイン領ミクロネシアをドイツに売却した。なお，グアムはその際，アメリカ領となり現在は同国の非併合海外領土（自治的未編入地域。264ページのコラム）である。

第一次世界大戦後の1920年に日本の国際連盟委任統治領「南洋群島」となり，サイパン，テニアンではサトウキビ栽培が発展した。第二次世界大戦では日・米の激戦地となり，戦後，47年からはアメリカの国連信託統治領「太平洋諸島」の1地区となった。ミクロネシア連邦構想には参加せず，78年に自治政府が発足し，86年に公式にアメリカの自治領（コモンウェルス）となった。市民権は有するが，大統領・連邦議会議員の選挙権はない。近年，経済開発にともなって，安価な労働力としてフィリピン・中国・韓国などアジア系の移民労働者が流入したため，土地所有者としてチャモロ人の社会経済的地位は上昇している。

チャモロ人

チャモロ人はマリアナ諸島の先住民で，チャモロとはスペイン語で「刈りあげた」「禿」を意味する。スペイン人来島以前は外部に対してタオタオ・タノ（現地語で「土地の人」の意）を称していた。祖先は紀元前3000年頃から東南アジア系の移住民が住み着いたものと考えられる。スペイン人による殺戮や疾病で激減し，フィリピンなどからの契約移民との混血で純粋なチャモロ人は存在しないともいわれるが，チャモロ語は英語とともに広く通用する。図は19世紀のチャモロ人の生活。

世界遺産（0件）

グアム （アメリカの自治領）
Guam

面積	549km²（屋久島よりやや広い）
人口	18万3000人
政庁所在地	ハガッニャ
自然	海底火山によってつくられたマリアナ諸島最大の島で、その南西端に位置する。熱帯雨林気候
住民	先住民のミクロネシア系チャモロ人が半分近く、アメリカ人が4分の1、フィリピン人が2割。他に華人
言語	公用語は英語とチャモロ語
宗教	カトリック
産業	島の3分の1をアメリカ軍用地が占め、アメリカ政府からの補助金がある。基地関連産業と観光業が最大の産業。年間100万人以上の観光客が訪れるが、観光収入の9割以上は日本人観光客によるもの。ココナツ、サトウキビ、キャッサバなどを栽培。ミクロネシア水域で漁獲されたマグロ類はアプラ港で水揚げされる
通貨	アメリカ・ドル

歴史

前1500年頃、先住民チャモロ人がフィリピンなど東南アジアから移住したと思われる。1521年にマゼランが来航し、この海域を三角帆で走るカヌーの速さに驚き、マリアナ諸島を「大三角帆の島々」と命名したが、島民たちの盗みに悩まされて「泥棒の島々」と改めたという。65年にスペインがマリアナ諸島の領有を宣言し、グアムはフィリピンとメキシコ間のガレオン船の中継地となった。しかしチャモロ人はカトリックの布教やスペイン支配に抵抗し、スペイン・チャモロ戦争（1672～95）も生じた。当初、5万と推定されたチャモロ人の人口は1710年までに4000に減少した。アメリカ・スペイン戦争（1898）に勝利したアメリカは、グアムをスペインから割譲させたが、第二次世界大戦では日本軍が占領して激戦地となった。

グアム島タモン地区は島の西側フィリピン海に面した海岸にあり、ショッピングセンターや高層のリゾートホテルが立ち並ぶ最もにぎやかな繁華街である

1944年にアメリカ軍が奪回し、50年に内務省管轄の非併合海外領土となったのち、88年に内政自治権を得た。民選知事と一院制議会をもつ。住民はアメリカ市民権を有するが、大統領・連邦議会議員の選挙権はない。島面積の3割は軍事関係施設や基地となっている。他地域からの移住民に比べてチャモロ人は社会・経済的に上層に位置し、近年、チャモロ人を中心にアメリカからの離脱をめざす動きもある。なお、戦後25年以上たった72年に、島に残留してゲリラ戦を戦った残留日本兵が発見・救出されて、日本でニュースとなった。

グアムが日本人観光客に人気な理由

グアム島はハワイ諸島・サイパン島とならんで日本人観光客に人気が高い。その理由として多くの人があげるのが、航空機でわずか3時間余で行けるからハワイやサイパンよりも近く、時差も1時間であること、常夏のリゾート地で高級ホテルから日本人経営のペンションまであること、ダイビングなどのマリンスポーツ（55ページのコラム参照）もあり、ブランド商品を手頃な価格で買えること、日本語もかなり通用することなどがあげられる。新婚旅行者も多い。

世界遺産（0件）

クリスマス島 （オーストラリア領）
Christmas Island

面積	143km²（小豆島程度）
人口	1500人
政庁所在地	キャンベラ（オーストラリア）
自然	6割強が国立公園になっており、熱帯雨林で覆われている。熱帯雨林気候。ふだんは森で暮らすアカガニが産卵期には海岸を埋め尽くす
住民	華人が7割、ヨーロッパ系が2割、マレー系が1割
言語	公用語は英語。他に広東語、潮州（ちょうしゅう）語、北京語、インドネシア語、タミル語
宗教	仏教徒が4分の3、キリスト教とイスラーム教が1割ずつ
産業	かつての産業は燐鉱石の加工、出荷だったが、現在は停止。オーストラリアは島を軍事的要衝として評価し、手厚い援助をおこなっているが、自然環境を守りつつ新たな産業を育成していくことが重要な課題
通貨	オーストラリア・ドル

歴史

1615年、イギリス船が来航し、さらに43年に到来したイギリス東インド会社の船長がクリスマスにちなんで命名した。1887年にイギリスの科学調査船が来航して調査した結果、燐鉱石が豊富であることがわかって、翌88年にイギリスが併合し、1900年にはシンガポールに行政庁をおくイギリス海峡植民地の一部となった。第二次世界大戦で日本軍が占領し、戦後、ニュージーランドとオーストラリアが同島の燐鉱会社の資産を取得して合弁会社を設立した。

1958年、イギリスがオーストラリアに施政権を移してオーストラリア領となった。オーストラリアの首都キャンベラの直接の管轄下にあり、行政官はオーストラリア総督によって任命され、地元住民から選ばれる議会がある。87年、燐鉱石が枯渇（こかつ）したため、オーストラリアは採掘を中止したが、91年、労働組合員によって再開された。近年は多彩な動植物や昆虫などの特異な生態系から「オセアニアのガラパゴス」ともいわれ、島の3分の2は国立公園に指定されており、観光業に力を注いでいる。2001年、オーストラリア系の会社が人工衛星打ち上げ基地の建設に着手し、将来の雇用創出に期待が寄せられている。同年、アフガニスタン難民の乗った船がクリスマス島への入港を求めたが、オーストラリア政府によって「不法難民」として入港を拒否され、話題となった。

不法難民

「難民」とは天災・戦争・政治的抑圧などによって自国の居住地を離れて他国の保護下に入る者をいう。日本は入国を希望する難民を難民認定法に基づいて受け入れているが認定基準は厳しいとされる。難民を装う不法入国者を便宜的に「不法難民」ともいうが、法的な「不法滞在」には「不法入国」と「不法残留」の2類型がある。日本の場合、日本国籍を持たない者が合法的に滞在するためには「出入国管理及び難民認定法」に定める在留資格が必要である。

燐鉱石はいつか掘り尽くされる。クリスマス島の鉱脈はまだ残っているが、質の良い燐鉱石が掘り尽くされたため採算性が低下し、1987年末に鉱山の操業停止が決定した

世界遺産（0件）

ココス諸島 （オーストラリア領）
Cocos (Keeling) Islands

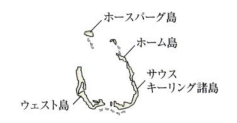

面積 14km²（東京ディズニーランド30個分）
人口 630人
政庁所在地 ウェスト・アイランド
自然 ノースキーリング島とサウスキーリング諸島の2つの環礁群からなる。人が住む島はウェスト島とホーム島の2島だけ。熱帯雨林気候
住民 マレー系が3分の2，オーストラリア系が3分の1。他にジャワ人や華人
言語 公用語は英語とマレー語
宗教 イスラーム教が8割，キリスト教が2割
産業 ココナッツがココス諸島唯一の換金作物で，環礁のいたるところで栽培されている。外貨を稼ぐための切手の販売は1990年代にはいって中止された。海底電線、およびヨハネスブルグとシドニー間を結ぶ定期空路の中継地
通貨 オーストラリア・ドル

歴史

もともとは無人島であったが，東南アジア地域の漁民には，ココヤシが自生するこの島の存在はよく知られていたと思われる。1609年にイギリス東インド会社船が来航した。キーリングという島の別称はその船長名による。1826年にあるイギリス人家族が移住した際に部下であったロス家の家系が，主人家族が島を離れたのち，5代にわたる世襲領主となった。島民は東南アジア各地から来島したが，領主の記録によれば36年には島の人口は13家族120人，出身地はさまざまであったという。ココス諸島は長くヨーロッパ・インド・東南アジアを結ぶ貿易の中継地であった。29年にココヤシの栽培が始まり，ココナッツ油の生産・輸出が盛んとなって，19世紀末にはマレー系の年季契約労働者が移入された。

1957年にイギリスが領有してシンガポール海峡植民地の一部となったが，実際の施政はロス家に委ねられた。78年，オーストラリア政府がロス家から625万オーストラリア・ドルで買収し，翌年，ココス島協議会が成立してロス家による専制支配は終わった。第二次世界大戦後，島の人口は急増し，84年にオーストラリアの市民権が与えられたが，本土やインドネシア，マレーシアに移住・出稼ぎに行く若者も多い。現在，観光基盤を整備してその振興にも力を注いでいる。海底電線中継基地とインド洋上の数少ない気象観測地でもある。

ココス諸島は30近くのサンゴ環礁からなる。現在はエコツーリズム（環境や生態系に配慮した形の旅行）に力を入れている

海底電線

海底電線（海底ケーブル）は海底に敷設または埋設された電力用ないしは通信用伝送路を指す。海底電線は資本主義の発展とともに世界中に敷設されていった。最初の実用海底電線（通信用）は1850年にイギリスのドーヴァーとフランスのカレー間に設けられた。大西洋横断電線（1858）・太平洋横断電線（1964）も完成した。国際間の電話・テレビ中継・ファクシミリ送信などに欠かせないが，敷設や補修のコストは莫大である。

世界遺産（0件）

ジョンストン島 (アメリカ領)

Johnston Atoll

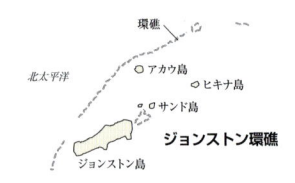

面積	2.8km²（東京ディズニーランド6個分）
人口	2000年まで化学兵器の保管庫として平均1100人の軍人、関係者が常駐していた。2003年1月には、約800人いたが、現在は0人
政庁所在地	アメリカ合衆国のワシントンD.C.
自然	ジョンストン島とサンド島は自然島だが、サンゴ礁浚渫（しゅんせつ）・埋立てにより島域が拡大している。アカウ島とヒキナ島はサンゴの浚渫により生じた人工島。サンゴ礁に海鳥の死骸・糞・エサの魚・卵の殻などが長期間堆積して化石化し、肥料の資源として利用されるグアノが豊富。熱帯雨林気候
産業	かつてはアメリカ軍の空港や港湾施設があり、数百名の居住者がおりホノルルなどからのコンチネンタル航空の定期便も就航していたものの、2004年にアメリカ軍が撤退して以降は各施設が閉鎖され、現在は無人島となっている。一般人の立ち入りは禁じられている

歴史

もともとは無人島であったが、1807年にイギリス船が来航し、艦長の名をとって命名した。58年に燐鉱石採取を目的としてアメリカが領有宣言をしたが、当時のハワイ王国（カメハメハ王朝、1795～1893）の抗議で名目的に両国共有とした。当初は燐鉱石の採掘がおこなわれたが、1908年までに採掘しつくされたため、34年にアメリカ海軍の管轄下におかれた。その後、埋め立てによって海軍基地が建設され、第二次世界大戦中は潜水艦基地となった。

1948年にアメリカ空軍の管轄下で核実験場となり、58～62年まで12回の高空・超高空核実験がおこなわれた。74年から90年代までは国防総省所管の核兵器庁が管理・運営をおこない、また陸軍の化学兵器の貯蔵庫や処理施設が設けられた。71年には日本の沖縄の施政権返還にともなって沖縄に貯蔵されていた毒ガスが、翌年には南ベトナムからの枯葉剤が、この島に移送された。90年代にはいりソ連邦の崩壊などでヨーロッパに配備する必要のなくなった化学兵器も移送すると発表され、ミクロネシア連邦やフィジー諸島共和国など太平洋諸国の激しい抗議にあった。しかし2000年末をもってジョンストン島の全化学兵器の処理が完了して太平洋化学兵器計画は終了し、施設の閉鎖と環境の洗浄がなされた。04年には空港も閉鎖され、05年5月、すべての関係者が退去して、もとの無人島に戻った。

ジョンストン環礁には化学物質廃棄施設建設がおかれたが現在は兵器はすべて廃棄され、閉鎖

太平洋での核実験

ビキニ環礁でアメリカが原爆実験をおこなったのが1946年。54年には水爆実験がおこなわれたが、日本のマグロ漁船「第五福竜丸」が被爆したため、原水爆禁止運動が世界的に高まった（261ページ）。島民は強制移住させられ、70年代に帰島したが再び移住した。一方、フランスは南太平洋、タヒチ島の南東約1200kmのムルロワ環礁で1966年から核実験を実施、世界的な反対を浴びて68年からファンガタウファ環礁での地下核実験に切り替えた。

世界遺産（0件）

トケラウ諸島 (ニュージーランド領)
Tokelau

面積	91km²（土佐市程度）
人口	1500人
政庁所在地	アピア（サモア独立国）
自然	アタフ，ヌクノヌ，ファカオフォの3つの環礁からなる。熱帯雨林気候
住民	ヨーロッパの白人とポリネシア人との混血であるポリネシア系トケラウ人が大多数
言語	公用語はトケラウ語と英語
宗教	海外の非キリスト教徒に福音をもたらすことを目的に，1795年ロンドンで設立されたロンドン伝道協会派が6割，カトリックが3割
産業	わずかに農業と漁業がおこなわれているが，自給的なものが中心。主要作物はココヤシ。出稼ぎ者からの送金に頼る部分が大きい
通貨	ニュージーランド・ドル
島名	トケラウ語で「北風」の意。旧称はユニオン諸島

歴史

時期は不明であるが，サモア諸島から人々が移住してきたとされ，言語面ではサモア人に類似しているが，環礁という環境の違いにより，社会組織面では独自性もある。1765年にイギリス船がアタフ環礁に，91年に「バウンティ号」の反乱（275ページのコラム）船員を捜索中のイギリス船がヌクノヌ環礁に来航した。1820年代から捕鯨船が寄港しはじめ，35年にファカオフォ環礁に来航したほか，41年にはアメリカの探検隊が3島を調査した。40年代中頃にカトリックのマリモ会がヌクノヌで，58年にロンドン伝道協会がアタフで布教を始めた。63年来，奴隷狩りでペルーに連行される者が多く，人口は半減し，混血も進んだ。奴隷狩り防止のためイギリスは1877年に在フィジー高等弁務官の管轄下におき，89年に保護領として，1916年に「ユニオン諸島」の名でギルバート・エリス諸島植民地に併合した。

1925年からニュージーランドが行政を担当し，48年に同国の属領となった。アピアにあるトケラウ問題担当出張所が実質的な行政機関である。3名の行政官が各環礁から公選される。62年に西サモア（現サモア独立国）の独立後は，西サモアよりもニュージーランドへの移住が推奨された。2001年の統計ではニュージーランド在住のトケラウ系住民は本島の4倍に達するという。彼らの送金が島の経済を支える柱の1つとなっている。07年にニュージーランドとの自由連合への移行を問う住民投票がおこなわれたが，否決された。地球温暖化による海面上昇での水没も懸念されている。12年に世界で初めて，全電力を太陽光発電のみでまかなうシステムを導入した。

アタフ環礁。水面の上昇による水没を避けるため，環礁にはコンクリートの壁が設けられている

国際日付変更線

International Date Line (IDL。日付変更線ともいう)は日付更新の矛盾を防ぐために東経180度の子午線にほぼ沿うように定められた，北極から南極を結ぶ理論上の線（実際は国境などにより直線ではない）。経度で15度異なる地域では約1時間，現地時刻がずれる。すなわち世界を一周すると時刻は正しいが日付が1日ずれる（16世紀，マゼランの世界周航の際にこの矛盾が発覚）。そこで日付変更線を東から西へ越えると日付が1日進み，西から東へ越えると1日戻るようにした。

世界遺産（0件）

ニウエ （自治国）
Niue

面積	259km²（徳之島程度）
人口	1600人
首都	アロフィ
自然	ニウエ島に最も近いのはほぼ真西に420km離れたトンガ諸島。世界最大のサンゴ礁の島で，海面上約60mにわたって石灰岩の断崖がそそり立つ。山岳や湖は存在しない。サバナ気候
住民	サモア人の血を引くポリネシア系ニウエ人が大多数
言語	公用語は英語とニウエ語
宗教	プロテスタントが7割強，モルモン教が1割
産業	主産業は農業で，パッションフルーツやライム，バナナ，ココヤシなどを栽培。しかし農地不足，水不足，さらにサイクロン（熱帯低気圧）の常襲地帯のため農業に頼った経済発展は望めない。切手販売，登録料金が低いインターネットのドメイン名販売で外貨を獲得
通貨	ニュージーランド・ドル

歴史

10世紀頃，サモア諸島方面からオーストロネシア系の人々が移住したと思われ，のちトンガ諸島方面からも移住がおこなわれた。1774年，イギリス人ジェームズ・クック（キャプテン・クック）が来航し，島民の敵意にあって「サヴェイジ（野蛮）島」と命名した。現在の国名ニウエは「ヤシ」の意である。1830年に送り込まれたロンドン伝道協会の布教は当初失敗に終わったが，49年以降，布教に成功し，54年までにほとんどの島民がプロテスタントに改宗したといわれ，66年には6つの教会が建設されていた。しかし62〜63年の奴隷狩りで多くの島民がペルーに連行されて人口が減少した。1900年にイギリスが併合し，翌年，ニュージーランドへ施政権が委譲された。04年，駐在弁務官がおかれ，島評議会も設立されて独自の保護領となった。

1960年には立法議会が設立されて，74年の住民投票でニュージーランドに外交と防衛の責任を委ねる自由連合協定が承認され，自治政府が樹立された。主権国家として国際機関へも加盟している。ニュージーランドへの移住者の増大（2001年の統計では本島人口の10倍に達するという）は，単なる人口流出の問題にとどまらず，例えばニウエ語の消滅など，文化的アイデンティティにかかわる深刻な問題となっている。しかし財政基盤が脆弱なため，ニュージーランドの財政支援と，ニュージーランドへの移住者の送金が財政を支えており，島は大きな矛盾を抱えている。英連邦の加盟国。

2008年8月の太平洋諸島首脳会議では，ニウエ島の伝統舞踊が披露された

ポリネシア，ミクロネシア，メラネシア

オーストラリア大陸とその属島に，南北太平洋の島嶼（とうしょ）を加えた地域をオセアニア（大洋州）というが，オーストラリア大陸以外の島々は地理学的・人類学的観点からポリネシア（ギリシア語で「多くの島々」の意），ミクロネシア（同「小さな島々」），メラネシア（同「〈皮膚の色の〉黒い島々」）の3地域に分けられる。これらオセアニアの島嶼部にはオーストラリア大陸や東南アジアから人々が移動したものと思われる。

世界遺産（0件）

ニューカレドニア （フランスの海外特別共同体）
New Caledonia

面積	1万8600km²（四国程度）。メラネシアにあり，ニューカレドニア島（フランス語でグランデール（大きな土地）とも呼ばれる）とロワイヨーテ諸島からなる
人口	26万人
政府所在地	ヌメア
自然	大半が丘陵と山地で，熱帯雨林気候
住民	カナクと呼ばれるメラネシア系が4割強，ヨーロッパ系が4割弱，ポリネシア系が1割
言語	公用語はフランス語
宗教	カトリックが6割，プロテスタントが3割
産業	ニッケルは，世界有数の埋蔵量と生産量を誇り，GDPの2割，輸出の9割近くを占める。コバルト，クロム。農業・漁業・林業も盛ん。観光業にも力を入れ，ヌメアは「太平洋の小パリ」，ウベア島は「天国に一番近い島」と呼ばれる
通貨	CFPフラン

歴史

　前1100年頃，新石器文化のオーストロネシア系の人々が定住し始めたという。1774年にイギリス人ジェームズ・クック（キャプテン・クック）が来航し，山がちな光景が故郷カレドニア（スコットランドの古称）に似ていることから命名された。19世紀初頭までは白檀の交易がおこなわれ，1853年にフランスが領有を宣言し，64年にロワイヨーテ島も属領とした。1854～1922年までは流刑植民地として囚人や政治犯が送り込まれたが，金鉱の発見やニッケル生産の隆盛で，ヴァヌアツ，ソロモン諸島，ベトナム，ジャワ，日本などからの年季契約労働者・自由移民が入植した。のちにはヨーロッパ系・ポリネシア系の移民も増えた。第二次世界大戦ではアメリカ軍の戦略拠点となった。

　1946年，海外領土となってフランスの完全な市民権をもち，民選議員による一院制領域議会があるが，外交・国防・司法・通貨発行権は本国がもっている。70年代からカナク（先住民）の完全自治ないし独立を求める運動がおこり，84年にカナーキー共和国が非公式に樹立されると，これに反対する反独立派も領域政府を樹立して，両者間で虐殺・テロなどが続いた。98年にヌメア協定が成立し，特別共同体として安全保障と財政管理を除く内政自治権を段階的に現地政府に委譲すること，2014～18年のいずれかの時点で独立の可否を問う住民投票を実施することが定められた。

ニューカレドニアのラグーン—リーフの多様性とその生態系

　フランスの世界遺産として登録。ニューカレドニア島北東岸のリーフ（礁）の総延長距離は1500kmに達し，リーフの面積は2万4000km²，平均深度25mのラグーン（潟湖（せきこ））で囲まれている。ここは他の太平洋諸島と異なって古代のゴンドワナ大陸の破片であるため，固有種が多く，生物多様性に富むうえ，アオウミガメの産卵地であるとともに，絶滅危惧種のジュゴンの棲息地でもある。しかし，伐採によるマングローヴ林の破壊によって環境に深刻な打撃が生じている。

世界遺産（1件）

ニューカレドニアのラグーン—リーフの多様性とその生態系 →コラム

ノーフォーク島 (オーストラリア領)
Norfolk Island

面積	35km²（茅ヶ崎市程度）
人口	2100人
政庁所在地	キングストン
自然	ノーフォーク島だけが有人。島の南部は緑豊かな丘がほとんどで牧草が多い。温暖湿潤気候
住民	ピトケアン島から来たバウンティ号の反乱者の末裔（イギリス人水夫とポリネシア人の混血）、オーストラリアから来た白人
言語	公用語は英語。他に、イギリス西部地方の英語とゲール語と現地語であるポリネシア語の混成言語ノーフォーク語
宗教	ほとんどがキリスト教
産業	島の生活水準は高い。1970年代から観光業が重要な産業になっており、観光客が急増。土地は肥沃で、柑橘（かんきつ）類、コーヒー豆、バナナなど
通貨	オーストラリア・ドル

歴史

1774年にイギリス人ジェームズ・クック（キャプテン・クック）が来航したときは無人島であったが、ノーフォーク公爵の名にちなんで命名された。88年からニューサウスウェールズとともに流刑植民地となって入植が始まり、囚人のほかに自由移民も来島した。しかし天然の良港にめぐまれず港湾施設も不備なままであったため、植民地として将来が期待できず、1814年、自由移民を現在のタスマニア島に移住させた。一方、更生困難と目された受刑者を受け入れたが、管理・監督が困難なため、結局、55年に厳しい規律と懲罰で知られる刑務所は閉鎖された。56年には1789年の「バウンティ号事件」（右ページ）の反乱者の子孫194人がピトケアン島から移住した。現在の島の人口の約3分の1はピトケアン島民の血を引くともいわれ、残留家族の姓を名乗る者も多い。1897年、イギリス領植民地のまま行政権がニューサウスウェールズの総督に委譲され、1914年に英連邦の一領域となった。

第二次世界大戦後はオーストラリアからの移民も増えた。1979年、「1979年のノーフォーク島法」によりオーストラリア政府の運輸・サービス省管轄の特別管理地区となって、島には立法評議会が設けられた。60年代の半ば以降、島の自然環境を生かした観光業が発展し、本国やニュージーランドから年間3万人以上が訪れているが、食糧の多くは輸入に頼る。

ノーフォーク松

ノーフォーク松（Norfolk Island Pine）は別名パインツリー（Pine Tree）ともいわれ、ノーフォーク島の特産品である。ジェームズ・クックが来航した際、丈夫で大きなこの松に注目し、彼の乗船エンデヴァー（Endeavour〈努力〉）号の壊れたマストの修復にこの松材を使用したという。現在でも島の重要な輸出品となっており、クリスマスツリーのように見事な円錐形の枝振りの松が描かれた切手も1974年に発行されている。

世界遺産 (0件)

ピトケアン諸島 (イギリス領)
Pitcairn Islands

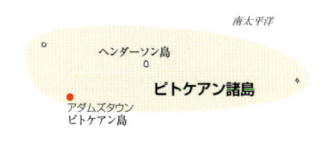

面積	45km²（糸満市程度）
人口	50人
政庁所在地	アダムズタウン（ピトケアン島）
自然	ピトケアン島はじめ全部で5つの島からなる。ピトケアン島以外は無人。島の周囲は断崖絶壁で，大型船が島へ接岸するのは難しい。熱帯雨林気候
住民	バウンティ号の反乱者のイギリス人水夫とタヒチ系ポリネシア人女性とのあいだに生まれた混血の子孫
言語	公用語は英語
宗教	プロテスタントのセブンスデー・アドベンチスト教会。アルコールは飲まず，タバコも吸わない
産業	バナナ，オレンジ。島の深海底でマンガン塊が発見されている。輸出用の蜂蜜，ガイドブック，切手の販売。最近はインターネットのドメイン名の販売にも力を入れている。寄港する船が限られていて郵便事情は悪い
通貨	ニュージーランド・ドル

歴史

かつてはポリネシア系の人々が住んでいたが，地理的孤立や厳しい生態条件から1767年にイギリス船が来航したときは無人島であった。89年4月，タヒチ島から同島産のパンノキを運ぶイギリスの武装貨物船が西インドに向けて航行中，トンガ諸島沖で艦長以下19人が救命艇に乗せられて船を追われるという「バウンティ号反乱事件」がおきた。反乱に加わった船員たちの一部と，タヒチ島から連行された者たち（男女）は，90年，当時の海図に載っていないピトケアン島に上陸して定住した。タヒチ島に戻って逮捕された反乱者のうち3名はイギリスで処刑されたが，ピトケアン島に定住した反乱者の子孫たちは1825年に国王から恩赦された。31年に77人が居住していたが，人口過剰を懸念して全員がタヒチ島に移住したものの，病気が発生して帰島した。56年に西へ約6400kmにあるノーフォーク島に移住した（139名）が，のち半数近くが再びピトケアン島に帰島した。

1898年にフィジーのイギリス西太平洋高等弁務官の管轄下に入り，1970年からはニュージーランドにおかれる高等弁務官が知事を務め，島評議会と治安判事がおかれる。島民すべてがアダムズタウンに住み，街の名称はバウンティ号の最後の生き残りの船員の名に由来する。無人島にヨーロッパ人・タヒチ人が定住して新しい社会を形成した珍しい例といえる。

バウンティ号の反乱

1789年4月，タヒチ島から西インドに向かっていた貨物船バウンティ号の44名の乗組員のうち12名が艦長への反乱をおこし，艦長以下19名は救命艇に乗せられて追放され，救命艇は41日後にティモール島に到達した。反乱者と非反乱者（13名）を乗せたバウンティ号はタヒチ島に向かい，16名がそこに残り，首謀者ら9名は90年1月にピトケアン島に到着し，船を壊してその資材を使って島で生活を始めた。タヒチ島で発見・逮捕された14名（大部分は非反乱者）は，捜索船の難破で死亡した4名を除く10名が本国での裁判により，うち3名が絞首刑となった。反乱の原因については諸説があるが，この事件はその後多くの文学作品や映画になった。

世界遺産 (1件)

ヘンダーソン島（イギリスの世界遺産として登録。手つかずの自然が残され，生命の進化や自然淘汰を検証する場として注目されている）

フランス領ポリネシア
French Polynesia

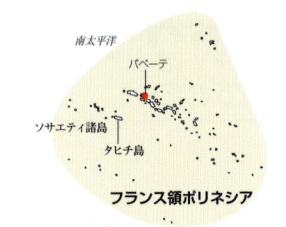

- **面積** 4200km²（石川県程度）
- **人口** 29万人
- **政庁所在地** パペーテ
- **自然** タヒチ島など約130の島々からなる。熱帯雨林気候
- **住民** ポリネシア系が8割強。他にヨーロッパ系、アジア系。人口の7割がタヒチ島に住む
- **言語** 公用語はフランス語
- **宗教** プロテスタントが5割強、カトリックが3割
- **産業** 世界最大の黒蝶貝真珠の輸出国で、世界の9割以上のシェアを誇る。農業ではココヤシ、サトウキビ、パイナップル、バニラなどを栽培。「最後の楽園」といわれ、観光保養地として観光業が発達。ムルロワ環礁の核実験場にともなう補償金などフランスの経済援助に支えられてきたが、停止された。そのため産業開発が求められている
- **通貨** CFPフラン

歴史

ほぼ9世紀頃までにこの地域にポリネシア系が拡散していった。ソサエティ諸島の主島タヒチ島は火山島で、諸島のなかでは「ウィンドワード（風上）諸島」に属し、1767年にイギリス人が来島した。のちジェームズ・クック（キャプテン・クック）など、この海域の探険で著名な船乗りや科学者・文芸家も訪れている。部族社会の首長が群雄割拠していたが、1791年に白人の脱走水兵を傭兵に加えたライアテア島出身のポマレがタヒチ島・ソサエティ諸島を武力で統一し、ポマレ王朝（1791～1880）が成立した。97年には、ロンドン伝道協会が来航してキリスト教を普及させた。

1847年、タヒチ島がフランスの保護領となり、1900年に残りの「リーワード（風下）諸島」、ツアモツ諸島、オーストラル諸島、ガンビエ諸島、マルサケス諸島を統合したフランス領オセアニア植民地が成立した。第二次世界大戦後、1946年に領域議会が設置され、57年の住民投票で海外領土となって自治権を獲得し、58年に現地域名に改称した。しかし66～69年のあいだに計200回以上もフランスの核実験がツアモツ諸島のムルロワおよびファンガタウファ両環礁でおこなわれると、核実験反対運動と結びついた独立運動も盛り上がった。タヒチ語や伝統文化の復興運動もあって民族的アイデンティティも強まっている。99年、海外領土から「海外国」に昇格し、2003年には大幅な内政自治権を得た。

タヒチ島に惹かれた画家ゴーギャン

タヒチ島はフランス領ポリネシアの一部をなすソサエティ諸島の主島。パリで生まれたゴーギャン（1848～1903）は、株式仲買人の職を捨てて35歳で画業に専念する。当初、印象派の手法から出発したが、南太平洋のフランス領の島嶼（とうしょ）をめぐるうちに原始的な色彩などに惹かれた。タヒチ島には1891～93年と95～1903年の2回滞在し、「タヒチの女」（下図）などの代表作を残した。最後はドミニカ島で誰一人看取ることもなく死去した。

世界遺産（0件）

ミッドウェイ諸島 (アメリカ領)
Midway Islands

面積 6.2km²(東京ディズニーランド14個分)
人口 数十名
自然 環状の礁およびいくつかの島(大きいものはサンド島、イースタン島の2つ)からなる。両島とも低平であり、丘陵などはない。人が居住するのはサンド島のみ。クロアシアホウドリの世界最大の繁殖地で、コアホウドリもきわめて多い。数々の海鳥が棲息し、とくに、カモメ科の海鳥が多数棲息している。ただ、外来種の侵入などで絶滅したり、絶滅危惧種も多い
住民 アメリカ人
言語 英語
宗教 キリスト教
産業 一般人には無縁の島となったが、その地理的環境から、稀に太平洋を横断する航空機が緊急着陸することがあるほか、島内にミッドウェイ海戦の慰霊碑がある関係から、日本の自衛隊の艦船が立ち寄ることがある

歴史

もともとは無人島。1859年にアメリカ人が来島した。67年にアメリカが領有を宣言して2つの島名をつけるとともに、この島々をミッドウェイ諸島とした。諸島名は北太平洋横断航路の「中間点」の意味である。20世紀初頭に海底通信ケーブル設置の基地が設けられ、30年代には軍事施設が建設された。36年からはサンフランシスコ・マニラ(フィリピン)間の航空路の中継地ともなった。第二次世界大戦中の太平洋戦争開戦の翌42年6月、この付近の洋上で日・米間のミッドウェイ海戦がおこなわれ、日本海軍は敗北して緒戦の優位を完全に失い、太平洋戦争の戦局転換点となった。島内にはこの海戦の慰霊碑があり、ここを訪れる日本人も絶えない。

1950年代からは航空基地としてよりは、北太平洋地域が米・ソ冷戦下でのミサイル実験の対象となり、ソ連邦は84年・86年・89年の3回、ミッドウェイ近海にミサイルを撃ち込んだ。また68年には環礁の南東800kmあたりでソ連邦の潜水艦が爆発して弾道ミサイルと核魚雷を積んだまま沈没し、乗組員約80人が死亡する事故があった。東西冷戦の終結宣言(89)後、アメリカ内務省の魚類・野性生物部に移管され、海軍基地施設も閉鎖された。飛行場には気象データ収集のための世界気象機構の観測所がある。現在の住民は研究者と施設の管理・運営にあたる職員のみである。

太平洋戦争の帰趨を決したミッドウェイ海戦

日本海軍の連合艦隊司令長官山本五十六(いそろく〈1884~1943〉)は、ミッドウェイ島を占領して北方の西部アリューシャン攻略の足がかりとする作戦を展開し、反撃のため出現が予想されるアメリカ空母群を殲滅(せんめつ)すべく、1942年6月5日、ほぼ全力で出撃した。しかし空母日本軍の軍事暗号を解読していた米海軍は、空母3隻を急遽出撃させて島の北東海域で待ち伏せし、3日間の戦闘で日本は空母4隻が全滅して、制海権を喪失し、攻守ところを替えた。山本長官は翌43年4月、乗機を撃墜され戦死。

世界遺産(0件)

ワリス（ウォリス）＝フトゥナ諸島 （フランスの海外準県）
Wallis and Futuna Islands

面積　264km²（西表〈いりおもて〉島よりやや狭い）
人口　1万3000人
準県都　マタ・ウトゥ
自然　ワリス諸島とフトゥナ諸島からなる。アロフィ島は無人島。熱帯雨林気候
住民　ポリネシア系がほとんど
言語　公用語はフランス語
宗教　カトリック

産業　ココヤシのプランテーションやタバコの栽培が主な産業。コプラを輸出するが，食物や工業製品などの輸入が圧倒的に多い。外貨収入は日本や韓国によるマグロなどの漁業権，関税。他に，ニューカレドニアには諸島人口を上回る移住者・労働移民がおり，彼らの送金と本国の援助が島の財政を支えている。音楽や民族舞踊などに豊かな伝統をもっている
通貨　CFPフラン

歴史

15世紀頃にオーストロネシア系の人々が定住していたが，島によって社会・文化的には様相が異なる。フトゥナ島民はサモア諸島から移住したと思われ，言語文化でも共通点が多く，1616年にオランダ人が来航した。領域人口の3分の2という現在最大の人口をもつワリス島（現地名はウヴェア島）は，トンガからの文化的影響が強いとされ，島名は1767年に来航したイギリス人サムエル・ワリス（ウォリス）にちなむ。有人の2島には今でも伝統的に3つの地域に3人の首長がおり，1837年にワリス島首長の許可のもと，カトリックの布教が始まった。42年，島民はフランスに保護を求め，87年にワリス島が，88年にフトゥナ島がフランスの保護領となり，1913年に合わせて1つの海外植民地となった。

第二次世界大戦中はワリス島にアメリカ軍が駐留して軍事施設・港湾・道路・空港を建設した。戦後はニューカレドニアの管轄下にあったが，1959年の住民投票と61年のフランス議会の承認で独立して海外領土としての地位を確立し，2003年に海外準県（235ページのコラム）に昇格。近年，首長をめぐる対立にフランス当局も巻き込まれて内政上の問題となっている。島民はフランス国籍を有し，本国政府の任命する行政長官・議員・伝統的首長からなる領域評議会が行政上の意志を決定し，立法議会（20名）は本国の元老院・国民議会にそれぞれ1名の代表を送っている。

民族芸術

写真はタパと呼ばれる織物。オセアニア各地でつくられるが，呼び方はさまざまで，ハワイ諸島ではカパと呼ばれる。素材は桑の木の内側の樹皮を薄く剥がしてさらに叩き，水にさらしてから植物由来の糊で接着してまた叩く。こうして幅は約3m，長さ15mないしは30m，時に60mにもおよぶ布となる。これを木製の大きな円筒に巻き付けて植物染料で幾何学文様を型押しして染め上げる。作業はすべて女性の手でなされる。繊維は弱いので今は衣服より壁掛けなどの装飾品に。

世界遺産（0件）

国・地域名 索引

ア―オ

アイスランド共和国 …………… 132
アイルランド …………… 133
アゼルバイジャン共和国 …………… 6
アフガニスタン・イスラーム共和国 …………… 7
アメリカ合衆国 …………… 190
アメリカ領ヴァージン諸島 …………… 230
アメリカ領サモア …………… 264
アラブ首長国連邦 …………… 8
アルジェリア民主人民共和国 …………… 68
アルゼンティン共和国 …………… 192
アルーバ …………… 231
アルバニア共和国 …………… 134
アルメニア共和国 …………… 9
アングィラ …………… 232
アンゴラ共和国 …………… 69
アンティグア＝バーブーダ …………… 194
アンドラ公国 …………… 135
イエメン共和国 …………… 10
イギリス …………… 136
イギリス領ヴァージン諸島 …………… 233
イスラエル国 …………… 11
イタリア共和国 …………… 138
イラク共和国 …………… 12
イラン・イスラーム共和国 …………… 13
インド …………… 14
インドネシア共和国 …………… 16
ヴァティカン市国 …………… 140
ヴァヌアツ（バヌアツ）共和国 …………… 248
ウェーク島 …………… 265
ウガンダ共和国 …………… 70
ウクライナ …………… 141
ウズベキスタン共和国 …………… 18
ウルグアイ東方共和国 …………… 195
エクアドル共和国 …………… 196
エジプト・アラブ共和国 …………… 71
エストニア共和国 …………… 142
エチオピア連邦民主共和国 …………… 72
エリトリア国 …………… 73
エル・サルバドル …………… 197
オーストラリア連邦 …………… 250
オーストリア共和国 …………… 143
オマーン国 …………… 19
オランダ王国 …………… 144
オランダ領アンティル …………… 234

カ―コ

ガイアナ共和国 …………… 198
カザフスタン共和国 …………… 20
カシミール …………… 60
カタール国 …………… 21
ガーナ共和国 …………… 74
カナダ …………… 200
カーボヴェルデ共和国 …………… 75
ガボン共和国 …………… 76
カメルーン共和国 …………… 77
カラーリット・ヌナート → グリーンランド
ガンビア共和国 …………… 78
カンボジア王国 …………… 22
北マリアナ諸島 …………… 266
ギニア共和国 …………… 79
ギニア・ビサウ共和国 …………… 80
キプロス（サイプラス）共和国 …………… 23
キューバ共和国 …………… 199
ギリシア共和国 …………… 145
キリバス共和国 …………… 249
キルギス（クルグズ）共和国 …………… 24
グアテマラ共和国 …………… 202
グアドループ …………… 235
グアム …………… 267
クウェート国 …………… 25
クック諸島 …………… 252
クリスマス島 …………… 268
グリーンランド …………… 236
グルジア …………… 26
グレイト・ブリテンおよび北アイルランド連合王国 → イギリス
グレナダ …………… 203
クロアチア共和国 …………… 146
ケイマン諸島 …………… 237
ケニア共和国 …………… 81

ココス諸島 ……… 269
コスタ・リカ ……… 204
コソヴォ共和国 ……… 147
コートジヴォワール共和国 ……… 82
コモロ連合 ……… 83
コロンビア共和国 ……… 205
コンゴ共和国 ……… 84
コンゴ民主共和国 ……… 85

サ―ソ

サウジアラビア王国 ……… 28
サウス・ジョージア＝サウス・サンドウィッチ諸島
　……… 238
サハラ・アラブ民主共和国　→　西サハラ
サモア独立国 ……… 253
サントメ・プリンシペ民主共和国 ……… 86
ザンビア共和国 ……… 87
サン・マリーノ共和国 ……… 148
シエラレオネ共和国 ……… 88
ジブチ共和国 ……… 89
ジブラルタル ……… 182
ジャマイカ ……… 206
ジョンストン島 ……… 270
シリア・アラブ共和国 ……… 27
シンガポール共和国 ……… 30
ジンバブウェ共和国 ……… 90
スイス連邦 ……… 149
スヴァールバル諸島 ……… 183
スウェーデン王国 ……… 150
スーダン共和国 ……… 91
スペイン ……… 151
スリナム共和国 ……… 207
スリランカ民主社会主義共和国 ……… 31
スロヴァキア共和国 ……… 152
スロヴェニア共和国 ……… 153
スワジランド王国 ……… 92
セイシェル共和国 ……… 93
赤道ギニア共和国 ……… 94
セネガル共和国 ……… 95
セルビア共和国 ……… 154
セント・ヴィンセント＝グレナディーン諸島
　……… 208
セント・クリストファー＝ネーヴィス ……… 209
セント・ヘレナ島 ……… 123
セント・ルシア ……… 210
ソマリア連邦共和国 ……… 96
ソロモン諸島 ……… 254

タ―ト

タイ王国 ……… 32
大韓民国 ……… 34
台湾 ……… 62
タークス＝カイコス諸島 ……… 239
タジキスタン共和国 ……… 33
タンザニア連合共和国 ……… 97
チェコ共和国 ……… 155
チャド共和国 ……… 98
チャネル諸島 ……… 184
中央アフリカ共和国 ……… 99
中華人民共和国 ……… 36
中華民国　→　台湾
チュニジア共和国 ……… 100
朝鮮民主主義人民共和国 ……… 38
チリ共和国 ……… 211
ツヴァル（ツバル） ……… 255
デンマーク王国 ……… 156
ドイツ連邦共和国 ……… 158
トケラウ諸島 ……… 271
トーゴ共和国 ……… 101
ドミニカ共和国 ……… 212
ドミニカ国 ……… 213
トリニダード＝トバゴ共和国 ……… 214
トルクメニスタン ……… 39
トルコ共和国 ……… 40
トンガ王国 ……… 256

ナ―ノ

ナイジェリア連邦共和国 ……… 102
ナウル共和国 ……… 257
ナミビア共和国 ……… 103
ニウエ ……… 272
ニカラグア共和国 ……… 215
ニジェール共和国 ……… 104
西サハラ ……… 124
日本国 ……… 42
ニューカレドニア ……… 273
ニュージーランド ……… 258
ネパール連邦民主共和国 ……… 44
ノーフォーク島 ……… 274
ノルウェー王国 ……… 157

ハ―ホ

ハイティ（ハイチ）共和国 ……… 216
パキスタン・イスラーム共和国 ……… 45

パナマ共和国 217
バハマ国 218
パプアニューギニア独立国 259
バミューダ 240
パラオ共和国 260
パラグアイ共和国 219
バルバドス 220
パレスチナ自治政府 61
バーレーン王国 46
ハンガリー 160
バングラデシュ人民共和国 47
東ティモール民主共和国 48
ピトケアン諸島 275
ビルマ → ミャンマー連邦
フィジー諸島共和国 261
フィリピン共和国 49
フィンランド共和国 161
プエルト・リコ 241
フェロー諸島 185
フォークランド諸島 242
ブータン王国 50
ブラジル連邦共和国 222
フランス共和国 162
フランス領ギアナ 243
フランス領ポリネシア 276
ブルガリア共和国 164
ブルキナファソ 105
ブルネイ・ダルサラーム国 51
ブルンジ共和国 106
ベトナム社会主義共和国 52
ベナン共和国 107
ベネズエラ・ボリバル共和国 221
ベラルーシ共和国 165
ベリーズ 224
ペルー共和国 225
ベルギー王国 166
ボスニア＝ヘルツェゴヴィナ 167
ボツワナ共和国 108
ポーランド共和国 168
ボリビア多民族国 226
ポルトガル共和国 169
ホンコン 63
ホンジュラス共和国 227

マ―モ

マイオット（マイヨット）島 125
マカオ 64
マケドニア旧ユーゴスラヴィア共和国 170
マーシャル諸島共和国 262
マダガスカル共和国 109
マラウィ共和国 110
マリ共和国 111
マルタ共和国 171
マルティニク 244
マルビナス諸島 → フォークランド諸島
マレーシア 53
マン島 186
ミクロネシア連邦 263
ミッドウェイ諸島 277
南アフリカ共和国 112
南スーダン共和国 114
ミャンマー連邦 54
メキシコ合衆国 228
モザンビーク共和国 115
モナコ公国 172
モーリシャス共和国 116
モーリタニア・イスラーム共和国 117
モルディヴ共和国 55
モルドヴァ共和国 173
モロッコ王国 118
モンゴル国 56
モンセラート 245
モンテネグロ 174

ヤ―ヨ

ヨルダン・ハシーム王国 57
ヨーロッパ連合 130

ラ―ロ・ワ

ラオス人民民主共和国 58
ラトヴィア共和国 175
リトアニア共和国 176
リビア 119
リヒテンシュタイン公国 177
リベリア共和国 120
ルクセンブルク大公国 178
ルーマニア 179
ルワンダ共和国 121
レソト王国 122
レバノン共和国 59
レユニオン島 126
ロシア連邦 180
ワリス（ウォリス）＝フトゥナ諸島 278

執筆・編集協力	水村光男　みずむらみつお
写真提供	ユニフォトプレス
	大村次郷　p.44
	河西　裕　p.45
	榮永文夫　p.53, 54
	名智健二　p.35 上
	野町和嘉　p.28, 29
	国立民族学博物館　p.77, 262
	東京大学法学部附属明治新聞雑誌文庫　p.42
	広島平和研究センター　p.43
	PPS 通信社　p.181 下
	WPE　p.163 下
地図製作	榮永事務所

ニュースがわかる
世界各国ハンドブック
せかいかっこく

2013 年 10 月 20 日　　1 版 1 刷　発行
2014 年　3 月 20 日　　1 版 2 刷　発行

編　者	「世界各国ハンドブック」編集委員会
発行者	野澤伸平
発行所	株式会社 山川出版社
	〒101-0047 東京都千代田区内神田 1-13-13
	電話　03(3293)8131（営業）　8134（編集）
	http://www.yamakawa.co.jp
	振替　00120-9-43993
印刷製本	図書印刷株式会社
装　幀	菊地信義
レイアウト	中村竜太郎
制作協力	木村　滋

©Yamakawa Shuppansha 2013 Printed in Japan ISBN 978-4-634-64064-1

造本には十分注意しておりますが、万一、落丁・乱丁などがございましたら、
小社営業部宛にお送り下さい。送料小社負担にてお取り替えいたします。
定価はカバーに表示してあります。

好評発売中！　高校の教科書を、一般読者のために読みやすく書き改めたシリーズ。ニュースの背景がよくわかる、社会人のための教科書

もういちど読む 山川 世界史
「世界の歴史」編集委員会 編

もういちど読む 山川 日本近代史
鳥海 靖 著

もういちど読む 山川 日本史
五味文彦・鳥海 靖 編

もういちど読む 山川 地理
田邉 裕 著

もういちど読む 山川 政治経済
山崎広明 編

もういちど読む 山川 倫理
小寺 聡 編

A5判　平均330頁　各本体1,500円（税別）

歴史を知りたい全ての人へ
信頼できる辞典類

[新版] 世界史のための人名辞典
水村光男 編著　四六判　500頁　本体1,500円（税別）

山川 世界史小辞典 [改訂新版]
世界史小辞典編集委員会 編　B6変型判　1072頁　本体2,800円（税別）

山川 日本史小辞典 [新版]
日本史広辞典編集委員会 編　B6変型判　1120頁　本体2,800円（税別）

教科書に準拠した総合図録。
豊富な写真・図版に加え、
史料・年表・系図も充実。

山川 世界史総合図録
成瀬 治・佐藤次高・木村靖二・岸本美緒 監修　AB判　216頁　本体781円（税別）

山川 詳説日本史図録 [第6版]
詳説日本史図録編集委員会 編　AB判　360頁　本体860円（税別）